地域に根ざす

民衆文化の創造

「常民大学」の総合的研究

北田耕也監修
地域文化研究会編

藤原書店

後藤総一郎（1933-2003）
柳田国男館での講義。

恩師・橋川文三氏を囲んで
（前列左から三番目が橋川、二番目が後藤）

寺小屋教室の合宿　遠山にて（1975年）

いずれも出典：後藤総一郎先生追悼集刊行会編
『常民史学への視座　後藤総一郎 人と思想』岩田書院、2004年

合同研究会（1987 年、磐田）

吉本隆明氏と　合同研究会にて（1990 年）

谷川健一氏（右）、
野本寛一氏（中央）と
「谷川健一さんを励ます会」にて
（1991 年）

柳田為正氏（柳田国男の長男、
左から二番目）、
冨美子夫人（中央）と（1994 年）

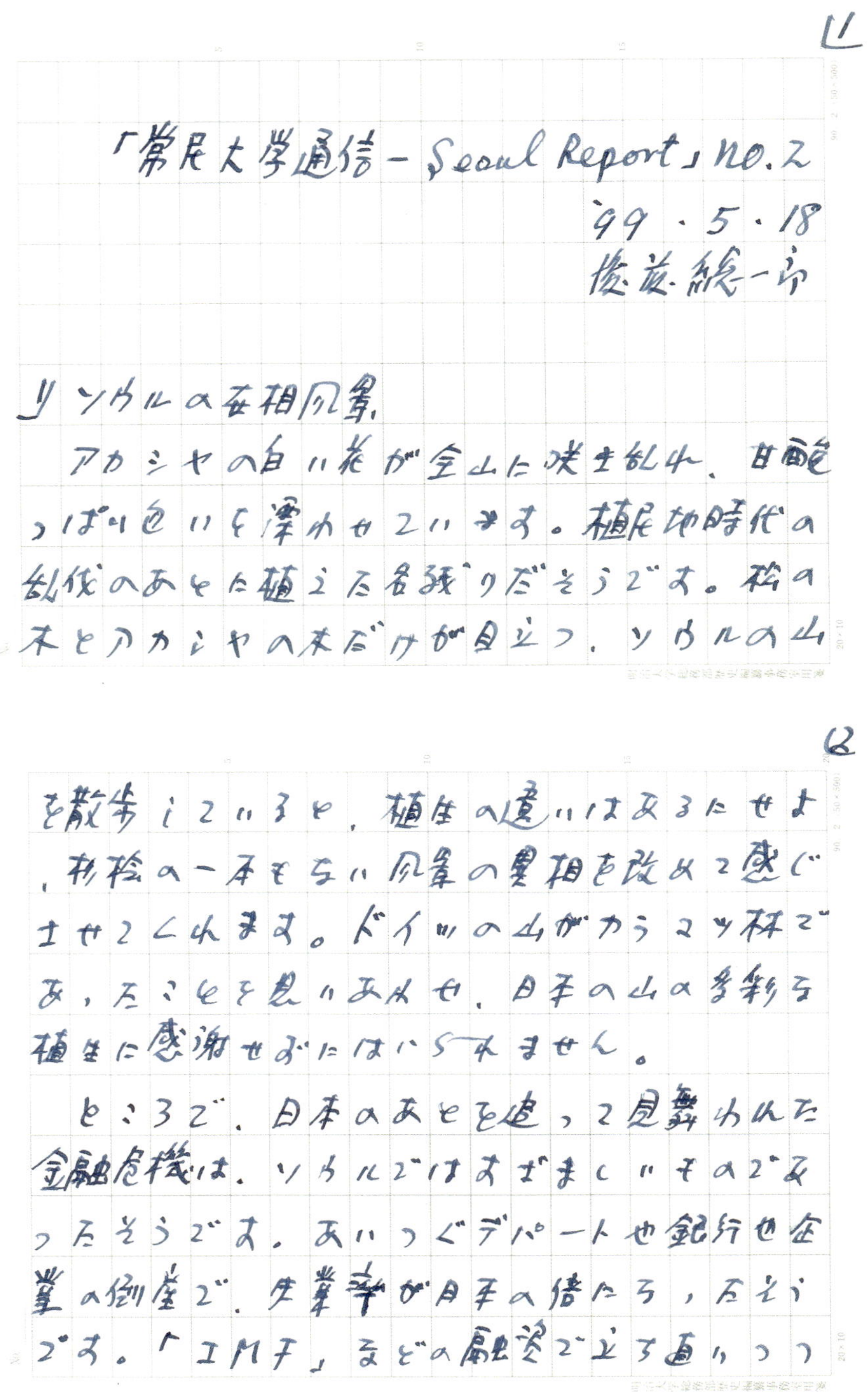
1

「常民大学通信―Seoul Report」No.2
'99・5・18
後藤総一郎

1）ソウルの森相風景
　アカシヤの白い花が全山に咲き乱れ、甘酸っぱい匂いを漂わせています。植民地時代の乱伐のあとに植えた名残りだそうです。松の木とアカシヤの木だけが目立つ、ソウルの山

2

を散歩していると、植生の違いはあるにせよ、杉桧の一本もない風景の貌相を改めて感じさせてくれます。ドイツの山がカラマツ林であったことを思いあわせ、日本の山の多彩な植生に感謝せずにはいられません。

　ところで、日本のあとを追って見舞われた金融危機は、ソウルではすさまじいものであったそうです。あいつぐデパートや銀行や企業の倒産で、失業者が日本の倍になった、そうです。「IMF」などの融資で立ち直りつつ

「常民大学通信」原稿（1999 年）

はじめに──「秧《くいな》は飛ばず　全路を歩く」（チェーホフ）

北田耕也

二〇〇二（平成十四）年の暮れ近くではなかったか……後藤総一郎さんから電話があった。
──「遠山常民大学」ももう二五年も経ちましたよ、それで明年十一月に、「記念集会」を開く予定です。ついてはまた何かお話をお願いしたいと思っているのですが、くわしいことはまたあとで御連絡します……
ということだった。ところが、その後いくら待っても、何の知らせもなかった。ない筈である──後藤さんの最期の旅は、すでにもう始まっていた。

電話のあったあの年の二月に、彼は脳梗塞で鎌倉市内の神経外科病院に入院していた。四月には退院したというのだが、同年九月、「悪性リンパ腫」との診断で「湘南鎌倉病院」に入院、翌年一月十二日に逝去。

行年　六十九──。

学者・研究者が個人で担ったこれ程長期にわたる社会教育的実践は、戦前・戦後を通じて例がない。全国各地に一〇カ所という、余人をもってしては替えられぬその独自一個のとりくみは、ここに遂に終りをとげた。

惜しんでも　惜しみ切れぬ
あまりに迅《はや》すぎる　終焉であった。

一九五九（昭和三十四）年、明治大学政経学部の学生であった頃の後藤さんは、「全学連中央委員」として、激しい学生運動の只中にいた。

いわゆる「六〇年安保闘争の敗北」後、落胆を隠せないでいた愛弟子に、「日本政治史」を講じていた師の橋川文三氏は、こう語りかけたと聞いている。

――君たちは社会変革だやれ革命だとか言うけれども、一体、それを支えるのは誰か……それぞれの地域に根ざして、正邪・善悪のわきまえを忘れず、まともに働いて暮しを立てている人たちではないのか……柳田国男がいうその「常民」について、君は一体どれだけのことを知っているのか……と。

声もなかった学生・後藤総一郎……

その回心――「柳田学」への沈潜が始まった。そしてある日、日本全国の村々を歩いたといわれているこの碩学が、後藤さんの故郷の村についてふれたことばに出会う。

――信州・遠山の村人は、ついて行きやすい人たちである……と。

――オレたちは一体いつから、どうして、権力につき従いやすい人間になってしまったのか、どうしたらその性根を根底から革《あらた》めることができるか……それをこれから一緒に考え合おうではないか――。

一九七七（昭和五十二）年十一月、自己認識と社会認識とを一つに結んだ「遠山常民大学」の出発である。

それからの歩みの中で、「野の学び」の砦《とりで》は多い時は全国一〇カ所に及んだが、自分が後藤さんと出会ったのはその中の一つ埼玉県の（今はもうない）「ふじみ柳田国男を学ぶ会」ではなかったか。東洋大学社会学部の教師をしていた自分の出身大学での専攻は「社会教育」だったから、「ふじみ」の社会教育とは以前から深いかかわりがあった。

しかし本音《ほんね》をさらせば、社会教育の研究よりも関心はむしろ子どもの教育の方に傾いていたが、ある日、敬愛していた評論家・久野《くの》収《おさむ》先生が新聞に寄せられた「市民の哲学」という「切抜き」の文章に、目が止まった。

――生活者・市民が見識を持たなければ、現在のこの閉塞状況を打ち破ることはできない。見識とは専門家だけではなく、万人が持つ過去の回想や、現在の認識、未来の展望を統合した知識です……と。

「痛棒《つうぼう》」をくらったような気がした。及び腰では何も出来ない。社会教育の世界、生活者・市民が支え合って互いの「見識」を磨くいとなみの中に入って行こう――まことに遅いわが回心であるが、かくて「回心」後の独行者・後藤総一郎と出合うのは、必然の定めであったような気がしている。

足かけ四年に及んだわれらの「共同研究」もここに終る。これを後藤さんに直接手渡すことができたら、という思い切なるものがあるが、叶わぬ夢だ――。

彼は今日この日も、一〇カ所の「常民大学」を巡る旅に出ているだろう。

秧《くいな》は飛ばず、全路を歩く――。

装丁　作間順子

地域に根ざす民衆文化の創造

目次

はじめに――「秧《くいな》は飛ばず　全路を歩く」（チェーホフ）……北田耕也　1
序にかえて……草野滋之　11

第一部　「常民大学」前史――地域住民・共同学習文化活動の伝統

A　戦前

第一章　徳富猪一郎の「大江義塾」……杉浦ちなみ　20
第二章　新井奥邃《おうすい》の「謙和舎」……胡子裕道　33
第三章　「研成義塾」と「自由大学」考――「感化」を手掛かりとして……石川修一　42
第四章　山本鼎《かなえ》「自由画教育」運動と金井正らの「農民美術」運動……東海林照一　59
（追記・山﨑　功）
第五章　東京・多摩における民衆の学習・文化運動……山﨑　功　73

B　戦後

第六章　木村素衞《もともり》の表現論と長野における社会教育実践……新藤浩伸　92
第七章　中井正一《まさかず》の「地方文化運動」と青年たち……新藤浩伸　108
第八章　戦後改革期における信州妻籠《つまご》公民館による社会教育活動……上田幸夫　126
第九章　三枝博音《さいぐさひろと》「鎌倉アカデミア」の発足と展開そして今……飯塚哲子　140

第一〇章　信濃生産大学と農村青年の自己教育……田所祐史 161
第一一章　山形農民文学懇話会『地下水』の農民文学運動……相馬直美 178

第二部　「常民大学」の軌跡

A　総　論

第一章　「常民大学」考……北田耕也 202
第一節　おとなの学び――その理念
第二節　「常民大学」の思想と展開――「飯田歴史大学」第一期完了に寄せて
第三節　野の学びの二五年――成果と課題
第二章　「常民大学」への序奏――「寺小屋」から「常民大学」へ……小田富英 232
第三章　後藤総一郎論……杉本　仁 247
第四章　「常民大学」の出版活動と後藤総一郎……久保田宏 269

B　各　論

第五章　遠山常民大学……胡子裕道 288
第六章　飯田柳田国男研究会……杉浦ちなみ 304
第七章　遠州常民文化談話会……穂積健児 324
第八章　鎌倉柳田学舎……堀本暁洋 348

第九章　於波良岐《おはらぎ》常民学舎……山﨑　功　364
第一〇章　遠野常民大学――『遠野物語』をめぐる遠野市民の「自己認識」の形成……佐藤一子　378
第一一章　立川柳田国男を読む会……田所祐史　399
第一二章　妻有《つまり》学舎――新潟県十日町市の常民大学……穂積健児　412
第一三章　合同研究会……小田富英　425

C　補　論

第一四章　柳田国男研究会……新藤浩伸　448
第一五章　茅ヶ崎常民学舎を辿る……松本順子　464

第三部　戦後社会教育における「常民大学」運動の位置

第一章　合同討議　主題をめぐる二、三の問題……地域文化研究会　487
第二章　総括　戦後日本における民衆の学習文化運動と「常民大学」の位置　草野滋之　511

あとがき（新藤浩伸）　532
後藤総一郎著作一覧（飯澤文夫　村松玄太）　560
後藤総一郎略年譜（飯澤文夫　村松玄太）　567
執筆者一覧　568

地域に根ざす民衆文化の創造

——「常民大学」の総合的研究

凡例

一　「柳田国男」の表記は、原則として新字とする。

一　引用文中の仮名遣いは原文のままであるが、漢字の旧字体は新字体に改めた。

序にかえて

草野滋之

二十世紀は、二度の世界大戦をはじめ多くの戦争・紛争・迫害や暴力により数多くの人々が理不尽な死を強いられた「戦争と暴力の百年」であった。その痛切な反省にたって、国連は二十一世紀を迎える直前に「国連・平和の文化に関する宣言」（一九九九年）を採択し、戦争と暴力の根絶と、自由や人権、平等と文化的多様性、寛容と相互理解に基づく「平和の文化」を創造することを世界各国に広く訴えかけた。「戦後七〇年」という大きな節目を経た今、こうした「平和の文化」の創造に向けて、戦後の日本人はどのような努力をし、成果をあげてきたのかを、ていねいに検証することが求められている。日本国憲法の制定をふまえて、一九四七（昭和二十二）年に公布・施行された旧・教育基本法は、平和な世界を創造していくうえで教育の果たす根本的な役割を、その前文で格調高く次のように謳っている。

「われらは、さきに、日本国憲法を確定し、民主的で文化的な国家を建設して、世界の平和と人類の福祉に貢献しようとする決意を示した。この理想の実現は、根本において教育の力にまつべきものである」（傍点筆者）。

かつて小田実は、戦争放棄と軍備の撤廃を謳いあげた日本国憲法の第九条を「世界平和宣言」としての意味をもつと述べたことがある。また、二〇一四（平成二十六）年は、日本国憲法第九条とそれを守り育ててきた日本国民がノーベル平和賞の有力な候補としてノミネートされ、「平和の危機」が深まる国際的な情勢のなかで、あらためて平和憲法の理念の現代的な意義が注目されている。戦後の日本の教育は、このような憲法の平和主義理念をどこまで実現できたのだろうか。国民の深い疑念と批判を押し切る形で、集団的自衛権に道を拓く「安保法制」が成立し、戦後日本が築き上げてきた世界に誇れるソフトパワーとしての「平和主義」を理念とする国の基本的なかたちが大きく歪められようとしている。こうした現在において、この理念の実現のために私たち日本人がどのような努力を積み重ねてきたのかを検証し、継承すべき遺産と課題を明らかにしていくことが求められている。

「地域に根ざす民衆文化の創造――『常民大学』の総合的研究」というタイトルの本書は、こうした問題意識に基づく研究作業の一環としての意味をもっている。「常民大学」とは、日本政治思想史の研究者である後藤総一郎（一九三三～二〇〇三年）を指導者として、一九七〇年代後半に後藤の故郷である信州・遠山郷で発足し、現在に至るまで全国各地で息長く自主的な学習を継続してきた地域に根ざした市民の学びである。指導者であった後藤は、二〇〇三（平成十三）年に病没するが、その遺志を受け継いで、鎌倉、飯田、遠州、遠野、立川等の地域では、その後も粘り強く学習が積み重ねられ、毎年一回、各地の常民大学の研究交流をはかる「常民大学合同研究会」が開催されている。それぞれの常民大学は、後藤の強い影響を受けて発足・発展してきたという共通性を持ちながらも、各地域の歴史的・文化的な風土を反映した個性的な歩みをたどってきた。その詳細は、本書の第二部の「各論」に収められている諸論文で描かれているとおりである。

この共同研究プロジェクトが発足したのは、東日本大震災と福島第一原発事故の衝撃がさめやらない二〇一二（平成二十四）年のことであった。そのきっかけは、かつて明治大学で後藤総一郎の同僚であり、常民大学の合同研究会でも記念講演をした北田耕也氏の強い勧めによるものであった。北田は、「民衆文化の創造と社会教育」という視点から社会教育の新しい領域を開拓してきたパイオニア的な研究者であり、常民大学についても民衆自身による自主的な学びを通じた民衆文化の創造という点で強い関心と期待を寄せ続けてきた。そして、この研究プロジェクトを担う中心となったのは、もう三十数年の長い歴史をもつ「地域文化研究会」に参加し続けてきた社会教育研究者と自治体社会教育職員・若い大学院生であった。「地域文化研究会」とは、「地域文化と社会教育」というテーマに関心を寄せる研究者・職員・大学院生・市民により一九七〇年代後半に立ち上げられ、その持続的な研究と議論を通じて、これまで三冊の共同研究の成果を公にしてきた。(『社会教育における地域文化の創造』国土社、一九九一年、『地域と社会教育——伝統と創造』学文社、一九九八年、『表現・文化活動の社会教育学』学文社、二〇〇七年)さらに、この研究会は、社会教育推進全国協議会(通称・社全協)という全国的な組織が、毎年八月に開催している全国的な研究集会の「地域文化の創造と社会教育」という分科会の運営も中心に担っており、二〇一三(平成二十五)年には、この分科会の四〇年余りにわたる歴史をまとめて、六百ページを超える膨大な資料集を完成させた。この中には、後藤総一郎が報告した遠山常民大学の実践も含まれている。

この共同プロジェクト研究で追求されてきた課題は、大きく次の三つの点に集約される。

第一には、明治以降の近代日本の民衆の自主的な学習運動の歴史を探りながら、常民大学の学習運動につながる歴史的な遺産を見いだしていくという試みである。本書の第一部では、第二次大戦前から戦後にかけて展開された注目すべき民衆の学習運動をとりあげて、運動の推進に力を尽くした指導的な知識人の理念と地域における学習文化活動の広がりに光をあてた。戦前の、徳富蘇峰・新井奥邃・井口喜源治・土田杏村・山本鼎、そして戦後の木村素衞・中井正一・米林富男・関口存男・三枝博音・宮原誠一・真壁仁等々、多くの人物とその指導を受けて発展した学習文化活動の展開がどのような意義を有していたかを検証し、常民大学運動の深い源流をその中に見いだしていきたい。

第二には、後藤総一郎という一人の日本政治思想史研究者の理念を起点として、信州の奥深い村で産声をあげ、その後各地に広がりをみせていった常民大学の学習運動の軌跡をたどりながら、指導者であった後藤の理念とそれに呼応する各地域の常民大学の発足の動きと個性的な展開の過程に注目しながら、社会教育としての意義と課題を明らかにしていくことである。常民大学が発足し各地に展開していく一九七〇年代後半から八〇年代は、高度経済成長のひずみが、深刻な公害と環境破壊、過疎・過密問題による地域社会の変貌、教育と文化の荒廃現象、過労死問題に象徴される「人間らしい働き方」からの疎外等々の社会問題として噴出し、人間をとりまく自然・社会・文化に深刻な危機をもたらした時期であった。常民大学運動の発展の背景にも、人々のいのちと暮らしを脅かし、生活の拠点である地域社会に亀裂をもたらした高度経済成長の思想と、その根底に潜む日本の「近代化」のあり方への批判的な問題意識があったにちがいない。本書の第二部『常民大学』の軌跡」(学習内容・方法・成果)では、まず「総論」において、若い日から後藤総一郎に深く魅せられて、常民大学の発足から現在に至るまで中心的なメンバーとして長年学習文化活動の発展に力を尽くしてきた三人によって、それぞれの立場から後藤と常民大学に関する概説が論じられる。そして、次に「各論」において、遠山、飯田、遠州、鎌倉、於波良岐《おはらぎ》(群馬・邑楽町)、遠野、立川、妻有《つまり》(新潟・十日町市)の各常民大学の個性的な展開のすがたとその成果・特徴が描かれる。これらの論稿を通して、多面的な「常民大学」のすがたとそれを支えている各々の地域の歴史的・文化的な土壌の性格がくっきりと浮かび上がってくるであろう。

第三には、常民大学の学習運動を第二次大戦後の社会教育史の中にどう位置づけるか、という課題である。常民大学は、広い意味での民衆の自己教育運動の一環としてとらえることができる。そして、「自分史・地域史・人類史をつなぐ歴史学習を通して自己と地域を再発見していく」という学習理念は、「歴史意識の形成」をめざした市民の歴史学習の系譜に位置づけることができる。ユネスコ学習権宣言(一九八五年)が謳っている「自分自身の世界を読みとり、歴史をつづる権利」を実践し、「なりゆきまかせの客体から自らの歴史をつくる主体」へと成長していく人々の自己形成の軌跡が、常民大学の歴史の中に刻印されている。後藤が深く敬愛していた同じ日本政治思想史の研究者である丸山眞男が、その生涯において一貫して探究してきた課題は、まさに日本人の歴史意識のあり方の問題であった。かつて、後藤は丸山の問題意識に自分を重ねながら、常民大学にかける思いを次のように語ったことがある。(『地球がまるごと見えてきた!——茅ヶ崎の公民館活動から』茅ヶ崎常民学舎編、径書房、一九八五年)

「私の場合、私の故郷である信州の遠山の常民大学にしても、その理念というか、ささやかな志というのは、『常民』の主体性をつくっていくということだったと思います。私の専門領域である日本政治思想史の視点から申し上げますと、結局、戦後の民主主義を支えねばならぬ丸山眞男のいう主体的自由を、本当の意味でどう育んでゆくか、ということにかかっていると思います」。

平和と民主主義をめぐる現代日本の危機的状況と、「戦後」から「戦前」へという歴史の大きな転換期を迎えている現在、この後藤の言葉は三〇年という時を超えてひしひしと私たちの胸に迫ってくる。果たして常民大学は、このような戦後民主主義を支える「主体的自由」を持った個人を育んできたのか。そして、厳しい学習と自己鍛錬を通して、過去・現在・未来をつなぐ確かな歴史意識に支えられた「自らの歴史をつくる主体」を形成してきたのだろうか。本書の第三部「戦後社会教育における『常民大学』運動の位置」では、この共同研究に参加したメンバーによる合同の討議を通じて、この課題についての探究が行われている。そして、最後にこの合同討議を締めくくると同時に、研究のまとめの論稿がおかれている。

後藤の恩師であり、彼を柳田国男研究へと誘った橋川文三は、常民大学の学習の導きの糸となっている柳田国男の農政学の根本理念を、『一国人生の総体の幸福』を追求する立場」「過去と未来にわたる国民の総体の幸福」

ととらえた（橋川文三『近代日本政治思想の諸相』未來社、一九六八年）。柳田の思想から深く学び続けてきた各地の常民大学では、暮らしの豊かさや人生の幸福とは何かというテーマについて、どのように向き合い、それぞれの「豊かさ」や「幸福」の質をどう深めてきたのだろうか。今また「アベノミクス」による経済成長の空虚な夢がふりまかれ、「一億総動員」「一億総懺悔」という過去の亡霊を想起させる「一億総活躍社会」の標語があふれる中で、生活の「豊かさ」や人生の「幸福」の質についての根本的な再吟味が求められている。そして、それは「自立した生活者としての自覚」を形成することを理念としてきた常民大学がめざす新たな学びの課題でもあるように思う。

第一部　「常民大学」前史

――地域住民・共同学習文化活動の伝統

A　戦前

第一章　徳富猪一郎の「大江義塾」

杉浦ちなみ

図 1-1-1　大江義塾跡（熊本市）

筆者撮影

大江義塾は、一八八二（明治十五）年三月十九日に、当時十九歳の徳富猪一郎（徳富蘇峰[1]、一八六三―一九五七）が自宅の一部を使って開いた私塾である。開校当時は「まったく田畑の中の一軒家ともいうべき環境[2]」に開かれた大江義塾は現在、市街地の一角に「徳富記念園」（熊本県熊本市中央区大江）に塾跡として残っている。

大江義塾はこれまで、主に近代思想史における徳富蘇峰研究の一環として注目され[3]、その後、蘇峰の思想形成に大きな役割を果たしたと見なされる大江義塾自体を対象とする研究が取り組まれてきた[4]。また、花立三郎が、杉井六郎、和田守と共に大江義塾に関する資料を蒐集し[5]、それを基にして二著書『大江義塾――一民権私塾の教育と思想』、『徳富蘇峰と大江義塾』をまとめている。これら一連の研究は、大江義塾研究の礎をなすものである。ここでは、そうした研究に学び、大江義塾の実践をたどる。

一　大江義塾前史

徳富猪一郎は一八六三（文久三）年三月十五日、現在の熊本県益城《ましき》町で生まれた。父・徳富一敬と母・久子の五番目の子にして、長男であった。弟の健次郎は、後の徳富蘆花である。徳富家は、代々惣庄屋を務めていた。徳富家には「学問を学び、公私の利益を考える」という家訓があったといわれる。(6)猪一郎は七歳の時に初めて高野塾に入塾した。その後も、元田塾、竹崎塾、兼坂塾というように、徳富家の引っ越しや塾の閉鎖、一敬の判断によって様々な塾に通った。(7)その後も熊本洋学校、東京英語学校、同志社英学校で学んだ。同志社英学校では新島襄のもとで学んだが、最後には教育方針に対する疑問を抱いて一八八〇（明治十三）年五月に退学、東京に戻っている。そして同年の秋には、東京から熊本に猪一郎は帰った。

熊本に戻ってから二年がたった一八八二（明治十五）年に、猪一郎は大江義塾を開く。開校の理由は、大きく次の三つである。第一に徳富家の家計立直し、(8)第二に猪一郎の「学校」に対する興味、(9)第三に熊本の自由民権運動への関与である。(10)そして猪一郎は、大江義塾の塾長となり、講師も務めることとなる。

二　大江義塾開校

猪一郎は、一八八二（明治十五）年三月八日に熊本県令富岡敬明宛に、「私立義塾設立伺書」を提出した。その伺書では入学生徒は年齢が「満十四年一か月以上」、「日本外史、十八史略、物理全誌を講読し、『且普通ノ記事論説文ヲ綴リ得ル者』」とされた。授業料は、月五〇銭で「塾生数は六〇名程度」、年間の予算は一七五円と計上されていた。教員は当初、猪一郎一人で、塾長と教員との兼任とされていた。

この「伺書」に対する許可がおりる前に、猪一郎は弟の健次郎（のちの蘆花）、縁者の徳永規矩、松枝弥一郎の三人を相手に、同年三月十五日授業を開始した。四日後の十九日には、大江義塾の開校式をあげている。花立は、この開校式に出席した塾生は、前記三名のみであったと推測している。猪一郎は数え年二十歳、「長身やせぎす、汚れた和服の着流し、頭髪はぼうぼう、烱々たる眼光で長い祝文を力強く読」んだという。[11]

大江義塾の教育方針は次の通りである。

純然タル泰西自由主義ニ基キ自由主義ノ教育ヲ用ヒ東洋流ノ卑屈保守退歩囲範中ノ学問ノ主義ヲ捨テ、又専ラ泰西的ニ赴クナク、玆ニ其ノ教育ヤ邦語ヲ以テシ其ノ足ラザル所ヲ洋書ニ仮リ、玆ニ則チ一個ノ新ナル日本学問ノ新機軸ヲ現出セリ。夫レ己ニ自由主義ノ学校ナリ、故ニ其ノ制度ヤ境遇ヤ純乎タル自由ニシテ生徒ノ自治ニ任セ、自カラ一校舎中一ヶノ民主国ヲ造ルニ至レリ[12]（『大江義塾沿革一斑』）。

大江義塾は、自由主義教育を方針としていた。杉井六郎によれば、旧来の教育理念に基く「儒教的」な訓育教育の実情を非難し、当時の日本や熊本の政治的風潮を背景にした「自由」と「立憲」の主張を、少年社会の教育の場にもちこみ、「新しい教育の場」が目指された。[13]保守勢力が優勢であった当時の熊本では、こうした大江義塾の教育方針から「謀反学校」という世評が起こり、大江義塾の塾生にもそうした世評は知れ渡っていた。

では、実際の大江義塾の学科課程はどうであったか。

学科課程は開校以来、度々改正されている。

表 1-1-1　大江義塾本科課程表

	第一年				第二年				第三年			
	毎週授業時数	第一期	第二期	第三期	毎週授業時数	第一期	第二期	第三期	毎週授業時数	第一期	第二期	第三期
政治	7	ノルトホフ氏 政治論 スペンサー氏 制度論	同	同	7	バゼホット氏 英国憲法論 ウルジー氏 政治学	同	同	7	ミル氏 代議政体論 リーバー氏 政経	同	同
経済	7	ホーセット氏 大経済書 貿易論	同	同	7	米国経済論 貨幣論 銀行論	同	同	7	為替論 国債論 租税論	同	同
法律	5	法律原論 日本法律	同	同	5	法理論	同	同	5	立法論	同	同
修身	5	孟子	同	同	5	論語	同	同	5	大学 道徳之原理	中庸 道徳之 原理	同
論理	5	ゼボン氏 論理学	同	同								
歴史	6	米国史 史記	英国史 史記	仏国史 文明史	8	文明史 欧州史 哲学史	同	同	8	マコレー氏 英国史 ハラーム氏 憲法史 左伝	同	同
文学	5	日本文範	修辞書	八大家 読本 修辞書	8	英文学 才子古文 源氏物語	同	同	8	マコレー氏 文集 カライル氏 文集 古今集	同	同
算術	5	代数	同	同	5	幾何	同	同	5	三角術	同	同
通計	45	12	12	13	45	14	14	14	45	15	15	15

出典：花立三郎『大江義塾——民権私塾の教育と思想』ぺりかん社、1982 年、98 頁。各期はそれぞれ三カ月、授業日数は約 66 日。

一八八五（明治十八）年一月に改正された「大江義塾規則」では、「本校科目ハ政治・経済・法律・文学ノ四科トス」として基幹学科を規定している。また、同時に本科のほかに予科と英学科をおいた。本科は三年と規定され、予科は「年限ヲ定メズ」「本科ニ昇級セシム」るのに必要な「学力ヲ試ミ」る目的をもち、「優等ナル者ハ年月ヲ顧ミズ直ニ本科ニ昇級」させた。(14)

本科の課程は**表1-1-1**のとおりである。

こうした学科課程以外には、試験、講習会（演説会、読書会）、遠足および撃剣会（遠足、演習、兎狩、撃剣会）といった活動、試胆会、詩会、体術稽古のような同好会・クラブ活動の他、塾生による『大江義塾雑誌』が発行されていた。鹿野によれば、塾生による自治がもっとも重視され、「専制学校」にたいして「自由学校」の理念の具体化が目指されていた。(15) それゆえ、塾生の自治活動は活発で、『大江義塾雑誌』上では、時勢論や歴史、政治学の学科教授で学んだものをさらに学習し、自分の意見を展開したもの、塾生の生活態度にかかわるもの、遠足などの報告に加え、授業への不満や意見の投書まで扱われていた。(16)

次に、大江義塾の塾生数や出身についてである。大江義塾では閉塾までの四年半の間に、延べ二五五人の塾生が学んだ。(17) 開校した一八八二（明治十五）年には三二人、一八八三（明治十六）年は二三人、一八八四（明治十七）年には五三人、一八八五（明治十八）年には六六人、そして閉校する明治十九（一八八六）年には四九人が入校した。これらから、明治十五年から十六年時には経営が苦しく、明治十七年十月以降から閉塾にかけて、盛況をきわめた。入校者数の一番多い明治十八年にはひと月におおよそ五〇～六〇名在籍していたという。

塾生延べ二五五名のうち一八九名は出身地が明らかにされている。熊本県出身者は一六五名で、県外の出身者は二四名（福岡五人、佐賀一人、長崎三人、大分一人、鹿児島一三人、大阪一人）である。中下層武士出身か豪農層出身に大別される。(18)

大江義塾が開校していた当時、熊本には多数の公私立の中等程度の学校があった。そうした中、かれらが大江義塾にあえて入校したのはなぜか。花立はそれを、①血縁によるもの、②主義によるもの、③教員塾生たちの勧誘によるもの、④分校設置によるもの、⑤地域性によるものとみている。[19]

三　大江義塾の学びの様相

開校当時青年であった徳富猪一郎はどのような教育者であったか。猪一郎自身は、「予は私塾の塾長でもあり、教師でもあり、塾員」であって、「雅俗あらゆる仕事」をしたと述べている。それにとどまらず、塾生を連れて、鹿児島、土佐、京都、東京に旅行をした。当時それは容易ではなく、蒸気船や汽車に乗っても、熊本から東京までは約一週間、「少し間違えば十日もかかつた」。数学を除く他のあらゆる科目を自ら教えた猪一郎は、「教うることによつて自分も勉強はできた」といった。こうして学ぶ身でもあった青年教師の猪一郎は、英語を教える時など、「自分にもはつきりわからないことは、大声を発しきわめて景気よくその場を切り抜けた」。また、猪一郎が『戦国策』を講義する時には、そこには「ある熟達者」が滞留していた。その熟達者の彼は、猪一郎が講義をしたのを聞いて、「それは先生間違つているなどと言つて横槍を差し出」すことがあった。それに対して猪一郎は、「いろいろ考えてみたが、どうもその方が正しき解釈であつたから、なるほど君の方が中《あた》つている」と言い、「潔く兜を脱いだ」こともあったという。こうして、猪一郎は「半ばは生徒に教え半ばは自ら学ぶという調子でやつていたから、予においてはなんら屈託もなく、ただ毎日新たなる思想、新たなる刺激、新たなる視野が展開することを楽しみ」としていた。[20]

また、初めは猪一郎一人でやっていた塾だが、父の一敬も助けるようになり、「親子の共同事業」のようになった。当時親子ではあるものの、「互ひに能く知らなかつた」。そのため、一敬は猪一郎を「危険分子」、猪一郎は一敬を「因循な男」という考えをもっていたという。時には生徒の前で親子で議論をしたり、一敬に猪一郎が「横理屈を云ひ掛けて見た」こともあった。それが「段々一緒に学校をやつて往き、互に銘々から思つたよりも宜いと云ふ考が起つて二人で講習をして仲が好く」なり、「精神上の話」もするようになった[21]。

こうした猪一郎の回想からは、若き教育者としてのリアリティがありありと伝わって来る。

一方、大江義塾で学ぶ塾生たちはどのようであったか。

先に述べた通り、大江義塾は自由主義を方針とした。猪一郎は、同志社在学経験から「新島先生のやうな、ア、云ふ規則で極めるやうなことでは到底往けるものではない。あれでは人物の教育は出来るものでない」と考えていた。そうして、「総ての事は自由放任にしなければならぬ」と教育方針を考えたためか、大江義塾の学びの光景は「実に盛んであつた」。例えば、講義の途中で、火鉢をひっくり返して灰を掴んで投げるほどであった[22]。また、ある時は、講義中に血気盛んな塾生が興奮して刀を振り回し、柱を切りつけたこともあったが、それでも猪一郎は注意すらしなかった[23]。こうして、よいと思って自由主義をとったものの「自由の名に依つて、如何なる事でも行はるゝ」状況に、開校して三カ月経たないうちに、当初の考えが間違っていたのではないか、「新島先生の方が宜い」とも思ったと猪一郎は述懐している[24]。しかし、一度自由主義でつくりかけた学校なので、「言ふことも聞かず、命令も行はれず、腕力を弄せざれば済まぬことであつて、盛んにやつて来た[25]」。

また、次のような苦情や不満も塾生の間にくすぶった。一八八二（明治十五）年十二月発行の『雑誌』の中に、次の二つの記事があることが花立によって紹介されている。

本校は邦語及び英語を以て普通学を教授する処なるが、現今の有様を以てすれば、物理学もなし、修身学もなし、経済学もなし、政治学もなし、心理学もなし、何も蚊《ママ》も欠けて居れば少し受業料を減じては如何。

是レ迄校長兼教員殿ノ活眼ヲ以テ今日ノ必要ト思レシヤ、英国憲法史ヲ孜々トシテ不怠口授ナシ下レ、実ニ必要ナラン、実ニ御労心ヲ謝ス。乍然誰モ憲法史ノ有益ヲ知ラズ。大ニ校長兼教員ノ意ニ齟齬致シ、実ニ無知ヲ憂フ。故ニ何カ見易ニ有ラズトモ宝氏経済書ノ如キハ各熱心之様子ニテ、教員君ヨ、意趣ヲ取レバ成ルコト不難ヲ以此ニ果断アレ。シカシテ幸ナラン。(26)

さらに、大江義塾で毎土曜に開かれていた演説会の光景は、当時の塾生をも驚かせた。

余は猶一つの驚くべき事を見たり、そは毎土曜に於ける演説会の光景なり、塾生中の年長者は言ふに及ばず、十二三の鼻垂坊に至るまで演壇の弁士たることとなり、弁士たる猶ほ可なり、其滔々の弁や実に驚かざるを得ざりき、滔々の弁も猶ほ可なり、其のロベスピールやダントンを説き、ワシントンやクロンウェルを引き、コブデンやブライトを論じ、手を振り眉を動かして弁じ去り弁じ来る処、実によく先天的自由民権家をして顔色なからしむ。(27)

また、一八八二（明治十五）年十二月九日の演説会の中で行われた討論会の議題は「主権論」であった。原案作成者の宍戸弗《かさし》は、大江義塾の主権は校長にあるのではなく、生徒にあると主張する。そして知識のかぎり説明した。これに対して、在校長論を主張する者も出た。大勢は在生徒論で、「共和主義」を連呼し騒然となる。さらに「共和万歳！　吾党万歳！」の声までおこると、建物をゆるがす勢いとなった。こうした状況に、（在校長論

図 1-1-2　大江義塾解散式の際の集合写真

最後列右から８番目が猪一郎、前から３列目中央が父の一敬（淇水）。
公益財団法人・徳富蘇峰記念塩崎財団所蔵

の腕力自慢家が在生徒論者を襲い、それに在生徒論者の腕力者も応じる。やがては「火灰の投げあいで、一時は目の前のものも見分けることができないほどであった」[28]。

　このような様相の中、猪一郎が掲げた自由主義のもと、若き猪一郎自身も青年血気の少年たちもともに学びあった。

四　大江義塾の展開と閉塾

　大江義塾は、五校の分校設置にまで展開した。一八八五（明治十八）年設立の熊本県八代郡八《や》千《ち》把《は》村（現八代市）に養士館、同年九〜十月設立の八代郡宮原町の忠士館、設立期不明の同県芦北郡水俣村（現水俣市）の後楽館、一八八四（明治十七）年末設立の芦北郡岩城村（現津奈木町）の徳永規矩の岩城義塾、一八八五（明治十八）年三〜四月設立の同県阿蘇郡内牧村（現阿蘇町）の毛利次宗の毛利塾である。

塾生数もふえ、大江義塾は隆盛に向かっていた。猪一郎も、一八八五（明治十八）年六月、彼最初の本格的著書ともいうべき『第十九世紀日本之青年及其教育』を自費出版するに及んで、彼が世に出る『将来之日本』や『国民之友』への路線が確立した。

一八八六（明治十九）年、猪一郎は大江義塾時代の集大成として『将来之日本』を出版する。この本は板垣退助、のちに田口卯吉を頼り刊行され、当時、日本の将来を模索していた人々、特に東京の知識人の間で大評判となった。自信を得た猪一郎は、大江義塾の教師であり後輩の人見一太郎の協力も得て十二月に大江義塾を解散し（**図1―1―2**）、一家で上京した。

その後、大江義塾の塾生はどのような進路を歩んだか。

進学者の進学先が、全員ではないが明らかになっている。それによれば、医学校二人、済々黌外塾一人、平安義黌一人、札幌農学校一人、明治法律学校一人、明治学院一人、五高・東京帝大一人、同人社三人、慶應義塾三人、同志社一〇人、東京専門学校一九人である。

また、塾生の卒業後の職業は、判明しているだけで、農業一二人、新聞記者一〇人、実業八人、町・村長九人、教員九人、県会議員七人、医師四人、会社員三人、牧師、巡査、弁護士各二人、貴族院議員、作家、志士、神職、吏員各一人と、幅広い職業に就いている。[29]

五　教育者としての徳富猪一郎

大江義塾開校前、徳富は、帰郷してまもなくの一八八一（明治十四）年二月九日に、「学問ノ目的」を書いて、勉強の方針をたてている。

第一史学。第二文章学。第三経済学。
右之通リ相定メ候也。一切無用ノ読書ヲ禁ズ。詩歌ハ性情ヲ養フモノナレバ、時々披見シテ可ナリ。新聞ハ時勢ヲ達観スルノ具ナレバ、時々読ムベシ。(30)

その二カ月後、猪一郎は、「学者ノ職分ヲ論ス」(四月六日)、「天下ノ乱何レノ日ニ止マン」(四月八日)を書いている。この両手稿には、生産商業の発達と新興市民階級の登場による市民社会の形成によっての近代国家の成立を自ら体得しようとする彼の意欲が燃えていたのである。こうして若き猪一郎は大江義塾の塾生や父・一敬を含めた教師とともに学んだのであった。

大江義塾をより深く考察していくにあたって、思想史、社会史的な視点から様々な考察がなされている。しかし、教育者としての徳富、塾生自身の学習の様相、学習結社としての大江義塾という点を深め、徳富らの教育・学習実践がもつ意味の豊かさを見つめ直すことはできないだろうか。

付記　本稿執筆にあたり、徳富蘇峰館(山梨県南都留郡山中湖村)、徳富蘇峰記念館(神奈川県中郡二宮町)、水俣市立蘇峰記念館(熊本県水俣市)、徳富蘇峰・蘆花生家(熊本県水俣市)、徳富記念園(熊本県熊本市)の皆様にはお世話になりました。感謝申し上げます。

注

(1) 本稿では、徳富猪一郎と徳富蘇峰を場合によって使い分けているが、大江義塾の実践について記述する際には猪一郎の名を用いて記す。
(2) 花立三郎『大江義塾――一民権私塾の教育と思想』ぺりかん社、一九八二年。
(3) 例えば、色川大吉「徳富蘇峰論」(『歴史評論』一九五八年三、五、六月号)、源了圓「若き日の徳富蘇峰とその転向(一)―(四)」『創文』第五八―六一号、一九六八年。
(4) 例えば、平林一「大江義塾」(『キリスト教社会問題研究(八)』一九六四年)、鹿野政直「一民権私塾の軌跡――大江義塾の小歴史」(『思想』第五三六号、岩波書店、一九六九年)、星野三雪「私塾『大江義塾』の教育活動とその特質」(『教育学研究』四四(一)、日本教育学会、一九七七年)。
(5) 花立三郎・杉井六郎・和田守編『同志社/大江義塾 徳富蘇峰資料集』三一書房、一九七八年。
(6) 岩崎徹編著『郷土水俣の偉人 徳富蘇峰』水俣市教育委員会、二〇一三年、六頁。
(7) 花立三郎『明治の青年 熊本の維新に生きた若者たち(下)』熊日新書、二〇〇〇年、九一―一一二頁。
(8) 徳富猪一郎『蘇峰自伝』中央公論社、一九三五年、一五〇―一五一頁。
(9) 徳富蘇峰「二 大江義塾時代」『卓上小話』民友社、一九三一年、二五―三七頁。
(10) 例えば、鹿野、前掲論文、花立三郎『大江義塾――一民権私塾の教育と思想』ぺりかん社、一九八二年。
(11) 花立、前掲書、二五頁。
(12) 花立・杉井・和田、前掲書、三三一頁。
(13) 杉井六郎「民友社の背景とその成立」同志社大学人文科学研究所編『民友社の研究』雄山閣、一九七七年、二三頁。
(14) 花立、前掲書、九六頁。
(15) 鹿野、前掲論文。
(16) 星野、前掲論文。
(17) 同右、一八三頁。
(18) 同右、二四六―二四九頁。
(19) 同右、二五五―二七八頁。
(20) 徳富蘇峰『読書法』講談社、一九七八年、三六―四〇頁。
(21) 徳富猪一郎『卓上小話』民友社、一九三一年、三〇頁。
(22) 徳富、前掲書、二九頁。
(23) 次の新聞記事で館長によって語られたエピソード。「(火の国をゆく) 徳富記念園 熊本市中央区 自由愛し

た蘇峰の原点／熊本」『朝日新聞』熊本版朝刊、二〇一四年三月三十日。
(24) 徳富、前掲書、二九頁。
(25) 同右。
(26) 花立、前掲書、九四頁。
(27) 在塾経験のある宮崎寅蔵（滔天）の自伝『三十三年之夢』国光書房、一九〇二年、七頁。
(28) 花立三郎『明治の青年――熊本の維新に生きた若者たち（下）』熊日新書、二〇〇〇年、一六九―一七〇頁。
(29) 花立三郎『大江義塾――一民権私塾の教育と思想』ぺりかん社、一九八二年、二五〇―二五一頁。
(30) 花立、前掲書、一五頁。

第二章　新井奥邃《おうすい》の「謙和舎」

胡子裕道

一　注目を集める新井奥邃《おうすい》

新井奥邃《おうすい》（一八四六—一九二二）は江戸末から明治・大正を生きた。仙台から江戸への遊学、蝦夷地への渡航、キリスト教との出会い、そして三〇年に渡る米国滞在。数奇な経験を経て帰国した奥邃の魅力には周囲の多くの人が引き寄せられ、「いのちの思想家」[1]とも評される。奥邃については、戦前に奥邃から薫陶をうけた永島忠重がまとめた『奥邃廣録』をはじめとした著作[2]、元舎生の工藤直太郎の文献[3]などがあるほか、林竹二[4]や長野精一[5]、播本秀史ら[6]が研究を残している。さらに近年、奥邃の著作は体系的に『新井奥邃著作集』としてまとめられ[7]、現代的課題にも示唆を与える先見の明をもった思想家として、その位置や意義を探る動きが出始めている[8]。また、奥邃は教育者としても注目を集めつつあり、たとえば阿部仲麻呂は、奥邃が「教育活動をとおして他者に奉仕し、学生を世話して有為な社会人にまで育てる実践性」を有していたことを指摘している[9]。また、コール・ダニエルは、奥邃の事業は「人間教育に主眼を置いていた」と指摘し、奥邃の教育は人と人との出会いを基本とした「感化」が中心にあったと、その特徴を述べている。[10] これら諸文献をふまえて、本章では奥邃の生涯を俯瞰したのち、奥邃の思想と事業の特異性を特に「教育」という点に着目してよみとき、本書の課題に与える示唆について考察したい。

二　新井奥邃の生涯

新井奥邃《おうすい》は一八四六（弘化三）年、仙台城下に生まれた。本名は常之進という。家はもともと商家であったが、天保の飢饉の際に献金を行い、士族に取り立てられている。六歳から藩校・養賢堂にて大槻磐渓らに学び、二十歳のときに磐渓の推挙によって江戸への遊学を命じられる。江戸では昌平黌へ入るが満足することができず、わずか数日にして安井息軒の三計塾へと移る。一八六八（慶應四）年、のちに明治元年となるこの年、仙台へ帰郷した奥邃は奥羽越列藩同盟結成のために奔走。仙台藩降伏後は、金成善左衛門らとともに脱藩、榎本武揚率いる軍艦へ乗船し箱館へと渡った。箱館では土佐の澤辺琢磨の紹介でロシア人宣教師ニコライと面会を果たし、ここで出会ったキリスト教に強く魅かれていく。翌一八六九（明治二）年、奥邃は金成とともに募兵のため仙台へ向かうべく外国船に便乗。船頭の約束違反もあり房州から陸路仙台へ入るが、佐幕派の排斥が進む仙台は脱藩者には危険な地であった。そこで奥邃は金成とも別れ再び房州へもどり潜伏生活を送りながら研究を進める。五稜郭陥落の後、キリスト教に心動かされていた奥邃は、折を見て仙台へ戻ると今度は友人らにキリスト教をともに学ぶことを勧め、さらに自らは箱館へと渡り、ロシアへ帰国中のニコライを待ちつつ澤辺らとともに聖書学習に取り組んだ。この時期に突如、東京にいる金成から上京するよう求められ、金成の紹介で米国在務少弁務士に任命されたばかりの森有礼と出会う。有礼は金成の勧めもあって奥邃を米国まで随行しようと考え、奥邃や金成らの仙台藩脱藩の罪の赦免を実現し、さらに渡米費用も支弁したという。

金成の推薦と有礼の尽力を受けて、一八七一（明治四）年、奥邃は有礼とともに渡米、到着の翌年にはニューヨークにあるT・L・ハリス主宰のThe Brotherhood of the New Life「新生同胞教団」に加入する。有礼はかつて渡米した際に一時ハリスの共同体に加わっていたことがあり、奥邃を随行したのも初めからハリスのもとへと送ることが目的であったようである。ハリスの共同体では、スウェーデンボルグの影響を受けた、神秘主義的とされるキリスト教思想のもと、日々の祈りと労働により自らを鍛える集団生活が営まれていた。一八七五（明治八）年、「教団」はカリフォルニア州サンタローザへと移転し、その地をFountaingroveと名付ける。奥邃も「教団」の一員である長沢鼎らとともに移り住み、以後二〇年以上にわたってこの地でハリスの著作の出版業務や、ワイン醸造所での労働に従事した。一八九二（明治二十五）年、ハリスは社会的な非難を受けたこともあり、Fountaingroveの管理を長沢らに託し渡英。これを受けてか、奥邃はその後しばらくして独居生活を始め数年間を独りで過ごしたという。これまでの調査・研究でも米国在留中の奥邃の詳細については明らかとはなっていない部分が多い。

一八九九（明治三十二）年の夏、奥邃は二八年ぶりに日本に戻る。荷物はわずかにトランク一つ、単身での帰国であったという。東京にある奥邃の唯一の親族、甥・一郎宅に滞在した後、市中を居候として転々とした。この間に、大司教となったニコライと再会を果たしたほか、雑誌への寄稿、明治女学校校長の巌本善治の求めによる講演などを行って日々を過ごした。同じころ足尾銅山鉱毒問題で奔走する田中正造とも知り合う。奥邃は一九〇二（明治三十五）年に田中正造の天皇直訴を擁護する文章を『日本人』に寄稿、鉱毒被害地への視察も行い、後には弁護士・中村秋三郎を谷中村残留民のために推挙するなど、正造の活動へ理解を示し尽力した。一九〇四（明治三十七）年には、豪商の平沼延次郎の申し出により巣鴨の東福寺所有地に奥邃の住居が完成した。奥邃はこれを謙和舎と名付け、学生・書生らとこの地で共同生活を行った。建物のつくりは奥邃本人の要望により簡素な木造二階建てで、天井板も張らず、雨戸も雨樋もなく、家具なども非常に粗末なものを最低限置いただけの、「質素簡浄」[11]と言うべき建物であったという。この建物で奥邃は毎朝早く起床し、誰にもその姿を見せずひとり部屋で祈りを捧げた。平時は外出することも少なく、主に書き物をして過ごしていたといい、洗礼などのキリスト教の儀式を行うこともほとんどなかったという。共同生活を送る学生らは東京帝国大学や早稲田大学に通っていた学生が多かったが、頼まれると儒学の講義をするという程度で直接的な指導を行うようなこともほとんどなかったという。一九〇六（明治三十九）年には、学生時代に奥邃と謙和舎で共同生活を送った元舎生や、奥邃と懇意になった成人男性の集まりとして「大和会《たいかかい》」が発足。大和会は毎月第一日曜日に開催とされ、その後毎月第二日曜日には謙和舎で共同生活を行う学生・書生の会がもたれ、第三日曜日には大和会参加者の家族を中心とした成人女性のために「母の子供会」が開かれた時期もあった。これらの会にあたって奥邃は五年間にわたって二四頁あまりの著作をほぼ毎月欠かさず執筆しており、これを配布して朗読し、その後一同で会食をするのが常であったという。このように、奥邃は人生の最後の一五年ほどを周囲の人に自らの考えをさりげなく示しながら静かに過ごし、一九二二（大正十一）年、謙和舎にて七六年あまりの生涯を閉じた。

三　教育者・新井奥邃

奥邃が教育者として本格的に事業を行ったのは謙和舎に移ってからであり、ここでも謙和舎での奥邃の思想や活動に着目する。また、奥邃の思想については既に様々なことが指摘されているが、ここではすべての人間を尊重することを求め続けたという点を重要視したい。

はじめに、多くの論者から注目をあつめる奥邃のエピソードを紹介する。あるとき、奥邃は天皇を敬うべきかと問われたという。これに対して、天皇もまた一人の人間であるから他の人間と同様に敬わなければならぬ、と答えたという。この逸話に感銘を受けた教育学者・播本秀史は、奥邃がその時代の権威に対して、否定することなく相対化してとらえた点を称賛しているが[12]、ここで指摘されている肯定でも否定でもない相対化という態度は、本章においても非常に重要な示唆をもたらすものであると考える。次に、共同生活を行う学生らに示した舎則を以下に紹介し、奥邃が「教育」をどのようなものとして考えていたかを見ていきたい。

一、知学専修ならず。主として篤実なる性行を修むるを以て目的となし、互に清煖なる家庭的心情を以て相敬愛する事。
一、愛舎の念を以て協同して舎の内外を整然且つ清潔に保ち、火の用心其の他充分注意する事。
一、舎内の生活は自治を方針となし、各自責任を以て相当の規則を守る事[13]。

わずか三カ条の非常に簡潔な舎則ではあるが、中でも奥邃のめざすところは最初の項目に示されていると考えられる。すなわち、まずは自らがなすべきこととして「篤実なる性行を修むる」ことがあり、次に周囲の人とお互いに「家庭的心情を以て相敬愛する」べきであるという。

自らも謙和舎の舎生であった工藤直太郎によれば、奥邃は「教えることは嫌い[14]」であったといい、自らが積極的に他人に影響を与えることを好まなかったようである。その意志はかなり徹底したもので、自らが書いたものを他人に勧めるようなふるまいは許さず、自らの著作をすべて焼いて捨てるように指示したこともあったという。さらに、肖像画や写真を残すことも許さず、墓すら建てないよう遺言を残したほどである。このような奥邃の態度と合わせて考えると、謙和舎の舎則とは舎生に向けたものというよりは、自らをふくめ謙和舎にかかわる全ての者へ示したものであると言えよう。また、「相敬愛する」とは自身も含めてすべての人が対等に付き合うことを希望し、自らが謙和舎の中で特別視される存在となることを嫌っていたことの表れとも受け取れる。このことは「教育」について述べた以下の言葉からも読み取ることができる。

教育は、乃ち所謂天下小童の遊学たるに非ざる無しと雖も、其の任誠に重く道遠し、且余が所謂天下の小童とは、独り少年輩を謂ふに非ず、或は五十六十百歳の年長に至ると雖も、真の教育の精神を有する者は、皆な吾が所謂小童たらざるは無し(15)

ここで奥邃は「教育」とは「小童の遊学」であると言うが、この「小童」とは実際の年齢には関係がないという。また、「真の教育の精神」について、これを「有する者」という言い方をしており、「教える」「教えられる」という立場の違いを前提とする「教育」という一過性の行為とは異なるものを想定していることが読み取れる。奥邃は別の文章で「教育」のことを「神戦」という語を用いて言い換え、「怒」や「欲」に打ち克つべく、自らがなすべき務めとして「神戦」に身をおくことを挙げ、年齢や立場とは関係なく「真の教育の精神を有する者」が自己の内面で戦うことの重要性を意識している。だが、だからと言って「教育」において他者との関係は重要ではないかというと、そのようなことはない。他者との関係について、奥邃は「遠立《おんりつ》」という語を用いて周囲の人間との適切な距離を保つべきことを述べている。コール・ダニエルによれば、この「遠立」という語は『著作集』の中にわずかに三度しか登場しない奥邃の造語であるというが(16)、奥邃の思想の中でも多くの論者から注目される重要な概念のひとつである。永島忠重が奥邃本人から聞いたところによれば、「遠立」の「遠」は「疎遠」ではなく「永遠」に由来するといい、宇宙の星と星のように人間同士が適切な距離感を保つことが重要であることを表現しているという。[17] 親しい人間とも馴れ合いになることを戒める一方で、周囲の人とは無関係に一人己の道を極めるということも否定するという、絶妙な位置に奥邃の「教育」はあるといえる。

以上のことをふまえて考えると、奥邃の「教育」において重要であるのは、自らの責任においてなすべき務めをしっかりと果たすことであり、すべての人が相互の尊重と平等を求め続けることであり、その尊重に応えうるだけの自己研鑽を続けることである。また、「教育」を一過性の行為ではなく精神としてとらえている点も非常に興味深い。奥邃自身もこのような「教育」の精神を有する生き方に努め、自らが特別な位置に立つことなく周囲の人を敬い助け、自らの務めを果たしてきた。このようにみると、生きるということを「教育」と呼び実行した人物であると捉えることもできよう。

四　新井奥邃が示唆するもの

ここまで奥邃の「教育」の思想と活動を概観してきたが、このような奥邃の「教育」から本書が得られる示唆を一点指摘して結びとしたい。少し視野を広げて奥邃が帰国し謙和舎で活動をした時期の教育政策を振り返ってみると、ちょうど国定教科書が定められ、「国民皆学」が実現していった時期と重なることがわかる。これらの政策に端的に示されているように、当時の政府の「教育」観とは、子どもたちに国家が定めた価値観・考え方を学校で一方的に教え込むというものであり、これは奥邃の「教育」とは全く異なった次元のものであることは今さら指摘するまでもない。そして、この教育政策がのちに国家権力の暴走を推し進め悲惨な戦争へと導いていったという事実は、何度でも指摘されるべき重要な点であり、決して同じ過ちを繰り返してはいけない。しかし、だからと言って、田中正造を助けたことなどを取り上げて安易に奥邃を評価するだけでは、奥邃の「教育」をしっかりと理解したとは言えない。明治・大正の世において天皇をも一人の人間として敬うべし、と言いきった奥邃の「教育」の器の広さから学び、これからの歴史をどのようにつくっていくかを考えていかなければならないのではないか。

注

（1）新井奥邃先生記念会監修『知られざるいのちの思想家——新井奥邃を読みとく』春風社、二〇〇〇年。

（2）新井奥邃著、永島忠重編『奥邃広録』別巻、大空社、一九九一年。永島忠重『伝記叢書八二　新井奥邃先生』大空社、一九九一年（原著は一九三三年）。

（3）「人の心を見通す人（工藤直太郎氏にきく）」新井著、永島編、前掲書。工藤直太郎「新井奥邃先生最期のころ」春風社編集部編『奥邃論集成』春風社、二〇一四年。新井奥邃著、工藤直太郎訳『内観祈祷録・奥邃先生の面影』青山館、一九八四年。

（4）林竹二『林竹二著作集第Ⅵ巻　明治的人間』筑摩書房、一九八四年。

（5）長野精一『怒濤と深淵——田中正造・新井奥邃頌』法律文化社、一九八一年。

（6）播本秀史『新井奥邃の人と思想——人間形成論』大明堂、一九九六年。

（7）新井奥邃著作集編纂会編『新井奥邃著作集』全一〇巻、春風社。

（8）たとえば、キリスト教の観点からは、笠原芳光『日本人のイエス観』教文館、二〇〇七年や、日本スウェーデンボルグ協会編『スウェーデンボルグを読み解く』春風社、二〇〇七年が挙げられる。また、コール・ダニエル、金泰昌編『公共する人間五　新井奥邃　公快共楽の栄郷を志向した越境者』東京大学出版会、二〇一〇年に奥邃の研究がまとめられている他、稲垣和久・金泰昌編『宗教から考える公共性』東京大学出版会、二〇〇六年や、荒このみ、生井英孝『シリーズ・アメリカ研究の越境第六巻　文化の受容と変貌』ミネルヴァ書房、二〇〇七年などで宗教の融合という観点から奥邃が取り上げられている。

（9）阿部仲麻呂「新井奥邃における「謙」の思想と現代的意義に関して」『清泉女子大学キリスト教文化研究所年報』一七巻、二〇〇九年、五四頁。

（10）コール、金編、前掲書、七三頁。

(11) 伊藤梯二「新井奥邃翁を訪ふ」『新人』一八巻五号、一九一七年、一〇七―一〇八頁。
(12) 播本秀史「新井奥邃と野の教育」、コール、金編、前掲書、二二五頁。
(13) 長野、前掲書、二三三―二三四頁。
(14) 新井著、永島編、前掲書。
(15) 新井奥邃著作集編纂会編、第二巻、四五頁。
(16) コール・ダニエル「今、わたしに見える新井奥邃の魅力」コール、金編、前掲書、六頁。
(17) 永島忠重『奥邃先生の面影と談話及遺訓』警醒社、一九三四年、九九頁。この箇所はコール・ダニエルや播本秀史ら、先行研究の多くで言及されている。

第三章　「研成義塾」と「自由大学」考――「感化」を手掛かりとして

石川修一

一　穂高を訪ねて

大糸線穂高駅、北へ二分。踏切を渡る。「碌山美術館」（国の登録有形文化財）がある。穂高の人々、新宿中村屋、銀座ワシントン靴店、信濃教育会、長野県等、官民一致支援しての完成であった。隣接する穂高中学（現穂高東中学）の生徒たちも「建設の補助作業に参加、石・土運び、瓦・煉瓦揚げ、木材整理などに汗を流した(1)」。生徒たちの働きに感じた施工者・清水建設は大部の書籍を穂高中学に寄贈した。美術館建設に当たっては、官公民の癒着の微塵も見られず爽快である。子どもの未来を見つめる真っ直ぐなまなざしが社会にしっかりと保持されていた敗戦後一三年目の春であった。

三十歳と五カ月の命を燃やし絶作「女」（国の重要文化財）を遺した碌山こと荻原守衛。友人たちの作品群に囲まれて碌山の近代彫刻に占める位置の確かさを思う。

穂高東中学校から道をはさんだ「研成ホール」。その名から「研成学校」が連想される。

一八七二（明治五）年、学制発布と共に地元の奨匡社社員でもあった臼井喜代と相馬安兵衛等の設立運動により「研成学校」が発足する。相馬愛蔵が自著『一商人として』で称揚したように、その名、研成は県下に聞こえ遠方からも児童が集まった。井口喜源治（一八三〇—一九三八）も「研成学校」の名を改めた「穂高学校」の支校、「保等学校」に通った。

「碌山美術館」から更に北へ、橋爪橋で烏川を渡る。そこはかつての「銀座ワシントン靴店有明工場」。工場正門前に往時を追懐できる巨木の桜。幾世代を継いだ当代の花の色はいっそう濃い。戦時下一九四五（昭和二十）年、政府より工場の移転を命じられ東京から鉄路貨車を列ねて疎開、操業開始は敗戦直前の八月十日であった。

穂高駅に戻り千国街道を東へと越える。等々力、白金、矢原の集落が白壁の土蔵を従え、漆黒の瓦を載せた旧家群となって現れる。おそらくは当時と変わらぬ戸数であろう。碌山荻原守衛の墓所は中村不折の筆蹟になる碑文と共に万水《よろずい》川辺の榛の木林を背景にこの地籍の鎮守の社のように佇んでいる。守衛をして絵の、そして彫刻の道に向かわしめた長尾杢太郎の「亀戸風景」を応接間の一隅に掛ける相馬家の洋館も喜源治や守衛が出入りしていた時と寸分変わらぬ姿で、おそらく守衛の生家から望めたであろう近さで在る。そこから数分、南へ下ると「研成義塾」の出発点となった矢原の集会所跡である。

守衛の生家と墓所、相馬家洋館、矢内原忠雄の揮毫した三枚橋「研成義塾」の碑、碌山美術館、そしてワシントン靴店有明工場跡。それらが円周上に配置されるまさにその中心に「井口喜源治記念館」はある。井口が生涯にわたり自ら恒星のごとく発光し義塾生徒と周辺の人々に投じ続けた感化の象徴のように建つ。

二　井口喜源治[3]（一八七〇～一九三八年）と研成義塾

上高井高等小学校小布施分教場で教職生活を開始した井口は、故郷の小学校（四カ村組合立東穂高組合高等小学校）への転任と同時に、一八九三（明治二十六）年十二月二十日、生涯を通して井口を支えた親友相馬愛蔵が中心となって結成した穂高禁酒会に入会。中心となって活動を開始する。禁酒会としての非芸妓置屋設置請願は四回にわたっている。[4]三度目の請願書では自ら稿を起こしながらも、井口には子供たちに対する感化とはどこまでが正しいのかという煩悶があった。

（略）教育者は社会的事業に尽力するは如何ほどまでにすべきや疑問なり。教育上の結果、自己の感化の何処まで達し、如何の生徒をつくりしかを思えば精はづ《ママ》かし、[5]（略）

明治三十一年、「土地の繁栄を策するのに手段を選ばぬ」[6]人々から、また教師による校内に芸妓を入れての飲酒遊興を批判した報復として同僚からも排斥されるが、退職。矢原集会所を仮の校舎として一八九八（明治三十一）年十一月七日「研成義塾」を設立する。やがて自らの使命の感得に至った井口はその瞬間をこう述懐する。

午前四時床にあり、俄然として自得し、自ら三十年来の非をさとり、此に自然の大法に意志あるを感じ、自ら新たなる生涯に入りしことを知る。希くは、此清き心をして永遠に保たしめたまえ。愛する神よ、アーメン。起きて田畔を歩す。天地其景象を改ため、星光赫奕として神意を語るが如し。[7]

一九〇二（明治三十五）年、三枚橋新校舎の二年目の一月、当時長野師範学生の手塚縫蔵は研成義塾に井口を訪ねた。折から、上級生は唐詩王維の『独坐幽篁裏～』の習字、下級生は英語の初歩の授業を同時に受けているところであった。「後方の炉の傍らに腰を下してもの静かな温平たる先生の風格にしみじみ見入」った手塚は、そこに二四、五名の生徒が、井口と「絶対の信と敬をもって」接している姿に打たれる。思わず「神よ（略）吾をして井口先生の許にありて教鞭をとらしめよ[8]」と記す。

図 1-3-1　1899(明治 32)年　東京名士訪問時の記念撮影

右より井口喜源治・29 歳、荻原守衛(座位)・20 歳。
井口喜源治記念館所蔵

荻原守衛（一八七九～一九一〇年）は九歳年長の井口と深い師弟関係を結んだ。井口の感化が七年に及ぶ守衛の米国・仏国での修行を支えた。在外中の井口宛最後と思われる一九〇八（明治四十二）年一月十一日付の手紙は、帰国目前ローマよりの絵葉書であった。パラチネ宮址を訪れての感想に続けて帰国予定を報告した。最後に、「僕の家の方へよろしく願上候。有志諸君へも別に申し上げず候間、先生より御次手の節よろしく」とある。帰国を待つ家族によりも井口への報告を第一としたのである。（井口喜源治記念館・井口喜文氏談）

一九〇六～〇七（明治三十九～四十）年に多くの研成義塾出身者がアメリカ西海岸に渡った。経済的な移民であるに加えて、当時教会が堕落していたとされる米国に「神の国」を創出せよとの井口の強い助言があった。渡米を果たせなかった斉藤茂(9)は仲間を激励した。

「ピューリタン精神を移して精神的廃頽の彼の地の同胞の間に神の国を(10)（略）」

ゴードン・潔・平林（一九一八～二〇一二年）は研成義塾より渡米した平林俊吾・みつ夫妻の長男である。かつて来日し両親の故郷穂高を訪ねたゴードンはインタビューに応じ述べている。「井口先生のことも内村鑑三のことも（両親は）よく話してくれました。（略）お父さんやお母さんのやったことは、そういうモデルを見ていますから、私が大きくなってから、何かの問題であっちへ行くかこっちへ行くか（迷うことが）あったら、井口先生や内村鑑三の考えが下にあったと思います」（聞き手・宮原安春、一九八八［昭和六十三］年十月八日、穂高中学校体育館）。ゴードン・潔・平林は戦時下の日系アメリカ人に対する外出禁止令、強制排除命令を合衆国憲法違反として闘い、強制収容も拒否、一九八二（昭和五十七）年に無罪判決。二〇一二（平成二十四）年、没後ほどなく大統領自由勲章を受章した。オバマ大統領は次のように発言した。「ヒラバヤシ氏のように間違ったことに立ち上がった市民のおかげで、アメリカはより良い国になった(11)」。

戦時下の論客清沢冽、銀座ワシントン靴店創業の東条鱸《たかし》も研成義塾より渡米している。

研成義塾から巣立った七百余名は「悉く平凡な農夫であり、商人であり、職工である。それらはすべて自己の労働に勤勉で、誠実で、そして文明人として恥ずかしからぬ教養を身につけた平凡人(12)」として生きたが、それこそが井口研成義塾が掲げた教育目標であった。しかしまた、井口の教育は多くの逸材を生まずにはおかなかったのである。

ここは水が育む地である。屹立する有明や常念はじめアルプス山塊に落ちた雨雪が地深く浸透し、数十年数百年の時を蓄えて地上に湧く。万水川は湧水を源とし、緩やかな安曇野の傾斜を下る。名の通り満々と湧き出た水はきわめて緩慢な動きでありながら、幾万年を流れ、今日もまた変わらぬ姿で流れる。やがて万水は高瀬・穂高の二川と共に犀川の本流に合し滔々と千曲川をめざし北へと奔るのである。思えば臼井喜代や相馬安兵衛、愛蔵や井口喜源治たちの営みは地下を確かに流れゆく命水のごときである。いつか何処かで地上に現れ、大地を潤し、人の命を育んでやまない。

三　上田自由大学の背景への一考察

上田自由大学に関しては多くの研究者が研究対象とし、また先人のすぐれた研究論考の蓄積が多くあり、何をか加えるものとてないが、一点だけ述べたい。

高倉テルのロシア文学論は聴講者の数が他の講座に突出している。当時、大正という新しい時代を国民は期待感をもって迎えていたが、ロシア文学は翻訳も少なく一般的に読まれてはいなかった。そんな中、一九一四（大正三）年三月二十六日に帝国劇場で初演された劇団芸術座によるトルストイ「復活」は、朝鮮・満州・台湾までをも含み五年に亘り公演が四四四回に及んだ。主演女優松井須磨子（一八八六〜一九一九年）は松代清野（現長野市）出身、故郷長野県では北は須坂から南は飯田まで主要地を巡回、上田では一九一五（大正四）年と一九一七（大正六）年に二回の公演があった。穂高でも公演、井口喜源治もまた観劇者の一人であった。喜源治の記述には「水曜、夜穂高劇場に松井須磨子の復活を見る。同行者、青柳姉・相馬正美・望月京子・同和子、同潔子」とある。[13] 周知の事実であるが「復活」の大成功は須磨子の劇中歌「カチューシャの唄」（島村抱月・相馬御風作詞、中山晋平作曲）

によるところが大きい。初演の翌年、レコードとなった「カチューシャの唄」は蓄音機など一般には普及していない時代であったにもかかわらず空前の大ヒットを記録した。

松井須磨子、本名小林正子は七歳で上田長谷川家の養女となり、松代より移り住み上田尋常小学校に通う。女優となった正子の幼少時代を知る同級生や知人が相当数いたはずの上田公演であった。ロシア文学ならばトルストイの「復活」であり、「復活」は即ち主演須磨子の歌う「カチューシャの唄」であった。上田の人々にとって、かつての学友正子が目の前の舞台にいたのである。猪坂直一の「枯れた二枝」によれば、「はたして氏（高倉テル）の講義はロシア文学を軸として古今東西の文学に及ぶもので、殊にその暗示と余韻に富む話しぶりに、男女さまざまな［略］自由大学の学生［略］悉くが氏の講義に魅せられ」た。その中で聴講していた二名の女子を猪坂は明かしている。「上田花柳界で文学芸者と言われた春奴と静枝などで、二人は高倉氏の講義に限って聴講した」[14]。二人の女性もまた「復活」を観劇していたと想像するに難くない。高倉テルのロシア文学論が多くの聴講生を集めたのには当時の上田と松井須磨子のつながりをその背景と考えてみることもできる。

四　自由大学で学んだ人々[15]

1　満州移民と佐々木忠綱

旧大下条村村長であった佐々木忠綱は伊那自由大学を聴講した一人である。

一九三八（昭和十三）年村長として下伊那郡町村長会主催・満州農業移民地視察に、県議羽生三七はじめ下伊那郡内の村長三十数人と参加した。一九七九（昭和五十四）年に伊那自由大学関係者が集った座談会で、視察時に見た日本人移民の実態を佐々木は述懐している。

「(略)羽生三七先生が県会議員であられまして、満州の視察に参ったのでありますが、(略)わたしも満州を視察してきて日本人が非常に威張っているということ、」「自由農業移民とかの農民になると満人の土地を略奪してどんどんやっていくというようなやり方をしているのを見たり、日本人が(満人を)侮辱しているところを見たり、いろいろなところを見て、これは、はたしてよいものかどうか私も非常に疑問を持ちまして、」周辺の村のほとんどが国策満州分村移民を推進していたが、「私は絶対に分村をしないということで、これを押さえましたために、壮年団の役員が非常に怒ってきましたが分村はやりませんでした」。また自分の村に中等学校を作る思いは実現には至らなかったが「我々の考えが反映して終戦後阿南高校ができましたが、とにかくこれらも自由大学のおかげだと思っています。」(16)

冊子『伊那自由大学』(林源、楯操等発行)第一号(一九二六[大正十五]年)の巻頭言は真理を求める青年の決意を伝える。

自由大学運動は文化下伊那の建設である。吾々はその建設の手段を自我教育に拠らうとするのである。(略)されば雪に凍る二里三里の山道も自由の学燈の輝きあれば毎夜通ふとも吾々の決して苦難とする所ではない。

若き佐々木(二十六歳)もまた、「夜中に自宅を出発、夜通し歩いて自由大学を受講した。二十代後半の知識欲旺盛な時代に進歩的、リベラルな見方を学んだ」。「戦時下でも個人を尊」び、分村拒否に当たっては煩悶があったが『自分が行きたくないところに村の人をやるのはどうか』と妻に相談した。すると妻は『そう思うならやめたほうがいい』と答えた。まっとうな考えが決断を後押した[17]」。

同じ座談会で佐々木は述懐している。「自由大学では、（略）いくらかなり本を読むという（こ）と（を）教えていただいたことが、（略）後々に影響するところが非常にあったのではないかと私は思います」。「大下条村は満州分村移民決断せず」。村長佐々木が下した結論であった。

2　上田自由大学と神川村嬬恋開拓分村移民、菅平鉱毒反対運動

再建上田自由大学（一九二八［昭和三］年三月〜一九三〇［昭和五］年一月）を実現した堀込義雄は、戦後初の公選村長として神川村政を担った。

「就任の辞[18]」で決意を述べる。

全村「およそ三百町歩の耕地を六百戸近い農家で」の耕作はいずれ行き詰まりを来し、また「大屋（神川村東部）を主とする商工業の発達も大いに望む」が「地域と資材の制約から限度があ」る。また「神川村は土地が狭く山林を少しも所有していません。（略）随って失業者のない平和村建設のためには、余剰人口の処置と各戸の経営形態の合理適性を計る事が相関連した大切な問題」であり、「是等の問題（の解決）は実に全村民の認識と決意とに俟たなければなりません」。そこで「平和村建設のために（略）余剰人口を」どうするか。

戦中、村長金井正は山越脩蔵と協力し、国の食糧政策は米麦に中心が置かれ、桑園も蔬菜園も制限されていたが、上級官庁に「酪農者に限って百坪の飼料畑の設置を認めさせ[19]」て良質なたんぱく質源の供給に道を拓いた。併

し日一刻と戦時体制は強化され「作付統制令」や出征兵士の増加により「銃後の農村体制」の構築をせざるを得ない情勢の中、「留守家族の回顧の憂をなくし」[20]なお生産を高めるため畜力導入と共同耕作によって乗り切ろうとした。

戦後「戦争中に勉強した農業から戦後の日本の農業はどう生きるべきか考え」[21]また、一九四五（昭和二十）年九月には早くも蓼科山麓に入植地を探し求めていた山越脩蔵は、農地委員会委員長となり一九四七（昭和二十二）年二月の委員会で、自らが発案した高冷地への開拓分村移民を提案、村長堀込義雄に申し入れた。「開拓が実現された場合、万一開拓者をまとめ開墾を成功するまで中心として立つ人がなかった場合、其の責任は、提案者の自分にかかることを覚悟」[22]し、村会の承認を得ると自ら開拓団団長となり副団長の北川太郎吉と共に高冷地（嬬恋村・群馬県）入植の先頭に立った。ときに山越五十四歳、北川四十三歳。

後に北川は、山越の生涯で自由大学運動の頃が最も華やかであったと、山越の思い出を述べている。また北川自らも「自由大学の終頃高倉テル先生の講義を受け」、また山越とのつき合いも「青年団運動の一ッとして神川『路の会』の仲間に入れてもらって時報『神川』にわけのわからないことを書いて居たのがはじまりであった。そこで私は山越さん外多《ママ》くの先輩達から人生とは何か、社会とは何か、価値とはどう云うことか、自由と平等と云ったことを学ぶことが出来たのであった」[23]と述懐している。

図 1-3-2　山越脩蔵

上田市立美術館所蔵

分村開拓では山越が北川と共に農林省農地事務所、群馬、長野両県の開拓局、地元入植地の行政との必要な折衝・交渉にあたり、村人への依頼、協力要請に奔走している。また種子の買い付け、畜力による農具の選定まで、二二名の開拓団員（その中には満蒙開拓の帰還者二名、フィリピンよりの引揚者の四人兄弟がいた）と共に精力的に動き、自らも開墾の鍬を振った。開拓者が目指した大規模酪農は実現されなかったが、嬬恋村をキャベツの全国の総出荷量の半分を占めるまでに成長させている。

上信国境鳥居峠から南の落葉松林を抜け浅間山を仰ぎつつ、千メートルの標高を保ち広大なキャベツの畑中をゆく。やがて六里ヶ原の西端、中原開拓地が視界に入ってくる。かつて不思議に思ったものだ。集落の家々の庭に申し合わせたように植えられている赤や黄の気高き花の群落。開墾前は山麓を一面に覆っていた数種の石楠花である。それを丁寧に掘って移植したものであることに気付くに時間はかからない。

時報『神川』第六号「就任の辞」で村長堀込はさらに述べる。「是の（全村民の認識と決意を促す）意味から、（略）進歩的陣営からも保守的見地からも、自由にして闊達なる意見が伸張されねばならない。（略）進歩も保守も実践の場に於いては、混然として合の力となって、大きな歩みをいたすべき」だと論じている。ここに菅平鉱毒反対運動をけん引した堀込の思想的基盤が見える。

二期八年、堀込の村長としての事績の中で特筆すべき第二は神川上流菅平大明神沢硫黄試掘に反対する当該地長村《おさむら》他一市九村、一〇万の住民による運動の先頭に立ったことであった。[24]

朝鮮戦争や高度経済成長前夜に硫黄需要の増大を見込んだ採掘会社は全国的に有望な鉱山をもとめ、試掘、採掘を行っていた。試掘とはいえ事の重大性を憂慮した堀込は神川流域の一市一〇村長を結束し、住民反対集会を繰り返し、国・県への幾多の陳情を行い、最初は不可能に思えた「採掘禁止区域」の指定獲得を果たしたのである。強力な支援者も多くいた。勝俣英吉郎[25]の長男勝俣稔、又、参議院議員溝口三郎（上田市出身）は総理府土地調整委員会への鉱区禁止指定の申請を出すよう助言をするなど常に鉱毒対策委員会側に立った。一九五二（昭和二十七）年六月に堀込が問題を初めて認識し、反対運動を組織してから約一年後、最終局面は八月中旬の一週間、土地調整委員会が依頼派遣した塩入松三郎博士[26]の現地調査であった。調査最終日（八月十七日）神川最下流、千曲川に合流する付近の水田を調査。穂の出かかった一本の稲を抜き根を見て塩入が解説する。

これはひどい。土壌に硫黄分が多いと、鉱分がとけて硫黄とくっついて、根が白くやられ、もっと進むとこのように黒く変色してきます。最もひどい状態です[27]。

現場に同行したその時の堀込の回想がある。

水田の秋落ちの防止に生涯を捧げてこられた先生は、本質的に農民の味方であり、郷里の水田が被害を受けることは、忍び難かったに違いないと思う。とすれば、土調委が塩入先生に調査を依頼した時点で、菅平鉱毒問題の帰趨は決まった、といっては言いすぎだろうか。私は塩入先生が、根ぐされの稲をかかげて、（同行した）島根先生を振り返った表情に、ホッとした安ど感が浮かんだのを覚えており、この瞬間、この勝負は勝ったと確信した[28]。

九月二十九日、土地調整委員会は地元一市一〇村住民の要望通り菅平地区を鉱区禁止地域に指定する。堀込の不屈の闘いを支えたものは、前半生三〇年の長きに亘る教員生活と青年団活動から、様々な階層の人々を偏見なく見つめる目を養い、また自由大学の再建に力を注ぎながら「柔軟で一方に偏らない青年期の思考様式[29]」を形成したことに求められる。

神川の水に依拠する一〇万の生活者の生存をかけた闘いであった。裁定が下った日、記者のインタビューに堀

図1-3-3　鉱区禁止地域指定決定を告げる

昭和二十八年十月十五日

神川

鑛區禁止地域に指定 土調委の裁定

十萬住民の完全な勝利！

＝遂に悲願かなつた 菅平鑛毒問題＝

神川流域十万住民がひとしく待ち望んでいた菅平十ノ原硫黄採掘に対する土地調整委員会の最後の判定は遂に去る九月二十九日の委員会で次のとおり、決定された。即ち上沢井を除いた硫黄硫化鉄並びに鉱床内における鉱石の採掘を禁止に決定した旨の発表をみるに至つた。従つて菅平硫黄鉱も採掘禁止の決定が与えられたわけであり、一年有余にわたり対策委員会を中心とした関係市村十万住民の必死の反対運動は遂に悲願かなつて住民の勝利に終つたのである。

発行兼印刷人 尾崎英次
編輯人 太田哲夫
長野県小県郡神川村
発行所 神川公民館
長野県上田市馬場町
印刷所 秀信社

時報『神川』第73号 1953（昭和28）年10月15日

込義雄神川村村長は答えた。勝利は「いかなる政治勢力、いかなるイデオロギーにもとらわれず、対策委員会の統率と緊密な連絡のもとに、全住民一致の思想に基づいて行動し」たことが第一の因であり、「水のPHと水田土壌の調査」を継続し、「硫黄採掘が」「明らかに被害」を出すことを「客観的に裏付け」たことをもって「科学の勝利」とし第二の因とした。[30] 土田杏村の「社会主義でもなく資本主義でもない[31]」という自由大学の理念が、それは「教養主義の限界」との批判も甘受したが、今ある難題を引き受けねばならぬ時に山越の生き方や堀込の闘いを通して具現化されたと言ってよい。

　村民の社会的覚醒、村の暮らしの向上のためには、村民自らが日本の政治・経済・社会・文化の現状の理解をもって、ただ「黙々と働いていればよいのだ」という封建的な農村社会からの脱出を図るしかなかった。かつて大正から昭和恐慌下、自由大学を発想・推進しながら自立の学習を貫き、思索を重ねた山越や北川、堀込たちは、戦後の村の将来を高冷地への開拓分村に託し、また硫黄鉱害反対運動ではイデオロギーを排し全住民参加型の運動を形作っていった。戦後の彼らの地域に対する斯くも積極的かつ献身的なかかわりもまた自由大学が生み得た地域変革・人間変革を志向する行動であった。

地域の住民が、自己を教育しながら、地域の変革に関わっての課題をどのように捉え克服していくのか。平成はすでに四半世紀を超えた。時の為政者次第でこの国の根幹がいとも軽く安易に覆されることがあるのだという現代的視点に立ち、私たちは彼らの思想と行動を今こそ照射・評価し、新たな事実の発掘につなげていく必要がある。

入植地中原から種子の調達に菅平に向かう山越、登り切った峠の向こうに「豁然と開け」た北アルプスの全景を前にしての感慨がある。

雪の上に只一人安座して一服の味を深く吸った。そして静粛の自然に耳をかたむけた。人生での一種の至高の幸福とでもいおゝか。実利を逐うということゝ、意味を逐うということが頭をかすめる。[32]

五　感化――思いを継ぐ

「学び」が永遠であるのは「知りたい」欲求が満たされることはないからである。「知る」は「知らぬ」ことを悟ることだからである。学びが必要なのは「我々が生物として自分の生命を長く延ばしていくことでは無い。生きるとは人間として生きることだ。より理想的に生きることだ[33]」からである。そのために用意されたものが、「吾塾は感化を永遠に期す[34]」を宣言した井口喜源治の研成義塾であり「民衆が労働しつつ生涯学ぶ民衆大学、即ち我々の自由大学[35]」であった。

地方人大方の大志は東京に出て一旗揚げることではあったが、井口や山越たちが教育や運動の根底に置こうとしたのは立身出世や名誉の獲得ではなかった。地域に生き、人の人たる所以を守り、健康な精神で文化的に生きる力を育む、その権利を譲れない保障として教育に有らしめようとした、そのことこそが井口喜源治や自由大学に参集した人々の切なる思いであった。

神川の水を合わせた千曲川は上田を過ぎると大きく弧を描き北へと進路を変える。やがて安曇野を発った犀川が合流、そこから大河たる風貌を纏い更なる北へと流れる。清流は人の心を映す鏡である。古来信州人は時に頑迷固陋でありながら、なお川の清きを願い、己の清からんことを志してきた。井口喜源治と「研成義塾」の人々、また山越脩蔵と北川太郎吉、佐々木忠綱や堀込義雄はじめ、「よき人、清き人」の感化を十全に受け取り、己自身の生の中で自立自尊を醸成し個の確立を成していった幾多の人々。日本で、世界の各処で彼等はまた、「時代」を共に生きるひとびとに感化を与え続け、続く世代に「よきもの、清きもの」を受け渡していく。彼等の生は、短時で大きく世を変える事にはならないが、しかし彼らの生は、その地に生き、その思いを継ぐ人々の生に確実に響き、彼らをしてその「よき人」の余韻のなかで生かしめる。「感化」の受け渡しの営み・作業は、移動すら困難にした厳寒と峻険な山岳の狭間に生きた人の頑なさがもたらしたものであり、信州の根底に流れる伝統のようなものではないのか。

注

（1）柳沢廣「共育ちの四十年」穂高中学校編・発行『孜々として』二〇〇〇年。
（2）奨匡社——一八八〇（明治十三）年設立、市川量造・松沢求策らによる国会開設要求の政治結社。
（3）井口喜源治と研成義塾を知る基本文献として以下の三書がある。①同志社大学人文科学研究所編・発行『松本平におけるキリスト教——井口喜源治と研成義塾』（一九七一年）、②主に教え子たちの追憶記と井口の遺稿

からなる斉藤茂編『井口喜源治』（井口喜源治記念館、一九五三年再版）、③南安曇教育会編・発行『井口喜源治と研成義塾』（一九八一年）。

（4）一八九四（明治二十七）年三月二十四日・青年同志会と連名で豊科警察署長へ、一八八四（明治十七）年三月二十七日・東穂高村生徒父兄連名の請願書に添えて長野県知事に、一八九六（明治二十九）年七月十三日・再び豊科警察署長へ、一八九七（明治三十）年七月十七日・長野県知事へそれぞれ請願するも、一八九七（明治三十）年設置は認可される。

（5）一八九六（明治二十九）年七月十二日の日記。南安曇教育会編・発行『井口喜源治と研成義塾』一九八一年。

（6）相馬愛蔵、追憶記「穂高の聖者」斉藤、前掲書。注（3）の②。

（7）備忘録　第一、南安曇教育会、前掲書。注（3）の③。

（8）追憶記「井口先生を仰ぐ」斉藤、前掲書。注（3）の②。

（9）研成義塾の初期に井口に教えを受ける。渡米の念願叶わず一農夫として生きることに徹し、悠々桐生政次をして「信濃のアルネ」と称せしめた在野の思索者。

（10）斉藤茂の個人誌『山上』一九二〇（大正九）年三月。

（11）二〇一二（平成二十四）年五月八日・ワシントンでの講演。「大統領自由勲章」は合衆国の国益・安全、世界平和推進、文化活動等に特別の努力や貢献を行った個人に毎年授与される。ゴードン・潔・平林の闘いは“A Principled Stand”（James A. Hirabayashi, Lane Ryo Hirabayashi: ワシントン大学出版局、二〇一三年）に詳しい。同賞はゴードン・潔・平林、フレッド・コレマツ（是松豊三郎）氏に続き二〇一五（平成二十七）年度に没後三〇年を経てミノル・ヤスイ（安井稔）氏が受賞している。戦時下日系アメリカ人強制収容の事実を全米の学校で教えるため一二億五千万ドルの教育基金が設立された。レーガン政権下の一九八八（昭和六十三）年のことである。

（12）斉藤茂「研成義塾と井口先生」『わが日わが道』後編。

（13）『井口喜源治と研成義塾』備忘録第一、一九一七（大正六）年四月十一日の記録。

（14）猪坂直一『枯れた二枝』上田市民文化懇話会、一九六七年、五〇頁。

（15）自由大学で学んだ聴講生たちのその後については長島伸一（長野大学環境ツーリズム学部教授）の「上田自由大学受講者群像――宮下周、堀込義雄の軌跡」（『長野大学紀要』第三三巻第二・三号合併号、二〇一一年）があり、本稿も多大な教えを受けた。

(16)「座談会」『自由大学研究別冊一　伊那自由大学の記録』一九七九年十月。
(17)信濃毎日新聞社説、二〇一三年八月十五日。
(18)時報『神川』第六号、一九四七年六月十五日。
(19)山越脩蔵・北川太郎吉『神川分村・開拓団の歴史』中村芳人編、一九九四年。
(20)同右。
(21)同右。
(22)同右。
(23)北山太郎吉「ひたすら菩薩道を歩いた先輩山越脩蔵さんを偲ぶ」『山越脩蔵選集』大槻宏樹編集、前野書店、二〇〇二年。戦前の神川村青年団の「路の会」の学習活動については今後その実践の確認調査と研究が必要である。
(24)堀込藤一『神と人々の水』銀河書房、一九八七年。著者は堀込の長男で当時毎日新聞社会部記者。
(25)市制移管後第二代上田市長（一九二四〜三〇年）、勝俣も市長時代、上田自由大学、再建自由大学の聴講生であった。
(26)長野県上水内郡水内村（現信州新町）出身・滋賀県立短大学長・日本農学研究所研究員、農業土壌学、水稲の秋落ち現象の解消に貢献した碩学、土地調整委員会は塩入博士のかつての水質調査の実績を高く評価していた。
(27)堀込、前掲書、二〇八頁。
(28)同右、二〇九頁。
(29)長島伸一、前掲論文。
(30)堀込、前掲書、二三〇頁。
(31)土田杏村『信濃自由大學の趣旨及び内容』一九二三（大正十二）年十月。
(32)「中原開拓・ミチューリン等関係文書・2入植」大槻宏樹編『山越脩蔵選集』前野書店、二〇〇二年、一六五頁。
(33)土田杏村「自由大學に就て」『信濃自由大學の趣旨及内容』一九二三（大正十二）年十月。
(34)「文明風村塾的の真教育を施さんがため」に掲げた『研成義塾設立趣意書』（主唱者　臼井喜代、相馬安兵衛、井口喜源治　一九〇一［明治三十四］年一月）の企図六カ条の内の二、他の五カ条は、一、吾塾は家庭的ならんことを期す　三、吾塾は天賦の特性を発揮せしめんことを期す　四、吾塾は宗派のいかんに干渉せず　五、吾塾は新旧思想の調和を期す　六、吾塾は社会との連絡に注意す。
(35)土田杏村『信南自由大學趣意書・設立の趣旨』一九二三（大正十二）年十一月。

第四章　山本鼎《かなえ》「自由画教育」運動と金井正らの「農民美術」運動

東海林照一（追記　山﨑　功）

一　はじめに

歴史上、近代日本の社会的変革期は日露戦争（一九〇四〔明治三十七〕年二月開戦）から太平洋戦争（一九四五〔昭和二十〕年八月敗戦）までの約四〇年間前後である。

その間の社会状況は、日露戦争後の明治政府以来の諸制度と諸政策の矛盾、経済の破綻などが原因での政府に対する国民の不信感や不満を背景に、政治、経済、産業、教育、文化、労働、福祉など様々な生活面からの抗議行動や要求行動が起こり、数多くの社会運動や事件が全国規模で広がった時期である。

山本鼎（一八八二―一九四六）と金井正（一八八六―一九五五）らが「児童自由画」運動や「農民美術」運動を提唱し、長野県小県郡神川村からそれが全国的な広がりを見せて行った時期は、この激動時代のなかでも大正デモクラシー思潮が重んじられた頃が中心となっている。

このような時代背景の中で山本は、児童自由画運動、農民美術運動、日本創作版画協会結成会長に就任、美術館建設期成同盟会発起人会評議員、自由学園美術科主任春陽会設立に参加、美術雑誌『アトリエ』を創刊、桜商会でクレパスを考案し役員になる、財団法人日本農民美術研究所所長に就任、日本学校美術協会相談役に就任し活躍するなど、当時の美術界の中に「自由画教育」の考えを提唱し、今日までその影響は広がっている。

金井は蚕種製造の家業を営みながら、地域社会改革の為に資金を潤沢に提供し、新しい文化創造に挑戦した思想家で社会革新のさきがけの人であった。自らの金井文庫を神川小学校へ寄付、山本や山越や猪坂と共に上田自由大学の創設、軍拡反対と普通選挙実施を訴えて講演会を開催、児童自由画運動への参加、農民美術研究所の設立運営に関り、農業会長として「農民の解放運動」「農業近代化のための革新的農業政策」の実施、村会議員（議長も務める）、助役、村長などを歴任し残した業績は、今も上田市の大正デモクラシーを語るとき極めて威光を放つ人である。

山本や金井らのこれらの経歴や業績について多くのことを知ろうとすれば沢山の時間と労力が必要であり、改めての挑戦となる。従って、ここでは、彼らの提唱し進めてきた児童自由画運動や農民美術運動に絞っての軌跡をたどり、そこから今日に「問う」ものは何かを考えてみたい。

二　山本鼎のこと

山本鼎は、愛知県岡崎市に一八八二（明治十五）年十月十四日に父一郎、母タケのひとり息子で長男として生まれる。尋常小学校四年を卒業後、十歳から浜松町の西洋木版工房の桜井寅吉の弟子として九年間の年季奉公を勤める。その後、版画職人としての道を歩み始める。

一九〇〇（明治三十三）年、鼎十六歳のとき、父一郎は小県郡神川村大屋（現在の上田市）の駅前に山本医院を開業する。大屋は鼎の第二の故郷となった。

鼎は一九〇一（明治三十四）年東京美術学校西洋画科選科予科に入学。翌年選科に入学、一九〇六（明治三十九）年首席で卒業する。その間、与謝野鉄幹主宰の雑誌『明星』に「漁夫」（木版二色刷）を発表し、今までの版画にないリアリズムは鮮烈な印象を与え、新感覚の版画家として注目される。鼎は、絵師、彫師、刷り師の三者による従来の伝統的な分業制による版画作品に対して、一人ですべてを行う独創的な版画制作を実施し、創作版画を確立した。創作版画運動の幕開けである。

一九〇七（明治四十）年、創作版画奨励のために石井柏亭や森田恒友らと文芸誌『方寸』を創刊し、四年後の終刊までに三五冊を発刊し美術、文芸の分野に少なからぬ影響を与え、その評価を得た。この運動の中で鼎が発起人となって「パンの会」を発足させ同人に石井柏亭、森田恒友、倉田白羊、織田一磨、北原白秋、若山牧水、高村光太郎、木下杢太郎が参加し、数多くの人脈が紡がれて行く。閉塞感に覆われている芸術界、版画界に対するアンチテーゼとしての新しい芸術運動への挑戦を意味する活動である。

一九一二（明治四十五）年七月六日、神戸港からフランスに渡りエコー

図 1-4-1　山本鼎

上田市立美術館提供

ル・デ・ボザール美術学校に入学し、エッチングを学ぶ。その滞在期間中は経済的な苦労や美術勉学についての疑問や苦悩の末に、帰国を決心し、四年間のフランス生活からスウェーデン、ドイツ、チェコ、そしてロシアを経てシベリア鉄道で帰国の途につく。途中モスクワ領事館の世話になり数カ月滞在し、農民美術蒐集館を訪れ、鼎はそこでの作品たちに強烈なショックを受ける。それは地元の農民が農閑期にひとつひとつ丹念に製作した小さな作品、家具やおもちゃ、人形などでいかにも素朴な清涼感に満ちた作品であり、農民たちの手仕事の何とも表現のできない魅力的な造形の数々であった。また、モスクワの街を散策しているときに見た児童創造展覧会の作品はどれも自由に生き生きと生命力にあふれていて、日本の子どもたちの描く絵とは全く違っていることに衝撃を受ける。日本の臨本一辺倒な美術教育との教育思想の格差を思い知らされた瞬間であった。鼎は、子どもたちが自らの感性で描くことこそが本来的な児童美術教育としての自由画なのではないか、そうであるならば日本でもこの自由画教育の運動を広めなければならないと考える。また、モスクワでみた農民たちの手仕事による農民美術作品つくりについても第二の故郷大屋で進めることは出来ないかと思考しながら帰国の途についた。

鼎は一九一六（大正五）年十二月二十八日神戸港に着き、三十一日に大屋の両親のもとに帰った。明けて一月に大屋の青年互助団体主催の新年会があり、合わせて山本鼎帰国歓迎会が開催された。この会で、鼎は「留学生活を通した西欧の話」を真剣に聴講する二人の青年金井正と山越脩蔵との運命的な出会いをした。

一九一七（大正六）年二月、鼎は金井正と山越脩蔵との懇談の機会をつくり、普通教育における美術教育の改革の必要性について語り、大屋での「児童自由画の奨励」運動や「農民美術の振興」運動についての必要性と可能性について相談し、三人は意気投合してその推進のための準備をすることになった。

長野県教育史によると、当時の長野県の教育思潮は自由教育・個性教育の流行の兆しがあった。児童自由画はこの自由教育・個性教育主義の運動に支持され、この運動の一環をなすものであったことも幸いしたといえる。

同時に、三人の児童自由画の奨励運動の推進力の背景にこの環境があったことは見逃せない。

一九一八（大正七）年十二月十七日、鼎は長野県神川小学校で「児童自由画」と題する講演を行った。この講演を聞いた神川小学校岡崎校長は、早速児童に自由に写生をさせ「児童自由画の奨励」を実践するといったように多くの教育者たちの関心を呼ぶことになった。

このことがきっかけとなり、児童自由画運動は短時間で全国的な広がりを見せたのである。

一九一九（大正八）年四月二十七、二十八日に長野県神川小学校で児童自由画の成果を発表する第一回自由画展が開催された。

そのときの様子を、一九一九（大正八）年四月二十九日号から三回にわたり信濃毎日新聞は報じている。中でも二十九日号の記事は、長野県下五四校から一万点に達する作品の応募があったが、会場に陳列された画は一〇八五点であったと報じた。審査した結果この選抜はいかにも少ないが、それは臨本に依ったもの若しくは雑誌等を真似されたものが多い結果である、と鼎は言い、子どもの自由で活気ある、子供自身の直接表現ができない臨本教育がいかに悪いかを指摘している。

これは、当時の教師が児童自由画教育についていかに戸惑っているかを如実に表した記事である。

このように、第一回自由画展は大きな反響があった。鼎のもとには、第二回自由画展の会場となった長野県下伊那郡竜丘村（現在飯田市竜丘）の竜丘村小学校の教師木下茂男（紫水）などから感動を告げる手紙や激励の手紙、協力を申し出る手紙などが次から次へと送られてきた。しかし、この児童の自由画教育指導に対する反対論、疑問点の指摘や批判も数多くあり、鼎はそのことにも対応しなければならなかった。しかし、一方では鼎の提唱に理解を示して共鳴する人々が少なからずいて、この運動は広く大きく確実に浸透していった。当時使用されていた「新定画帖」が一九二一（大正十）年以降使われなくなったことからも、この運動の意義と影響力を推察できる。

一九二一（大正十）年、鼎は、『芸術自由教育』を発行する。

復刻版日本児童文庫の『図画と手工の話』の中で（以下抜粋）鼎は「私は油絵絵描きですが、ふとした動機で教育の方面へ首を突っ込みました。教育といってももちろん美術に関したことで、世に『自由画』と呼ばれる、あゝいふ絵の最初の鼓吹者《こすいしゃ》は私です。もちろん、今日のいわゆる自由画の成績そのものには、私を安んぜしめない傾向がいろいろあります。（略）しかし、自分等《ら》のあの運動は、結局有意義であったと思います。日本の子供達は、あの運動の結果、『自然』に就いて学ぶようになり、各自に表現法を工夫し、独創の楽しみを知るようになりました。そして小学校の美術的学科は、家庭や社会に親しいものとなって来たのであります」と述べており、又、同日本児童文庫の『世界工芸美術物語』の中で鼎は（以下抜粋）「日本は美術に関しては沿海の先進国であると共に、断然たる現役的勢力の把持者です。なほまた、わが国は原料に乏しくて人手が多い。乏しい原料を多い人手が加工して、物の価値を数倍にも十数倍にも高めてもって富国策の一つとなさねばならぬことは民族的の運命です。然り、僕は、富国策の一つとしてわが工芸を振興しようと図《はか》る一人です」と述べている。鼎の行動はこの純粋な理念によって貫かれているといえよう。

三　金井正のこと――「山本鼎の理解者」として

金井正は、一八八六（明治十九）年十二月五日、長野県小県郡神川村（現在の上田市）国分で父一平、母歌の三男として生まれる。父は役場に勤務する傍ら、金融業興産社を設立、後の国分銀行の頭取となった。また、国分郵便局の局長も務めた。長兄一治は先天的な精神薄弱であり、次兄汲二は二十歳にならずに肺結核で死亡。

正は一八九九（明治三十二）年四月、県立長野中学校（現在の上田高等学校）入学。次兄汲二の影響で書物に親しみ文学を志し、進学を目指したがその兄が亡くなったことにより正の夢は断たれることになる。正は一九〇四（明治三十七）年四月、次兄汲二の妻だったかつと結婚、家督を継ぎ、父が局長を務める国分郵便局事務員として勤務する。その一方で、西田幾多郎の存在を友人より知らされ講義録を読み、西田哲学への関心が深くなる。一九〇七（明治四十）年には同人雑誌『国分寺の鐘韻』を創刊し、神川読書会を企画し近隣の同志と交流し社会主義による啓蒙活動を図る。この読書会が母体となって、神川青年会の設立が図られる。一九一三（大正二）年、神川青年会設立総会の会則を起草、座長を務める。なお、読書会の蔵書は青年会に寄贈され同会文庫となる。この時村内巡回文庫を計画し実施した。

一九一五（大正四）年村の軍人共励会で「軍備に関する卑見」と題して講演、その時軍拡反対と普通選挙実施を訴える。一九一六（大正五）年八月五〜七日小県教育会主催で上田中学校にて開催された「西田幾多郎の哲学講習会」の費用の大部分を正は負担した。次の年の田辺元の哲学講座も同様に費用の大部分を正は負担した。

図 1-4-2　金井正

1916（大正 5）年 8 月　西田幾多郎を招き哲学講習会を開催した当時、29 歳。
上田市立美術館提供

山本がフランス留学から戻った次の年、正は後輩の山越脩蔵とともに鼎を訪ね「児童自由画の奨励運動」と「農民美術の振興運動」の話に感銘を受け、協力を約束した。その後金井正と山越脩蔵の行動には目を見張るものがあった。その結果一九一八（大正七）年十二月十七日、正は神川村小学校で鼎による講演会「児童自由画の奨励について」を企画し実現する。続いて一九一九（大正八）年四月二十七、二十八日、同校で「第一回児童自由画展」を開催し、予想以上の成功を収め、

図 1-4-3　第一回農民美術練習所開所の日

中列右から３人目金井正、４人目山本鼎、５人目山越脩蔵。　上田市立美術館提供

この運動は一躍全国に広がりを見せたのである。同年七月には日本児童自由画協会を設立し、山本鼎、片上伸、岸辺福雄、長原孝太郎、谷好夫、山越脩蔵らとともに理事となる。

一方、農民美術の振興運動については、山本と連名で「日本農民美術建業之趣意書」（一九一九〔大正八〕年十月山本記）を提唱し、同志や志望者を募り「農民美術運動」を始めるのである。

その趣意（抜粋）の要旨は「農民美術とは、農民の手によって作られた美術工芸品のことであって、民族的若しくは地方的な意匠、――素朴な細工――作品の堅牢、等がその特徴とせらるるのである。日本にも農民美術と称す可きものが昔から、各地にあるにあったが、其制作上の方針が頗る消極的で何等の産業的組織もなかったために、段々製作品の美的価値が低下して、終に機械力

図 1-4-4　第一回農民美術講習スナップ

左より山本鼎、一人置いて金井正（立位）。　上田市立美術館提供

に圧倒されて衰亡してしまったものが多く、今日では、外国に対して PEASANT ART IN JAPAN と名づく可き何もないのである、（略）されば、此処に若し、或る国家的理想と、微細にして広範なる産業的組織とを以て、美術的手工芸品の製作を奨めたならば、必ず愉快なる成果を見るに違いない。（略）建業の目的は、汎く農民をして農務の余暇を好む処の美術的手工に投ぜしめて、各種の手工芸品を獲、是を販売流布しつつ、終に民族と時代とを代表するに足りる PEASANT ART IN JAPAN を完成し、以て美術趣味と国力とに裨益せんとするのである」と謳い、農民美術研究所を設立し、活動を開始する。このような内容の「日本農民美術建業之趣意書」を作成し、神川村の人たちに働きかけ同年十月、第一回農民美術講習生募集規定を起草し、十八日に村の青年や婦人会員を集めて説明会を開く。十二月五日、農民美術練習所を神川村小学校で開催する。

一九二〇（大正九）年四月十一日、神川村小学

校で第一回農民美術製作品展覧会を開催。五月二十八～三十日、東京三越本店で第一回農民美術製作品展示即売会を開き、出品作品はほとんど売り切れの状況で大成功を収める。しかし、昭和に入ると負債がかさみ、一九四〇（昭和十五）年には研究所は閉鎖され、正は研究所の全責任を負った。

一九二一（大正十）年六月、山越脩蔵、猪坂直一とともに信濃自由大学を創設する。土田杏村、高倉輝らによる講義が続けられ、この運動も長野・伊那、松本、新潟・魚沼、八海、群馬や宮城そして青森や兵庫など全国的な広がりをみせ、一九二四（大正十三）年八月二十日、自由大学協会が設立されて理事となって活躍した。

正は、これまでも時報『神川』や農民美術誌をはじめ多くの機会に教育や行政などについて自分の考えを発表している。そこには、正の故郷神川村を大切にし、不況に苦しむ農民たちに文化の潤いを与え、そこでの文化学術の向上と農村の自立を目指そうとする理想があり、自分の財産のほとんどをその活動に投入してまでもみんなが幸せになることに情熱をかけた理想主義があるように思える。このような理論と実践を積み重ねてきた正であったが、一九五五（昭和三十）年八月十日、心筋梗塞で六十八歳の生涯を閉じた。

四　保存されていた「自由画」思想のまち

二〇一四（平成二十六）年五月三十日の『信濃毎日新聞』地域版に「大正の『自由画』次世代へ」の見出しの記事が紹介された。内容は、「長野県飯田市の竜丘地域自治会（一九五六〔昭和三十一〕年に飯田市と合併）が、大正時代に地元の児童たちが描いた『自由画』を将来に残すため、保存・展示場所となる『資料館』建設を目指して動き出した。絵は竜丘地区で盛んであった「自由教育の象徴として竜丘小学校で保管されているが、劣化することを懸念。郷土の文化に影響を与えた歴史的資料と位置づけ、地区全体で準備を進めていく考えだ」というものである。

この竜丘小学校といえば、一九一九（大正八）年四月二十七、二十八日、長野県神川小学校で児童自由画の成果を発表する第一回自由画展が開催された時に、鼎のもとに感動を告げる内容や激励の手紙を送った教師木下茂男の所属していたところである。当時、いかに児童自由画の実践が行われていたかを示す貴重な資料であり、また、その運動は、公民館活動などを通して今なお地域住民にとっても「文化的な土壌を醸成してきた」との評価を与えるのであった。それは「地域づくりの方向性をまとめた竜丘地区基本構想（二〇一四～二〇年度）で、自由画の資料館建設を『中長期的な重点事業』と位置付け、建設基金を創設することも視野に入れている」とのことからも窺える。

山本鼎らによって提唱普及されてきた精神が今に生かされているひとつの証である。

五　追記

この竜丘小学校では、第二回全国児童自由画展も開かれていた。同じく、一九一九（大正八）年のことである。筆者の東海林照一は、予てよりこの地を訪れて取材調査を希望していた。しかし、それが叶わず逝去してしまった。

そこで、『月刊社会教育』（二〇一六年六月号）の取材調査をかねて竜丘小学校を訪れた際に、聞き取り調査を行った。以下は、地域文化研究会の一人である山﨑功が、「竜丘地区の自由画の保存と伝承活動」（『月刊社会教育』二〇一六年六月号）をもとに、追記という形で筆者の原稿を補足したものである。

図 1-4-5　展示されている自由画のレプリカ

1　竜丘小学校・自由画室を訪れて

長野県飯田市立竜丘小学校の二階には自由画室がある。今から百年近く前の大正時代に地元の児童たちが描いた「自由画」の原画が保存されている。

そして、そのレプリカや当時の自由画教育に関する資料も丁寧に保存・展示されている。原画は地元の三七〇点に加え、一九一九（大正八）年に同小学校で開かれた第二回全国児童自由画展覧会に県内外から集まった作品五〇点余も保管されている。

2　自由教育が盛んだった竜丘地域

竜丘小学校のホームページには次のように説明されている。「明治三七年から昭和四年までの二五年間、竜丘小学校の校長先生だった下平芳太郎先生は、竜丘の地域の特徴を生かし、新しい教育を打ちたてました。大正から昭和の初めにかけて、自由教育を熱心に行い、当時全国的に有名であった、野口雨情・中山晋平・山本鼎などの教育者・文化人を積極的に竜丘に招き、勉強しました。

なかでも自由画教育を木下紫水先生が中心に推し進め、大正八年九月には自由画教育の全国大会が竜丘小学校で開かれました。多くの人が集まり、竜丘小学校は全国的に有名になりました。大正元年（一九一二）から二七年間、竜丘小学校の先生だった木下紫水先生は、山本鼎の提唱する自由画教育を竜丘小学校で実践しました」（飯田市竜丘公民館編・発行『丘のみちしるべ』二〇〇一年）。

ここで、竜丘自由画保存顕彰委員会の活動について、下平勝熙（飯田市竜丘公民館長）と宮嶋聰子（飯田市竜丘民俗資料保存委員会委員長）にお話をお聞きした。

3　竜丘自由画保存顕彰委員会の活動

戦争混乱期に竜丘における自由画の伝統が途絶え、長い間校内にある土蔵に作品が埋もれていた。その保存状態が悪かった児童自由画の作品を、一九八四（昭和五十九）年に竜丘小学校に赴任した北原更一先生が竜丘小学校の二階に「児童画、考古資料室」をつくり保管した。

飯田市竜丘公民館は、一九七九（昭和五十四）年、第一回竜丘市民大学講座を開催し「竜丘村を考える」をテーマに掲げ、その五回講座の教育編で「竜丘小学校の自由教育」をテーマに大串隆吉・東京都立大学（現在の首都大学東京）教授を招いて学習した。その後何回も自由画に関するテーマが取り上げられ「大正期の自由教育の神髄」（木下陸奥・元竜丘公民館長）を学んでいる。

公民館としては、二〇〇一（平成十三）年度から本格的に自由画教育に関する学習機会を重ね、二〇一一（平成二十三）年に公民館民俗資料保存委員が中心となり「竜丘自由画保存顕彰委員会」が発足した。公民館の特別委員会に位置付けて顕彰活動を行うとともに、全作品のレプリカ（パネル）を作成して公民館の竜丘地区文化祭特別企画展などで紹介するなど活用に努めてきた。

また、劣化が激しくなった原画の保存に着手した。作者や題名、サイズ、クレヨンか鉛筆か等を全部調べて、一覧表にして記録し番号を付けた後、和紙に包み保存箱に入れて保管した。

下平勝熙公民館長は「今後は地域の宝を世に広め、後世に伝えていきたい。そのためには資料館の建設という課題もあり地区基本構想に資料館の建設を盛り込んでいる。地域の宝というものに気づいている人はまだまだ少ないし、温度差があるのでこれから広げていく必要があります」と熱く語った。

二〇一五（平成二十七）年度竜丘公民館特別委員会・自由画保存顕彰委員会の活動方針には、「竜丘の『大正期』を語る遺産・文化財の象徴といってもいい児童自由画を、地区民の総意によって竜丘の文化財として末永く保存顕彰していくことを目的とし、原画の適切な保存による継承と、自由画の調査研究、レプリカの活用、木下紫水による竜丘小学校の沿革史の保存や学習活動などを通した顕彰活動を行う。あわせて、自由教育についての研究も検討していく」と位置づけて活動を推進している。

また、竜丘においては、多くの人々に感動を与えた児童自由画の根底に流れる自由教育について、今一度見つめ直す時期を迎えている。

木下紫水を始めとする教師は、愛をもって創造を目指す教育を通して児童に接していたという。それは青年会や多くの村人にも浸透しており、まさに学校教育と社会教育が学校を核にしてつながっていた。また、仏教もキリスト教も青年会も婦人会も村人も学びに対して前向きで積極的であった。

このことは、学びが、個々人の学びでなく、地域課題やこれからの竜丘について皆が語り合う場が作られていた証でもある。この自由教育の精神的なものが現在の竜丘の礎となってきている。今、竜丘では自由画の保存をきっかけに自由教育の精神をもって、今後の竜丘のあるべき姿を考えていこうとしている。

第五章　東京・多摩における民衆の学習・文化運動

山﨑　功

先人の努力の軌跡を辿る

東京・多摩地域における、民衆の自己教育・自己形成への先人の努力の軌跡を辿ることは、今日に生きる私たちに多くの教訓をもたらすに違いない。

そこで、多摩の民衆の自己教育運動の動きを、いくつかの事例をもとに検証していきたい。

筆者は、この自己教育運動の底流には少なからず、日本の近代を形成する幕末から明治初期における多摩の民衆の運動に見出すことができると推察している。

ここでの記述は、自由民権運動以前の民衆の学習と文化状況に遡りながら検証を試みる。

そして終わりに「いわゆる三多摩テーゼの背景」と多摩における公民館の可能性と限界について考察を試みたい。

一　自由民権運動以前の民衆の学習と表現

多摩の民衆の自己教育・自己形成の底流は、少なからず日本の近代、幕末から明治初期の民衆の自己形成の過程にあると推察できる。

ここでは、江戸末期における多摩地域、とりわけ五日市憲法草案を書き上げた五日市学芸講談会に集った農民層を中心としたエネルギーの底流にあるものを探ってみたい。その底流こそ民衆の自己認識を支えた、識字学習であり在村文化＝俳句と句会であると考えるからだ。

1　識字教育としての寺子屋（手習塾）の普及

江戸末期の民衆の識字教育は、武士階級では幕府直属の昌平黌や各藩の藩校であるが、一般民衆のそれは近郷近在の手習塾（寺子屋）であった。

寺子屋の始まりは、その名の示すように有識の僧侶が寺院の一隅等を利用して、少数の上層庶民に日常生活上困らない程度の読み・書き・そろばんを教える程度のものだった。大多数の庶民には無縁なものでもあった。しかし、年代を重ねる中で、寺子屋で手習いを受けたものの中から文字やそろばんの堪能な者が居宅を開放し開塾したり、医師、神官、あるいは俸禄を離れた武士（浪人）などの私塾が、町や村に徐々に拡充されていった。五日市憲法草案で脚光を浴びた、旧五日市（あきる野市）にも二一におよぶ寺子屋が存在している(1)。

なお、寺子屋の開設状況は全国的には、文化・文政期（一八〇四〜二九年）頃を起点として増え、幕末期には一五五六〇の寺子屋があったと言われる。これは、現在の公設公民館の数にも匹敵する。また、五日市の寺子屋は天保以降の幕末期に集中している。

2 在村文化＝俳句と句会

当時、民衆の教養であった俳句と句会の広がりを見てみよう。

五日市憲法草案の立役者の一人、深沢村の名主深沢権八の祖父茂平は神官でもあった。自宅に人を集め句会などもやっていたようである。その倅（権八の父）は俳句もよくして、権八も漢詩に長じていたと記され、祖父茂平も達筆であったと記されている。(2)

このことからも、五日市辺りも頻繁に句会が催されていたことは推察される。多摩、とりわけ甲州街道と日光街道の結節点にある八王子を中心にいくつもの句会が点在していた。

『昭島市史』第一巻の「在村文化の諸相」によると、一八〇八（文化五）年、八王子に住む女流俳人榎本星布尼を江戸の文人太田南畝（直次郎）、またの名を蜀山人が訪れている。

この、星布尼の八十歳を祝った句集『春山集』に多摩の俳人四百人余りが句を寄せている。昭島の市域からも一三人が参加している。この昭島では、江戸末期までに百人にのぼる俳号が、市域の旧村から見つかっている。

また、昭島市域のほか、西隣の福生市の熊川村や東隣の柴崎村（現、立川市）にも句会が組織され地域小文化圏が形成されている。

『福生市史』によると、熊川村の名主石川家に残る玉石館（亭）梅里の俳諧関係文書には当時の様子が記されていて、「月並句会返草」や「発句点取帳」に、江戸や相模国の宗匠などの投句が記されている。このような、昭島市域や福生市域の句会の資料を見てみると、地域の宗匠格の俳人たちとの交流も記されていて、多摩の俳句を中心とした文化交流の地域文化圏が形成されていった様子が分かる。(3)

二　自由民権運動と五日市憲法草案

自由民権運動と学習結社は、多摩地域の農民層にも急速に広がる。明治十年代は、日本の近代化を巡る政治的な転換期であり、「国権」か「民権」かが問われた時期でもある。一八七九（明治十二）年に民権派の嚶鳴社の第一五支社が八王子に設置される。この活動に刺激を受けた、五日市の豪農の一人土屋勘兵衛らによって、五日市町に「学芸講談会」や「学術討論会」などの民権結社が作られる。このなかの有力メンバーに五日市の深沢村の名主深沢権八が居た。

この権八と仙台藩出身の千葉卓三郎によって「五日市憲法草案」が作られた（図1―5―1）。

図 1-5-1　千葉卓三郎（上）と深沢権八（下）

あきる野市中央図書館所蔵

1　五日市学芸講談会と五日市憲法草案

東京都公民館大会が、一九九九（平成十一）年にあきる野市で開催された。この地で、「五日市憲法（草案）を起草した、五日市学芸講談会や自由民権運動の史実から学び、それを今日の市民の学びの創造に繋ごうと『轍――わだち』というビデオ映画を制作している。この映像づくりには多摩の公民館の職員や公民館運営審議会委員も加わり（略）すべてが手づくりだった」[4]。

五日市学芸講談会は、一八八〇（明治十三）年四月頃、五日市の豪農土屋勘兵衛等によって結成された。五日市には、当時この講談会のほか学術討論会五日市自由党、憲天協会、英語学会等の学習結社や民権結社があったとされる。

これらの学習結社は、半ば学習、半ば政治と言う多面的な性質を持った組織であったと言われる。これらの結社で学習したテキストには、ルソー、ジョン・スチュアート・ミル、ハーバード・スペンサーなどもあった。例えば、中江兆民が訳した漢文のルソーの民約論、社会契約論なども、調布の中村重右衛門などは、朱で点線を打ったり、字を直したりして読んでいる。

かれらのほとんどが寺子屋で学んだ人たちだった。福澤諭吉の『学問のすすめ』『通俗民権論』なども読んで討論をしている。こうした結社には、四、五〇人から二百人ぐらいのものまであり、多摩地域だけでも五〇近くが発見されている[5]。

学芸講談会の盟約は「本会ハ万般ノ学芸上ニ就テ講談演説或ハ討論シ、以テ各自ノ智識ヲ交換シ気力ヲ興奮セシ事ヲ要ス」[6]（第一条）となっていて、会の目的は、学芸上のいろいろな問題について討論し、演説し、各自の智識を広め気力を奮い立たせることだった。

一カ月おきに民権派のジャーナリストや知識人を招いて講演会等を開催している。旧五日市町史に載っている会員は三〇人である。

深沢権八は、自由党グループと神奈川県下の民権家たちの漢詩グループ「小梅吟窓」とも繋がっていたとされる。

一九六八（昭和四十三）年、色川大吉東京経済大学教授らにより、五日市深沢家の旧宅の土蔵より発見された憲法草案は、人権意識の成熟度において、既存する民間憲法中屈指のものとされた。

これは、民衆憲法として反響を呼び起こし、発見者らによって「五日市憲法草案」と名付けられた。

全文二〇四カ条あった。ちなみに大日本帝国憲法は七六カ条、現日本国憲法は一〇三カ条である。

この憲法草案作成に力を発揮したのが、千葉卓三郎と深沢権八である。

2　民権運動と車人形

八王子にある車人形は、初代西川古柳によって考案、普及されたものである。

初代古柳（山岸柳吉）は一八二五（文政八）年に武蔵国高麗郡阿須村（現在の埼玉県飯能市）の染物屋の四男として生まれている。

そして、現在の昭島市大神にあった酒蔵へ十九歳の時に奉公に出る。そこの主人に文楽の才能を認められて、二十歳から二十八歳まで、大阪で文楽の修行を重ねた。

国に戻った古柳は、幕末の江戸人形遣いの名手、文楽師の西川伊三郎に弟子入り、後に師から古柳の名を貰った。そして、現在の一人遣いの車人形を考案し創始をした。このことから、昭島にも縁があったといわれている。

今、車人形として伝承されている地域は、奥多摩町の川野、埼玉県の三芳町で、八王子の伝承者は五代目古柳である。

この車人形も、自由民権運動との関わりがある。かつて筆者は、八王子市役所のロビーに展示してあった人形を見たことがある。それは、車人形の衣装だ。

これは当時、江戸で義太夫の語り手で寄席に出ていた秋山国三郎が、新しい自由を人形の衣装に刺繍して訴えたもので、背中に「新」の文字、前に「自由」の文字が縫われている。国三郎は、北村透谷が終生尊敬し続けた人物でもある。

三　大正デモクラシーと多摩

1　文芸運動・民衆の表現活動

一九〇五（明治三十八）年の日露戦争後から大正期にかけて、政治や文化などに民主主義や自由主義的な考え方が高まった。

現在のあきる野市にある二ノ宮歌舞伎（東京都無形文化財）は、大正前期から戦前期まで多摩はもとより、埼玉南部、神奈川の厚木地区まで及んでいたと言われる。

この歌舞伎の中心となったのは古谷紋蔵であると記されている。この古谷家所蔵の文書に二ノ宮歌舞伎の由来が記されている。古谷家はこの地の神楽師集団の中心にあったといわれる。

二ノ宮の神楽師は、八王子の車人形の技法を明治維新ごろには習得していた。

古谷紋蔵の妻エツは、祖父や父からこの車人形の語り、説教節を教わっていたようだ。エツは埼玉県の入間郡南畑村の鈴木巌に嫁し、後に生家に戻った。

そして、北多摩郡府中町の紋蔵を婿に迎え、二ノ宮村に住み、紋蔵とともに二ノ宮歌舞伎を起こしたといわれる。一九一九（大正八）年には、村芝居の役者は六〇人を超えていたと記されている。

一方、多摩の文芸運動も、いわゆる大正デモクラシーの影響下で青年や教師たちの地域文化運動によって活発に展開されるようになる。大正デモクラシーの波は、多摩の小学校の教師たちにも少なからぬ影響を与えた。自由民権運動や困民党事件にゆかりのある地域で小さな文芸運動が起こった。

南多摩の忠生村（現町田市）の忠生村尋常小学校の若い教師らの「新しい文芸にいきようとしているもの」の「葭の笛社」や「紅潮社」の結成である。紅潮社の目的は「単調な勤労生活を詩歌化して特異な田園芸術を成長せしめ」「農閑期を利用して文芸に関する活動（略）」等を開くものであった。(7)

東秋留（あきる野市）には『巨人社』、そして八王子市には『蘭薯待《らんじゃたい》』『少年文林府』『人間派』などの文芸誌が発行され、文芸運動が花開いた。前述の紅潮社は中西伊之助の「赫土の芽ぶくもの」等に影響され中西の作品を回読する読書会を開いていた。

2　農民組合運動

この中西と、一九二五（大正十四）年に『農民哀史』で知られる渋谷定輔らが「農民自治会」を組織し機関紙『農民自治』を発行した。この中西等を招いて忠生村の忠生小学校の分校で、「農民自治会」の講演会を開いている。東京都本部からも橋本義夫も参加していて農民自治会忠生支部が出来ている。

橋本は、八王子に「揺籃を動かすものは世界を動かす」というペスタロッチの言葉から一九二八（昭和三）年に書店「揺籃社」を開き、南多摩の文化センター的な役割を果した。この三多摩で大正デモクラシーの最後を飾ったといわれるのが、鶴川村の農村図書館の活動だった。この活動を支えたのは、鶴川村の小作争議を指導した浪江虔である。浪江は全農東京府連の書記長として活躍し、農村の解放闘争に力を注いだ。

このなかで、農村図書館をつくる運動に着手し、南多摩農村図書館が許可される。浪江のこの活動は戦後にも引き継がれる。

四　戦時から戦後への多摩

1　橋本義夫の揺籃社

八王子の橋本義夫と松井翠次郎は大正、戦中、戦後と多摩の自己教育運動には欠かせない人物である。

橋本義夫（一九〇二～八五［明治三十五～昭和六十］年）は、自分史の先駆的な試みである「ふだん記《ぎ》運動」の理論的指導者である。自分史を歴史的にみると、「自分史」という言葉に市民権が与えられるようになったのは、歴史家色川大吉の『ある昭和史——自分史の試み』（中央公論社、一九七五年）の出版以後だろうといわれている。色川は、橋本義夫による「ふだん記運動」という民衆運動は、「山びこ学校」などの「生活綴り方運動」に代表される戦後日本の民衆記録運動の一形態ということもできると述べている（『八王子事典』かたくら書房、一九九一年）。

橋本の生まれは東京府南多摩郡川口村字楢原（現・東京都八王子市楢原町）で、郡会議員を務めた橋本喜市の二男である。府立農林学校を卒業後は家業を手伝う傍ら、内村鑑三、トルストイらの著作に親しみ、生活改善運動や農村図書館設立運動に関わる。一九二八（昭和三）年には八王子市の繁華街・横山町に書店「揺籃社」を開業する。青年の理想主義に応えるような良書を数多く取り扱い、多摩地区の文化センター的な存在になった。

2　松井翠次郎

ここで、翠次郎について若干の事を記したい。八王子市恩方村の文化運動を担ったのは松井である。翠次郎は南多摩の教育会と連合青年団の書記をしていた。たとえば、桑都公会堂での折口信夫の万葉講座を開くなどの啓蒙的活動をした。

また、恩方村青年団は団報を発行し、文学や人生問題を考える活動もしている。一九一八（大正七）年の恩方青年団結成や恩方青年団「団報」（第六号から「緑土」に名称変更）等の発行で展開された郷土史研究の動きがあるが、(8)これらは、当時の多摩の青年たちの地域文化運動として発展していったと推測される。この、松井らの取り組みは戦後の自己教育運動へと繋がっていく。

五　戦後多摩の学習・文化運動

1　自由大学運動のこと

加藤有孝によれば、戦後の多摩の学習・文化運動は、一九四五（昭和二十）年十月、マッカーサーの「民権自由の指令」に基づき、特高警察の廃止、治安維持法、治安警察法の廃止が実現し、十月十一日には、一、婦人の解放、二、労働者の団結権、争議権、団体交渉権の無条件保障、三、教育の自由化、四、専制からの解放、五、経済の民主化の五項目の指令がなされ、そして一九四六（昭和二十一）年、天皇の人間宣言などによって民衆の言論と集会の自由がもたらされた。(9)それは、多摩のみならず、広島の中井正一の図書館を核とした文化活動、沼津・三島などの文化運動、栃木県芳賀郡大内村の青年たちの農村文化運動などにも関係しているといえる。

一九四五（昭和二十）年秋に、北多摩郡国分寺町本多の青年により「黎明会」の発足と、雑誌『黎明』の発行が始まった。南多摩では、鶴川村での浪江虔による農村図書館運動と部落文庫活動。そして、八王子市の「ふだん記」運動で知られている、橋本義夫の揺籃社と八王子の恩方村の青年団の活動がある。この恩方青年団は、砂川闘争にも参加をしていることも注目されてよい。恩方の活動は、松井翠次郎の「青年文化協会」の役割があるとも指摘される。

一九四六（昭和二十一）年十月に、八王子市で有沢広巳を招いた文化講座のあと多摩自由大学が開催されたが、これも松井翠次郎の力が大きかった。このあと、西多摩郡の福生町では、一九四七（昭和二十二）年七月十三日から八月三十一日までの毎週日曜日の午前一〇時から午後の四時まで、福生第一小学校で「西多摩夏期大学」が開催された。ここでは、西多摩郡自由懇話会設立準備会から派生した西多摩文化団体懇話会の役割があったとされる。

西多摩文化団体懇話会には、既存の青年団活動とは違った、自主的なサークル運動の台頭があった。福生町には「あかざ社」という文学サークルができ、機関誌『あかざ』が発行されている。このほかにコーラスグループ「みどりの画会」、読書会の「道芝会」が結成されている。福生あかざ社を中心にしたグループに、西多摩民主主義研究会、青梅懇話会、青梅婦人同盟、氷川青年会、五日市農村文化会などが、福生に集まって西多摩文化団体懇話会をつくり、西多摩夏期大学を開催した。これらに付け加えて、九月には北多摩農村夏期大学が開催されている。(10)

2　農村図書館運動

多摩における農村図書館運動といえば、鶴川村の浪江虔である。

浪江（旧姓板谷）は、一九三〇（昭和五）年武蔵高校から東大文学部美学科に入学したが、農民運動に参加し、翌一九三一（昭和六）年退学。一九三三（昭和八）年検挙され、一九三五（昭和十）年に出獄した。そして、農村定住と農民運動のやり直しを決意して、農村図書館開設の計画をたて本集めに奔走する。一九三六（昭和十一）年に浪江八重子と会い、農村に定住するとの考えを語り結婚を約束した。そして、虔は東京府立園芸学校に、八重子は水原産婆学校へ通学しはじめ、一九三八（昭和十三）年に虔と八重子は結婚する。結婚を契機に、農村図書館設立を発表し浪江姓となった。一九三九（昭和十四）年鶴川村（現東京都町田市）に定住し私立南多摩農村図書館を仮開設したが、兄板谷敬の巻き添えで検挙されて入獄し、一九四四（昭和十九）年に出獄する。

この獄中での生活で学んだ農業書の知識を活かして、産業図書株式会社に勤めるようになり、農業書の編集にあたった。一方、八重子は、一九四三（昭和十八）年に助産院を開業し生活を支えるようになる。そして農村図書館を再開した。

浪江虔は農村図書館をこのように位置づけている。「農村図書館をこのやうに人を中心にして考へなほしてみると、（略）部落における教養全体のセンターとした方が、ずつと自然であると思はれる。（略）帰するところ、民衆の無知と無自覚とこそ、最も力強い安全弁と考へて、民をして知らしむべからずといふモットーの下に勝手気ままにふるまつてゐた反動勢力がぐらつきだして、（略）自分や自分の家族、友人、近所の人々とともにまづ自分たちの教養を高め、知識をみがき、生活を合理化し、農業を応用科学のレベルまで高め、高い趣味を養ひ——一言にしていへば文明の時代、自由の時代の人間らしく生きようとする、一切の運動をふくんでいいと思ふ。そのような広汎な運動の基礎に本が十分に活用される。それこそ本当の意味の図書館なのであろう」(11)（引用は、旧漢字は現字体に、かなづかいは旧かなのまま）これは、当時文部省がすすめた公民館構想に対比した、地域文化活動センターの構想である。もちろん公民館も、当初は、農村地域（都市ではなく町村）で、設置がすすめられていた。

ここで、特徴的なのは、①農民主体の活動、②部落を単位とする、③科学的知識にもとづく農業の発展、④読書を活動の基礎とすることである。

虔は、戦後の一九四五（昭和二十）年から農地改革などの農民運動と、この農村図書館運動に傾注するが、農業書が農民向きに書かれていないことに気づき、一九四七（昭和二十二）年『農村図書館』を出版した。同年に鶴川村議に当選し、民主主義科学者協会農業部会の農業教科書づくりにも参加している。この年の六月に社団法人農山漁村文化協会の農村文化推進委員会に参加し、十二月に同会理事となっている。

一九四八（昭和二十三）年から常勤になり『農民通信講座第一号』『農村文化』などのリライト・編集に従事する。一九五〇（昭和二十五）年に『農村文化』に連載を始めた「上手な肥料の使い方」が好評で、これをまとめた『誰にもわかる肥料の知識』は、浪江のめざした農民のための農業書だった。これは、農文協が開発した直接普及の典型として一〇万部を売り上げ、ロングセラーになっている。

その他、一九五三（昭和二十八）年『村の政治』（岩波書店「村の図書館」シリーズ）、一九五四（昭和二十九）年『農村教育の砂漠』（長野農文協）、一九五六（昭和三十一）年『農村の恋愛と結婚』（農文協）、『町づくり村づくり』『これで防げる野菜の病気』『成功する家族計画』（ともに農文協）、『農村の読書運動』（新評論）、『誰にもわかる土と肥料』（農文協）などを出版している。

この前後から、日本青年団協議会の全国青年問題研究集会、自治労の地方自治研究集会の助言者になる。また国民文化会議常任運営委員、日本図書館協会評議員になり、運動の幅を広げている。

また、一九六五（昭和四十）年に『生産に活かす農業法規・権利としての農政』（農文協）を刊行し、一九六六（昭和四十一）年、一八年間務めた農文協常任役員を退き非常勤理事となった。

そして同年に、農村図書館の看板をおろして「私立鶴川図書館」と改称している。

一九七〇（昭和四十五）年、『この権利を活かすために・住民と自治体』（評論社）を刊行して、以後図書館を自治体民主化住民運動と位置づけ力を尽くした。

一九八一（昭和五十六）年、『図書館運動五十年——私立図書館に拠って』（日本図書館協会）を出し、一九八九（平成元）年「私立鶴川図書館」を閉館し、五〇年の活動を終えた。蔵書のうち農業関係一八〇〇点は農文協図書館に、大半は町田市立中央図書館に寄贈されている。一九九三（平成五）年に妻八重子が没し、一九九九（平成十一）年に虔が没した。なお、「私立鶴川図書館」跡はそのまま浪江虔・八重子の著作・資料館として保存されている。[12]

浪江は、少なくとも多摩の図書館運動や活動に大きな影響を与えている。また、社会教育関係者にも多くの知人を持ち、多摩の公民館活動にも多大な示唆を与え続けたといってよい。

3　いわゆる三多摩テーゼの背景（多摩における公民館の可能性と限界）

公民館は「わたしの大学」であると提言した「新しい公民館像をめざして」（東京都教育庁社会教育部、一九七四年）は、公的な社会教育の場としての教育機関の役割を明確に示した。これが、いわゆる三多摩テーゼといわれるものだ。

この提言の書き出しはこうだ。「東京・三多摩の激動する都市生活のなかで、今日新しく、住民のための公民館が、住民自身によって、しんけんにもとめられています。戦後日本の公民館のあゆみをたどってみますと、公民館は主として農村地域に設置される場合が多く、その活動も農村的な性格のものが少なくありませんでした。（略）その後の東京の巨大都市化、三多摩の急激な都市化のなかで、公民館は農村的性格を脱皮しながらしだいに住民のなかに定着してきました。（略）公民館制度ができてすでに二五年あまり、三多摩のいくつかの地域で最近新しく公民館を求める住民運動の着実なたかまりがみられます。公民館をもたない地域では公民館設置の諸運動（町田、昭島、福生、田無、狛江、武蔵野などの各市）、その増設運動（略）」となっている。[13]

そして、公民館の役割を、「一、住民の自由なたまり場。二、住民の集団活動の拠点。三、私の大学。四、文化創造のひろば」と位置づけている。

これらの提言のいくつかは、その後の三多摩の公民館活動や運動に大きな影響を与えてきたことは、確かである。現に、昭島の青年たちによる公民館づくり運動は、この提言によって、励まされ、公民館建設の原動力になった。この公民館づくり運動は、昭島にとどまらず三多摩や全国に広がっていった。この時期に出された東京都教育庁社会教育部の「新しい公民館像をめざして」は、大きな役割をはたした。[14]

その意味では、三多摩テーゼと呼ばれるこの提言は評価されてよい。しかし、当時の多摩地域は、北多摩、西多摩、南多摩の三つの多摩の郡域に分かれていて、青梅市などの西多摩や八王子などの南多摩の社会教育の営みは、この提言の主たる中身には反映されていない。

語弊をまぬがれないと思うが、あえていえば、三多摩テーゼは、JR中央線沿線の自治体、三鷹、武蔵野、小金井、国分寺、国立、小平等の社会教育実践の可能性を含め、これからの公民館像に結びつけたものだ。とすれば北多摩テーゼとでもいえようか。

だが、これらの自治体においても、農村的営みを続けている地域も多く、かならずしも、都市そのものの生活様式になじんだ住民ばかりではなかった。現に、その中心の国立市においても、多摩川を抱える谷保地域では、今でも多くの地域課題があり、公民館活動とは一線を画している。また、東京以外での長野県の自治公民館や、沖縄県の字公民館などの実践からは、三多摩テーゼに対する多くの疑問が寄せられている。この弱点については、提言の中心だった小林文人も近年その補足を提言している。[15]

今日の多摩の社会教育が抱えている地域不在の公民館活動は、首長主導の生涯学習政策のなかで疲弊しきっている。この三多摩の提言は、自己教育運動にたいして公的社会教育の可能性を提起したものだが、今日の公民館の現況を見ると多くの課題を含んでいる。そこで、社会教育活動の原点である、自己教育運動の再確認を始める必要があると考えた。その意味では、自己教育運動（常民大学を含む各大学運動）との比較研究は今日的な意義を持っているともいえる。

参考文献

秋川市史編纂委員会『秋川市史』秋川市、一九八三年
昭島市史編さん委員会編『昭島市史』昭島市、一九七八年
五日市町史編さん委員会編『五日市町史――東京都西多摩郡五日市町』五日市、一九七六年
小倉英敬『八王子デモクラシーの精神史・橋本義夫の半生』日本評論社、二〇〇二年
北田耕也・畑潤・草野滋之・山﨑功編『地域と社会教育　伝統と創造』学文社、一九九八年
『社会教育・四つのテーゼ』社全協資料委員会、一九七六年
杉仁『近世の地域と在村文化――技術と商品と風雅の交流』吉川弘文館、二〇〇一年
杉仁『近世の在村文化と書物出版』吉川弘文館、二〇〇九年
多田仁一『在村文化と近代学校教育――多摩地域等の事例から』文芸社、二〇〇一年
「特集　多摩の俳諧」『多摩のあゆみ』第七一号、たましん地域文化財団、一九九三年
「特集　地域の教育力――寺子屋から学校へ」『多摩のあゆみ』第一二五号、たましん地域文化財団、二〇〇七年
「特集　戦後多摩の公民館活動」『多摩のあゆみ』第一四四号、たましん地域文化財団、二〇一一年
八王子市史編纂委員会編『八王子市史』八王子市、一九六三年（上巻）、一九六七年（下巻）
『羽村市郷土博物館紀要』第八号、一九九三年
福生市史編さん委員会編『福生市史』福生市、一九九三年（上巻）、一九九四年（下巻）
松井翠次郎著作集刊行会編『松井翠次郎遺稿集――昭和史を貫く市民教育の軌跡』織水社、一九九〇年

注

（1）拙稿「地域文化創造の課題と実践」藤田秀雄編『ユネスコ学習権宣言と基本的人権』教育史料出版会、二〇〇一年。
（2）「深沢物語・清水茂平の生涯」『五日市町郷土館だより』第二四号。
（3）加藤有孝「多摩の在村文化＝俳諧農民を中心として」北田耕也・畑潤・草野滋之・山﨑功編『地域と社会教育　伝統と創造』学文社、一九九八年。
（4）拙稿、前掲書所収。
（5）色川大吉「多摩の百年」『多摩の近代史――底辺の視座から』東京都立川社会教育会館、一九六九年。
（6）加藤、前掲論文。
（7）同右。
（8）川原健太郎「橋本義夫の社会教育実践」『早稲田大学教育評論』第二九巻第一号、二〇一五年。
（9）加藤、前掲論文。
（10）同右。
（11）藤田秀雄「社会教育フロンティア（七）浪江虔（一九一〇〜九九年）戦時中からの民主的社会教育開拓者」『月刊社会教育』二〇一一年十月号、国土社。
（12）同右。
（13）「はじめに――新しい公民館像をめざして」『新しい公民館像をめざして』東京都教育庁社会教育部、一九七四年。
（14）拙稿「青年学級から青年講座へ＝そして昭島の公民館づくり運動へ」『多摩のあゆみ』第一四四号、たましん地域文化財団、二〇一一年。
（15）小林文人「多摩地域の公民館の歩みと昭島の公民館」『昭島市公民館三〇年誌』昭島市公民館、二〇一四年。

B 戦後

第六章　木村素衞《もともり》の表現論と長野における社会教育実践

新藤浩伸

教育者・木村素衞《もともり》

木村素衞《もともり》（一八九五―一九四六年）は、表現や美の問題にこだわりながら多くの著作を残した思想家である。

木村は近年注目が集まっている哲学者、教育学者の一人である。京都学派の哲学研究、[1] 表現や美、感性の観点からの教育哲学、[2] 教育人間学、[3] 美学研究[4]など、様々な観点からその思想に光があてられつつある。教育思想の国際的視野からの考察なども進められており、[5] 表現の問題に関する深い思索のあゆみは今もみずみずしさを失っていない。近年は著作集も出されており（全六巻、学術出版会、二〇一四年）、篠原助市などとならび、戦前における教育学者としての再評価の気運すら感じられる。[6]

一方木村は、哲学および教育学の研究だけでなく、大学内外、特に長野における教育活動によっても教育への思索を深めていった。[7] 木村は若い頃から長野県に赴き講演活動を行い、最期は終戦直後に赴いた信濃教育会での講演の地、上田で客死している。本論は、表現論を中心に木村の著述活動を概観しつつも、思想家としてだけでなく、教育者としての側面に注目しつつ、木村のあゆみを社会教育の思想と実践の中に位置づけ考察することを試みる。

一　木村素衞の著述活動

木村は、一八九五（明治二十八）年、石川県江沼郡橋立村に生まれる（生誕地の近くには、石川県加賀市の「木村素衞・有香記念館」がある）。五人きょうだいの長男で、五歳違いの弟・有香はのちに植物学者となり、東北大学教授として同大学植物園の初代園長となった。木村の家は日本海に近い地域にあり、北前船の船主として豊かであったが、父の代で困窮を極め、一九〇七（明治四十）年親戚を頼り京都に移る。京都府立第一中学、第三高等学校を経て、肺を病み長い闘病生活に入る。その際に読書に耽り、西田幾多郎の知遇を得る。一九二〇（大正九）年、二十五歳で京都帝国大学哲学専科に入学し、卒業後に京都高等工芸学校の講師となった。その後大谷大学、第三高等学校講師を経て一九二九（昭和四）年、広島文理科大学講師となった。そして一九三三（昭和八）年、京都帝国大学文学部助教授となる。教育学教授法講座、のちに心理学講座、人文科学研究所にもかかわり、終戦後は一九四五（昭和二十）年九月に学生主事、十月に学生部長、また翌一九四六（昭和二十一）年には多忙の中で米教育使節団対応のための教育家委員会（のちの教育刷新委員会の母体）委員となるが、二月、講演先の長野・上田で客死する。

木村素衞は、西田幾多郎に学び、フィヒテをはじめとするドイツ観念論哲学の研究を行ってきた。一九四〇（昭和十五）年に京都帝国大学で教育学の教授となってからは、表現や美の問題とかかわらせながら、教育について重点的に論じるなかで、「西田哲学の教育学展開[8]」ともいうべき独自の教育哲学を切り拓いてきた。

木村の著述活動は、主に一九三七（昭和十二）年から一九四六（昭和二十一）年という日本の激動の時代に集中する。その内容は多岐にわたるが、大きく分けると以下の四つに整理できる。なお、ここで挙げる著書は木村の生前に刊行された単著を中心とする。

第一に、ドイツ観念論哲学研究の領域である。カント『一般歴史考其他』（一九二六年、共訳）、フィヒテ『全知識学の基礎』（一九三一年）の翻訳に始まり、『フィヒテ』（一九三七年）、『独逸観念論の研究』（一九四〇年）などの一連の研究は、日本の哲学研究史の観点からはフィヒテの最初期の研究者として位置づけられる。[9] フィヒテに触れたのは、京都帝大における田邊元の演習がきっかけであった。師の西田幾多郎は木村訳『全知識学の基礎』の序文において、この訳書がフィヒテの思想を「郷土化」し、「我国の文化に培はれて新なる意義と生命とを得来らんことを」と期待を寄せている。

第二に、表現や美の問題にかかわらせた美学的関心からくる領域がある。『表現愛』（一九三九年）、『美のかたち』（一九四一年）などの一連の著作がそれである。前述のドイツ観念論哲学研究を下地に、「表現」を「凡そ何ものかを作り現はすことに於てみづからの存在を具体的に維持していくような生命のはたらき」「人間的存在の本質」[10] とする点。その構造を、あらざるものへの憬れという「愛」をキーワードに、「エロスとアガペの弁証法的統一」とみる点。さらには、伝統と創造の弁証法的関係などの点を特徴とする。こうした表現論は、木村のユニークな探究の世界として現在でも多くの研究がなされている。

第三に、こうした表現の問題は、教育や文化、教養のありかたを論じる枠組みにもなっていく。木村の表現論のキーワードには「形成」がある。木村は、「形成的に自己を表現し、かくすることに即して具体的な自覚をもつところの存在」[11] として人間をとらえる。また、「未知なるものの現実への現れ」、「在らざるものの在るものへの到来」[12] として形成をとらえる木村の形成論は、芸術の制作論であると同時に人間の存在のありかたを論じた教育論である。『国民と教養』（一九三九年）、『国民教育の根本問題』（一九四一年）、『形成的自覚』（一九四一年）という戦中の著作から、戦後の『日本文化発展のかたちについて』（一九四五年）、『国家に於ける文化と教育』（一九四六年）まで続く。

第四に、木村自身が、幼少の頃から自然を愛し、美や表現の世界に憧れるなかで、随筆や日記、さらには詩歌、絵画等の文芸的表現がうみだされている。生前は随筆集『草刈籠』（一九四二年）のみだが、没後に家族や知人、信濃教育会等の編纂により、多くの随筆や日記抄が刊行されている。

二　長野における教育実践[13]

教育者としての木村については、木村自身の著作における教育論の検討が必要であり、近年大西正倫が木村の著作全体を読み込む中で講演録の整理をしている[14]。また、信濃教育博物館により長野での活動が詳細にまとめられている[15]。木村自身も、教育現場との対話のなかで自身の教育論を練り上げていったことがうかがえる[16]。

木村は、二十代の頃から長野県に赴き、以来二〇年以上にわたり主に小学校教員を対象に哲学や教育学の講習会、研究授業指導、座談会、書簡のやりとり等様々な形で教師たちと関わってきた。哲学から教育学に研究教育の軸足を移していった木村に、教師たちとの交流は大きな励ましとなった[17]。

木村の死後も長野県では、上田教育会館、松本市浅間温泉茶臼山、南安曇教育文化会館、信州大学附属松本小学校、木島平中部小学校（旧往郷小学校）に詩碑が建立されているほか、没後すぐから現在に至るまで信濃教育会から関連出版物が刊行され続けるなど[18]、木村が行ってきた仕事は現在も吟味検討が続けられている。

西田幾多郎に学び、哲学と美学の研究者として出発した木村にとって、師の西田の誘いとはいえ教育学の講座

図 1-6-1　1941（昭和 16）年、上伊那哲学会 15 周年記念講演会にて

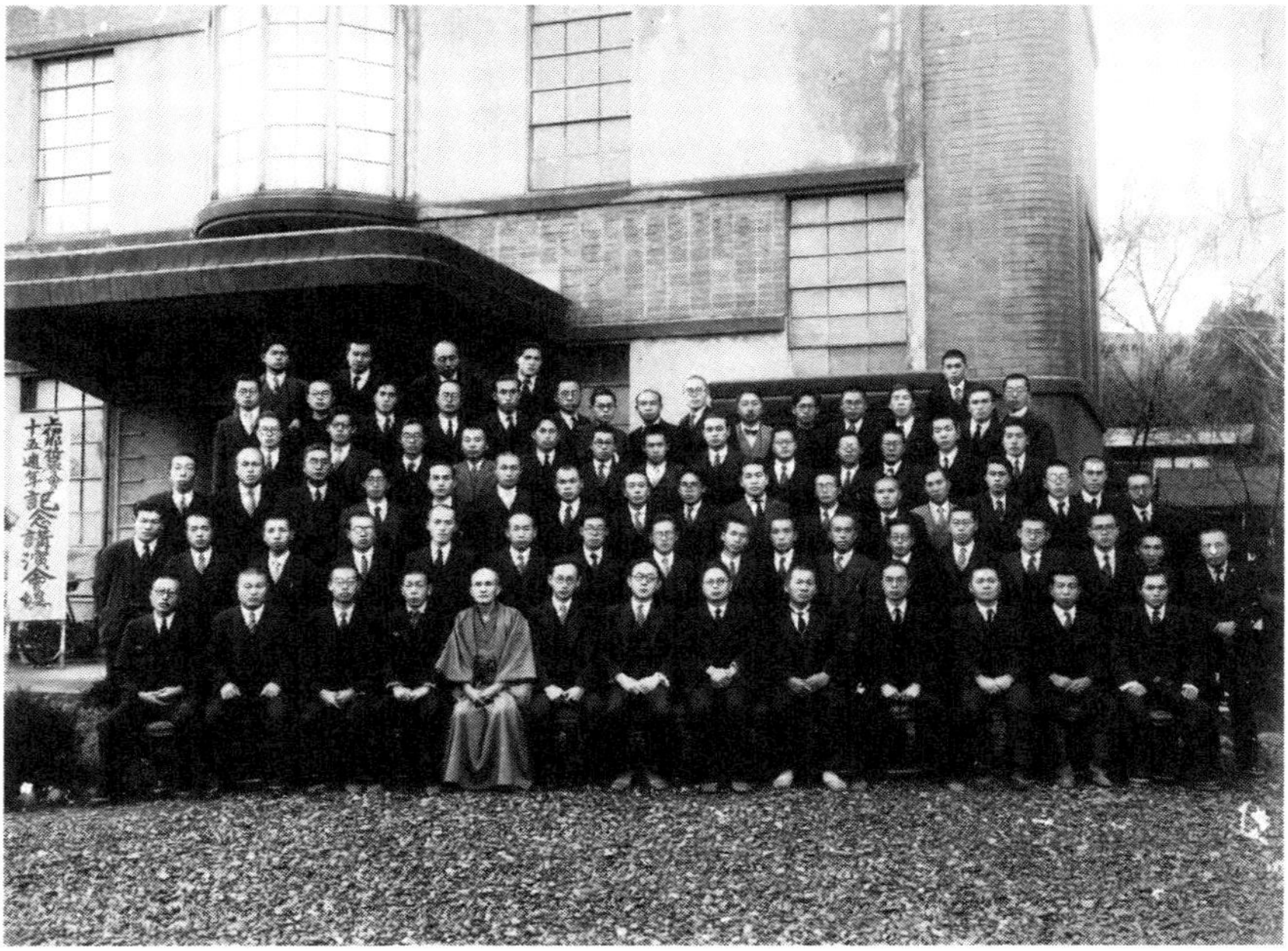

前列左から六番目下村寅太郎、七番目木村、八番目高坂正顕。　　安曇野市教育会所蔵

に着任することには迷いがあった。しかし、「子供の為めに夜の時間を一生全部捧げようと気づいて」、京都に行く決心を固めた。

長野との縁は一九二五（大正十四）年、木村が京都帝大哲学専科を卒業し、京都高等工芸学校講師の頃、千代村（現飯田市千代）を訪ねたことに始まる。千代村は学校や村の当局者の意識が高く、青年指導に心を砕いていた。最初千代村では長野出身の務台理作に指導を願ったが、務台の都合が悪く、紹介されたのが木村であった。務台は木村の先輩で同じく西田に学んだ哲学者だが、長野県南安曇郡温村出身で、終生地元の教育にも尽力したほか[19]、西田や木村ら京都帝国大学関係者を長野に導いていった。

木村は三日間で哲学概論、主に実業補習学校の生徒を対象としたが、一般公開もし、補習科の生徒たちと夜更けまで語り合った。若い人たちは、左翼思想の研究もこのような基

礎の勉強を根底にせねばならないと認識を新たにしたという。

その後も、本稿末の資料にみるように長野へは頻繁に通っている。現場の教師たちは熱心で、自転車をこいで峠の山道を超えてやってきた教師もおり、寡黙さの中にある素朴さと情熱に木村は心打たれた。迷いながらも教育学へと主題を移していった木村にとって、教師との交流は励ましとなった（図1−6−1）。また、長野以外にも、各地に講演活動を行っている。

第二次大戦中も、教え子の戦死の報に涙しながら木村の長野通いは続いた。言葉によって、学問によって若い人や教師を力づけたい、励ましたいという思いがあった。また、「哲学のない日本の教育学のために、本当の教育学の本を書きたい[20]」という思いも持っていた。一九四三（昭和十八）年九月、三歳の娘を亡くした教師の吉岡正幸に、このような手紙を宛てていた。

どうしても愚痴かもしれぬが思ひ諦められぬとの仰せですが、私は決して思ひ諦める事につとめる事はいらぬ、思ひ度い丈思ひ、泣き度い丈泣いたらよいと思ふのです。この思ひのみは単なる愚痴ではなく、その諦め切れぬ心のなかからご自分が育ってお出でになると思ふのです。それは高い人生の自覚に出ると云ふ様な事を直ぐに私は意味して云つてゐるのではなく、却って低くとでも申しますか、人間と云ふものの素地の底へ、人性の土の下へ、涙がにじみ込んで、一様万人の親心とも云ふものがしみじみお解りになると云ふ事なので、これは人の子を育てるについて、何より大きな底力です。（略）こんこんとつきせぬ追憶、愛慕の年の中から心の教育の愛を汲み取って下さい。そこにお子さまは永遠にあなた方と共に生きておいでになります[21]。

長野ではないが、大戦末期、兵庫県の国民学校に木村を招いて講演を聞いた教師、東薫は当時の模様をこう記している。講演の後にも教師たちと語らい、出会った教師の名前をメモし、宿直室に泊まることもあったという。

講演には全く原稿をもたれなかった。二階の一教室を使っての講演であったが、教育の問題——特に教育学のことをつきつめて考えてみたいとおっしゃった。先生の話は、演説ではなかった。深い思索の中から話がゆったりと生まれてくるようで、講演中も演壇で思索されているようだった。(22)

木村の講義については鈴木藤太郎による以下の証言も残っている。鈴木は『子供記』という子供の詳細な観察記録の著者でもあり、木村は同書に、鈴木が子供の心の中に飛び込んでいく「潜水の名人みたいな男」という序文を寄せ、高く評価している。

先生の講義は教授風のものとはまるで違っていた。それは何かまとまったものをひとに説明してきかせるというようなものでなく、ひとをいっしょに哲学的探求につれてゆくというようなものであった。(23)

また、教師との対話の記録も残されている。一九四一(昭和十六)年九月十五〜十六日、長野県師範学校附属小学校では、講演とあわせ同校の授業を見学し、研究授業に参加した。木村は、主張はしつつも非常に丁寧に教師の声を聞き、対話を通じて授業の内容を掘り下げている。教師も木村に対して遠慮なく考えや質問をぶつけ、その内容は戦時中とは到底思えないみずみずしさをもっている。国民科修身、芸能科音楽、理数科算数の記録が残されているが、どの授業においても見事な対話によって、学習内容への反省が深められている。以下は国民科修身の授業研究会の記録である。

木村　今日はやはり遠慮してゐたのですか。僕は二年生としてはもつとわんわん騒ぐと思ひましたが割合におとなしかつたですね。

吉池訓導　指名されて立たされてゐるのが窮屈すぎてしまつたのでせう。もつと自由に発表させた方がよかつたかもしれません。

木村　それの方がよいかと思ふね。躾が子供の発動性、活動性をおさへる様な事であるなら躾はない方がよい。国民学校で躾をやかましく言ふのは問題ではないかと思ふ。「ヨイコドモ」の中に躾ける事項が百五十幾つかあるといふことですが之を皆強ひることは角を矯めて牛を殺すことになり易い。子供はもつと野性的である方がよい。その点を心配する。（略）全校一様に全部の躾をすることは出来ないと思ふ。

吉池訓導　適した躾をみさだめることが困難ですね。

木村　郷土的環境を生かさなければなりません。(24)（略）

一九四四（昭和十九）年六月、大町小学校での全校朝礼では「決戦下の只今、私が皆さんに話そうと思うことも「本分を守れ」ということに尽きます。学校の生徒である皆さんの本分は、何をおいても勉強をすることです。どうか皆さん、一生懸命勉強してください」と説いた。戦争末期、学童の勤労動員が始まると、木村は工場労働に勤しむ一人の学童と、送り出した教師の心の機微を非常に細やかに描き、かれらを励ます記事を『信濃教育』に残している。(25)

一九四五（昭和二十）年六月の伊賀良国民学校では、「教育者はこの激しい戦時体制の折、どうあるべきか。教育というものの本質にたって日々の教育実践を積まなければいけない」という趣旨の講演を行った。

終戦の日、自身の日記によれば木村は京大人文科学研究所の事務室のラジオで、高坂正顕と一緒にポツダム宣言受諾の玉音放送を聞いた。その日の夜、木村は来客に「これからだ、日本の再建に尽すのは、何よりも日本人の教養を高める事だ、それは教育の力だ」と、配給の酒を夜更けまで飲みながら敗戦の原因を話していた[26]。

戦後、木村は早くも九月十六日に長野を訪ねている。丸子、大町、温明、戸倉、上田、若槻、岡田、飯田、伊賀良、伍和、附属、城山小学校と十月十四日までの二週間、毎日六時間くらい話したという。

十月十五日、京都大学学生部長となり多忙を極めるも十月末には再び信州へ赴き、九月にまわれなかった楢川、福島、須坂、飯田東野校を訪ねる。

戦後も木村は、ゆらぐことはなかった。「私が戦時中言って来たことは、今日の新しい国民教育においても、何等変りはない[27]」(九月十九日、大町国民学校)と述べ、敗戦などという現象に負けてじたばたしてはいけない、教育は人間形成の問題で、その教育の本質を忘れなかったら何もあわてることはない。腹をすえて静かに子供に向かえ、そして勉強することだ、と説いた(伍和小学校)。食糧難の中、夜の会食は講堂でつかまえたハトをバケツで煮たもの、理科室のエチルアルコール、トウモロコシの粉で焼いたパンでもてなされるときもあった。

日記をつけていた木村だが、戦後は、八月二十日と十一月十六日の二日のみで途切れている。最後の日記は「終戦後、激忙」で始まり、相当な多忙であったことが伺える。

一九四六(昭和二十一)年一月、風邪をおして信州にでかけた。心配する門下生には「終戦後、国民学校の先生の多くが教育の方途に迷っている時、自分としてはじっとみていられない。山奥からはるばると僕の話を聞きにくるのだよ」と告げた。人文科学研究所長をしていた同僚の高坂正顕には、前日の夜に電話で「信州でしばらく休養するつもりででかけるのだ、いいだろう」と告げた。当時、鳥養利三郎総長に請われ、学生課長を引き受けて間もない頃であった[28]。同月には、戦没した教え子の遺稿集の出版を励ます手紙を、その父親に向けて書いてもいる[29]。

長野に着いても病状はよくならず、休みをはさみながらも講演の旅は続く。「教育の本質と学校教師」「近代国家論」「文化の哲学と教育の哲学」などの演題であった。

二月九日、米教育使節団に協力する教育者委員が選ばれ、京大からは鳥養総長と木村が選ばれた。しかし重篤となり「僕はまだこれから一働きも二働きもしなくてはならない」、「僕はぐずぐずしてはいられないんだ。京都へ帰って、それから東京へ出てマッカーサー元帥に逢わなけりゃならん。教育者としてこんな時に働かなければ、教育者になった甲斐がない」と京都に帰ることを望んだが、叶うことなく、二月十二日に上田柳沢病院で亡くなった。木村が生前から幾度となく寄稿していた『信濃教育』で、信濃教育会はいちはやく訃報を掲載し、追悼記事の掲載を続け、木村の知人、長野の教師たちが木村の思い出を寄せた。

こうして、戦後の夜明けを見届けながら、志半ばで木村はこの世を去っていった。本稿は本書の戦後編に位置づくが、戦前、戦後それぞれの時代を誠実に生きぬいた人物であった。

三　木村を慕う教師たち

木村が愛した長野には、今も「木村先生」と呼ぶ教師たちが存在する。

信濃教育会は、没後から現在に至るまで木村の本を多く出し、追悼法要も数多く行ってきた。信濃教育博物館には、木村の遺稿、講義ノート等が保存されている。

また、安曇野市教育会にも、木村の日記等の関連資料が保存されている。安曇野には、信濃教育会南安曇部会

（南安曇教育会）があり、大正末期から昭和初期にかけて講演会や講習会、調査研究、県外視察等の活動が活発になされていた。また、南安曇哲学会という組織が一九二〇（大正九）年に発足し、西田幾多郎や務台理作、木村らに学びながら、思想や哲学を重んずる教師文化が存在した。木村も一九四五（昭和二十）年九月、翌年一月に南安曇郡を訪ね、戦後教育のあり方について講演を行っている。南安曇教育文化会館の庭には、木村が安曇野からアルプスを仰いで詠んだ「かそけくも消え行く光　雪かそも白き雲片　安曇野に紫雲英花咲く　畔に立ちひとり思へり　われ死なばこの山見ゆる　野の末に葬れかしと」の詩碑が建立されている。木村は長野の美しい自然をこよなく愛し、しばしば登山も行っていた。(30)

現在でも、安曇野市教育会では「哲学実技講習」として、木村を含め、哲学のテキストの読み合わせや、講演会等の機会を毎年設けており、哲学の学習の伝統は途切れず続いている。二〇〇〇（平成十二）年度からは、南安曇教育会（現安曇野市教育会）に「木村素衞委員会」が設けられ、今も教師たちが、木村の膨大な日記を読み込む地道な調査研究活動を続けている。(31)

西田門下の後輩下村寅太郎は、木村を述懐して「繊細な感受性と、緻密な思索と、同時に線の太い男性的な率直さとが見事に融合されている」、「このことが省察的な哲学者と精彩ある美学者と行動的な教育者とを同時に可能ならしめた」と述べている。(32)こうした木村が、教師たちとの交流のなかで何を学んだか。長野の教師たちは木村から何を学んだか。木村に限らず、知識人の教育活動を受けとめる長野の文化的土壌はどのようなものであったか。思想家としての側面はもちろんのこと、教育者としての木村の姿にせまる努力を今後とも続けていきたい。

付記　本稿執筆にあたり、木村素衞・有香記念館の木村睦子氏、安曇野市教育会の宮下正氏、信濃教育博物館副館長の青木正治氏にお世話になりました。ここに感謝申し上げます。

注

（1）岩城見一編『美のプラクシス』燈影舎、二〇〇〇年。
（2）村瀬裕也『木村素衞の哲学——美と教養への啓示』こぶし書房、二〇〇一年、大西正倫『表現的生命の教育哲学——木村素衞の教育思想』昭和堂、二〇一一年。
（3）田中毎実編『教育人間学　臨床と超越』東京大学出版会、二〇一二年。
（4）小田部胤久『木村素衞「表現愛」の美学』講談社、二〇一〇年。
（5）Takuo Nishimura "The Aesthetic and Education in the Kyoto School: Motomori Kimura's Theory of Expression" in Yasuo Imai, Christoph Wulf eds., *Concepts of Aesthetic Education. Japanese and European Perspectives.* Waxmann, 2007.
（6）今井康雄代表『「美的なもの」の教育的影響に関する理論的・文化比較的研究』平成十四—十六年度科学研究費補助金・基盤研究（B）（一）研究成果報告書、二〇〇五年。
（7）郷田豊「木村素衞と信州」『九州女子大学紀要』第二五巻第一号、一九九〇年、五九—七三頁。
（8）大西正倫「伝統を継承すること　木村素衞にこれから接しようとする若い先生へ」木村素衞先生五十回忌記念刊行会編『木村素衞先生と信州』信濃教育会出版部、一九九六年、九九頁。
（9）福吉勝男『フィヒテ』清水書院、一九九〇年。
（10）木村素衞『表現愛』岩波書店、一九三七年、二—三頁。
（11）木村素衞『形成的自覚』弘文堂、一九四一年、一頁。
（12）木村素衞「形成」木村『美のかたち』岩波書店、一九四一年、九七頁。
（13）本項の記述は、特に注のない限りは主に張さつき『父・木村素衞からの贈りもの』未來社、一九八五年、大西正倫「木村素衞に関する文献・資料目録（下）」『教育学部論集』一六、佛教大学、二〇〇五年を参照した。
（14）大西正倫『表現的生命の教育哲学　木村素衞の教育思想』昭和堂、二〇一一年。
（15）「木村素衞略年譜・入信記録」愛無限刊行会編・発行『愛無限』二〇〇七年、二三二—二五四頁。
（16）木村素衞『国民と教養』弘文堂、一九三九年、一頁。
（17）張さつき、前掲書、一〇六—一一四頁。
（18）上條茂編輯『恩師への追慕　木村素衞先生遺稿』信濃教育会出版部、一九四八年、木村素衞先生五十回忌記念刊行会編『慈愛と信頼』信濃教育会出版部、一九九五年、同編・発行『木村素衞先生と信州』一九九六年、愛

無限刊行会編・発行『愛無限』二〇〇七年など。
(19) 南安曇教育会務台理作委員会編『務台理作と信州』南安曇教育会、一九九一年。
(20) 東薫『わが師　木村素衞』南窓社、一九九〇年、一五五頁。
(21) 吉岡正幸「愛について」木村素衞先生五十回忌記念刊行会編『木村素衞先生と信州』信濃教育会出版部、一九九六年、一〇八―一〇九頁。
(22) 東薫、前掲書、一二一頁。
(23) 鈴木藤太郎『改訂　子供記』甲文社、一九五〇年、三二一―三二二頁。
(24) 信濃教育博物館所蔵　木村素衞資料より「木村素衞先生講述　方法論の基礎問題」。
(25) 木村素衞「学童出動」『信濃教育』一九四五年二月号（第六九八号）、六―一五頁。
(26) 木村京子「後記」木村素衞『雪解』能楽書林、一九四七年、二〇三頁。
(27) なお、こうした木村の言動に対していわゆる「戦争責任」を問う議論もあろう。これについては大西正倫『表現的生命の教育哲学――木村素衞の教育思想』昭和堂、二〇一一年第四章「国民教育の存立構造」参照。
(28) 高坂正顕「序」木村素衞『随筆集　草刈籠』木村素衞先生随筆集刊行会、一九六六年、一頁。
(29) 後藤三郎『孤櫂・信濃路の手記　若き戦没学徒の遺稿』国際評論社、一九九五年。
(30) 張さつき「信州の山々と人々をこよなく愛した父・木村素衞」『信濃教育』二〇一〇年五月号（一四九四号）～二〇一二年三月号（一五〇四号）。
(31) 井上弘道「木村素衞委員会発足と日記から学ぶ教育哲学」『南安曇教育』第一二五号、南安曇教育会、二〇〇一年、一二六頁。
(32) 下村寅太郎『遭逢の人』南窓社、一九七〇年、一八三頁。

		〈74〉7月20日 戸倉国民学校「教育愛について」 〈75〉7月21日 長野附属国民学校「教育愛について」 〈76〉7月22日 放課後 講習「戦時教育令について」 〈77〉7月23日 上小教育会「戦時教育令と決戦教育のあり方」 〈78〉7月24日 和[かのう]国民学校「国民と教養」 〈79〉7月25日 南安温明国民学校 午前「戦時教育令」午後「追悼 西田幾多郎博士」 〈80〉9月17日 南安温明国民学校「教育愛」 〈81〉9月18日 南安温明国民学校「戦後国民教育の基盤」 〈82〉9月19日 北安大町国民学校「戦後の教育について」 〈83〉9月20日 北安大町国民学校「科学教育」 〈84〉9月21日 東筑東部支会(岡田国民学校) 〈85〉9月22日「戦後の教育について」 〈86〉9月23、24日 長野市若槻国民学校「今後の国民教育について」受講者50名 〈87〉9月25日 長野市城山国民学校「戦後の教育について」 〈88〉9月26日 上小丸子国民学校「戦後の教育について」 〈89〉9月27日 上小教育会館「戦後の教育」 〈89〉9月28日 長野附属国民学校「将来の教育について」 〈90〉9月29日 長野附属国民学校「科学教育の問題について」 〈92〉9月30日 飯田東野国民学校「今後の教育について」 〈93〉10月1日 下伊那郡伊賀良国民学校「国家観の発展について」 〈94〉10月2日 下伊那郡伍和国民学校 〈95〉10月27日 木曽北部職員会「戦後の教育について」 〈96〉10月28日 木曽北部職員会「教育愛について」 〈97〉10月30、31日 木曽教育会(福島小)「終戦後の教育方向・科学教育の根本問題」 〈98〉11月1日 上高井教育会「戦後の教育」 〈99〉11月27日 下高井教育会 秋季総集会「新日本への教育」
1946(昭和21)年	52歳	〈100〉1月24日 北安大町国民学校「今後の教育」 〈101〉「近世に於ける個人の自覚」 〈102〉1月26、27日 下高井平隠国民学校「教育の本質と学校教師のあり方」 1月28日 高熱のため講義中止 1月29日 午前講義 〈103〉1月30、31日 下高井往郷国民学校「文化の本質と教育の本質」 〈104〉2月1日 長野市若槻国民学校「教育の本質と文化の本質」 〈105〉2月2日 長野市若槻国民学校「国家論」 〈106〉2月3日 上小教育会館「文化の哲学と教育の哲学」講演中に京都出発以来の感冒悪化、2月4日引き続き行う予定であった講演を中止 2月4〜6日 上田市遠藤憲三宅で加療 2月7日 上田市柳沢病院に入院加療 2月12日 病勢にわかに改まり午前10時5分急逝 2月16日午後1時 告別式 於上小教育会館 長野、松本、名古屋を経て2月17日夜 帰宅

木村素衞著、木村素衞先生50回忌記念刊行会編『慈愛と信頼』信濃教育会出版部、1995年、愛無限刊行会編・発行『愛無限』をもとに筆者作成

		〈34〉11月30日、12月1日 上伊那教育会五十周年記念総集会 天野貞祐「教育と人生」高坂正顕「カントとヘーゲル」 下村寅太郎「無限について」木村素衞「自己同一」
1941(昭和16)年	47歳	〈35〉3月1、2日 上伊那哲学会「弁証法的一般者としての世界」 〈36〉3月4、5日 諏訪(永明国民学校)「国民学校の基礎問題」 〈37〉小県上田哲学研究会「芸術・道徳」2日間 〈38〉5月24日 北安曇教育会春季総会(大町国民学校)「国民学校の理念」 〈39〉9月15、16日 長野県師範学校附属小学校「教育の方法論の基礎問題」講演ほか授業参観、研究会 〈40〉12月6、7日 下伊那阿南支会(下条国民学校)「教育学」
1942(昭和17)年	48歳	〈41〉1月31日、2月1日 上伊那哲学講習会「西田幾多郎・哲学論文集 第一」受講者50名(31日)「行為的直観の立場」(1日) 〈42〉2月2、3日 長野県師範学校附属小学校「大東亜建設と国民教育」講義ほか授業研究会 〈43〉上伊那東部支会「教育愛」 〈44〉5月2～4日 長野附属国民学校「教材論」「表現愛」講義、図画の授業参観、林檎畑花見、研究授業等 〈45〉8月 小県上田哲学会「意識の問題」 〈46〉11月23日 長野附属国民学校「支那視察に関するお話」 〈47〉12月21～23日 長野附属小学校「教師論について」講義ほか授業視察、講習会 〈48〉12月 長野城山国民学校「形成的自覚」
1943(昭和18)年	49歳	〈49〉1月30、31日 上伊那哲学会「西田幾多郎・論文集第二[論理と生命]」「大東亜建設と教育」 〈50〉2月21日 松本市教育会講習会(源池国民学校)「時局と教育」 〈51〉6月21、22日 長野附属小学校「大東亜小国民としての修養について」朝会訓話ほか授業研究 〈52〉8月7～10日 上伊那哲学会(飯島町久根平修練道場)「国家理由の問題」 〈53〉8月9日 上伊那教育会(飯島町国民学校)「大東亜日本と愛国心」 〈54〉11月21、22日 長野附属小学校「文化の哲学と教育の哲学」ほか授業研究会 〈55〉11月 長野城山国民学校「形成的自覚」受講者50名 〈56〉11月26日 東筑東部支会(岡田国民学校)「共栄圏の理念」 〈57〉11月27、28日 下伊那阿南支会「教育学」 〈58〉11月29日 北佐久郡 坂の上国民学校「大東亜日本人の育成について」
1944(昭和19)年	50歳	〈59〉9月25、26日 北安大町国民学校 全校朝会で講話 〈60〉9月27日 上小哲学会「決戦下における教育者の使命」 〈61〉10月13～15日 南安温明国民学校「日本歴史の文化的発展」(於中房温泉) 15日 燕岳登山 〈62〉10月17日 南安中部職員会「日本歴史の文化的発展と大東亜共栄圏文化への展望」 〈63〉12月 長野城山国民学校「形成的自覚」 〈64〉12月20～22日 東筑東部支会(岡田国民学校)
1945(昭和20)年	51歳	〈65〉1月21日 南安温明国民学校 職員修養会「国体論について」 〈66〉1月22日 南安教育会豊科校 〈67〉2月10、11日 上伊那哲学会「実践の機動性と日本精神」 〈68〉6月24、25日 下伊那郡伊賀良国民学校「表現愛」受講者50名 〈69〉佐久教育会総会 〈70〉7月15日 北安教育会「戦時教育令について」 〈71〉7月16日 北安大町国民学校「戦時教育令の学徒隊について」「西田先生について」 〈72〉7月17日 長野城山国民学校 〈73〉7月18、19日 教学局教育学会

表 1-6-1　長野県における木村素衛の歩み

年号	年齢	入信の記録
1925(大正14)年	31歳	〈1〉12月3〜5日 下伊那郡千代村へ 務台理作の推薦による。盾栄一(早大文学部哲学専攻)宅に宿泊。4、5日午後1〜3時「哲学概論」を一般村民に公開。午後7〜9時 実業補習学校生徒に講義
1926 (大正15、昭和元)年	32歳	〈2〉6月20日〜23日 上伊那哲学会創立記念講演「カントの第一批判」
1927(昭和2)年	33歳	〈3〉9月 上伊那哲学会「カントの美学」 帰路塩尻峠より桔梗ヶ原へまわる 林檎畑を初めて見てその美に感動する。
1928(昭和3)年	34歳	〈4〉上伊那哲学会「カントの目的論」
1929(昭和4)年	35歳	〈5〉8月18〜20日 上伊那哲学会「西洋古代哲学史ギリシャ人の哲学」 〈6〉8月21日 諏訪哲学会(高島小)「ヘーゲルの弁証法につきて」
1930(昭和5)年	36歳	〈7〉上伊那哲学会「アリストテレス及びギリシャ ローマの哲学」 〈8〉上伊那中部支会「ヘーゲルの弁証法」 5月18日北アルプス焼岳に弟有香と登山 5月20日、6月3日上高地へ
1931(昭和6)年	37歳	〈9〉3月28〜30日 上田小学校北校部で「アポロギアを中心にギリシャ史をプラトンまで」 28日60名、29日市内43名・郡内26名・他郡市14名 〈10〉上伊那哲学会 西洋哲学史の続きとして中世史、近世史を扱う／課外講演「理論と実践」
1932(昭和7)年	38歳	〈11〉1月8〜10日 小県上田教育会(上小学校北校部)「認識と実在」 7月 4、5日 八ヶ岳赤岳登山
1933(昭和8)年	39歳	〈12〉11月4、5日 小県上田哲学会「ヘーゲル哲学と弁証法」
1936(昭和11)年	42歳	〈13〉南安豊科小学校「芸術と道徳」[第一章 美の本質]＊昭和11〜13年3年間続ける
1937(昭和12)年	43歳	〈14〉6月30日 上伊那伊那富小学校「フィヒテの哲学とその限界」 〈15〉南安中部支会「教育愛について」 〈16〉8月 上伊那哲学会「西田哲学に於ける歴史的自然」
1938(昭和13)年	44歳	〈17〉7月2〜4日 松本市教育会(松本商業学校)「独逸団民に告ぐ」 〈18〉7月 南安中部職員会「教育愛について」 〈19〉7月 上伊那哲学会「弁証法の諸形態」 〈20〉7月11日 松本女子師範学校附属小学校「教育愛に就いて」 〈21〉8月10・11日 小県上田教育哲学講習会「西田先生の[論理と生命]について」 〈22〉12月20・21日 木曽中央部支会講習会(木曽教育会館)「教育学について」
1939(昭和14)年	45歳	3月 上伊那哲学会 西田幾多郎著「哲学の根本問題」の中の「形而上学序論」の輪読を始める。木村の教示による。 〈23〉6月 南安中部職員会「教育学—国民教育と世界史的文化—」 〈24〉8月19、20日 小県上田教育哲学講習会「弁証法的一般者としての世界」 〈25〉8月22〜24日 松本市教育会夏季講習会(松本図書館)「教育愛」 〈26〉9月 上伊那哲学講習会 ヘーゲルの「法の哲学」 〈27〉11月11、12日 下伊那上飯田小学校「アマチュアについて」
1940(昭和15)年	46歳	〈28〉8月15日〜17日 松本教育会夏季講習会(松本高等女学校)「現代における国民教育の使命」 〈29〉8月23〜25日 北佐久教育会夏季講習会「教育の本質と現在の教育諸問題」150名参加 〈30〉8月30、31、9月1日 木曽教育会夏季講習会「実践的反省の基礎」 〈31〉11月16、17日 小県上田哲学研究会「善の研究」 〈32〉11月23、24日 下伊那上飯田小学校「文化の本質と教育」 〈33〉11月25日 長野附属小学校「国民学校の根本理念について」

第七章　中井正一《まさかず》の「地方文化運動」と青年たち

新藤浩伸

文化運動家・中井正一《まさかず》

中井正一《まさかず》（一九〇〇―五二年）の思想と実践については、中井自身の記述[1]、評伝や関わった人びとの中井の回顧[2]、哲学・美学の観点からの研究[3]、中井の図書館論[4]、メディア論[5]など、さまざまに研究がなされており、思想家、美学者、図書館人として、さらには実践家として、現在でも途切れず注目されている。

本章では前述の様々な切り口のなかでも、教育者としての中井の姿、すなわち彼自身のいう「地方文化運動」の実践に注目する[6]。太平洋戦争末期、京都を離れて郷里近くの尾道に疎開していた一九四五（昭和二十）年春から、国会図書館副館長となり上京する一九四八（昭和二十三）年までの三年間、中井は広島で文化運動に心血を注いだ。ここにおける中井の実践、思想、そこでかれ自身や関わった青年たちが何を学びとっていったかの一端を明らかにする。様々な証言をもとに記していくため、史実の実証は別途課題ともなるが、関わった人たちにとっての中井像をまずは示すことで、今後の探究の礎石としたい。

一　中井正一の思想と実践

中井は一九〇〇（明治三十三）年、大阪に生まれる。竹原尋常小学校、広島高等師範学校附属中学校、第三高等学校を経て京都帝国大学を卒業後、同大学の講師を勤める。『美・批評』（滝川事件後『世界文化』へと発展）、『土曜日』などの編集にかかわり、一九三七（昭和十二）年、治安維持法違反容疑で検挙される。言論活動を制限される期間が続いたのち、終戦直前に広島に疎開し、地方文化運動に従事する。一九四八（昭和二十三）年、国会図書館副館長として上京、戦後の図書館行政に尽力し、一九五二（昭和二十七）年に、五十二歳の短い生涯を終える。

中井の思想は、どのような構造をもつのだろうか。それだけでも膨大な検討を要するが、あえて大きくとらえると、以下のような要素を見出すことができる。

第一に、藤井祐介の指摘する（前記注（4））、生育環境から身をもって学んできた仏教の思想である。正一は、肥料と塩の回漕問屋を営む父のもとに生まれる。仏教に篤い家族で、幼い頃から竹原の照蓮寺で僧の法話に耳を傾けた。三高時代には一年休学、摂津富田の常見寺の行信教校（僧侶養成のための教育訓練施設）に入る。[7]

第二に、哲学、美学研究である。京都帝国大学で深田康算に学び、卒業論文は「カント判断力批判の研究」、卒業後は京都学派の理論雑誌『哲学研究』の編集に携わる。三木清、戸坂潤らとも交流し、西田幾多郎の哲学にも精通していた。戦後、尾道女子専門学校で講義した「哲学概論」のノートが残されているが、ヘラクレイトスからハイデガーまでを講じた西洋哲学史がその内容であった。少なくとも語り口の面では、文化運動において展開した平明さとは全く異質ともいえる厳密さが垣間見られる。[8] 中井の言葉がもつある種の平明さは、確かな哲学的教養の上に成り立っていたといえよう。

第三に、スポーツと映画である。既存の芸術思想にあきたらず、大学時代に打ち込んだスポーツ（ボート、ラグビー）、関心を寄せ制作まで行なった映画などから、独自の美と芸術思想を形成していった。細心慎重で謙虚な学究的側面と、活発で積極的な側面を持ち合わせ、その両極を自分の手で縫い合わせることで、思索や学問的なテーマを異常な形で展開させる一方、それらを緻密に組み立て、究明し、秀抜な論理として仕上げていった。(9)

第四に、『美・批評』『世界文化』『土曜日』といったジャーナリズムに関わった経験である。『深田康算全集』編集の仲間とともに立ち上げたこれらの雑誌編集活動は、一九三三（昭和八）年の瀧川事件により中断するも、久野収ら（瀧川事件当時の文学部対策委員学生代表）とも知り合いながら、中井は、モダニズム文化運動や大衆芸術の諸ジャンルの研究などに取り組みながらそれらの成果を発信していく。特に『世界文化』においては、フランス、スペインの人民戦線、ナチスドイツ下のドイツでの反ファシズム運動を紹介しながら、反戦の姿勢を明確にして活動を続けていった。一九三七（昭和十二）年、久野、新村猛らとともに治安維持法違反で検挙される。その経緯の詳細は歴史研究にゆずらねばならないが、「ぼくも、これはやられると気づいていたんだよ」と、後年国会図書館副館長時代に桑原武夫に語っている。(10)

第五に、戦時中の収監経験である。「特高に引張られて、なぐられたり、なぐられるよりももっとひどい目にあったとき、この人民を守る国家機関の中に、論理がなく、且つ人民を苦しめることが、公然とゆるされていることに直面した時、突然、私には、この現実が巨大というか『現実とはそんなものだったのか』そうだったのかと、自分の前にそそり立った(11)」と中井は振り返る。

第六に、日本と東洋思想への沈潜である。未決勾留中ジフテリアに感染し、瀕死の状態で母千代のもとに帰された。その後、大学を去り、自宅で保護観察のもと『資治通鑑』を通読、帝国学士院の助成で「日本精神における「気」の研究」などに取り組んだ。なお、こうした日本や東洋の思想への注目は、第一の項目に挙げた通り、中井が終始一貫してもっていた関心であった。

このような中井の思想を彼自身で統合してぶつけたのが、まさに「文化運動」の実践であったといえよう。大学の後輩として戦時中に『世界文化』『土曜日』の刊行を共にしていた久野収によれば、中井の構想したのは集団的主体性の哲学であり、それは実践論、認識論、美論、組織論として手がけられ、しかもそれらは、実践を基軸にした主体性の論理が全面的に貫かれていた。主要な業績とされる「委員会の論理」も、能勢克男らと共に行った洛北消費組合運動などの実践の中で書かれていった。しかし、中井が一番大切にしていたテーマである組織論は、戦後の広島での文化運動ではんの少し実践されたにとどまり、論文として残されることはなく、「彼の組織論は未完どころか、ほとんどまっ白なページのままで残されてしまった」としている[12]。久野のいう中井の組織論は、どのような思想のもとに展開されていったのだろうか。

図 1-7-1　尾道市立図書館

昭和 3 ～ 5 年頃。『尾道市立中央図書館開館百周年記念　言ノ葉ノ物語リ』尾道市立図書館後援会、2015 年より。

図 1-7-2　中井正一

岡田由紀子氏提供

二　中井の「地方文化運動[13]」

1　終戦前後

第二次大戦末期、中井は父のつてをたどり、家族とともに尾道に疎開する。治安維持法違反の前歴があったが、父と親しかった当時の橋本竜一市長の尽力もあり、市の嘱託としてほぼ無給の尾道図書館長に就任した。図書館は一九〇六（明治三十九）年に建設された木造二階建、蔵書も少ない小さな図書館で、当時は休館中で窓も扉も閉じた状態であった。六月から市長となった田坂寧邦が「学校の教師も本を読んだり考えたりする時間がないから、かれらと雑談でもしてくれませんか」と気遣いをみせたが、どこに行っても体よく断られ、結果はうまくいかなかった。

原爆投下の直後の夜、中井は子ども達に、「もう間もなく戦争は終わるだろう。皆も、うすうすは気づいていただろうが、お父さんはこの戦争が起こらないように話し合っていこうと反対していた。そのために、二年間拘置され、病気のあとは家で勉強していたのだ。多くの国の歴史書を読むと、戦いの終わる時、権力者に反対した思想家は、その国の権力者に殺されるか、又は侵入した占領者によって殺されることが多い。今、日本もどんな形で戦争が終わるか全く予想がつかない。お父さんも無事でいられないかもしれない。何が起ってもきっと生き延びて、歴史の証人になれ[14]」と語った。

終戦の放送を聞いて中井は無言で瞑目していた[15]。そして、市長室で虚脱感に沈み椅子に座り込んでいた田坂市長の前にあらわれ「市長さん、野球の試合が負けたときだってこんなもんです」と淡々と事実を受けとめていたという。[16]

2 「地方文化運動」の時代

中井の広島時代は、木下長宏によれば、〈反アカデミズム志向〉の時代である（表1―7―1）。書くことを抑制し（あるいはあまりの多忙に書くことができず）、各地での文化運動に没頭した時期となる。

一九四五（昭和二十）年十月四日に治安維持法が廃止された（同日、尾道図書館は再開される。終戦後、中井は黙々と図書を分類し在庫を調べ再開準備を進めており、九月末まで図書館のガラス拭きを行っていた）[17]三日後から、中井の文化運動ははじまる。「暗澹たる思い」にくれていた中井は、書庫の整理を手伝っていた広島高等学校学生の槙田勉（槙田と中井は、両者の父同士も知人であった）と出会い、「ここに一人の青年が結集している。ここにすでに最小単位の文化運動がはじまっている」と奮起し、『ようし』と腹の底で呻った」という。「地方文化運動報告」によれば、それが出発点であった。また、甲斐等は、戸坂潤と三木清の獄中死（この年の八月九日と九月二十六日）、そして治安維持法の廃止が、中井を「やむにやまれぬ気持ち」にかりたて、文化運動へと向かうきっかけになったと推測している。[18]以下、中井自身の時期区分によってそれぞれ検討する。

第一期「暗黒期」終戦～一九四六年五月頃

一九四五（昭和二十）年十月七日、図書館主催の講演会を行った。留置場で眼前に立ち現れた中尊寺の観音のような、古代の彫刻にみられるような「微笑」をテーマとする。大無量寿経の教えに触れ、「耐えることの中より自ら生ずる『無心』」「こころの闇の中に沈んで行くこと、それが始めて光となる」など説いた。

表 1-7-1 〈中井正一の生きかた〉の軌跡――〈書く〉こととの関連から

	年代	行動	志向	〈書く〉ことの位相	書く姿勢	書く量	対象とする読者	「委員会の論理」の位置	日本の美への関心のあり方
①抵抗の時代	1930-1940 年代	『美・批評』『世界文化』『土曜日』の刊行へ	〈アカデミズム志向〉の時代	学術論文志向 〈エクリチュールの極みへ〉 さらなる知的高度化を目指す	選んで書く	多量	少数 知的エリートを対象	着想→執筆	現代的世界へ統一してとらえたいという意欲
②転向の時代	1940-1945 年	蟄居・内省 執行猶予生活	〈転向〉の時代 (アカデミズム志向は沈潜)	私的閉塞 〈閉ざされたエクリチュール〉に生きる	やむを得ず書く	少量	無限少 最初の読者は校閲者という意識	韜晦	自分を晦ます書き振りをしながら、そのことによって日本の美の考え方をつかむ
③抵抗の時代	1945-1948 年	農村文化運動	〈反アカデミズム志向〉の時代	書くことを抑制 〈実践とエクリチュールの分離〉	やむを得ず書かない	僅少	書かないが実践によって語りかける対象を無限大に広げる	実践面での試み	土俗性との出会いの中で考える(②での日本の美への世界は変質しない)
	1948-1952 年	国会図書館副館長	〈非アカデミズム志向〉の時代	書くことの復活・啓蒙的エッセイ志向 〈実践のエクリチュール化へ〉	やたらと書く	大量	多数 大衆と大衆的知識人を対象	理論としての復活の試み(未完)	自己解放としての日本の美の力 世界に対する独自性と普遍性を②での理解をもとに体系化しようとする

出典:木下長宏『[増補] 中井正一 新しい「美学」の試み』平凡社、2002 年、204-205 頁。

以後、日曜朝九時に学生対象、水曜午後二時に女性対象の講演、金曜午後一時より座談会「東方の美」などを行った。はじめは二〇人くらいだったのが徐々に減っていき、「決死の努力をこめての熱演」にも関わらず、母しかいない「聴衆ゼロの講演会」も二回あった。当時図書館の隣にあった映画館（太陽館）には青年が列なすなかで、大衆の愚かさや啓蒙の困難として片付ける誘惑にもかられたという。結局講演は約三カ月で頓挫する。

しかし、母に対して講演するなかで、中井は大衆に背を向けるのではなく、自身の「誤りを踏みしめる」道を選ぶ。難解な中井の講義に対し、母・千代が「ひらたくいえば、わしらがこういうとることと同じかな」と問い返してきたことが、中井にとっては喜ばしく、母にとっても幸せなことであった。千代は、戦時中の拘留時にも警察署長に「あの子に万一のことがあったらまどうて（弁償）もらいます。財産がのうなろうが、家がつぶれようが、私はかまわん。命がけでまどうてもらいます[19]」と詰め寄るほどで、終生正一を支え続けた。また、幼少から聞き上手、話し上手、学問好きとして知られ、尾道でも、正一が留守でも千代を訪ねてくる青年もいた（なお、「中井正一研究会」の甲斐等、藤井祐介らは、千代と正一の母子の関係を、正一の活動ともども、陰で支え続けた妻・道の力にも着目している）。

十二月、藤原覚一、山岡義三郎、山代巴らが同年八月に結成した府中文化連盟の招きで府中高校の講堂で行った講演で、中井は初めて大成功をおさめた。

十二月二十八日、「希望音楽会」としてレコードコンサートを実施した。ベートーヴェン「第九」とチャイコフスキー「悲愴」に涙する青年に、中井も胸を打たれた。中井は「美しさが何であるか伝える闘いは、文化の闘いとでもいわれるべきであるが、この闘いも、決して、弾丸の闘いのように、簡単でもなければ、たやすくもない」「社会教育のほんとうの意味は、かかる闘いのことである。それは、練磨されたる戦士が、立つべき野原なのである[20]」と、後年当時をふりかえり述べている。中井はその後も、自宅から蓄音機をリヤカーに乗せて運びながら音楽会を実施した。

これらの成功が転機となり、年明け以降毎週日曜午後三時から希望音楽会を開催、三カ月間続けた。ほか、週二回の講演や展覧会企画を打ち出し参加をよびかけた。

この間、中井は戦術転換をはかっていた。当初は、先述の通り聴衆は減る一方であった。戦時中からの「たまりにたまった思いは、せきあえぬほどに口にあふれて出てきた。おそらく、独りで勝手にしゃべっていたに違いない」と「聴衆ゼロの講演会」で述懐するが、中井は反省し、また母の助けもあり、①外国語をむやみと使わない。②四つ以上の話題は話さない。③話したことには必ず具体的な例を挙げる。たとえば「封建イデオロギー」を「みてくれ根性」「ぬけがけ根性」、「弁証法」を「あやまちや失敗をふみしめること」などと工夫をこらした。

ゼロだった聴衆はこの頃から徐々に増えていき、自宅にも青年たちがやってくるようになり、レコード鑑賞、読書、議論など、思い思いの時間を過ごしていた。[21] 当時の話をよく聞いていた山代巴は、こう振り返る。「先生の話を簡単に言えば、人間はどれだけのことをして来たか、今はどのようなところで悩んでいるかということを、聞き手たちが、自分の心のうずきの中で考えてみるような話し方であったといえます。それでその後村へかえって農業をするようになってからでも、壁にぶっつかる度に、これはあきらめ根性ではないか、見てくれ根性やぬけがけ根性ではないかと、自分で考えてみる女に育って来たような気がします[22]」。

一九四六（昭和二十一）年二月一日、尾道青年文化連盟の設立にかかわる。同連盟は、国民学校卒業以上の男女を対象に、大学、高専出身の復員学徒を講師に六科目の「実業教育講習会」を図書館で実施した。

二月二十七日には尾道市立女子専門学校設立準備委員となる。のちに開学する同校では「哲学概論」などを講じた。三月一日には地方労働委員会中立委員となり、総会議長を務める。

そして年明けから毎週日曜日、三カ月続いた希望音楽会と講習会を終え、尾道青年会を設立した。春には「平和祭」、青年文化連盟主催の「花の祭」計画と行動をともにし、千光寺山の会場では音楽会、映画会、生け花展示会、女性青年会によるおでんやお茶など、大成功となる。

四月、「花の祭」に参加した青年たちが積極的に協力し、カント講座を毎週水曜、図書館二階で開始した。ここにおいて、それまで自宅や図書館に集まる青年たちとの個人的な関係を中心にしていた啓蒙的運動が、初めて組織的な形で運営されるようになっていく。

第二期「覚醒期」一九四七年四月の県知事選挙まで

カント講座は、参加者が多い時では七〇名近くなり、帆布工場の女工たちが九時の門限を気にしながら受講する姿に、中井は「日本に一つの階梯となるのではないか」と期待をふくらませた。

また、隣の三原市でも四月二十二日から毎週一回カント講座を開催し、時に聴講生は百名を超えた。三原には三原文化協会ができており、活発な活動が行なわれていた。両市のカント講座は七月まで続く。中井も「ルネッサンスが眼前に起るのを見たい」と述べ、自身の語り口も高揚しているのが読み取れる。

尾道で『純粋理性批判』を論じた際、中井は非常に楽しそうに原文を読みながら楽しく注釈をつけ、聴衆も熱心に聴き入った。内容は難解で、受講者によれば「中井さんのドイツ語の発音は明快で流れるような、さわやかな声がひびきわたり」、「自分の言葉に陶酔しているという感じ」(第三高等学校学生泉谷廸、先輩の力石定一に誘われ受講)という面もあったようだ。

城間功順は、沖縄で生まれ、乗っていた船が魚雷を受け沈没、その後各地を転々とし、やがて知人を頼って訪れた尾道で、図書館に飛び込み、中井のカント講座も受講していた。山代巴にあてた手紙で、カント講座は難解だった反面、とてもわかりやすい話もあり、「少しくらい科学的にものを考えようとする芽が出始めたのです」

と報告した。

中井は、各地の農村、漁村の青年たちから招かれ、講演にでかけた。カント講座が評判を呼び、夏には尾道青年会と尾道経済文化研究所共催で「夏季青年講座」を実施、中井も「論理学における新しき展望」を説いた。七月二十一日から八日間、毎夜七時から一〇時まで行われた。会費は二〇円（当時コーヒー一杯一〇円）。中井は講師を家に泊め「後は野となれ山となれ」の心境で講座に賭けていたが、六百名以上が集まり、断らねばならないほどであった。

カリキュラムは、資本主義批判（青山秀夫）、論理学における新しき展望（中井正一）、新憲法論（田畑忍）、芸術における東洋と西洋（須田国太郎）、労働組合論（住谷悦治）、ソヴィエートの現状（前芝確三）などであった。

参加者は十七―二十二歳三四％、二十三―二十九歳四三％、三十歳代一八％、四十歳以上五％、男性五七％、女性四三％。職業は無職二六％、会社員一九％、高専在学一五％、女専一〇％、教員七％。学歴は小卒一三％、中卒三九％、大学高専在学中一八％。尾道での講座修了後、三原でも三原文化協会と京都帝大の共催で、八月一～九日、三原女子師範学校講堂で開催した。この一九四六（昭和二十一）年夏は四日しか家に帰れず、家族も講師の接待等に奔走した。

また、当時の県知事の斡旋により県労働組合議長と会談、県労働文化協会結成にも尽力、後に協会会長となる。議長であった中川秋一が初めて中井と会見した際、中井はこう述べた。「中川君、アウフクレールング（啓もう）で行こうよ。われわれの役割は、民衆を飛び込み台の上にのっけてやることだ。そうすれば、彼らはきっと自分の力でジャンプするよ」その言葉、中井の魅力に中川は「すっかりまいってしまった」という。(23)

労働文化協会は、広島県地方労働委員会労働者代表委員や、戦前の活動家たちを中心に設立され、戦時中の産報組織を引き継いで一〇万人の会員を擁していた。(24)また、文化団体の活動も活発で、一九四五（昭和二十）年十一月〜一九四六（昭和二十一）年十二月の一年間で県内に一一〇もの文化団体がつくられている。[25] これらの団体がひきずっていた戦前的性格は別途検証が必要ではあるものの、中井の活動は、個人の資質もさることながら、こうした戦後の労働運動、労働者教育運動、文化運動のうねりにも支えられていたといえよう。

しかし秋になると、いわゆる反動期に入っていく。九月、田坂の後任の市長から中井館長と図書館に対し、文化的集会のための施設と館外貸し出しの禁止、門前等に各種の文化的な案内広告塔を貼ること、許可のない館長の対外的講演活動を禁止するという通達が出される。しかし、中井は自宅や医師会館等別の場所を会場にすることで講演を続けた。

十二月には県行政監察委員、県地方労働委員会委員長となる。暮れの講演では、久野収の紹介で訪ねた青年豊田真毅によれば、中井は仏教の話をし、教行信証を読むことをすすめ、日本人も一度仏教の経典を研究する必要があると述べた。

一九四七（昭和二十二）年四月、第二三回衆議院議員総選挙があり、初めての参議院、地方自治体の首長、議員選挙も組まれており、中井は県知事選に担ぎだされる。自由党推薦の現職知事の無投票当選が確実視されていたなかで、期日間際に決意を固め、出馬を決めた。日本社会党公認候補と成った中井は、「清き一票を」という言葉は使わなかった。「政治を日なたへ」と掲げ、選んでもらうのではなく選ぶ権利を訴え、京都時代の知人の学者知識人中心の応援のなかで三〇万票近くを集めた。特に中井が活動した尾道・三原、そして御調では、現職の楠瀬常猪を上回る得票であった。[26]

第三期「停頓期」知事選後から広島を離れるまで

知事選は現職の楠瀬に敗北したが、県労働文化協会は発展、六月には尾道文化研究会の発足、会長もつとめた。

会長職はすぐに辞するが、自宅の提供など支援は続けた。

一九四七（昭和二十二）年夏、夏季大学を開催する。中井はこの時期を「停頓期」とよんでいるが、この夏季大学は、労働文化協会の各支部が地元の文化団体や労働団体と提携して、活発に行われたもので、県内二二市町村で延べ三万人が参加した非常に大規模なものであった。

一方、反動勢力に青年がのみこまれていく現実もあった。村の青年の三〇％が賭博を始めたら、文化運動は不可能になる。中井はこれを、「反動攻勢のボス連の焼き討ちにかかって、次から次へ燃えてしまって、焼け落ちていっている」と表現した。

中井は、夏季大学の講師として尾道を訪ねた参議院図書館運営委員長羽仁五郎と知り合う。中井は羽仁ほか彼を推す人々により国会図書館に招かれ、母の賛成もあって一九四八（昭和二十三）年、尾道を離れることとなった。「歴史の一点をしっかりつかまへるべく、道具と本とを全部売ってエビスの丘にバラックを立て、十二月十五日頃一家東に去ります。そして又、一隅を照しはじめます。みんなによろしく[27]」という手紙が、この年の秋、以前啓蒙運動を語り合った労働文化協会の中川秋一副会長のもとに届いていた。「みんな」の三文字の傍には丸印がつけられていた。

中井の東京行きについてはその後様々に語られている。山代巴のように、広島での活動を捨てて中央での活動を選んだという見方もあり、このことが、戦時中の収監経験や戦後のある種の政治的活動ともあいまって、地元での中井評価をやや複雑なものにしている。しかし甲斐によれば、「焼け落ちた」という中井の言葉は、諦めではなく、その焔の中にいる青年たちを助けたいという一念から発せられたものであった。そしてその後の国会図書館でも、広島の文化運動の全国規模での展開を期し、「焔」の中で助けを求めているよい青年たちを鼓舞しようとした、と述べ、広島と国会図書館での活動は、人々の「一隅を照らす」ことをめざした中井にとっては連続

したものであったことを指摘している。(28)

三　「地方文化運動」から七〇年

中井の師である深田康算は、文献学的に厳密な美学研究を行い、師に深い尊敬を寄せていた中井もそれを学んだ。一方で、「個人研究の時代はもう終わった。これからは社会に対して新しい目が向けらるべきだが、もはや自分らの手にはおえない」としみじみと中井に述懐していたという。中井の後輩として同じく深田に学んだ藤井貞次によれば、「このとき、バトンを引きついだ次代の走者としての意識が、はっきり中井さんの胸に芽ばえたのであろう」と述べる。(29)さらなる検証は必要だが、中井の実践的な活動には、深田との師弟のまじわりで学んだ社会に対する「新しい目」の部分も、影響しているといえよう。広島での実践は、師の志を継ぎながらも、弾圧を受け潰えてしまった京都での文化運動の、新たな展開でもあったことだろう。その後彼の死去により未完に終わってしまったが、国立国会図書館副館長時代の活動と、そこでの図書館の構想も(30)、中井の文化運動の実践の文脈に位置づけることもできるだろう。

中井の「地方文化運動」から七〇年目の二〇一六（平成二十八）年三月、筆者は尾道を訪れた。瀬戸内の美しい海は春の陽気にかがやいていた。瀬戸内の海と島々を見た中井は、山代巴に「この美しさは歴史に参加する者のみが知る美しさではなかろうか」と語ったことを、子どもの頃からそこで釣りをしていた城間和行（功順氏の子）は話してくれた。中井の長女・岡田由紀子と尾道女子専門学校で同級生であった豊松道枝は、現在でも「中井先生」と呼び、授業の様子や、中井の家に遊びに行ったことなど、当時の思い出をいきいきと振り返る。

現在、県内には中井正一研究会があり、二〇〇〇（平成十二）年から活動を続けている。広島県府中市を拠点としつつも県内外にメンバーは広がり、甲斐等、藤井祐介らが中心となり、中井の思想と実践を多角的な視点から検証する活動を地道に続けている。その謙虚な歩みは、すでに百号以上を発行し、重厚な研究の蓄積があるにも関わらず、現在も会報を「準備号」としている点にもあらわれている。本稿では同会の蓄積を詳細に検討する余裕をもたなかったが、中井の広島での歩みについての新しい資料の発掘もなされ、これまでの研究では明らかにされてこなかった新たな中井像が示されている。会のメンバーも、それぞれに自身の生き方と関わらせながら中井を読みぬいている。

中井が館長をしていた尾道市立中央図書館を訪ねると、開館前からすでに人々が並んでいた。CDコンサートや名画座、お話し会など様々な行事も行われている。いまや全国の図書館でみられる光景であり、中井の時代からは図書館は建物も場所も名称も変わっている。しかし、人間一人一人を幸福にするための真や美をめざした中井の魂は、こうした日常の風景にもどこか生き続けているようにも思われた。

中井は「地方文化運動報告」において、「彼等は、知識を求めているのではないのである。意識革命をしたいのである」「自分の意識の革命を志す農民の心根、これが、文化の大黒柱なのである」と述べた。中井は、戦後現在に至るまで様々に論じられる「地方文化」、「地域文化」の思想と実践の論理として最良のものを遺してくれたのではないだろうか。

頭の上には自由がある

中井と同じ頃、同じ広島の本郷町では、大田尭が本郷小学校を拠点に、「本郷地域教育計画」の実践に奔走していた。大田はこの時代を、終戦直後から冷戦構造の中に投げ込まれる狭間の、「あけぼの」の時代と呼ぶ。中井は大田にとっては「先輩格」であり、直接の交流こそなかったものの、当時はこうした活動が自由にできた空気があり、全国いろいろな場所で行われていた、と語る[31]。

城間和行によれば、父・功順は、中井から「絶望しない」ことを学んだ、という。筆まめでもあった功順氏は、尾道の長江中学校教師であった八ッ塚実が生徒と出していた学級記録を読み、交通事故で死去するその日まで、感想の葉書を八ッ塚と生徒たちに送り続けていた[32]。

中井の「絶望しない」明るさは、自身が何度も深い絶望に向き合ったからこそ、みつめようとした明るさではなかったか。また、中井の長女・岡田由紀子によれば、中井は常に、その時代の中で自分に何ができるかを必死に探していたが、特に終戦直後の中井は「赤ん坊のように自由」であったという。そして、「大学で教えようなんて思っちゃだめだ」、「隣の人から始めよう」、「頭の上には自由がある。皆頭を縮めて歩いているが、押さえるものは何もない」とも話していたという[33]。中井は一九五二（昭和二十七）年に死去する直前、サンフランシスコ講和条約締結をラジオで聴いて「たとえ完全なものではないにしても、きょうからは独立国だ、今日からはGHQの許可なしに行動できるんだ」と喜び、乾杯したという[34]。深い思索と、自身の誤ちを認め、その誤ちをくりかえし踏みしめることで歩みを続け、実践的な姿勢を終生崩すことのなかった中井の思想は、国会図書館東京本館内に掲げられた「真理がわれらを自由にする」の言葉（新約聖書ヨハネの福音書八：三二より。羽仁五郎の提案による）ともみずみずしく呼応している。人間の精神の自由を愛しぬいた中井の精神は、今も、人々の心を照らし続けている。

付記　本稿執筆にあたり、甲斐等氏（中井正一研究会）に多くのご助言をいただいた。また、岡田由紀子氏、山内雅弥氏（広島大学副理事、元中国新聞記者）、林淳一郎氏（中国新聞記者）、道面雅量氏（中国新聞記者）、豊松道枝氏、城間和行氏（尾道市議会議員）、竹原書院図書館、尾道市立中央図書館の皆様にお世話になった。

ここに感謝申し上げる。

注

(1) 久野収編『中井正一全集』全四巻、美術出版社、一九六四—八一年。
(2) 久野収編『中井正一　美と集団の論理』中央公論社、一九六二年、山代巴『私の学んだこと』径書房、一九九〇年、徳村彰・徳村杜紀子『森に生きる』雲母書房、二〇〇三年。
(3) 鈴木正『日本の合理論』ミネルヴァ書房、第二版、一九七八年、高島直之『中井正一とその時代』青弓社、二〇〇〇年、木下長宏『増補 中井正一　新しい「美学」の試み』平凡社、二〇〇二年、藤井祐介「中井正一論　来るべき「集団」のために」『現代文明論』第三号、二〇〇二年。
(4) 佐藤晋一『中井正一・「図書館」の論理学　付・中野重治と国立国会図書館』近代文藝社、一九九二年。
(5) 後藤嘉宏『中井正一のメディア論』学文社、二〇〇五年。
(6) 山嵜雅子『京都人文学園成立をめぐる戦中・戦後の文化運動』風間書房、二〇〇二年。
(7) 中井と仏教との関わりは、藤井祐介『足利浄円と中井正一』市立竹原書院図書館所蔵、二〇〇九年に詳しい。
(8) 尾道女子専門学校第一期生、佐々木妙子氏のノートより。
(9) 伊谷賢蔵「中井正一と私の芸術交流」『中井正一全集』編集部編『中井正一 1（中井正一全集第三巻付録）』美術出版社、一九六四年、六頁。
(10) 桑原武夫「ベンガルの槍騎兵」同右、二頁。
(11) 中井正一『美学入門』河出書房、一九五一年、二六頁。
(12) 久野収「編者のことば」久野編、前掲書。
(13) 以下、特に注を付さない限りは、以下に依拠して記している。久野収編『中井正一全集第四巻　文化と集団の論理』美術出版社、一九八一年、木下、前掲書。
(14) 岡田由紀子「尾道での日々　中井正一生誕百年を祝う会に出席して」『蒲公英』第一二号、文芸同人たんぽぽの会、二〇〇〇年。
(15) 同右。
(16) 「〝地の塩〟の記録　中井正一と地方文化運動　四」『中国新聞』一九七六年一月九日第九面。

(17) 岡田、同右、森信蔵「人間は人間を馬鹿にしてはならない　中井正一の地方文化運動」尾道市立図書館編・発行『尾道市立図書館開館七十周年記念誌　創翔の譜』一九八六年、五一頁。
(18) 甲斐等「中井正一の戦後文化運動について（一）」『中井正一研究会会報準備号』第一一号、二〇〇一年、二―五頁。
(19) 岡田由紀子「尊敬し信頼し合った父と祖母」扇谷正造、村野四郎他『これからの親子』明治図書、一九七三年、四九頁。
(20) 中井正一「文化のたたかい　芸術と社会教育」『社会教育』一九五一年十月号、社会教育連合会。
(21) 岡田由紀子「父の底ぬけの明るさ」荒正人他『私の心に残る父の教育』明治図書、一九七三年、一〇八―一〇九頁。
(22) 山代巴『民話を生む人々　広島の村々に働く女たち』岩波新書、一九五八年。
(23) 「〝地の塩〟の記録　中井正一と地方文化運動　五」『中国新聞』一九七六年一月十二日第八面。
(24) 広島県編・発行『広島県史』一九八三年、四四四頁。
(25) 同右、四四九～四五〇頁。
(26) 同右、六六頁。
(27) 「〝地の塩〟の記録　中井正一と地方文化運動　十」『中国新聞』一九七六年一月二十日第八面。
(28) 甲斐等「『焼け落ちた』について（一）～（三）」『中井正一研究会会報準備号』第二一～二三号、二〇〇二年。
(29) 藤田貞次「深田先生との出会い　中井美学の周辺一」『中井正一全集』編集部編、前掲書、一七頁。
(30) 中井正一「図書館」宮原誠一編『社会教育　教育の社会計画をどうたてるか』光文社、一九五〇年ほか、戦後教育改革期における中井の図書館論の検討も今後の課題である。
(31) 大田尭の談（二〇一六［平成二十八］年三月十日）。
(32) 「戦後七〇年　志の軌跡　第二部　中井正一②」『中国新聞』二〇一五年四月一日第一一面。
(33) 岡田由紀子氏の談（二〇一六［平成二十八］年九月九日）。
(34) 岡田由紀子「父の底ぬけの明るさ」荒他、前掲書、一一四頁。

第八章　戦後改革期における信州妻籠《つまご》公民館による社会教育活動

上田幸夫

はじめに

町並み保存運動の発祥の地ともいえる信州木曽路の妻籠《つまご》の真ん中に、南木曽《なぎそ》町博物館（一九九五［平成七］年開館）がある。その収蔵資料のうち、「公民館運動の高まり」、「町並み保存への昇華」、「保存事業の推進」、「全国の町並み保存」等の諸テーマによる展示が施されている。

その公民館運動のコーナーには、社会学者・米林富男が残していた寄贈資料も収められ、なかには、初代公民館主事だった勝野時雄から米林に渡された「妻籠公民館々則」（一九四六［昭和二十一］年九月八日）もある。あるいはまた、「公民館のための芝居」として書き起こされた関口存男作の「争へ！　但し怒るべからず」（一九四七［昭和二十二］年七月）の台本原本や舞台写真も保管されている。

戦後間もない頃、この脚本を手にした妻籠の若者たちは、妻籠《つまご》公民館に集まって練習を重ね、妻籠はもちろんのこと、長野、新潟、静岡、山梨等の公民館等で上演する人気を博していた。演劇活動をはじめとして、公民館に集った若者たちは、妻籠にとどまった疎開文化人との交信を経て、その後、新しい地域の担い手として形成されていくのであった。

一　町並み保存の妻籠

戦後、公民館で活動していた若者は、高度経済成長期を迎える頃には、中堅世代へと姿を変え、移り変わる時代のなかで、山村の寂れゆく地域のあり方を模索していた。その彼らは、一九六四（昭和三十九）年に妻籠小学校長の呼びかけで、地域の民俗資料の保存と収集を目的とした「妻籠宿場保存会」の結成に結集することになった。一方、行政は過疎化からの脱却を図る観光計画を打ち出していたことから、保存会の人たちは、開発が進む時代の波に抗して、文化財の保護と観光を抱き合わせる構想を提示しつつ、一九六八（昭和四十三）年、妻籠地区全住民を構成員とする「妻籠を愛する会」を結成するに至ったのである。

こうして、地域の人々相互の粘り強い話し合いを重ねて自治を育み、一九七一（昭和四十六）年、「妻籠を愛する会」の申し合わせ事項を成文化し、「売らない・貸さない・壊さない」の三原則を盛り込んだ「妻籠宿を守る住民憲章」を制定するまでにこぎつけた。以後、妻籠の風土、景観を保存する運動が展開されていくのである。

このようにみてくると、戦後の公民館活動、宿場資料保存会、妻籠を愛する会には、地域住民こぞって力を出し合い、地域づくりをやっていく、そのような自治を育む心意気が伝わる。賛成・反対の色分けをせず会員になってもらうという「妻籠を愛する会」は、ともにつくる協同の精神がある。戦後の公民館活動で得た民主主義の経験が脈々と息づいて、地域づくりの伝統が横たわっている。歴史・風土・文化を活かした地域づくりにつながっている。その源流が、戦後民主主義の形成とともに生まれた公民館にあった。

二　活動ありき——個性豊かな公民館の始まり

一九四六（昭和二十一）年七月、戦後の新しい社会教育施設として公民館が奨励され、それから一年後の一九四七（昭和二十二）年八月には、全市町村の二三％にあたる二千市町村以上、約四千館が設置され、戦後改革の社会教育活動を推進することになった。文部省からのこの発信は、地域の個性豊かな公民館を標榜しながらも、その「新しさ」ゆえ、設置にあたっては、国から発信された公民館のモデルそのままを模倣する結果を生み、創設期の多くの公民館は結果的には、画一的な様相をもつ状況であった。

それとともに、公民館の構想が、「日本的土着の歴史的イメージ」（小川利夫）を併せ持ち[1]、新生・公民館構想とはいえ、「歴史的イメージ」を重ね合わせることで、実態的には地域共同体の組織である地域部落会・町内会組織あるいは、そういった地域団体との関係を多分に持ちながら形成されていく。

そんななか、信州木曽谷の一角にいち早く生まれた公民館は、国の提唱する公民館とは趣を異にする公民館へと展開していったのである。それには、疎開した人々の交信が大きな力になっていたのである。

一九四六（昭和二十一）年五月、南方からの引揚者の勝野時雄は、長野県旧吾妻村役場に着任することになったが、彼の眼には、村に疎開していた文化人への「村の人たちの冷たい処遇」が印象に残ったのだった。敗戦一年近く経過する時期にも、疎開先にとどまっていた疎開文化人と村人との橋渡しを買って出てみることにした勝野は、疎開文化人が講師となって、地域の人たちの学習の場を具体化してみようと計画に乗り出そうとしていたのである[2]。

そんなとき、国から公民館の構想が提唱されたことを聞き、「村で現在行っているものを直ちに公民館という名称にかえさえすればよい」のだと受け止めた。と同時に、この構想は「われわれの生活感情からすればほとんどの関心の対象にはならなかった[3]」。

それでも、公民館の設置を具体化していく原動力の一つには、住民が「これからやっていこうとする運動」の「カクレミノとして有効」といったとらえ方があったと述べている[4]。すなわち、妻籠公民館の成立は、御料林解放運動を一つの背景にもっていたのである。

南木曽の林野面積の約七割が御料林であったため、公民館設置の働きかけは、それらを村に取り戻す解放運動の契機としていくことで、森林の解放運動であり、地域民主化運動であった。そうした運動を公民館の文化活動として独自の位置を獲得しようとしたということができる。戦後の住民運動をすすめるうえでの実践的課題を学ぶ場として、公民館が位置づいていたことからすれば、提唱された公民館構想に示された「談笑する村の茶の間である」というイメージとは、かけ離れたものとして発足したのである。

戦後間もないころから、戦地から引き上げてくる若い世代の人たちが何かつくろうと集まって、読書文化会を発足させ、地域の活動を組織する「文化会」の活動が始まっていた。その集う場として、地域のセンターである本陣の前に青年倶楽部があったため、そこで活動が展開していた。その文化会をそっくり公民館にしたらよいということから、そのまま公民館とした。

こうして、その年の十月、青年倶楽部であった既存の施設に「妻籠公民館」の看板を掲げ、県下第一号の公民館になった[5]。

公民館を提唱した文部省の寺中作雄にしてみれば、公民館構想を模倣することを期待していたわけではなく、地域それぞれの個性的な思いが「公民館」へと結びついていくことを求めていたことからすれば、まさに自主的な妻籠公民館は、高く評価されることになって、新憲法公布記念日の一九四七（昭和二十二）年十一月三日、優れた公民館活動にたいして与えられる全国初の表彰を受けることになったのである。表彰理由には、疎開文化人による事業展開があり、運営を支える公民館専門部のなかには、公民館構想にはなかった演劇部も組織されていた。戦後間もない初期公民館において、こうした取り組みを可能にしたのは、なんといっても職員の存在であり、当時の文部省において公民館の指導者であった鈴木健次郎は引揚者がスケール大きく公民館職員として活躍したことに注目していた。その職員、勝野時雄は一九五〇（昭和二十五）年に館長を退任するまで、当時の民主化政策の推進役を果たし、社会的な需要に応えていった。

大きな歴史的転換期にあって、新しい社会のしくみを体得していく課題が国民のなかに生じていたわけで、なかでも新しい政治教育の必要性は大きかった。憲法を普及していく課題や選挙に対応する施策などがあった。

三　疎開文化人の活躍

終戦数カ月前の一九四五（昭和二十）年三月、東京から文化人一三家族が妻籠に疎開した。終戦になって疎開者の多くは引き上げたものの、社会学者の米林富男（一九〇五―一九六八）とドイツ語学者の関口存男（一八九四―一九五八）は妻籠にとどまった。

一九四六（昭和二十一）年十月に妻籠公民館が設立され、米林富男は公民館活動の中で、英語講座や社会調査など、青年たちに学ぶ機会を提供していた。また、関口存男は青年たちに演劇活動を教え、活発な公民館活動が展開された。さらに、米林や関口を訪ねて妻籠にやってくる文化人も多く、彼らを講師として、青年学級・婦人学級・各種講座を開催する等、質の高い文化活動がくりひろげられた。米林富男と関口存男という二人の存在があって成し遂げられた取り組みは、単にアカデミズムに陥ることなく、住民の生活にねざし、地域の課題に向き合う

図 1-8-1　兴林富男

遺族提供

学習が展開したのである。まさに教育運動であり、文化運動であった。妻籠公民館は、そうした運動との結節点を持った「むらの改革にとりくむ公民館」を志向していたということができる。

その実践は、地域の課題に立ち向かう住民の主体の形成につながるものであり、まさに住民個々の意識に向き合い、民主主義を育む訓練の場になっていた。妻籠公民館活動を特徴づけた取り組みは、演劇活動をあげることができる。青年たちは演劇活動を通して民主主義や自己表現法を学んだ。

妻籠宿の保存運動を始めた人たちは、疎開した文化人から演劇を習い、教えを受けたメンバーである。その人たちは、口々に言っていた。「その頃習ったことが、保存を始めようとした時、自分自身の命の中にあり、教えられたものが生きた」と。関口存男の作になる「争へ！　但し怒るべからず」は、「大いに議論せよ、しかし喧嘩をしてはならない」という教えである。それが、民主主義の根幹だと理解されていく。演劇は単なる娯楽ではない。演劇活動を通じて得たものは、青年たちの生き方の指針になった。物事を議論して考える力が演劇活動を通じて育まれた。

こうして演劇活動では、地元妻籠だけでなく、木曽谷はもとより、伊那谷まで出向いて他地域の青年たちと交流を図り、広く世間を見る目を養うことができた。それから二十数年経て、そのような人たちが地域づくりに力を発揮するようになっていったのである。

四　信州妻籠への疎開の背景――勝野金政の存在

そもそも、戦争末期の一九四五（昭和二十）年三月の段階で、山間の狭い妻籠に米林や関口をはじめ、一三家族九〇人が疎開してきた経緯については、遠山高志が「わが国第一号の公民館とは」において明らかにしているように、勝野金政（一九〇一―一九八四）という人物を介して、文化人を妻籠に迎え入れることになったというのだ(5)。

勝野金政は、一九〇一（明治三十四）年、読書村に生まれ、両親の離婚によって母の里、妻籠の勝野家で育つことになった。大正の中期に早稲田大学に入り、後にロシアに渡り、片山潜の秘書の役割を果していくが、帰国した後、転向して一九三七（昭和十二）年には陸軍参謀本部の嘱託として対ソ防諜活動に従事している。翌年、防諜機関である「駿河台技術研究所」に配属され、そこにアメリカを担当していた米林富男との出会いがあった。その年には、手記『ソ連邦脱出記――入党から転向まで』や『赤露脱出記』を世に出している。

ところが、金政は、一九四五（昭和二十）年三月には参謀本部を辞職し、妻籠に戻ってくるのである。そういう金政が米林や関口たちに声をかけて妻籠に呼び寄せている。何か意図があったかどうかについては明らかにされていない。妻籠に疎開してきた一三家族の人々のなかには、桐島洋子の家族や三菱の大番頭という人たちも加わっている。

金政は、戦後、村において一九四六（昭和二十一）年三月には財団法人・木曽産業学校を設立することや、木材製材会社を経営している。しかし、妻籠公民館との接点はなく、その事情については明らかでない。そして、金政は一九八四（昭和五十九）年に死去している。没後、名誉回復の活動が展開され、二〇〇一（平成十三）年には早稲田大学で、生誕百年のシンポジウムも開催されている。

こうした経歴を持つ勝野金政との関係で米林は妻籠に足を踏み入れたのだが、当時、着手していた印刷・出版業をすすめていたこととも関連していた。紙（印刷業）の供給が容易である長野へ足を踏み入れたのであり、妻籠からそう遠くないところに「大同印刷」という印刷所があって、ここで、戦後は社会学関連の学術書をはじめとする印刷・出版業をすすめていた。

こうして妻籠での活動を続けていた関口、米林は一九四九（昭和二十四）年に妻籠を去って、東京の生活が始まる。妻籠公民館の勝野時雄もまた妻籠を去り、東京で米林のもと研究生活に入っていった。

五 「争へ！ 但し怒るべからず」

戦後、村の人たちの願いは、御料林解放にあった。そのことを受け止めた疎開文化人の二人は、一つには「社会部」による「調査活動」を位置づけ、妻籠村地域の官有林化の反対運動を組織していった。他方、それを実践する主体の形成として演劇活動を組織し、実践的に徹底討論の意義を説いた。一九四七（昭和二十二）年九月、初上演している「争へ！ 但し怒るべからず」の言葉は、妻籠公民館の信条になって、この劇を通して、真剣な話し合いが問題を解決していくことに通じると学んでいた。

実際、劇中で、先生役が、観衆の方へふり返って、特に「長」と名の付く人を一人一人指さしながら「おおいにケンカし給え！ ケンカする奴は正直だ、ケンカしない奴は不正直だ！」と呼びかけたという。

小学生が遊ぶ校庭の取り合いで争い出し、そこに登場した教師によって、争うこと、衝突することはいいが、決して怒ることはよくない、怒ってしまえば負けであると教えられる。即ち怒りによってことを済ませてしまう

図 1-8-2　演劇の台本

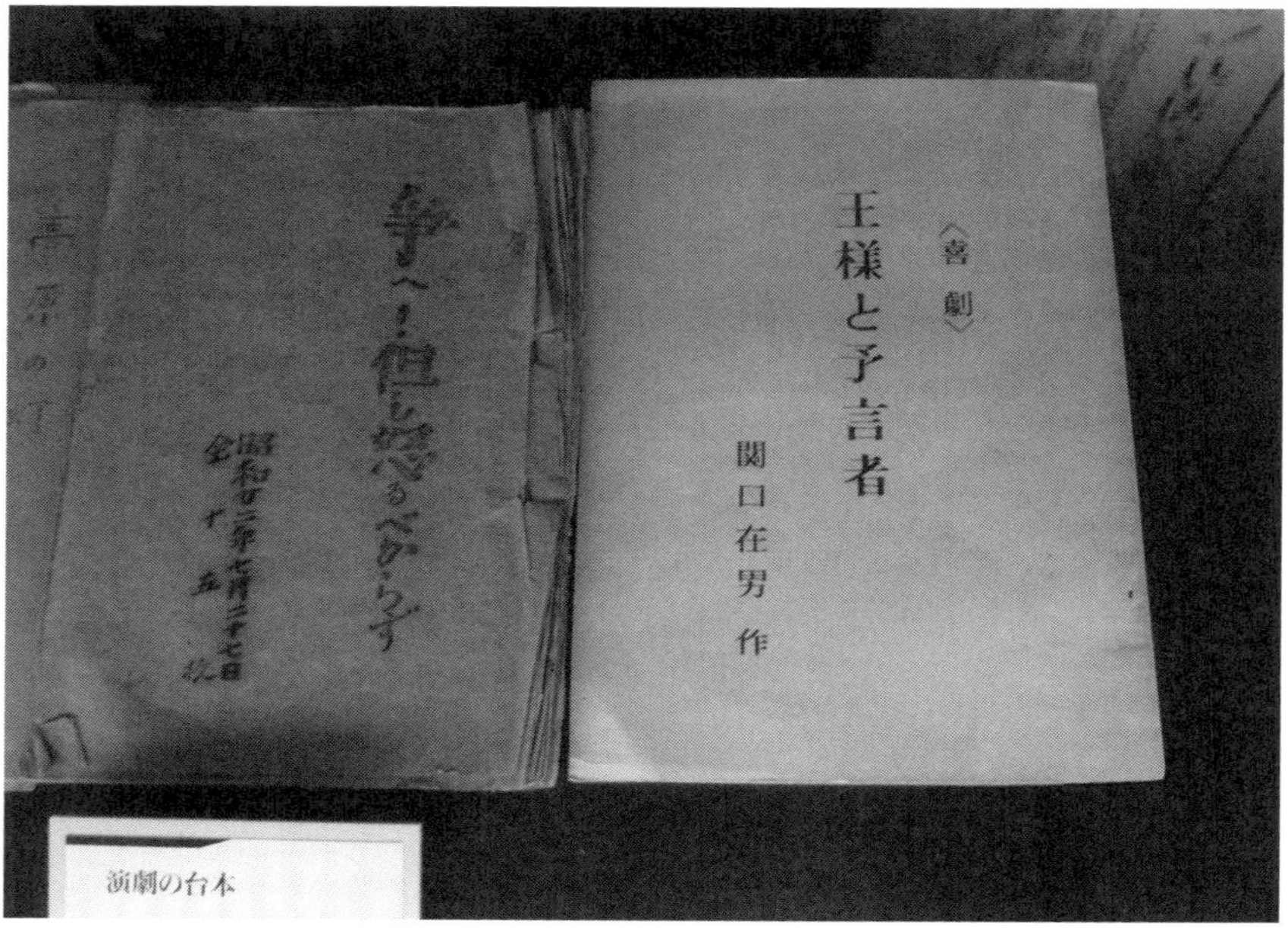

南木曽町博物館所蔵

のではなく、とことん話し合うことによって解決する道が教えられていた。

関口によるこの台本書き出しは、「舞台は校庭でも街頭でも、その他どこでもよい。装置は一切不要。開幕前、女生徒は七名とも舞台の左側前端の一ヵ所にかたまっている……いっせいにガヤガヤとどなりはじめる……」

登場人物は、女生徒たちと中村先生（男）、柴田先生（女）と父兄一人（男）。女生徒のガヤガヤ。「……ずいぶんだこと！」「ひどいわ！」「まあ……あなたは失礼な方ね！」と言いあうところに柴田先生の登場。

「みなさん、つまらないことで喧嘩をしてはいけません。……文化国の市民は喧嘩なんぞすべきものではないでしょう？」と。

そこに舞台うらから、大きな声で中村先生が（時代物がかったこわいろでどなる）「意義あーり！ ……僕は市民たる者は大いに喧嘩をしなければだめだと思います」、「……喧嘩というのは、ぶったり叩いたりすることではありません。怒ることではありません。争うことです！　理をもって争うことです」
柴田先生「でも、子どもにそんなことができるでしょうか？」
中村先生「できますとも！（生徒一同に向かって）諸君、大いに喧嘩したまえ。喧嘩するやつは正直だ。喧嘩をしないやつは不正直だ。ただし決して怒るべからず。怒ったら負けだ。怒るのは負けた証拠だ。負けるとくやしいから怒る。勝てば人間は怒るものではない。だから喧嘩というやつは、その場ではどちらの勝ちだか分からないこともあるが、その後を見ているとよくわかる。腹を立てたり、怨んだり、蔭でブツブツいったり、ふてたり、むくれたり、仕返ししたりするやつがいたら、それが即ち負けた方だ。……諸君、大いに喧嘩したまえ！」
柴田先生「でも……女はそれではいけないでしょう？　……」
中村先生「（強く反論・略）……柴田さんどうです？　怒ったんですか？」
柴田先生「怒ると負けでしょう？……」

このように創作劇を通じて、妻籠の人々は、自由に自らの意見を示し、戦わせ、争い、意見交換をした上で、怒り決裂することなく徹底的に話し合い解決の道を求める姿勢を保ち続けることを「民主主義」の基本理念として受け取っていたのである。

六　演劇活動から地域の民主化へ

演劇活動は、自己表現に結びつき、一方で、民主主義の訓練として位置づいていた。また「役柄」をやることは、自分とは異なる役周りを演じることになり、別の見方・立場を経験する。それによって、見方が変わっていくことを参加した若者たちは受け止めるようになっていた。

公民館に集まって演劇の練習に励むのだが、仕事や家事との関係もあり、多忙な日々を過ごす厳しい生活の時期ではあった。そんな青年たちが、脚本を読みあうとき、遅れてくる者がいれば練習にならないということから、一人が練習時間に一分遅れれば他の仲間の大事な分、一分を犠牲にすることや、組織の強化につなげようとの意識が共有されていった。

また、民主主義の理念は徹底した「話し合い」と受けとめ、その実現に向けた取り組みも重ねられた。その一つが選挙活動である。村議会議員選挙のための「立会演説会」を開催することになる。一九五一（昭和二十六）年四月「吾妻村会議員立会演説会」開催にあたり、「地方選挙に眼を向けよ‼」「最も村政に対し吾々の考えを行動、強く表し実行する　実行する為には、今こそこの選挙に若人の力を打ちこんでおくことだ」「なれあい村会をつくるな、火花散る村会を作れ、信念の人誠実実行動の人を選べ」、「候補者の考えを知るため又候補の批判の討論をまきおこせ」(6)といった実践へ展開している。

さらに、立会演説会出席を拒む候補者に対して、「民主的とは常に大衆の声を聞いて、その声で事を行う事だと我々は思っている」、「我々は進んでこのような集いには出席し、自己の意見を述べ、又声を聞くことの出来ないようで何が民主的かと考えるものだ！」「村会議の動きを知らない村民、解らぬと云えば俺の処へ聞きに来いという態度の村議立会演説に不参加申合の謀略をする村議」にたいして「傍観していて良いのか、大衆は青年に何を望んでいるのか？」といったメッセージを発信している。[7]

公民館活動の中から生まれた妻籠演劇活動は、このように地域の民主化運動として発展していったのである。妻籠の公民館活動の中心は、青年たち向けの事業展開が中心をなし、なかでも米林の社会調査の技法と関口の青年演劇は、公民館活動を代表するものであった。演劇活動のなかで青年たちは自己主張や表現活動の方法を学んでいた。その話題が各地に伝わって、一九五〇年代の後半まで村外での公演も続いた。

しかし、関口、米林両氏が東京へ引揚げ、続いて勝野時雄も村を離れていった。公民館運動を推進してきた三氏が村を離れたことによって、一九五〇年代以後公民館運動も次第に下火となり、後は演劇研究会を中心とした人々によって公民館活動の火がともされつづけた。[8]

七　公民館を足場に、運動をとおした地域をつくる教育文化

妻籠公民館は、公民館史のなかでは、特異な位置にありながら、最初の公民館として注目を集めてきた。当時の自治体では、「規則」の制定によって、公民館の設置を根拠づけることになるが、その規則は、現在、役場に保存されているわけではない。米林が保存していた資料から、現在、博物館に保管されているものによって、その存在が確認できる。

役場の職員が公民館にかかわっているということは、専任主事の配置がなされたことを意味する。創設期の専任主事の存在は注目される。と同時に、そうした職員が配置されていたことによって、公民館像を独自の観点で

創りあげることができた。公民館をおしすすめるのは人（職員）なりということの典型であったということができよう。

さらに、地域に公民館活動の実質的な担い手としての住民の集団が形成されていたというわけではなく、疎開文化人である米林や関口が公民館事業の推進役を果たしているのである。別の視点からすれば、こうした外部の指導者が、職員とともに位置づく学習の組織者であったということを読み取ることができよう。

公民館に転用された施設は、地域の中心地にあり、単なるタテモノとしての公民館ということを超えて、公民館の組織活動が広がっている。それとともに、「教育・学術・文化」を狭くとらえることなく、地域課題や政治課題に向き合う実践を展開していったことがうかがえる。

学びが、必要性に迫られ、実践的課題を携え、生活の中から運動が突き動かされ、そこから学ぶ動機が鮮明になっていく実践を、戦後初期に疎開文化人との交信によって獲得できた歴史は、公民館にとって大きな財産を残すことになったのである。

参考文献

勝野時雄「公民館の実態調査」『月刊信濃路』一九四七年四月号
木原啓吉『歴史的環境』岩波新書、一九八二年
寺中作雄・鈴木健次郎『公民館はどうあるべきか』社会教育連合会、一九四八年
寺中作雄・鈴木健次郎「疎開者の協力を得て文化活動の盛んな妻籠公民館」寺中作雄・鈴木健次郎『公民館はどう運営されているか』印刷局、一九四八年
遠山高志「コミュニテイづくりと町並保存」大槻宏樹編『コミュニテイづくりと社会教育』全日本社会教育連合会、一九八六年
中田スウラ「戦後農村青年の主体形成と演劇活動」社会教育基礎理論研究会編『叢書生涯学習第二巻　社会教育実

践の展開』雄松堂、一九九〇年
長野県公民館運営協議会、長野県公民館活動史編集委員会編『長野県公民館活動史』長野県公民館運営協議会、一九八七年
南木曽町博物館『南木曽の歴史――歴史資料館展示図録』南木曽町教育委員会、一九九六年

注

（1）小川利夫「歴史的イメージとしての公民館」小川利夫編『現代公民館論』東洋館出版、一九六五年。
（2）勝野時雄「戦後初期の公民館――長野県木曽妻籠公民館の場合」『月刊社会教育』一九六六年一月号（後に「村の改革にとりくむ公民館――長野県木曽妻籠の公民館活動」再録）、戦後社会教育実践史刊行委員会編『戦後社会教育実践史』第一巻、民衆社、一九七四年。
（3）同右。
（4）同右。
（5）遠山高志「わが国第一号の公民館とは」『月刊公民館』二〇〇四年五月号。
（6）『妻籠青年団報』一九五一年五月十三日、第二号。
（7）同右。
（8）南木曽町誌編さん委員会編『南木曽町誌』南木曽町、一九八二年、九三二頁。

第九章　三枝博音《さいぐさひろと》「鎌倉アカデミア」の発足と展開そして今

飯塚哲子

一　鎌倉アカデミア創立の契機と経緯

戦後間もない一九四六（昭和二十一）年五月、神奈川県鎌倉市材木座光明寺（現在、神奈川県鎌倉市材木座六―一七―一九）を仮校舎として鎌倉アカデミアは開校した[1]（図1―9―1）。校長に哲学者・三枝博音、教授陣には作家・高見順や歌人・吉野秀雄らを迎え「自由大学」「寺子屋大学」とも称された、既成概念にとらわれない教育方針は多くの若き才能を輩出した。一九四九（昭和二十四）年九月の閉校に至る四年半の運動のなかで、作家・山口瞳、作曲家・いずみたく、タレント・前田武彦等は同校に学んだ卒業生である。

校長・三枝博音（一八九二―一九六三年）は、広島県山県郡本地村の真宗寺院に生まれ、一九二二（大正十一）年東京帝国大学西洋哲学科を卒業し、一九三二（昭和七）年戸坂潤らと唯物論研究会を創立した。哲学・思想史、科学・技術史を研究し、「日本哲学全書」「日本科学古典全書」「三浦梅園の哲学」などの労作を遺している。戦後は明治大学教授、横浜市立大学教授・学長、日本科学史学会会長などをつとめ、大正―昭和時代に哲学者、科

図 1-9-1　鎌倉アカデミアは天照山光明寺を仮校舎に誕生した

筆者撮影

学史家として活躍した[2]（図1－9－2）。

鎌倉には、戦前から教育者、僧侶、郷土史家を中心にした鎌倉文化協会という組織があった。戦後、この人たちが中心になって鎌倉に大学を作ろうという運動を起こし、鎌倉アカデミアが創設された。しかし、戦後のインフレ混乱期にアカデミアはたちまち財政難に陥った。

戦争で手を汚さなかった教授陣を集め、文部省の中央集権的教育統制の外で、民主主義的な男女共学により、教授と学生とがお互いに鍛え合う学びの場をつくることを目ざした。初代校長飯塚友一郎の後をうけた三枝博音校長の下の陣容は、学監服部之総、教務課長菅井準一、文学科長林達夫、演劇科長村山知義、映画科長重宗和伸、産業科長早瀬利雄、図書部長片岡良一であった。

ここに掲げた一九四六（昭和二十一）年三月付の入学案内「設立の趣意」、翌年一九四七（昭和二十二）年度の入学案内「本学の特色」を記した資料には、設立時の使命があらわされている（図1－9－3・4）。

図 1-9-2　三枝博音

鎌倉市中央図書館近代史資料収集室提供

学校長の三枝博音が目ざした学問の「公開性・協同性・民衆性」[3]がどのように実践されていたのか、卒業生へのアンケート調査[4]の回答からうかがい知ることができる。一九九一（平成三）年秋に卒業生にアンケート調査票を郵送した。卒業生から次々と送られてきた心のこもった文面は、当時のことが鮮やかに記憶され、記述されている[5]。

当時をふりかえった卒業生の入学希望の動機として、教授陣への魅力、学ぶことへの渇望、男女共学、演劇や文学、作家、俳優、将来の夢の実現、鎌倉という地域、という回答が並んでいる[6]。軍国主義一色の思想をつめこまれ、敗戦を経た思春期から青年期の若者の学問への枯渇状況は計り知れない。同時に、教授の顔ぶれに魅了されたことは言うまでもないだろう。

印象に残った授業、講師についての思い出については以下の回答が寄せられた。多様な教授陣の魅力、授業の知識の豊富さ、教授陣の品格、風貌、生きざま、話されるときの美しい日本語、大船に移る前の光明寺での本堂をベニヤ板で仕切った寺子屋のような授業[7]。アンケート調査結果を読んでいると、どの回答も「先生」ではなく校長の三枝博音以下教授陣を三枝さん、吉野（秀雄）さん、中村（光夫）さん、と記している。学生と講師が同じ目線で語り、学んでいた当時の熱気あふれる時代の香りとみずみずしい景色が立ちのぼってくる。

図 1-9-3　鎌倉大学（後の鎌倉アカデミア）入学案内　1946 年 3 月

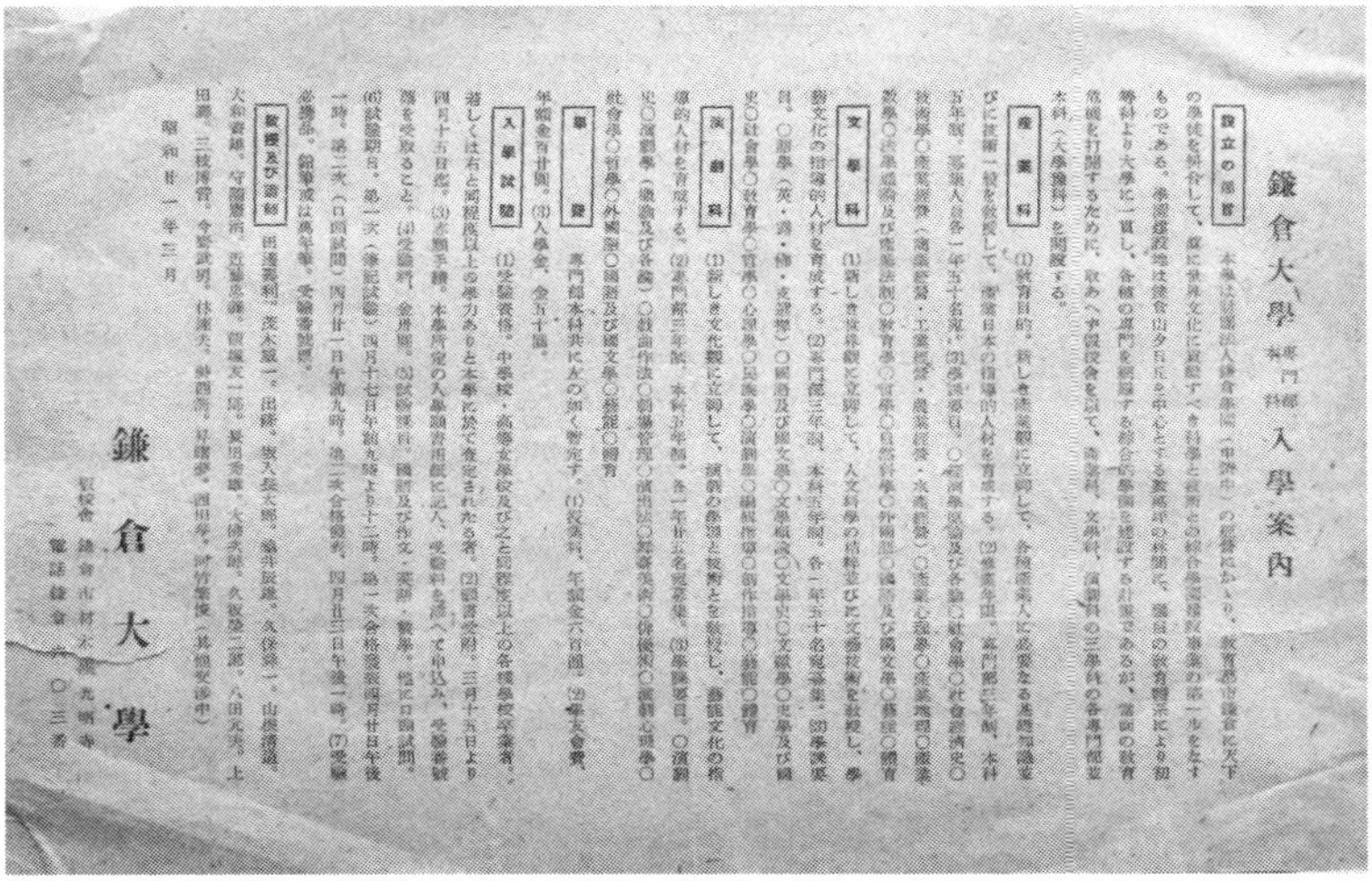
鎌倉大學 専門部 入學案内

設立の趣旨

産業科

文學科

演劇科

學費

入學試驗

鎌倉大學

鎌倉市中央図書館近代史資料収集室提供

図 1-9-4　鎌倉大学（後の鎌倉アカデミア）入学案内　1947 年度

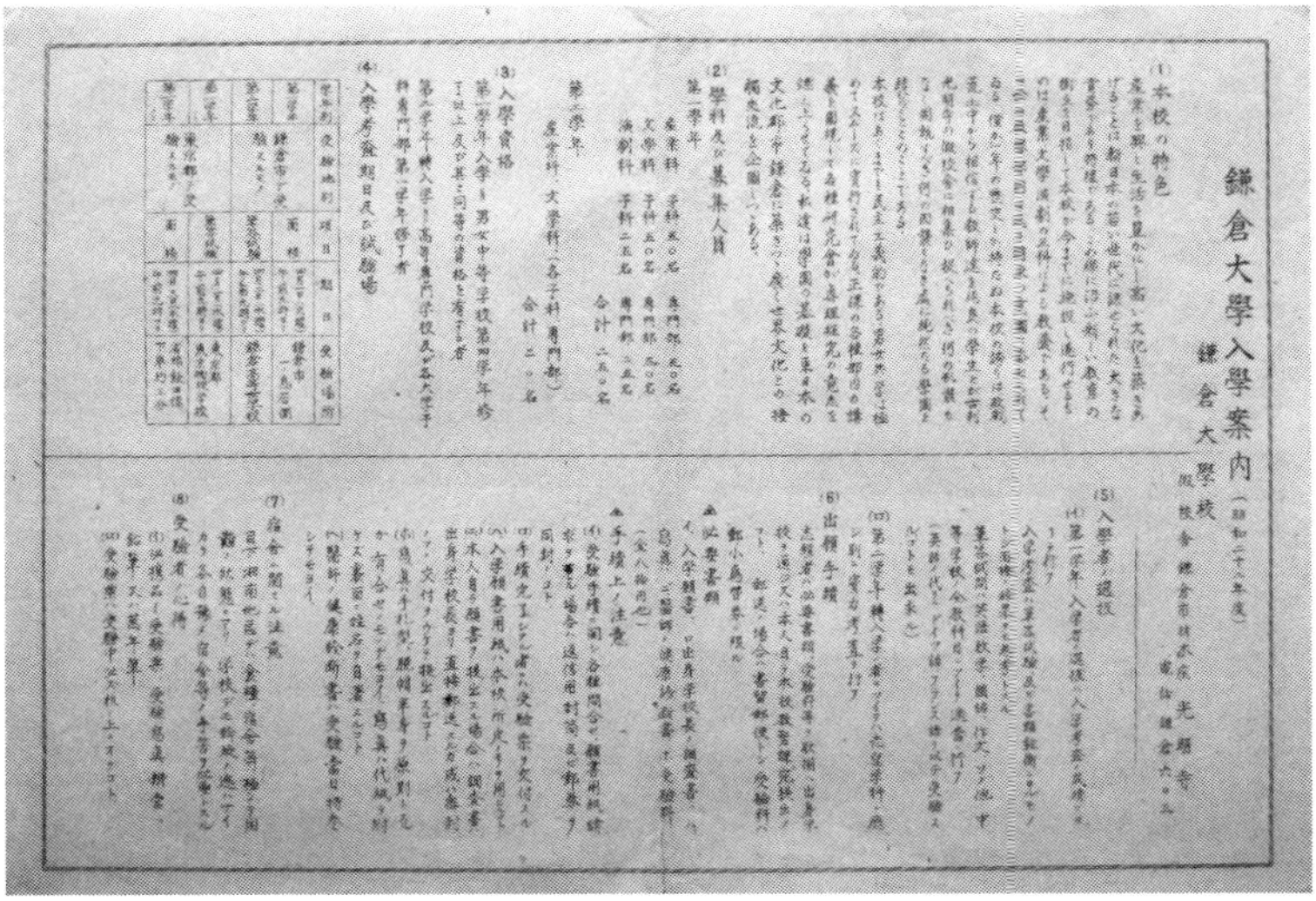
鎌倉大學入學案内

鎌倉大學校

(1) 本校の特色

(2) 學科及び募集人員

(3) 入學資格

(4) 入學考査期日及び試驗場

(5) 入學者ノ選抜

(6) 出願手續

(7) 合否ノ發表

(8) 受驗者心得

鎌倉市中央図書館近代史資料収集室提供

図 1-9-5　鎌倉アカデミアに掲げられたギリシア語で彫った扁額
「幾何学を学ばないものは、ここに入ってはいけない」(プラトン)

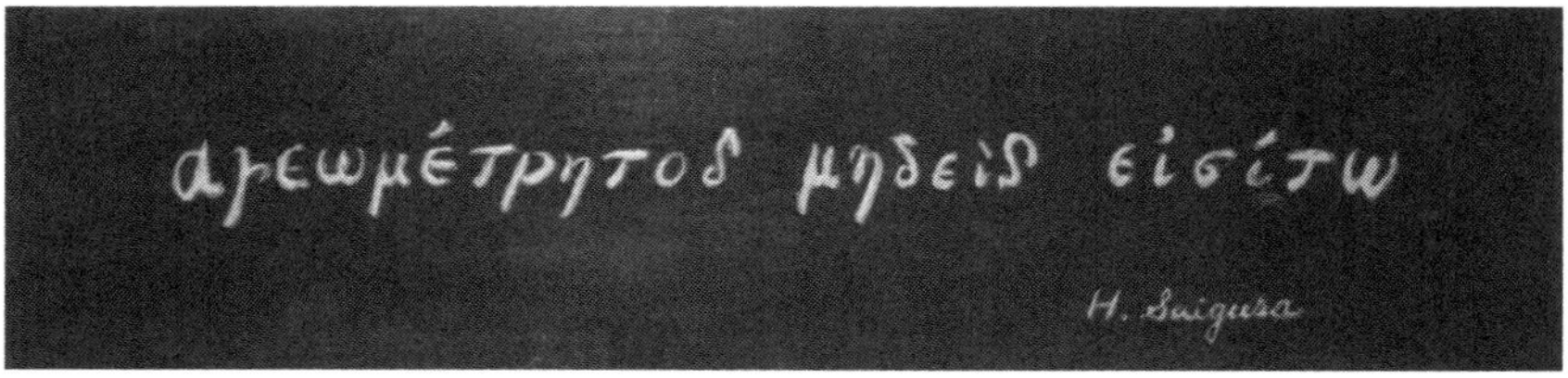

鎌倉市中央図書館近代史資料収集室所蔵

二　鎌倉アカデミアの展開

鎌倉アカデミアの当時の活動について、演劇科一期生の加藤茂雄は次のように回想している。

> 板の間にドングロスを敷いた庫裡をベニヤ板で四つに仕切り、文学科、産業科、演劇科と三つに分かれた教室に約一四〇名の生徒が集合した。当時、高校に入ったばかりの私も、この「鎌倉アカデミア」という学校に憧れ、出来ることなら文学科か演劇科に入りたいと思った。小津安二郎の「晩春」や「麦秋」で北鎌倉のたたずまいに触れた全国の中学生や高校生の中で、この学校に憧れた学生は少なくなかったと思う。
>
> 　何がこの学校に多くの学生が惹きつけられたかというと、なんと言っても教授陣、講師陣の顔ぶれが多彩で凄かった。庫裡の入口には三枝博音校長自らがギリシャ語で刻んだ「幾何学を学ばざる者、この門に入るべからず」というプラトンの額が掲げられ、日本中から多くの学者や知識人が教授や講師として参加した。

この扁額はプラトンによってアテナイ北西郊外に創設された「学園アカデメイ

図 1-9-6　1949 年度鎌倉アカデミア時間割案　教務課

1

曜日	科目	科	担任	教室
月	政治概論	経文	米村	
月	演劇概論	映演文	加藤	
月	英			
火	世界文学(仏)	文	[illegible]	中村
火	哲学概論	哲文	三枝	
火	英			
水	フランス語	四	川俣	
水	創作指導	文	吉野	
水	統計学	経	佐藤	
水	舞台美術	演	吉田	
水	英			
木	原始文学史	文	三上	
金	日本文学	文映演	吉野	
金	フランス語	四	川俣	
金	英			
土	論理学	四	大内	
土	ドイツ語	四	加藤	
土	数学	経	杉浦	
土	英			
土	英			

2

曜日	科目	科	担任	教室
月	技術史	四		
月	西洋演劇史	演	杉山	
月	ドイツ語	四	加藤	
月	戯曲研究		青江	
月	英			
火	哲学概論	四	三枝	
火	シナリオ論	映	野田	
火	史学概論	文	服部	
火	演劇史		青江	
火	英			
水	フランス語	四	川俣	
水	創作指導	文	吉野	
水	統計学	経	佐藤	
水	舞台美術	演	吉田	
水	英			
木	西洋史	映演	服部	
木	東洋史		三上	
木	映画技術	映	藤原	
金	戯曲研究	演	青江	
金	国語	演	吉野	
金	フランス語	四	川俣	
金	映画概論	映文	村田	
土	倫理学	四	大内	
土	ドイツ語	四	加藤	
土	数学	経	杉浦	
土	英			
土	映画技術	映	藤原	
土	英			

3

曜日	科目	科	担任	教室
月	日本文学	映文	演	片岡
月	自然科学	経演	文	菅井
月	西洋演劇史	演	杉山	
月	体育（舞）		桧	
月	ドイツ語	四	加藤	
月	英			
火	社会学	経文	早瀬	
火	演出論	演	村山	
火	シナリオ論		野田	
火	商工政策	経		
火	史学概論	文	服部	
火	英			
水	日本文学	演	西郷	
水	創作指導		吉野	
水	日本史	経演	伊豆	
水	演技論	演	遠藤	
水	近代理論経済	経	佐藤	
水	英	経演		
木	西洋史		服部	
木	世界文学		遠藤	
木	映画技術	映	藤原	
金	戯曲研究	演	青江	
金	国語	演	吉野	
金	フランス語	四	川俣	
金	経営学	経演	古沢	
金	映画概論	映	村田	
土	ドイツ語	四	加藤	
土	数学	経	杉浦	
土	英			
土	映画技術	映	藤原	
土	英			

4

曜日	科目	科	担任	教室
月	国語	演文	片岡	
月	創作指導	文	高見	
月	舞踊	演	桧	
月	日本演劇史	映演	杉山	
月	英			
火	ジャーナリズム	四	林	
火	社会学	文経	早瀬	
火	物言ふ術	演	遠藤	
火	演出研究	演	村山	
火	映画製作論	映	重宗	
火	英			
水	国語	映文	演	西郷
水	発声法	演映	遠公	
水	日本史	文映	演	伊豆
水	近代理論経済	経	佐藤	
水	英			
木	文学概論	四	三枝	
木	戯曲論	演映	青江	
木	原典研究	四	林	
金	国語	演文	吉野	
金	フランス語	四	川俣	
金	経営学	映経	演	古沢
金	映画概論	映文	村田	
土	ドイツ語	四	加藤	
土	民法	四	加藤	
土	英			
土	英			

5

曜日	科目	科	担任	教室
月	国語	演文	片岡	
月	創作指導	文	高見	
月	舞踊	演	桧	
月	英			
火	文藝思潮論	文	林	
火	宣伝心理学	映演	経	早瀬
火	英			
火	演出研究	演	村山	
火	映画製作論	映	重宗	
火	経済学史	経	古沢	
水	国語	映文	演	西郷
水	英			
水	演技研究	演	遠藤	
水	経済原論	経文	古沢	
木	文学概論	経文	三枝	
木	経済史	経文	服部	
木	戯曲論	演映	青江	
木	原典研究	四	林	
金	音楽解説	四	遠公	
金	計理学	経		
金	文化企業論	経		
金	科学管理法	経		
金	特殊経済論	経	古沢	
金	世界経済	経	早瀬	
土	民法	四	村田	
土	英			
土	英			

6

曜日	科目	科	担任	教室
月	国語	演文	片岡	
月	創作指導	文	高見	
月	舞踊	演	桧	
月	英			
火	文藝思潮論	文	林	
火	宣伝心理学	経演	映	早瀬
火	英			
火	演出研究	演	村山	
火	経済学史	経	古沢	
水	世界文学英米	文	田代	
水	英			
水	演技研究	演	遠藤	
水	経済原論	経文	古沢	
木	経済史	経	服部	
木	演技研究	演	遠藤	
金	音楽解説	四	遠公	
金	計理学	経		
金	文化企業論	経		
金	科学管理法	経		
金	特殊経済論	経	古沢	
金	世界経済	経	早瀬	
土	英			

鎌倉市中央図書館近代史資料収集室所蔵

ア」の入口に掲げたように、光明寺の本堂と開山堂を結ぶ廊下の曲がり角に掲げられた。三枝博音は「今日の言い方でいえば、幾何学を学ばないとは、科学的にものを考えることをしないという意味である」と述べており、実際「学園アカデメイア」における教育プログラムや運営方法から数多くのことを学びとっている[8]（図1-9-5）。

学監服部之総にすすめられて東洋史と考古学の講義を担当した文学科三上次男は「種蒔く小さな集団」と名づけ、次のように書き残している。

ここでの交わりは、教師と学生、教師と教師、学生と学生、それに教師は家族ぐるみというように、二重三重に交錯していて、どこでもかかわりがあった。そこから人びとは、おたがいに自分の思想や才能をひきだし、それを拡大することができた。いってみれば学校があるから教師や学生がいたのではなく、教師や学生が集まっているから学校という場が必要だったというような感じがあった。教育とか研究とはいうものの本来の姿は、そのようなものなのであろう。それが倒錯しているから、現時のような学校と教育の荒廃と腐敗がおこる[9]。

当時の教授陣は以下のように、各方面から実に多才な顔ぶれであった。

矢内原伊作（哲学）	神西清（哲学）	三上次男（考古学）	千田是也（演劇論）
村山知義（演出論）	高見順（英米文学）	大佛次郎（歴史文学）	
久米正雄（大衆文学）	吉屋信子（女性作家論）	吉田健一（英文学）	

中村光夫（フランス文学）　平野謙（文芸評論）　矢代秋雄（音楽理論）
吉村公三郎（映画監督）　豊田四郎（映画監督）　久板栄二郎（脚本家）
野田高梧（脚本家）　三浦光雄（映画撮影）　邦正美（西洋舞踏）
藤間勘十郎（日本舞踊）

戦争直後の、物もなかったが一流の知識人にも仕事をする場がなかった時代である。多くの教授、講師陣ははるか東京から手弁当で鎌倉に参集した。そして、無意味な戦争に駆り出されたために、学園を追われ、行くべき道も希望も失った若者たちが、この教授陣の顔ぶれに惹かれて光明寺の境内に集まった。戦後、何か心のよりどころとなる知的なものを、誰もが求めていたのである。それに応えようとしたカリキュラムの内容が資料として遺されている[10]（**図1―9―6**）。

鎌倉アカデミアは三枝博音の発案により、夜間開講構想や公開講座を通して学問の「公開性・協同性・民衆性」を目ざした。夜間開講構想は収集されている資料[11]からうかがい知ることができる。十一月から翌年五月までの半期計画であった。鎌倉アカデミアはまさに学びたい学生とともに考えそれに応えようとする教師が織りなす学校であり、夜間開講構想や地域にひらかれた公開講座の実践につながっていった。

鎌倉アカデミア夜間講座時間割り草案
1、基礎教養、担当講師および講目
（一般）

思想・技術　鎌倉アカデミア学長　三枝博音　一〇単位（一単位九〇分）
文学（世界　日本）　同教授　中村光夫　一〇単位
社会　同経営科長　早瀬利雄　一〇単位
（演劇）
演劇概論　同講師　加藤衛　一〇単位
西洋演劇史　同講師　俳優座文芸部長　杉山誠　一〇単位
日本演劇史　二松学舎大学教授　守随憲治　一〇単位
演出論　鎌倉アカデミア演劇部長　村山知義　一〇単位
演技論　同教授　遠藤慎吾　一〇単位
劇曲論　同教授　青江舜二郎　一〇単位
舞踊　同講師　檜健次　一〇単位
（映画）
舞台美術　同講師　吉田謙吉　一〇単位
演技実習　同講師　加藤衛　一〇単位

2、夜間講座日程

十一月十日〜十二月九日……1
十二月十日〜　一月九日……2
一月十日〜　二月九日……3
二月十日〜　三月九日……4

三月十日～　四月九日……5
四月十日～　五月九日……6

鎌倉アカデミア主催事業のひとつとして取り組んだ公開講座「政治経済思想冬期講座」は、一九四七（昭和二十二）年一月十二日から八日間にわたって神奈川県師範学校を会場に開催された。公開講座のテーマと講師の一部を記すと、演劇「演劇提供の形態について――村山知義」、文学「文学的人間像――高見順」、政治「自由民権と旧憲法――服部之総」、思想「新しき歴史の幕あき――林達夫」、科学「二律背反の理論――三枝博音」ほか、経済、美術の講演が行われた。[12]

また、一九四七（昭和二十二）年秋の一周年記念文化祭のときも、東京お茶の水の文化学院講堂を会場に講演会として開催された。三枝博音「哲学の技術」、菅井準一「アインシュタインの一断面」、高見順「小説における現代性」、服部之総「明治絶対主義の崩壊」、林達夫「フランス文化論」、村山知義「演劇の教育について」、吉野秀雄「秋曽宇道人の歌」の各教授が演壇に立った。豪華な顔ぶれに、会場は熱気に包まれた。[13] 卒業生は当時をふりかえって次のような感想を記している。

記念祭の時の三枝学長の挨拶を、後にパンフレットで読んだのですが、（我等には誇るべき伝統も、捉えるべき歴史もないとは云いつつも、人の動くところ、すでに歴史は始まったのである）生涯忘れる事の出来ない一節です。[14]（文2）

文化祭　素朴なものであったが、敗戦後、平和と青春の実感を得た一コマであった。本堂は、隣の催しの声も交って、ともかくにぎわった。[15]（文1）

また、卒業生が語る当時の自治会活動や学生大会の思い出はそのまま、大学の経営や政治への関心の高さを示していた。アンケート調査結果からそのいくつかをあげてみたい。

最初の学生大会は四六年六月末で、そのとき議長をつとめた。議題は暑中休暇をいつからにするか、授業料、交友会費の額について、などであったが、もっとも白熱した論議は学生としての制服制帽をどのようにきまるかで、角帽、詰襟にせよ、いや背広がいい、ベレー帽の制帽はどうかなど――敗戦直後の世相を反映させて当時の若者の様々な顔を思い出す。[16]（演1）

自治会では書記を命じられた事がありました。大船移転問題や、鎌倉大学校の名称を鎌倉アカデミアに改称せよと文部省当局に指示された問題等があり、三枝博音学長の苦渋に充ちた表情が今でも心に残ります。[17]（演2）

大学への昇格問題で学校当局を追及したり、学費値上げ是非を論じたり、学生大会はかなり白熱したものでした。ただし、校舎を大船に移してからは段々と元気がなくなっていったように思います。[18]（文2）

教授陣にも学生の中にも若干の左翼思想的（?）な方もおり学校の運営等についても現国会さながらの激しい討論が数回あったことを覚えています。特に運営資金が当初の見込み通り動かなくなり始めてからの大会は、その教育施策そのものを改革批判する学生と現実路線の改善と対応を主張する学生間での論争の激し

いやりとりは今でも記憶にあります[19]。（産1）

右も左も発言は活発だった。学費値上げとなると、反対の声より、教授の給料のことを皆思い、どちらからも賛成の声があがる。おかしなものであった[20]。（文1）

多感な時期にある学生たちは、感受性豊かに時代の動きを敏感に察知し、自由な校風のなかで時に外に向けて、時に内に向かって発信し続けた。同時に、学生たちの感性は文芸の世界を創造した。

結成した文芸活動団体のほんの一部をあげると、鎌倉アカデミア実践劇場、演劇座、反響劇場、かもめ座、小熊座、鎌倉考古学研究会、哲学研究会、ヘーゲル哲学研究会、俳句研究会、短歌サークル、万葉集研究会、コーラス部、音楽部、などである。活動の様子について知る貴重な記録から、卒業生の記した「声」を以下に記す。

創作サークルの松岡裕、詩のサークルの眞杉盛雄などの熱意に引っぱられたものだった。短歌サークルでは吉野秀雄先生宅にも何度かお邪魔し、ご一緒に盃を重ねたことも思い出です。酔うと膝をピシャピシャ叩き高吟する陽気な先生の裏側に人間の寂しさと辛さを感じた時代でした。サークル活動以外でも師弟の交わりというより人間的なぶつかり合いがあったように思います[21]。（文1）

鎌倉アカデミアの特色は教師・学生間の交流であり、無断自宅訪問すると、たいてい他の学生が押しかけていました。私の入りこんだ教授の家を列挙してみますと以下の如くです。三枝博音・加藤衛・川俣晃自・後藤平・高見順・吉野秀雄。戦後の食糧事情の悪いときに大迷惑なことと恐縮しております[22]。（文2）

復員者や大学中退者が多い一四〇人の学生の中には、後に日本の文化を牽引する役目を果たすことになった若者も多かった。ここにその一部を記すと次の通りである。

山口瞳（小説家）は、サントリーの宣伝部に入って、開高健と共に「トリスを飲んでハワイに行こう」の名コピーを書き、「江分利満氏の優雅な生活」で直木賞を受賞した。鈴木清順（映画監督）は、日活で監督になり、「肉体の門」「けんかえれじい」「ツィゴイネルワイゼン」など特異な映画を撮った。いずみたく（作曲家）は、日本のミュージカルの開拓者となり、前田武彦（放送作家）は、テレビ時代の先駆者として多くの構成台本を書き、自らも「笑点」などに出演した。高松英郎（俳優）は、大映のスターとして有名であり、川久保潔（声優）は、ラジオドラマの声では日本中の聴取者がお世話になっている。岩内克己（映画監督）は、「エレキの若大将」や「リオの若大将」などの加山雄三の若大将シリーズで東宝を繁栄に導く監督になった。

鎌倉アカデミアは戦後第一号の男女共学であり、記録によると女子学生は廃校になるまで七〇名以上を数えた。とくに文学科は男性一二五名、女性は二二名であった(23)。

三　鎌倉アカデミアの終焉と意味

一九四六（昭和二十一）年五月に開校した鎌倉アカデミアは、わずか四年半で閉じられることになった。大学の授業料が年六千円だった時代に、年八千円の授業料を取っていたのだから、それほど急に経営難になるとは思えないが、当初めざしていた大学の認可が取れなかったのが大きく響き、光明寺の庫裡の家賃も払えなくて大船の海軍の研究所跡へ引っ越したが、もはや手遅れだった。のちに横浜市戸塚区小菅谷の旧海軍燃料廠に移転したが、財政難にアカの風評が重なり、一九五〇（昭和二十五）年九月に廃校となった。往時を偲び、当時まだ在校していたり、すでに卒業していたりと、さまざまな位置からの思いもまたさまざまである。在校生・卒業生は鎌倉アカデミア廃校をどのように受けとめていたのだろうか。率直な思いをアンケート調査結果資料から抜き書きする。

最後の学生大会で同期の木村總が委員長を務め、大船校舎の暗い電灯の下で夜相当遅くまで声涙下る論議が続き、終わってからバスもない田舎道を大船駅まで同期の仲間数人と歩き、駅前の行きつけのラーメン屋でショウチューを飲み、今後の方向などを不安と焦燥の中で論議しました。[24]（文2）

文化の理想は永遠にであるが、岬に一人立ちする灯台の明滅を見る思いがした。[25]（文2）

鎌倉の寺校舎から大船の校舎に移転し初めて新校舎（二階建てが途中で建築ストップ二階部の鉄筋がガイ骨のように屋上に出ていて、まことに荒涼たる姿）を眺め屋舎内の状況を見て、理事団の退去と併せてアカデミアの終りが近いと感じました。[26]（文1）

いよいよ廃校という夏の終わりのある夜、学生の役員数名が北鎌倉の三枝家に集り、沈痛な思いで三枝さんの話を聞いた。奥様が出して下さった手料理ものどを通らなかった。この時「これで戦争は終わった」と思った。三枝家の一夜。[27]（演3）

すでに卒業していましたが、非常に寂しい思いと云うより強い、衝撃でした。それは、自分自身までが、押し潰されるのではないかと思われる程のショックでした。その後、三枝先生等の文部省などへのご努力や希望者は他大学への編入手続きがとられると聞きひとまず安堵しました。それだけに、それ以後の、交友達との絆はより深くより強いものに育っていったのではないかと思います。[28]（文1）

鎌倉アカデミアを学び舎とした在校生、卒業生のつながりは、博音忌（三枝博音）、艸心忌（吉野秀雄）、もくせい忌（重宗和伸）など恩師の回忌に集い、回を重ねている。

鎌倉アカデミアは二〇〇六（平成十八）年創立六〇周年を迎え、記念文集『鎌倉アカデミア』落穂集を刊行し、多くの卒業生、教授、講師たちがこれまでアカデミアについて書いた文章、九五編、七一名分をまとめ収録した。そして、これまで関係者が大切に保存していた全ての資料を鎌倉市中央図書館に寄贈した。その資料の一部を、二〇〇六（平成十八）年五月、思い出の光明寺で公開した。

創立六〇周年記念文集に、鎌倉アカデミア資料を卒業生服部博明（文学科一期生）とともに保管整理をしていった鎌倉市中央図書館近代史資料収集室の平田恵美が次のように記している。

「鎌倉アカデミア」とは不思議なものです。創立早々から揺れ動きながら、鎌倉周辺に住む一級の知識人たちを魅了し、戦後の自由の中で若者たちをより広い場所に導き出し、四年半の営みを終えながら、その時々の熱心な人達に手渡されながら生き続けてきました。

鎌倉アカデミアが創立されて六〇年を経て、卒業生と「鎌倉アカデミアを伝える会」のつながりや地域への広がりをつぶさに見て触れてきた実感がこもった言葉ではないか。

今日、鎌倉アカデミアの公開授業やマンツーマンの課外授業など、自由な気風に満ちた先駆性は現在、あらためて見直されている。開校から半世紀を経た二〇〇六（平成十八）年、光明寺境内に卒業生有志によって記念碑が建立された。西郷信綱が書いた「ここに鎌倉アカデミアありき」と記された碑は、「教育の原点」を示すシンボルでもある（図1-9-7）。

本稿で引用したアンケート調査の結果は貴重な資料であると同時に、当時の在校生、卒業生から届いた後世に伝えたいメッセージとして受けとりたい。今後さらに調査結果をつぶさにみていくことは、鎌倉アカデミアを実証的に探究することにほかならない。今後、研究の視点として卒業生からのメッセージを披露する。

このアンケートを基に、一部マスコミで、活躍する人達がそこに居たからではなく、また今までに色々と発表された既成観念で語るのでもなく。あの時代にそこに集い、また関わった人々を実証的に捉え、どんな人がどんな教育をしたかが分かるような資料展となり、学校とか教育とかを考える、叩き台になれればと願っ

図 1-9-7　鎌倉アカデミア記念碑に西郷信綱が書いた碑文

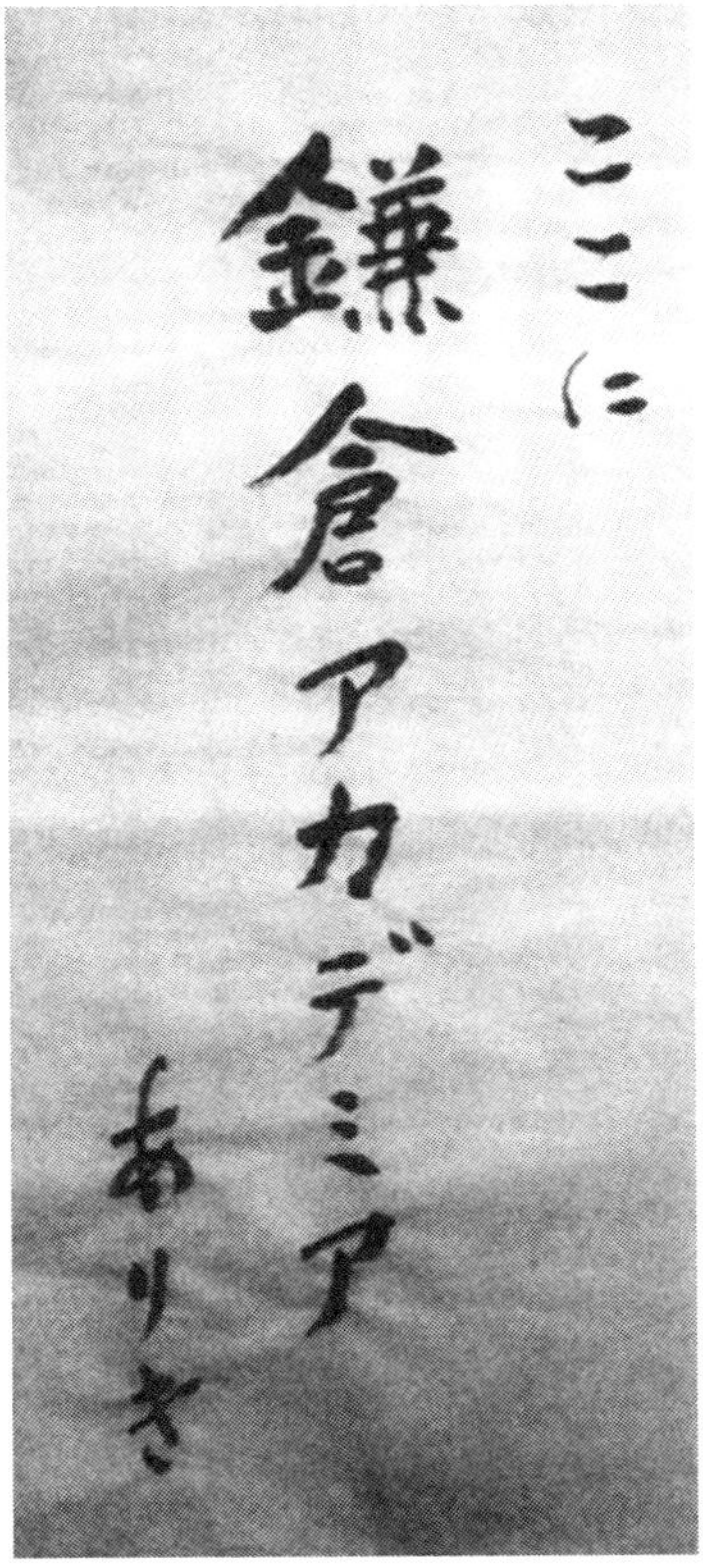

鎌倉市中央図書館近代史資料収集室提供

ております。[29]（文1）

また、今日まで鎌倉アカデミアに関連する資料の散逸を免れたいきさつについて、卒業生の貴重な証言を以下に掲載する。

十時《ととき》啓介《けいすけ》さんが私費を投じて「鎌倉アカデミアの会」の事務局をつくって、同僚の葩島《はいじま》桂次郎《けいじろう》さんと資料の収集と親睦や催しの企画、実行を精力的に行っています。その報われることの全く無い仕事に長年の間、黙々と奉仕する努力には頭の下がる思いです。従って現在の「鎌倉アカデミア」の集まりその他に関するものは、この十時さんの「鎌倉アカデミア」の会ですべてが分かるはずです。[30]（演1）

四　鎌倉アカデミアの今

一九九六（平成八）年は、鎌倉アカデミア五〇周年にあたる。翌年には鎌倉市教育委員会・鎌倉市中央図書館発行『鎌倉近代史資料　第十二集　青春・鎌倉アカデミア』が同図書館近代資料収集室、平田恵美によって編まれた。

鎌倉アカデミアが創立六〇周年を迎え、記念文集『鎌倉アカデミア落穂集』を刊行した。六〇周年には二千人近くの参加者があり、あらためてその関心の高さに感銘を受け、引き続き毎年五月に「鎌倉アカデミアを伝える会」を催して、その第一回を二〇〇七（平成十九）年五月二十六日にゆかりの地鎌倉材木座光明寺書院で開催している。同年から毎年「鎌倉アカデミアを伝える会」と鎌倉市中央図書館近代史資料室が協力して、「鎌倉アカデミアを伝える会」記録集を編んでいる。二〇〇六（平成十八）年の鎌倉アカデミア六〇周年を経て「鎌倉アカデミアを伝える会」は発足した。毎年の「鎌倉アカデミアを伝える会」は市民実行委員会代表（二〇〇九〔平成二十一〕年第三回以降は実行委員長）、鎌倉アカデミア演劇科一期生の加藤茂雄、そして二〇一三（平成二十五）年第七回からは実行委員会副委員長として小泉親昂が加藤茂雄とともに会の進行を担当していることが記録集に綴られている。

二〇一六（平成二十八）年には第一〇回「鎌倉アカデミアを伝える会」と同時に、「鎌倉アカデミア創立七〇周年記念祭」が六月に鎌倉材木座光明寺で開催された。

七〇周年記念祭開催に先立ち、新聞報道は神奈川新聞、湘南産経新聞、朝日新聞や毎日新聞の全国版、遠くは北海道新聞に掲載され、開催前から卒業生や地域住民はもとより、報道関係からも注目された。

鎌倉アカデミアについて知ろうとするとき、卒業生からまたは卒業生でない立場から多様な著者による出版物を目にすることができる。一九九六（平成八）年は鎌倉アカデミア創立五〇周年にあたる。この年、廣澤榮『わが青春のアカデミア　戦後教育の一原点』岩波書店同時代ライブラリー、前川清治『三枝博音と鎌倉アカデミア』中公新書、飯田賢一『回想の三枝博音　人間と技術と教育』こぶし書房の三冊が出版された。[31]そのほかにも一九八〇（昭和五十五）年に高瀬善夫『鎌倉アカデミア断章　野散の大学』朝日新聞社、一九八五（昭和六十）年に秋山邦晴『文化の仕掛人――現代文化の磁場と透視図』青土社、一九九四（平成六）年には前川清治『鎌倉アカデミア　三枝博音と若きかもめたち』サイマル出版などが刊行されている。

一方、鎌倉アカデミアと有縁・無縁ととらえられる「鎌倉・市民アカデミア」の誕生は、鎌倉大学人の会が主催した市民公開講座が機縁となっている。[32]鎌倉アカデミア文学科二期生の木村聡を講師に「鎌倉アカデミアとはなんであったか」という演題で講演がひらかれた。[33]このことについては、一九九一（平成三）年に久保田順が『鎌倉・市民アカデミア——もうひとつの生涯学習』現代企画室から刊行している著書に詳しい。

一九七五（昭和五十）年に設立された鎌倉市生涯学習センター講座「鎌倉・市民アカデミア」は二〇一六（平成二十八）年第五一期をもって閉講となり、四一年の幕を閉じる(34)。

今日、鎌倉アカデミアから示唆されることは何なのだろうか。これまで述べてきたことをふりかえると、大学教育の原点、学習の循環、学習と地域とのつながり、資料保存と資料を通した未来への継承、といったことを再考し続けることの重要性が挙げられるのではないだろうか。

追記　本稿執筆にあたり、神奈川県鎌倉市中央図書館近代史資料収集室・平田恵美氏から助言・資料提供をいただいた。また、「鎌倉アカデミアを伝える会」市民実行委員会委員長・加藤茂雄氏（演劇科一期生）からは当時の貴重な証言をいただいた。記して感謝申しあげます。

注

(1) 三枝博音「鎌倉大学廃校始末記——風評、大学をつぶす」（一九五一年二月『中央公論』に発表）のなかで文部省からの要請で鎌倉大学の名称変更をもとめられ、「大学」から「アカデミア」に変更した経緯が綴られている。本稿では表記を「鎌倉アカデミア」に統一して記す。（平田恵美編『鎌倉近代史資料　第十二集　青春・鎌倉アカデミア』鎌倉市教育委員会・鎌倉市中央図書館、一九九七年、七〇頁。同上四〇頁に一九四七［昭和二十二］年十二月八日付けで「学校の名称変更について」が掲載されている）。

(2) 前川清治『三枝博音と鎌倉アカデミア』中央公論社、一九九六年、二〇—六八頁要約。

(3) 同右、九一頁。

(4) 平田恵美編『鎌倉近代史資料　第十二集　青春・鎌倉アカデミア』鎌倉市教育委員会・鎌倉市中央図書館、一九九七年、一九一～二三三頁。アンケート調査は三〇〇通を発送して九〇通の回答があった。質問内容は以下の一五項目について尋ねている。1、入学時期と卒業時期、2、選択学科、3、卒業後の進路状況、4、出身地と在学中の住所・通学方法、5、学生募集を知ったきっかけ、6、入学希望の動機、7、印象に残った授業・講師、8、サークル活動同人への参加状況、9、学科毎の研究発表や実習について、10、一九四七（昭和二十二）年一月冬期政治思想講座、一九四七（昭和二十二）年秋一周年記念文化祭についての思い出、11、自治会活動や学生大会についての思い出、12、一九五〇（昭和二十五）年十月の閉校時の思い出、13、現在も続いている集まり事について、14、当時の鎌倉の思い出、今の鎌倉の印象、15、その他、ご意見、メッセージ。

（5）脇文治「まえがき」平田、前掲書。

（6）同右、一九三―一九七頁。

（7）同右、一九七―二〇六頁。

（8）前川、前掲書、一九九六年、二一一頁。

（9）同右、一六―一七頁（一九八八年六月「白水　第一二号　三上次男先生追悼号〈白水会機関誌〉」所収）。

（10）平田、前掲書、八六頁。

（11）平田、前掲書、八七頁。

（12）前川清治『鎌倉アカデミア――三枝博音と若きかもめたち』サイマル出版、一九九四年、一八七頁。

（13）前川清治『三枝博音と鎌倉アカデミア』中央公論社、一九九六年、九二頁。

（14）平田、前掲書、二一五頁。

（15）同右、二一四頁。

（16）同右、二一七頁。

（17）同右、二一八頁。

（18）同右、二一六―二一七頁。

（19）同右。

（20）同右、二一六頁。

（21）同右、二〇六頁。

（22）同右、二〇七―二〇八頁。

（23）前川、前掲書、二〇〇頁。

（24）平田、前掲書、二一九頁。

(25) 同右、二一九頁。
(26) 同右。
(27) 同右、二二一頁。
(28) 同右、二一九頁。
(29) 同右、二二九―二三〇頁。
(30) 同右、二二二―二二三頁。
(31) 平田恵美「あとがき」同右、巻末。
(32) 前川、前掲書、二〇六―二〇七頁。
(33) 同右、二〇七頁。
(34) 鎌倉市生涯学習推進委員会広報部会編『生涯学習雑誌　鎌倉萌』第一七三号、鎌倉市教育委員会、二〇一六年六月。

第一〇章　信濃生産大学と農村青年の自己教育

田所祐史

一　信濃生産大学の成立条件

信濃生産大学は一九六〇（昭和三十五）年八月に発足し、一九六一〜六六（昭和三十六〜四十一）年に一二回にわたって、駒ヶ根市・同市教育委員会・長野県農業近代化協議会・信濃生産教育協会の主催で開催された。一九六七（昭和四十二）年に「信濃生産大学解散声明書」(1)を発表するまで、農村青年の自己教育運動史に大きな足跡を残した実践である。

当時は、高度経済成長政策のもと一九六一（昭和三十六）年に農業基本法が制定されるなど、農民にとって大きな試練の時期だった。小林元一は、「資本の論理によってあからさまに貫かれた農業近代化政策が展開されようとする時期であった。そこでは、『農民六割削減論』に象徴されるように、農民は主体性もなく、ただ資本の都合のままに動かされる労働力としてしかみられていない」(2)と、農民を取り巻く状況を読み解いている。

信濃生産大学の基礎となった学習理論は、宮原誠一の生産学習理論であり(3)、「生産学習と政治学習の統一」を図ろうとするところに特徴があった。

その学習組織は三重構造となっており、旧村単位・近隣の仲間による日常的サークル学習、郡市単位の一泊二日のセミナー、そして、三・八月の年二回、駒ヶ根市菅の台の高原荘で開催される二泊三日の信濃生産大学からなっていた。合宿形態は、すでに一九五二(昭和二十七)年から千葉県農村中堅青年養成所が、高卒青年を対象に一期三カ月で行っていた。宮原はこれに「設立以来参加してきた経験から(略)冬季三カ月、夏季二週間の合宿制カレッジを構想した」が、財政規模や、飼育管理等にしばられている労働実態に合わせた形態をとった。(4) 学習方法はスリーセッション方式が採られた。宮原によると、「この学習方式は、昨春〔六二年〕、私がイギリスの炭鉱労働者の合宿コースで見てきた方式に学んだもの」だという。(5)

こうした特徴だけでも自己教育運動の系譜上ユニークである。その実践については、総主事であった宮原をはじめ、藤岡貞彦ほか多くの関係者や研究者が分析・総括している。(6) まずその成立条件・要素を確認し、本稿で取り上げる対象を限定したい。

藤岡は信濃生産大学を振り返って、「すぐれた学習論研究グループがある。すぐれた農民がいる。かっこうの宿泊施設がある。自治体の援助がある。生産教育の理論もある。五つのポイントが揃っていたのです。まるで絵のように」と述べている。(7)「まるで絵のように」揃った条件について、手打明敏も「農業経営者と農業問題の専門家、そして両者をコーディネートする社会教育専門家たち、そして一時的であったが駒ヶ根市という行政機関を含む人的ネットワークを形成して取り組まれた」と整理している。(8)

すなわち、①学習主体たる農民、②指導者たる農学研究者、③両者を自己教育のテーブルに引き合わせる社会教育専門家、④自己教育の環境を提供した自治体行政、先にふれた⑤学習理論・組織運営方法の五点が、信濃生産大学を生んだ成立条件であり、主要素であった。

⑤に比して、人的ネットワークを構成する①〜④それぞれの分析の蓄積は厚いとはいえない。そこで、本稿ではこれらのうち、一番の基盤であり主役である①の学習主体としての農民に絞ってみてみたい。信濃生産大学は、それまでの戦後自己教育運動の中で、学ぶ主体による組織運営の点で際立った先駆性を有していると考えられるからである。

二　学習主体としての農民

1　オチャラカポン――信濃生産大学誕生前夜の農民

長野県の農民は、戦後早い時期から共同学習運動を展開していた。一九四八（昭和二十三）年に農村文化協会長野県支部（農文協）は『農村青年通信講座』を発刊した。五四年には六百サークル・五千人余が読者となり、封建性を乗り越えようとする生活記録・話し合い学習の最盛期を迎えた。しかし、「村や家のなかの『古さ』をふかく支えている生産のしくみや政治のしくみについてのリアルな把握を欠きがち」で、一九五五（昭和三十）年ごろに行き詰まり、一九五九（昭和三十四）年の会員数は一二〇〇人まで減少、同年五月に同誌は廃刊した。[9]

一九五〇年代後半から農業「近代化」政策が上から進められていたが、農民側は、一九六〇（昭和三十五）年春に長野県農業近代化協議会（農近協）を結成する。学習の組織化が目指され、サークルごとの学習と農民移動大学を展開していた。[10]

当時の農民の営農関心の高さについて、藤田秀雄は「農民が利益を一円でもあげることにきわめて敏感なことは明らかである。夏季講座という名目で一連の講演会を開いた時、政治問題、育児問題等にはきわめてわずかな聴衆しか集まらないのに、鶏卵の高価の時は『新しい養鶏法』、西洋野菜がもうかることを知りはじめた時に『西洋野菜の作り方』の講演会を開けば、聴衆は会場にあふれる」と指摘している。[11] 長野県では、生産と学習の関係はいかなる状況にあったのだろうか。

信濃生産大学誕生前夜の農村青年の状況は『農村青年通信講座』が活写している。それは「オチャラカポン」という表現で象徴的に示されていた。玉井袈裟男によれば、「オチャラカポン」の情景は次のとおりである。

一九五六（昭和三十一）年冬に第三回北信農文協研究大会が開催された。「農文協指折り」の会員が集う中、馬方から農業に転じた「新顔の平林君」が参加していた。彼が「おれは大々的にコンニャク玉を作ってやろうと思っている」と自己紹介したことを機に、儲け話に花が咲き始める。「これだけ農文協のベテランがしかもはるばる集まってきて、コンニャク玉の話で終わってしまったんじゃ……」という思いで、他の会員が「オイ、いくらおもしれェッて、こんなオチャラカポンポンな話ばかりしていねェで、ちったァ本質的な話をしろや」とたしなめ、生産費調査報告がなされたが、「どうも調子がでない。会場がワイてこないのである。そのうちに、さっきのつづきをこそこそとやるものがでてくる」という有様であった。「まともな話になるとポツリ、ポツリで、オチャラカポンポンになると、たちまち興奮して話し合う」という繰り返しの大会となった。その様子を伝える玉井自身も、「大層ぶってもはじまらないから、白状しよう。『実は、私もオチャラカ、ポンポンの方がおもしろい』」と綴っている。[12]

「オチャラカポン」は、日々の労働の創意工夫で農業生産を少しでも近代化したいという切実な思いの反映であった。『農村青年通信講座』は実践例を掲載し、同年夏の大会の重点は「もうける話しあい」にも置かれた。[13]

こうした動きに対し、「もっと農村の経済問題や社会問題に、広く眼を向けなければならないのではないか（略）眼先の問題ばかり重視する『おちゃらかぽん』の話は、われわれ青年にとって何となく物足りない」[14] という批判や、「もうかる話だけにきゅうきゅう〔汲々〕とする」「長野の友のもうけ話がピンと来ない」という他県からの

声が寄せられている。(15)

農民がほんとうに団結する道は、農民が小生産者として伸びる努力を続ける中で、団結した方がとくなんだということを、理屈でなしに、身体でわかった時でなければ見出せないのではないか。独占資本の経済的圧迫などというものも、理屈でわかるのでなしに、小生産者として伸びる努力を続け、企業家としての自信と実力とを身につけて、実際の経済活動の中で、どこでどういう圧迫を農業が受けているのかを、具体的にさぐり出すのでなければ、それをはねのける方法も実力も生まれてこないのではないだろうか。（略）オチャラカポンポンでもうけるだけの運動と誤解しての批判もあった。また、オチャラカポンの農研の動きを理論づけてほしいという声もあった。（略）たゞ言えることは、それが村々で積極的な活動をしていた青年たちの中から起った、農業の生産と結びついたたくましい運動であったということである。(16)

大塚俊雄や玉井袈裟男らは、批判に右のように応え「オチャラカポンの理論づけ」を試みた。近代化と適応の必然・必要性を認めつつ、「自分さえよければいい」では営農近代化は実現せず、「人間らしい生活への道」も開かれないのではないか、と読者に投げかけたのである。(17)

青年たちの経営熱は、農業近代化による生産意欲に支えられていた。一九五〇年代末以降は共同経営化も指向され、長野県はその傾向が顕著であった。「全面協業経営形態」の経営体数は、北海道を除く都府県の全二四二経営体中一位（一〇・七％）を占め、一九六一〜六三（昭和三十六〜三十八）年の設立が目立つ。主位部門は酪農や稲作等であり、多くは二〜三戸単位で営まれた。「部門協業経営形態」では、長野県の経営体数は都府県全四五四九経営体中、三位（五・三％）である。養蚕・養豚・養鶏等の部門で、三〜七戸単位で経営多角化を目指して

表 1-10-1　長野県内の協業経営体の状況（1965 年　単位；経営体数）

全面協業経営体									計
主位部門別	酪農	稲作	養豚	養鶏	養蚕	野菜			26
	12	4	3	3	2	2			
設立年次別	～ 1959	1960	1961	1962	1963	1964 ～			
	4	0	10	4	4	4			
参加戸数規模別	2 戸	3 戸	4 ～ 5 戸	6 ～ 7 戸	8 戸～				
	11	8	5	2	0				
部門協業経営体									計
主位部門別	酪農	稲作	養豚	養鶏	養蚕	野菜	果樹	その他	240
	13	11	48	24	58	18	16	52	
設立年次別	～ 1959	1960	1961	1962	1963	1964 ～			
	18	21	69	61	54	17			
参加戸数規模別	2 戸	3 戸	4 ～ 5 戸	6 ～ 7 戸	8 ～ 9 戸	10 ～ 14 戸	15 ～ 19 戸	20 戸～	
	28	50	62	34	20	12	8	26	

『1965 年農業センサス協業経営体調査報告書』農林省農林経済局統計調査部、1967（1965 年 2 月 1 日時点の状況について同年 4 ～ 6 月に実査）より筆者作成。

本調査対象の協業経営体とは、「2 戸以上の世帯（非農家も含む）が、共同で出資（現物出資、および参加者全員の連帯による借入れを含む）し、1 つ以上の農業部門の生産から生産物の販売・収支決算・収益の分配までを一貫して共同で行なうもの」を指し、全面協業経営体は、「参加世帯の農業経営がすべて協業経営体内で行なわれ、参加世帯による個別経営（自給やさい程度の栽培などはのぞく）が全く行なわれていないもの」、部門協業経営体は、「参加世帯の農業経営の一部は個別経営で行なわれ、ある一部門または数部門について生産・販売から収益の分配まで共同で行なわれているもの」を指す（同 pp.1-3）。

いる。全面協業経営形態と同様、信濃生産大学発足期に集中して設立されている点が特徴的である（**表1―10―1**）。

望月町農近協を例にみると、リンゴの集団栽培・共同経営に着手し、一九六一（昭和三十六）年一月にリンゴ生産共同組合（組合員三三人・一三ヘクタール）を結成、春には共同防除施設が完成予定と報告されており、共同化の模索状況がうかがえる[18]。

しかし、多くの試みは借入金で支えられていた。大資本の農村進出や海外の過剰生産もあり、加えて農民の資金調達先である農業団体・自治体～国の農政と時には対峙しなくてはならなかったのである。そのためには自己教育が必要であった。

2　宮原誠一と農村青年との出会い

一九五〇年代後半に沸き起こったこれらの動きを、生産学習と政治学習の統一の重要な素地としたのが宮原誠一であった。彼は「共同経営に身をやいている」彼らの中から「実践と学習とを一体のものとしてとらえ、生産と政治とを結合してとらえる思考と行動がうみだされる」ととらえた[19]。

宮原は学習の三重構造の一段階を、「だれかの牛舎の前にあつまって、乳牛を目の前に、飼育の方法から、飼料の問題、乳価の問題にわたって討議する[20]」とイメージしている。それは信濃の現実の農村青年群像そのものであった。彼と「オチャラカポン」状況が、信濃の地で出会い響き合った時の様子は次のように描かれている。

図 1-10-1　宮原誠一

藤岡貞彦氏提供

二〇人ほどの青年達が、小山〔英雄〕家の座敷に上りこんで、口から泡をとばして論じているところへ、突然宮原先生が訪ねてこられた。（略）田舎者だから、私たちは宮原先生を知らなかった。普段みたことのない、お公卿さんのような人にみえた。しかし、知らない強みで、口調を改めるでもなく話合いを続けた。そして

先生は『信州の、こんなところに、こんなにも素晴らしい学習があったのか、と思いました。私の理想としていたような学習です。これはなんとか形を整え、発展させていきましょう』といわれました[21]。

宮原が着目し、発展させようとした学習風景の一コマをみてみよう。

ある冬の夜、青年たちは、つるありインゲン〝ケンタッキー

ワンダー〟について夜を徹して話し込んだ。メンバーの一人は徹夜明けのまま部落の朝の放送当番に臨み〝マイ・オールド・ケンタッキー・ホーム〟を流し、「ただいまの音楽は、マイ・オールド・ケンタッキーワンダーでした」とアナウンスしてしまい、一同大笑いとなった——小林節夫はこのエピソードを挙げて、「第一段階の『学習』と〔宮原に〕言われてもこちらは当惑するばかり」、「私たちにしてみれば、『学習』などというような上等なものではなかった」と回顧した。

しかし、宮原はここに「『学習』の芽」を見て育てようとしたのである。小林は、「宮原先生は『オチャラカポン』と『それへの批判』を統一的に探究しようとして、信濃生産大学で『政治学習と生産の統一』という視点をすえたのではないか、「オチャラカポンをめぐる二つの潮流を統一的に考えさせる意図もあった」のではないか、と鋭く分析している。(22)

3　信濃生産大学に集った農村青年——想定と実際

駒ヶ根に集う農村青年について、どのような学習主体像が想定され、実際にどのような青年たちが何を求めて参加したのだろうか。

宮原はこの時期の青年を、①十八〜二十一歳、②〜二十五歳、③二十五歳以上に分類し、三重構造のそれぞれに対応させて想定している。とりわけ、③の青年によって一九五九〜六〇（昭和三十四〜三十五）年に「青年の学習運動に一つの転機が画された」ととらえ、「ＯＢ青年」と呼んだ。(23)彼らは青年団の元リーダーで、学習サークルで社会科学の共同学習を経験してきた。年を経て直接営農にあたるようになり、「社会科学的な物の見方で生産ととり組みだし」(24)ていた。「政治学習と生産学習とを結合する線がＯＢ青年によってうちだされてきたのである。私たちのせまい経験の範囲では、運動的な実践として、それははじめてのことであった。はじめてのことというよりむしろ、戦後、多くの方面でそのことが語られ、私たちもまた生産教育の名のもとに久しくそのことを心がけながら、どうしても実現できないでいたことが、ついにOB青年によって実現されだした」[25]と、宮原は彼らに着目し信濃生産大学段階の主力と想定したのであった。

加えて「ベストメンバー」が念頭に置かれた。宮原は、「生産大学は精鋭主義をとった。先進的な実践をやっている青年たち、それも経営の実権をようやくにぎり、営農の真剣勝負に入っている二十歳代後半から三十歳前後にかけてのOB青年に傾斜をもたせてあつめる」[26]、「ねらいは、県下の先進的農業を実行している精鋭青年を結集して、専門家の指導のもとに徹底的な討論学習を行ない、そのエネルギーを県下の全サークルに還流させようというところにある」[27]と、一種のエリート教育の場を意識的につくろうとした。

実際の参加者は、「ほぼ半数がこの〔三重構造の〕運動組織の線にのってでてくる青年たちであり、あと半数は一般からの参加者」[28]だった。また、二年四回を一期とするにもかかわらず、通して継続的に参加できたのは全体の約三分の一程度で、[29]「今回も、初めての参加者が非常に多い。当初計画した少なくとも一期四回は連続参加する態制《ママ》がとれなかった」と記録されている。[30]

同一受講者が継続参加できていない状況について、総括会議は「交替で参加するようにしているものもあるので、同一グループからの参加と云うことになれば、相当数の者がグループとして参加していることになる」[31]と説明した。実際に、例えば栄村の学習グループは「参加希望が多いので順番制をとってカンパしあって」代表を毎回欠かさず参加させ、牛や蚕の管理、子どもの通院などの留守は仲間が世話した。[32]望月町の農近協でも、交代で駒ヶ根に送られたメンバーは、学んだことや議論の内容を持ち帰って報告し、全員で共有したという。[33]

信濃生産大学に申し込んだ実際の農村青年の姿を、統計的にみてみよう。**表1-10-2**と、「階層的には中農下層といったところが中心であり、年齢的にはしだいに若年層にかたむきながら二十一、二歳から二十五、六歳の

表 1-10-2　第 1・2・5 回 信濃生産大学申込者・受講者（単位；人）

性別	①	②
男性	67	82
女性	1	2

年齢	①	②	⑤
～ 19 歳	3	3	1
20 ～ 24 歳	17	17	18
25 ～ 29 歳	15	10	9
30 歳～	9	7	6
不明	24	47	—
計	68	84	34
平均年齢	25.7 歳	25.5 歳	—

農家における位置	①	②
経営主	17	16
後継ぎ	21	23
両方記載	1	1
不明・非農業	29	44
計	68	84

経営形態	①	②
専業	29	25
兼業	5	10
不明	34	49
計	68	84

学歴	①	②
大学	5	5
高校・旧制中学	34	21
＊うち農業高	＊ 16	＊ 10
中学校	1	2
小学校	4	—
兵学校	2	—
獣医養成所	1	—
青年学校	—	2
畜産技術・農業講習所	—	2
農学校	—	1
経営伝習農場	—	1
農業専門学校	—	1
獣医養成所	—	1
その他	—	3
不明	21	45
計	68	84

第 1・2 回申込者①②	田の広さ	田以外	田の広さ	田以外
なし	4	18	0	9
5 反未満	2	5	0	2
5 反～ 1 町	6	4	6	5
1 ～ 1 町 5 反	17	4	12	2
1町5反～2町	8	0	8	0
2 町～	2	8	4	12
不明・非農業	29	29	54	54
計	68	68	84	84

第 5 回 受講生⑤	水田	畑	水田＋畑	牛	
5 反以下	8	12	1	1 頭	7
5 ～ 7 反	12	9	0	2 頭	3
7 ～ 9 反	5	4	5	3 頭	2
9 ～ 1 町 1 反	4	0	6	4 頭	1
1 町 1 反～ 1 町 3 反	0	2	7	7 頭	1
1 町 3 反～	3	1	9	（乳牛・役牛・肥育牛の合計）	
計	32	28	28		

①所属等（主なもの・複数回答）	①	②所属等（主なもの・複数回答）	②
青年会・青年団	15	農業近代化協議会・近代化グループ	23
農業近代化協議会・近代化グループ	9	青年会・青年団	17
公民館・公民館青年部など	9	農業経営研究会・農事研究グループ	17
農協	7	4H クラブ	8
農業改良普及員・同事務所・営農推進員など	5	農協	6
農業経営研究会・農事研究グループ	4	共同養豚場・共同牧場	5
農業試験場・農事試験場	4	農家組合・農事組合など	4
大学・学生・教員など	4	農業改良普及員・同事務所・営農推進員など	4
自営農民クラブ	2	大学・学生・教員など	3
図書館・役場	2	公民館・公民館体育部など	2
青年学級	2	農業委員・農業振興委員	2
4H クラブ	1	読書会	2
未記載・不明	15	篠ノ井農民大学運営委員	1
計（延べ）	79	農業試験場・農事試験場・実験農場	1
		自治会・部落会役員	1
		民生委員	1
		村議会議員	1
		民主青年同盟	1
		信用金庫特融課	1
		未記載・不明	15
		計（延べ）	115

いずれも駒ヶ根市立図書館蔵の以下の資料より筆者作成。①②の学歴の＊印は「高校・旧制中学」のうち農業高校・農業科と明記したもののみの数値
①＝第 1 回申込者；「第 1 回信濃生産大学受講申込書」（第 1 回の原簿）、「昭和三十五年度信濃生産大学受講者受付簿」『昭 35 第一回信濃生産大学』
②＝第 2 回申込者；「受講者の実態」（第 2 回の原簿）信濃生産大学事務局、「第 2 回信濃生産大学受講者名簿」『昭 35 第二回信濃生産大学』
⑤＝第 5 回参加者；「第 5 回信濃生産大学アンケート集計表」『37 第六回信濃生産大学綴』

青年が主力となっている」[34]という宮原の分析は一致する。「不明・未記載」が多いデータではあるが、ＯＢ青年に続く二十代半ばの高卒男性が多いこと、すでに経営を任されている者と後継ぎが混在し、概ね一町前後の田畑をもっていること、自らの所属を青年団・農近協・公民館・農協などに位置づけている者が多いことがみてとれる。居住地は、駒ヶ根市に厚く募集したことや近距離を反映して南信地域が半数近くを占め、中信からの参加がやや少ないものの、北信・東信からの参加のバランスを維持している。また、県外からの参加も目立つ。[35]

参加の動機は多様であるが、「自分の経営を何んとか発展させたい」という営農改善意欲、農業基本法や農業構造改善事業への関心、「斗《たたか》いの方向、法則を学びたい」という運動への関心などの傾向がうかがえ、「農業構造改善事業と農業の将来に対する不安と云うものが参加の動機の中心」にあったといえる。[36]

このように、着目・想定されたＯＢ青年とその後続の青年たちで学習主体が構成されていたが、「最大の弱点」とされる今一つの想定対象があった。労働者である。解散声明は「労働者の参加を求め、その端緒は得られながらも、これに十分成功しえなかった」と総括している。[37]

労働者の参加を明確に謳ったのは、終盤の第九回（一九六四年）からである。呼びかけ文で、「今回はじめて在村通勤の青年諸君が加わる。農業で生きてゆこうとする青年と零細な農業経営をかかえながら勤めに通い、あいは長期出稼ぎする青年」[38]とが学びあう、と宮原は兼業や出稼ぎの「在村通勤の青年」像を示した。

「在村通勤の青年労働者」の実際の参加は、第一〇回ごろから少数ながらあったというが、[39]工場労働者はまだ量的に顕在化していなかった。ただ、後身の信濃労農大学に至っても、「参加する労働者は、まだ、依然として、農業に関連の深い自治体、農協、学校などに働く先進的労働者の個人的な参加の域をでていない」状況が続いた。[40]

吉川徹は、こうした状況を受け、その後「地域住民」としても学習主体をとらえていったと振り返っている。[41]

三　主権者としての農民の主体形成

このようにして集まった農村青年は、どのような主体形成の方向を目指したのだろうか。

彼らは運営委員会に加わるなど学習組織・運営の主体でもあったが、宮原は農民が「国や地方自治体の真の主人公」になることを願い、「他人さまのご都合によって働かされたり、離農させられたりするような農民であってはならない。そういう主体性のない状態をきっぱりと断ち切って、農民が自分たち自身のために、働く者の幸福のために、なにをすべきかということを徹底的に考え、自分自身の判断と意志にもとづいて決断し、行動する」[42]将来像を描いた。

小林元一は、「資本の意のままに流されることなく、働く農民自らの要求にもとづいて、地方自治体、口《ママ》〔国〕を動かしていく、主権者として生きていく力を身につけることが強くねがわれている」[43]と記している。信濃生産大学は、営農関心・生産意欲の高い農村青年の受講動機に応え、目指す主体形成を為し得たのだろうか。

「いちばん勉強になったことは何でしたか」という問いへのアンケート回答には、三つの傾向が認められる。①「みんなが同じように悩んでいること」、「仲間が大勢いること」、「農民の生活と権利を守るものは農民自身であること」等の連帯意識を得たこと、②「理論と実践の結合と実践の強さ」を感じ、農民運動（「斗い」）への動機・意欲付けを得たこと、③農業構造改善事業や農業基本法の本質、農業問題について知り考えることができたこと、である。[44]

営農改善の受講動機に十分応えられたかは不明であるが、「経営の不安は解決されないが、実践の必要を感じ、俺にも出来そうだ」[45]という声や、宮原の「信濃生産大学は、処方箋はださない。(略)問題点を整理し、考えかたをふかめるためにみんなで知恵をしぼるが、結論はださない」[46]という位置づけからすれば、営農そのものの改善向上に直接応えるよりも、生産学習と政治学習の結合や「農村における学習運動」の検討へ学習関心・課題を移していったことが大きかったと思われる。

現在も精力的に活躍する多くの農民運動家や社会教育職員・研究者を輩出したことが、主権者としての農民の主体形成に励む主体創出の何よりの証左である。信濃生産大学で学んだ三人の言からも、農民を取り巻く状況を読み解き、変革する主体の形成がうかがえる。

小林元一は、農民に「経営と技術の上での並々ならぬ努力の積み重ねとともに、人間としての生き方にかかわる哲学がある、と感じることがしばしばです。ふてぶてしいまでの主体が生きている。ぼくはこういう連中が大好きです。佐久地方に、そうした農民としてのあり方を考え合い、磨き合っていく学習組織と、その機関誌をつくりだす、これがぼくの念願の一つです」、「生産大学を生み出した、そしてまた、生産大学によって育てられてきた、これ等の農民がいる限り、どのような厳しい情勢の中でも、日本の農業は豊かに切り拓かれていくことでしょう」と、確信をもって主体形成の成果を語っている[47]。

小林節夫は、「みんな一切忘れてしまって、それでも残るもの、それが本当の教育だ」というアインシュタインの言葉を引きながら、生産大学をはじめとする長野の自己教育運動から何を得たかを、半世紀を経た二〇一三(平成二十五)年時点でまとめている。それは、主権者意識への明確な自覚、事実を調べ確信にし、武器にして戦うこと、発言の自由と寛容の精神、人間やものごとを長い目で見る・待つこと、農民が労働の誇りをもつことである[48]。

吉川徹は、生産大学での学習が開発に抗する運動につながったことを振り返り、「闘いのないところに本当の学習はない」と語る。[49]

信濃生産大学は、生産・労働に携わる学習主体がおかれた社会経済的状況・問題関心を立脚点として、主体形成へと発展的に自己教育を模索・展開した。信濃労農大学、長野県地域住民大学ほかの学習運動へと引き継がれ、主体形成を目指す自己教育運動が現在も続いている。高度経済成長期における上から／下から双方の農業近代化のもとで展開された信濃生産大学の取り組みは、グローバル化のもとでの自己教育における生産・労働と主体形成の関係について、現在も示唆するところが大きいのではなかろうか。

本稿は前史から信濃生産大学の断片までを垣間見たに過ぎない。冒頭に示した成立条件②〜④それぞれのアクター分析を中心に、さらなる掘り下げを今後の課題としたい。

追記　本稿執筆にあたり、一橋大学名誉教授・藤岡貞彦氏から助言・資料提供を受けた。また、多津衛民芸館長・吉川徹氏には聞き取りに応じていただいた。記して感謝申し上げます。

注

（1）信濃生産大学運営委員会「信濃生産大学解散声明書」一九六七年八月二十日（『月刊社会教育』一九六七年十月号に掲載）。

なお、本稿の史資料引用は傍点を含め原則原文のままとするが、必要に応じて亀甲括弧で補った。原史料として、駒ヶ根市立図書館蔵の信濃生産大学関係書類綴である『信濃生産大学』と『信濃生産大学綴』（第一〜一二回）、及び『昭三五信濃生産大学資料』一、二を用いた。

（2）小林元一「主権者としての農民を育てる学習」『月刊社会教育』一九六九年九月号、二三頁。

（3）宮原誠一「生産教育の意義」同編『生産教育』国土社、一九五六年。

（4）宮原誠一「学習サークルから農民大学まで」『月刊社会教育』一九六〇年十二月号（同『青年期教育の創造』国土社、

一九六二年、三六頁）同養成所については、竹内義長「農民教育の三重構造学習」『月刊社会教育』一九六九年九月号。

(5) 宮原誠一「成人学習の新しい試み」『信濃毎日新聞』一九六三年四月八日（『宮原誠一教育論集』第二巻、国土社、一九七七年、三五九頁）。

(6) 代表的なものとして、藤岡貞彦『社会教育実践と民衆意識』草土文化、一九七七年。

(7) 藤岡貞彦氏へのインタビュー「〈地域と教育〉再建の環境権的視角を求めて」佐藤一子『戦後教育思想における「地域と教育」への問い』科学研究費基盤研究C中間報告書、二〇一三年、五六頁。

(8) 手打明敏「希望への社会教育」日本社会教育学会六〇周年記念出版部会編『希望への社会教育』東洋館出版社、二〇一三年、一一―一二頁。

(9) 小林元一「生産大学運動の構造」宮原誠一編『農業の近代化と青年の教育』農山漁村文化協会、一九六四年、二一八―二二二頁。

(10) 宮原前掲「学習サークルから農民大学まで」（三一―三二頁）。

(11) 藤田秀雄「土の理論と紙の論理」『立正大学文学部論叢』一三号、立正大学文学部、一九六〇年、一〇六頁。

(12) 玉井袈裟男（葉山袈裟樹）「OCHARAKA PON-PON」『農村青年通信講座』九一号、一九五六年七月、一―四頁。

(13) 「夏の大会へ！」同五〇頁。

(14) 大塚俊雄「農協を農民のものとするために」同九四号、一九五六年十月、二三頁。

(15) 「大会のあとのこだま」同一一五号、一九五八年八月、四八頁。

(16) 大塚俊雄「近代農民への道（第一回）」同一〇九号、一九五八年一月、一八―一九頁。

(17) 大塚俊雄・玉井袈裟男「近代農民への道」第一～七回（第二回までは大塚単独執筆）、同一〇九～一一五号、一九五八年一～八月。

(18) 「第三回信濃生産大学参加グループ現況報告」『昭三五信濃生産大学資料一』。

(19) 宮原前掲「学習サークルから農民大学まで」（二六―二七頁）。

(20) 宮原誠一『青年期の教育』岩波書店、一九六六年、一五六頁。

(21) 玉井袈裟男「信濃生産大学前史」『月刊社会教育』一九七八年十二月号、五四―五五頁。

(22) 小林節夫「長野県地域住民大学にいたる前史的背景と私的感想」長野県地域住民大学学習運動誌編集委員会編『耕し・学び・考える　戦後長野県学習運動誌』第一集、二〇一三年、九八―九九頁。

(23)宮原前掲「学習サークルから農民大学まで」(二四―三六頁)、同「学習サークルの道」『月刊社会教育』一九六〇年八月号(同五三―五五頁)。
(24)宮原前掲「学習サークルから農民大学まで」(二六―二九頁)。
(25)同前(二四―二五頁)。
(26)宮原誠一「農村青年の学習」『朝日新聞』一九六〇年八月二十九~三十日(前掲『宮原誠一教育論集』第二巻、三五五頁)。
(27)宮原前掲「学習サークルから農民大学まで」(三二頁)。
(28)宮原前掲『青年期の教育』一五七頁。
(29)宮原前掲「成人学習の新しい試み」(三五八頁)。
(30)唐沢篤二「第七回信濃生産大学総括会議」一九六三年九月二十七日付復命書『昭三八第七回信濃生産大学綴』。
(31)唐沢篤二「第六回信濃生産大学総括会議」一九六三年五月九日付復命書、同。
(32)小林元一前掲「主権者としての農民を育てる学習」二一頁。
(33)吉川徹氏への聞き取り調査での発言(二〇一四年六月二十一日実施、於・佐久市)。
(34)宮原前掲『青年期の教育』一五三頁。
(35)「信濃生産大学出席者調」『昭三八第八回信濃生産大学綴』。
(36)「第五回信濃生産大学アンケート集計表」『三七第六回信濃生産大学綴』、唐沢前掲「第六回信濃生産大学総括会議」、同「第七回信濃生産大学総括会議」。
(37)前掲「信濃生産大学解散声明書」。
(38)宮原誠一「通勤青年が加わる」第九回信濃生産大学開設要項、一九六四年、『第九回信濃生産大学綴』。
(39)宮原前掲『青年期の教育』一六〇頁。
(40)小林元一前掲「主権者としての農民を育てる学習」二八頁。
(41)吉川前掲聞き取り。
(42)宮原誠一「主権者としての農民、そのための学習を」『農近協情報』四号、長野県農業近代化協議会、一九六二年十一月(前掲『宮原誠一教育論集』第二巻、三六四頁)。
(43)小林元一前掲「主権者としての農民を育てる学習」二三頁。
(44)前掲「第五回信濃生産大学アンケート集計表」。

(45) 同右。
(46) 宮原前掲『青年期の教育』一五九頁。
(47) 小林元一「信濃の農民像」『宮原先生を偲ぶ』私家版、一九七九年、三一―三五頁。
(48) 小林節夫前掲「長野県地域住民大学にいたる前史的背景と私的感想」一三四―一三五頁。
(49) 吉川前掲聞き取り。

第一一章　山形農民文学懇話会『地下水』の農民文学運動

相馬直美

一　農民の文学運動『地下水』

戦前・戦中の時代には、天皇制国家主義と軍国主義のもと、すべて人びとは天皇の臣民であった。人々は、あまねくその生を国家に捧げることが要請された。敗戦後、新憲法により個人の存在が尊重され、個人の権利が保障されたのである。これにより人びとは臣民から国家の主権者となるべく、民主主義社会をめざした学習運動が展開していく。

かつて北の農村では、凶作、身売り、飢餓の歴史を繰り返し、戦前・戦中の超国家主義とファシズムへの思想的母体となっていた。敗戦後、農地改革（一九四六〜四七年）によって、農民は地主と小作という身分から解放されたものの、人間関係はそれまでの土地制度や生活慣習による封建制の強い上下関係を残したままであった。こうした雰囲気に片足を突っ込んだまま、村の青年学級や青年団では、青年たちが生産と生活にむけて、共同学習による生活記録サークルをつくっていった。自分たちの生活をありのままに書き、仲間で読み合い、新しい生き方を話し合うという生活記録サークルをつくり、共同学習が展開していったのである。

生活記録サークルは、朝鮮戦争勃発（一九五〇［昭和二十五］年）を契機とした民主化の「逆コース」体制を背景に高まりをみせ、生活記録運動の潮流をつくっていくが、高度経済成長を期に停滞の一途をたどっていく。こうした生活記録運動の高揚と停滞を経て、山形県では、若い農民たちが生活記録から伸びた芽として文学運動を展開していった。

図 1-11-1 『地下水』の視察研修旅行

中央が真壁仁。真壁仁研究編集委員会編『真壁仁研究』第 1 号、東北芸術工科大学東北文化研究センター、2000 年 11 月、36 頁より。

一九五七（昭和三十二）年三月二十一日、若い農民たちによって山形農民文学懇話会が立ち上げられ、同年九月十五日、サブタイトルに「農民の文学運動誌」とつけた『地下水』が創刊された。以来、「われわれは、プロでもないし、プロになろうとして書いているものでもない」（『地下水』一一号「あとがき」一九六六年）と、詩、小説、短歌や俳句、戯曲など幅広いジャンルにわたって作品を発表し続ける。

活動は執筆をはじめ、例会での作品の合評会や学習会を欠かさずおこない、文章表現や技術の研鑽に励む。会場は主に山形クラブ（山形市の集会所）や公民館などであったが、ときに真壁仁や須藤克三（後述）の自宅になることもあった。また活動の拠点として、過疎の萱平（上山市）に「地下水の家」（一九七四〔昭和四十九〕年）を設けた。そこでは、「地下水文化セミナー」などを開き、東北各県の他の文化サークルなど交流を重ねた。さらに『地下水』では見聞を広げるべく、九州や北海道への視察研修旅行も積極的に行っている。

また『地下水』は、平和運動や安保闘争など政治や社会問題についての主張や行動を誌上に掲載するなど、他の文学誌とは一線を画する。

運営は同人たちの会費でまかなわれており真壁の葬儀（一九八四年）の際に植松要作から、会費の残金として百円玉を渡されたという川田信夫のエピソードは、身銭での運営の難しさを伝えてくれる。

本稿では、こうした農民の運動を展開した『地下水』が、目指したものは何であったのかを、『地下水』が形成されるまでをたどり、創刊から一九六〇年代までを見ていく（図1－11－1）。

二　生活記録運動

「須藤山脈」「真壁地下水」

須藤克三（一九〇六－八二年、教育者・児童文学者）と真壁仁（一九〇七－八四年、詩人）は敗戦後の社会の激しいうねりのなかで、戦前の北方性生活綴方の精神を継承する形で青年たちのサークル活動に心血を注ぎ、山形県の教育・文化運動を牽引していった。二人の教育・文化運動の流れは、のちに「須藤山脈」「真壁地下水」という山形県の教育・文化運動の風土をつくりあげ、生活記録運動においても大きな役割を果たした。『地下水』は、須藤を中心とした教師の、真壁を中心とした農民の、二つのサークルに重層する人脈が有機的に循環しながら水脈が掘られていく。

須藤は、山形県南陽市の郵便局員の三男として生まれ、山形師範学校卒業後、小学校の教師となるが、上京し日本大学高師部に入学し、卒業後は都内の小学校教師となる。その後、出版社に勤務し編集や執筆活動に携わり、敗戦とともに山形に帰郷し、山形新聞社に勤務する。須藤は、無着成恭に生活綴方の指導をして、『山びこ学校――山形県山元村中学校生徒の生活記録』(無着成恭編、青銅社、一九五一年)誕生に大きく貢献した人物でもある。

一方、真壁は、山形県山形市の自作農の長男として生まれ、尋常高等小学校卒業後、家業を継ぐ。そのかたわら高村光太郎らとも親交を重ね、戦前・戦中・戦後をつうじて詩作活動にいそしんだ。戦中はリアリスティックな詩作や評論などの表現活動、「山形賢治の会」の活動を行う。また、村山俊太郎らの生活綴方運動との関連などにより検挙され(一九四〇〔昭和十五〕年)、敗戦まで保護観察を受ける身となった。

生活記録運動の高まり

一九五一(昭和二十六)年に刊行された『山びこ学校』は多くの人びとに感動を与え、その反響は全国へと広がった。山村の子どもたちの作文や記録、詩をとおして表現された生活のとらえ方は、生活記録として青年団や青年学級の学習の中心にとりいれられていった。農村や工場の青年、主婦たちの間では次々と生活記録サークルがつくられ、東亜紡績泊工場の『母の歴史』(木下順二・鶴見和子、河出新書、一九五四年)をはじめ、数々の生活記録文集が編まれ、生活記録運動が展開していく。

『山びこ学校』を生み出した山形県は、大規模な空襲などによる戦禍をまぬがれており、敗戦の実感も薄かったという。そのためムラの支配力は軍国主義的なものから脱却しきれず、依然として国や家を中心とする雰囲気に包まれていた。村は復員あるいは徴用工場から戻ってきた青年たちであふれかえり、彼らは友を求めてよく出歩いていたという。吉田達雄(東根市長瀞、『地下水』同人)は当時を次のように振り返る。

「終戦の詔勅に泣いている大人達を見てわれわれ少年工らはキョトンとしていた。じわじわと胸にこみ上がってくるのは、「もう死ななくってもいい」ただこのひと言であった（略）しかして私も彼も無知なる少年のままで世の中に放っぽりだされた。教育すら嘘にまみれた学問だったというその小学校もロクな授業もした覚えなしに（略）若イ衆の群に没入して解放感を満喫していた」[1]。

山形県は全国でも社会教育行政の立ち上がりが早く、民主化社会にむけて民間有志による社会教育協会や県青年団協議会（県連合青年団の前身）や、一九四八（昭和二十三）年から各地に青年学級がつくられていく。そこでの彼らは無気力で、ことごとに反抗的であり、青年学級はいき場のないたまり場となっていた。また青年団も憂さ晴らしや娯楽のための「お祭り青年団」「やくざ踊り青年団」といわれるようなものであったという。

そして全国にアメリカのI・F・E・L（教育指導者講習会、一九四八〔昭和二十三〕年）によるレクリエーション活動やグループ・ディスカッションなどの方法が紹介されると、今度は「ションション青年団」などといわれたが、一方で学習への視点を投じることにもなった。当時県青年団事務局長だった寒河江善秋は、「青年に学習の場」をと、バスも通っていない山村を橇《そり》やリヤカーで須藤を送迎するほど、精力をそそぐなど、「考える青年団」「学習青年団」としての姿勢が方向づけられていったのである[2]。

須藤は、『山びこ学校』は青年たちの学習に大きな示唆を与えたものの、「青年たちの今までの学習とかなり距離があったし、直接青年にむけられていた社会教育における指導方針は、まだまだそこまでは追いついてゆけない状態であった[3]」と述懐している。そして、『山びこ学校』の実践をさらに大きく広げるべく、無着成恭とともに、一九五一（昭和二十六）年七月「山形県児童文化研究会」（以下、「児文研」）を立ち上げ、同年九月、機関誌「気流」を発行する。

当時山形新聞の論説員であり文化部長だった須藤は、公募による童話を毎週一編ずつ掲載しており、「児童文化欄」、「山新歌壇」の常連投稿者たちに参加を促す。また無着は中学・師範学校の同級生に呼びかけて会員を募る。会員はほとんどが教師であった。彼らは「おいたま児文研」(南置賜郡)、「東置賜児文研」、「庄内児文研」、「最上児文研」、「東田川児文研」など、各地で会をたちあげていった。これが教師サークルの始まりとなる。

会員たちは青年学級や村の教師として、青年たちのよき相談相手にもなっていたこともあり、青年たちとともに生活に根ざした学習課題を追及しながら生活記録サークルを展開していった。中でも鈴木輝男は南原村綱木部落(現米沢市)の青年たちと、村の社会構造と炭焼きの生産のしくみを分析した生活記録文集『渓流』を発行し、のちに「青年の山びこ学校」ともいわれた。

これに刺激をうけた青年たちは、『おさなぎ』(東根若木青年学級、一九五五年)、『あゆみ』(最上郡本城最上、一九五五年)、『イグサ』(南村山郡金井村、一九五四年)、『どてかぼちゃ』(南村山郡柏倉門伝、一九五二年)など生活記録文集を次々と編んでいった(4)。

こうした青年たちの様子を須藤は次のように述懐している。

「仲間とともに「生」の証を求めようと、どろんこになっていた当時の青年たち。(略)その中からの脱出による人間変革をめざした悲願とでもいうべきものが、この生活記録という学習方法を自らえらびとった(5)」

こうした青年たちの学習の積み重ねは、日本青年団協議会主催による「第一回青年問題研究集会」(一九五五年二月)や、毎年行われるようになった青年学級の生活記録コンクールで報告された。また、県教組は、一九五四(昭和二十九)年六月の定期大会においてサークルの育成を運動方針に掲げた。さらに「児文研」会員の剱持清一が文教部長に就任すると、「児文研」と県教組の共催による「第一回山形県児童文化研究会」(一九五五年八月)を開催する。

こうして、生活記録サークルは行政や教組運動と連携、連動しながら、一九五三〜五七(昭和二十八〜三十二)

年頃ピークを迎え、生活記録運動の潮流を形成していく。山形県国民教育研究所青年文化運動史研究班「県内サークル・文集（青年）メモ」（発行年不明）によれば、一九四五〜六七（昭和二十〜四十二）年に発行された文集はおよそ二百種以上にも及ぶ。その中には『おさなぎ』（東根・神町・若木、青年学級、一九五五年）、『百姓ノート』（本沢、無着成恭、一九五三年）、『土塊』（上山、木村迪男、一九五七年）、『あゆみ』（最上町本城、佐藤義則、一九五五年）、『村山』（東根長瀞、青野惣十郎、一九五四年）、『がづこ』（東根長瀞、奥山忠男、一九五六年）など、のちの「新しい土」（後述）への水脈となる顔ぶれが散見される。

※（　）内は地域と責任者、創刊年

生活記録運動の停滞

こうした生活記録サークルの高まりを背景に、須藤と剱持清一は、県下に点在する諸サークルを線でむすび、青年たちの協同と連帯の環を広げようと「青年婦人文化会議」を構想する。真壁をはじめ、五十嵐明（山形大）、石井はた（県婦人少年室長）、鳥兎沼みほ（県連青副団長）、大熊信行（経済学博士）、加藤慶次（県教組委員長）、寒河江善秋（県連参与）、松戸仁兵衛（県社会福祉協議会）らを発起人として、県内のサークルや青年、婦人組織に呼びかけ、一九五六（昭和三十一）年四月二十八日「第一回青年婦人会議」（以下「青婦会議」）が、山形県福祉会館において開催された（第一回山形県青年婦人文化会議ほう《マ》こく《マ》書、一九五六年四月二十八日）。

第一回青婦会議には、生活記録サークルをはじめ七〇の文化団体、二百余名が集まり、分科会では「おかあさんの部屋」「演劇・うた声などの部屋」「青年の部屋」「生活記録の部屋」などに分かれて、青年たちの交流と討論がおこなわれた(6)。第二回（一九五七〔昭和三十二〕年九月）は県連合青年団と共催により、約二百団体、延べ五五〇名が参加、第三回（一九五八〔昭和三十三〕年）においては、労働組合の文化サークルも加わって、二五〇団体、約千名が参加するという活況ぶりを呈した。これにより点から線へ、そして面へと青年たちの連帯による活動の環が広がることが期待されたが、続く第四回(一九五九[昭和三十四]年)と五回(一九六一[昭和三十六]年)はわずか四十数名の「活動者会議」で、第六回(一九六二[昭和三十七]年)は代表者のみの会議で終わってしまう。

こうした状況の主な要因として、勤評闘争や安保闘争にともなう教組運動内部の対立や分裂、社会教育行政と民間社会教育運動との対立などがあげられている。また、高度経済成長による出稼ぎや就職といった青年層の離村、高校進学率の上昇にともなって、青年学級も不振となり、サークルの担い手たちを失った生活記録運動は、「自己参加を含んだ社会・文化活動の抑揚・停滞と運命を共に」していくのであった。(7)

『地下水』「地下水主張　あたらしい「生活記録」を前進させよう」(第八号、一九六二年六月二十五日)では、生活記録運動の退潮について次のように分析、報告をしている。

「これまでの「生活記録運動」の支えとなってきた批判精神が、地域社会における、あるいは農村における、家父長制度の過程における封建制と不合理に対してそそがれ、それを一段つきぬける展望を持ち得なかった」「われわれの『生活記録運動』は個人—集団・民族・世界という関係においてコミュニケーションの弱さがあったのである。それは『運動体』の持っていた『地域社会』との関連がある制約を加えていたためにもよる。すなわち、われわれの『生活記録運動』は『地域の人間全体』のものにならなければならぬという横のコミュニケーションを尊重した思想に支えられていた」。

三　生活記録運動から文学運動へ

須藤と真壁は、生活記録運動のこうした弱点と停滞をいちはやく危惧しており、運動を生活記録から文学の方向へとすくいとり、須藤は前述した「児文研」の延長線上から童話形式で、詩人の真壁は農民を中心とした小説型式で、生活記録をさらに発展させようと取り組んでいた。

須藤は「児文研」の流れのなかで、「山新童話」の投稿者たちを組織しようと、一九五四（昭和二十九）年四月、「山形童話研究会」（一九五五［昭和三十］年「山形童話の会」に改称）を立ち上げ、同年六月、機関誌『もんぺの子』を発行する。当初、『もんぺの子』の主な書き手たちは「児文研」の教師たちがほとんどあったが、ここに「山新童話」の投稿者でもあった高橋徳義（村山市稲下、戸沢青年学級講師）、槇仙一郎（東根市神町若木、『おさなぎ』）、笹原俊雄（村山市稲下、青年運動の中心的人物）らが加わる。彼らは青年団、青年学級、生活記録サークルなどのリーダー的存在であり、当時学生だった鈴木実（山形市長谷堂）と共同制作で『もんぺの子』五号（一九五五年一月）から、「ヘイタイのいる村」を連載していく。

「ヘイタイのいる村」は敗戦後の戸沢（最上郡）の米軍基地反対闘争の歴史を描き、射撃による弾丸が村人の生活を破壊し、生命さえも奪ってしまう弾道下の暮らしを児童文学作品に仕上げた。「ヘイタイのいる村」は、その後『山が泣いてる』（理論社、一九六〇年）として出版され、「北方教育の深い伝統に結びついた児童文学運動が創り出した新しいメルヘン」（上原専禄の推薦のことば）として、生活記録児童文学ともいえる文学の流れを創りだした。

一方、農民であり詩人の真壁は、農業委員や山形市教育委員をしながら、とりわけ青年サークルの育成に力を注いでいた。真壁は生活記録運動について言及するにあたって、次のように文学の方向への発言を強めていた。

「サークルのもっている文化アナーキーの性格は、長所とともに弱点を露出しはじめているのである。サークルのこの弱点は、成員の個々人を尊重し、人間の環をくずさないという、うるわしい平等原理の裏側からふき出してきている。（略）一人の百歩前進を認めないで、集団をひろがりとしてだけとらえようとする傾向がひそんでいる。（略）能力のちがった多様の青年が、部落をともにしているために一つのサークルをつくっている場合、後者のような文章表現の能力をもつ青年が、もっと真剣にうちこもうとしている問題を共通の話題に出すことはむずかしい」[8]。

こうした発言の背景には、「非常に具体的なナマのもので書いているから周囲に対する影響があった」「たとえば嫁さんたちが書いたことで騒ぎになり、姑たちからつるしあげをくったとか、抗議されたというようなことなどそちこちであった」[9]などといった、村の中での文集づくりだけでは問題が解決出来ない、また政治問題にかかわると、村から浮き上がってしまうという悩みを抱えていた。そして取り組む問題が多くなればなるほど書き続けることの困難が増し、多くの仲間の連帯が必要とされた。

四　『地下水』の誕生

一九五六（昭和三十一）年一月十五日、長瀞公民館に勤務していた石垣邦夫、笹原俊雄、青野惣十郎（東根長瀞、『村山』の間で、同人仲間で交流してみたらどうかという話をきっかけに、笹原が、植松、鈴木、槇ら（「山が泣いている」の共同執筆者）に、そしてそれぞれが仲間に呼びかけ、地域を越えて二〇名ほどの仲間たちが長瀞公民館を会場にして集まった[10]。この集まりには、真壁も長瀞村の成人式に話をしに行った際に参加し、交流と連帯の必要性を述べている。長瀞は国分一太郎（一九一一～八五年）が教鞭をとり、生活綴方文集『もんぺの弟』に取り組んでいた地であり、石垣は国分の教え子で元小学校教師でもある。また長瀞は、戦後いち早く自生的な生活記録の活動が行われていた地でもあった。

同年二月十四日、同じ会場に集まりをもち、前出の『百姓ノート』や『おさなぎ』をはじめ、『ごんぼ』（東根

図 1-11-2 『地下水』創刊号から第 10 号まで

山形県国民教育研究所、山形県教育文化資料館の協力により筆者撮影。

町小田島）、『がつご』（東根町長瀞）、『土の中から』（村山市大久保）、『べこ』（村山市大高根）など、地域を越えて七八名が集まり、「新しい土の会」を発足、同年四月十日、青野惣十郎を責任者とする、機関誌『新しい土』を刊行する。(11)

創刊号（あとがき）で真壁は、「生活記録と文学はもちろんちがったものであるけれども、生活記録以外の作品を書く自由と、書く力とは農民にもあるし、農民の書いたものがすべて、作品以前、文学外の意味でだけ評価されなくてはならない理由はない」と述べ、「傷ついた山」（笹原俊雄）、「開拓ぐらし」（槇仙一郎）、「山が荒れて」（斉藤幹士）、「山の民」（横戸喜平治）などの作品を『弾道下のくらし』（真壁仁編、毎日新聞社、一九五六年七月）に編む。

『新しい土』は、同年十二月二十日に第二号を刊行、一九五八（昭和三十三）年十二月二十日の第三号で終刊を迎える。その間、「新しい土の会」のメンバーたちは、前述の青婦会議（一九五六年四月二十八日）にも結集しており、『新しい土』よりもさらに色濃い農民の文学集団『地下水』へと水路が開かれていった。

真壁は『新しい土』の仲間や、個人的に直接声をかけて、一九五七（昭和三十二）年三月二十一日、『地下水』編集についての話し合いを自宅でもった。当時「山形童話の会」会員でもあり、生活記録的なものを投書婦人という題で書きためていたという五十嵐フミは、そのときのことを次のように語っている。

「町でバッタリ真壁先生と会って、そのとき一緒にいた朝日新聞記者が道ばたで私を先生に紹介してくれた。道ばたで話をして、先生が「今度農民文学の懇話会みたいなものをやるからそのとき来てくれ」といわれ、案内のハガキをもらってオズオズと出ていったのがきっかけでした。そしたらあなたがたがズラッといて、ああすごいなと思って見ていた。これほど若い書き手がいたのかと圧倒されてかえってきた」(12)

「地下水」という誌名については、それぞれが「じゃがいも」「種芋」「種まく人」「流転」などと配られた紙に書いて出したが、最終的に真壁が「地下水」とつけたという(13)。

同人は以下の人びとであった(14)。

戸沢　笹原俊雄・斉藤幹士・高橋徳義・卯野吉男・門脇等
白鷹　奥山竜雄
大網　遠藤重輔
長瀞　青野惣十郎・吉田達雄
神町　植松要作・槇仙一郎
本沢　鈴木実・古内清治、関口平作・関口正輔・渡辺七郎・三浦一・渡辺弥寿雄・横尾秀一
上山　佐藤藤三郎・木村廸夫・横戸喜平治
楯沢　林利夫・石沢栄一・林哲男

山形　真壁仁・五十嵐フミ・横山良介

この話し合いのあと、七月に原稿を締め切りとして、九月十五日、真壁仁を編集発行人とする農民文学運動誌『地下水』が刊行された。創刊号の表紙の題字は真壁が書き、土田茂範（『もんぺの子』同人、生活綴方・版画教師）が彫っている。編集委員には真壁仁、笹原俊雄、植松要作、鈴木実の四人があたっている。なお、会費は二百円としたが、第七号（一九六一年十一月）より三百円となる。会費は主に誌代に使われ、第九号（一九六二年一月二十九日）までガリ版刷りで発行している。

真壁が編集・印刷を一人で行ったという、六〇頁のガリ版刷りの創刊号は、創作・詩・書評の三部構成となっている。

目次と執筆者は以下のとおりである（図1－11－2）。

「地下水」創刊号目次

農民と文学		真壁仁
創作	むらびと	横戸喜平治
	寺田俊夫の手紙	植松要作
	流域	鈴木実・横尾秀一・関口平作（他五名）
書評	「楢山節考」と「荷車の歌」	植松要作
詩	野と山抄	木村迪夫
	仕事	斎藤幹士
	集結	斎藤幹士

おやじとむすこ　石沢栄一
原動機と冬景色　石沢栄一

以降、農民の暮らしや力強さを伝える版画や絵を表紙に飾りながら、号を重ねていく。

六　『地下水』の仕事

真壁は「農民と文学」（『地下水』創刊号）において、農民が書き手になることとは「ことばの農地解放」であり、「ことばの自作農になり、ことばの所有者とならなければならぬ」と決意を表明し、地下水の仕事として、「共同制作」「歴史の証言者」を活動の柱にすえた。

そして、「これまで白い小手先で器用に書かれてきた農民文学」を、「土の匂いのするゴツゴツした私たちの黒い手で農村農業問題の一つ一つを広い角度からとらえて分析し、みんなで検討して、問題の裏づけや方向を明らかに[15]」しながら、農民の文学運動を展開していく。

共同制作

当時、「ヘイタイのいる村」（前述『もんぺの子』連載）、「流域」（前出『百姓ノート』連載）などの共同制作に注目していた真壁は、農村や農民の歴史を共同制作によって書く方法を『地下水』の仕事の大きな柱にすえた。米軍基地と農民の暮らしの大きな矛盾に突き当たっていた鈴木ら五人の制作者は、「ひとりの体験や考えよりも、もっと多くの、ちがった質の体験と考えが必要」（あとがき）だったとして、それぞれの体験を一人の体験として、「表

現形式を生活記録的手法から一歩つきぬけた虚構の世界を描くことによって真実」に迫っていった。(16)

「ヘイタイのいる村」は、その後、真壁や須藤をはじめ、『新しい土』『おさなぎ』『百姓ノート』などの仲間の協力を得ながら、『山が泣いてる』(前出、理論社、一九六〇年)として刊行された。『山が泣いている』の挿絵を描くために村を訪ねた久米宏一は次のように語る。

「炭焼きばのすぐとなりに泊まり小屋がある。そこに腰をおろしていると、作品の中の清市や松代が私の鉛筆の手もとをのぞきこみながら、語りかけてくるような気がするのだった」「どこに行っても誰にあっても、この物語がそのまま生きているようなみずみずしさに、びっくりした」(「ものがたりのふるさと」『山が泣いてる』)

また共同制作による方法は、貧困、多忙、重労働に追われる農民が、書き続けるためのエネルギーを蒸発させないためでもあった。真壁は「生活記録も青年団運動も、生活の安定した方方のやることでないかと思われてならなくなりません」という横戸喜平の手紙をひきながら、次のように述べる。「貧乏やいそがしさにへこたれず、書くことがもう身についていると思われる横戸ですらついいこう考えるのである。生活のおもしが、ぎちっと、書こうとする欲求や行為をおさえつけている。これが現実である」(「農民と文学」)

こうした現実のなかで「創造へのエネルギーの自覚が生活の領域と経験とを拡大させ、集団としての成長をとげていくことが、生活記録活動の本当の仕事である」とした(「農民と文学」)。

歴史の証言者として

書かれることのない言葉＝方言(母語)で日々暮らしてきた農民は、歴史において砂粒のように扱われてきた人びとである。こうした小さき人びとの証言が集められたとき、日本社会を逆照射する歴史がそこに立ち現われてくる。『地下水』はこうした砂粒のように扱われてきた農民の証言を集め、その精神や思想に接近することにより、自らの歴史を拓いていくことをめざした。

では、「ものいわぬ農民」（大牟羅良）といわれた農民の精神や思想にどのように接近していったのであろうか。戦没農民兵の手紙を集める運動に寄せた文章において真壁は、「お国のために」と息子の出征の歓送会で出される豆とクルミの入った重箱には、口にはできない「マメデクル身」と願う親の心情が託されていることを示し、「そういう抑圧された表現が農村には多い。それをみおとすと、ほんとうの農民の真理や意識をつかむことができない」と述べている。(17)

また『地下水』は、「軍隊ず所《どこ》ァいいもんでがんした」（大牟羅良『ものいわぬ農民』岩波書店、一九五八年）という農民の戦争責任を、農民の手により追及するとともに、「農民のなかにひそんでいる人間的な欲求や生活と権利の要求、戦争へのにくしみと平和へのねがい、生産の喜びや創造のちから、それらの源泉をくみ(18)」とりながら、歴史のなかから農民の野性を生き生きと蘇らせて作品にしていくのであった。

創刊号は、農民の文学の新しい方向を示すものとして、鈴木実、関口平作、横尾秀一ら五人の共同制作による、本沢村の歴史を描いた長編小説「流域」のはじめの部分を掲載している。以降、同人自らも歴史の証言者となり、作品を発表していく。体が弱く、長く生きることはできないだろうと思っていた五十嵐フミは、家の歴史を書き残しておきたいと農地改革の頃の記録を「風鳴門」（つむじ風）にして、敗戦後の農村の情景や嫁、姑などの人間関係をちりばめた作品を発表する。また佐藤義則（前出『あゆみ』）の「東北の飢饉のなかで——娼婦に売られる」は、日本社会の暗部を重く照らし出し、大きな反響を呼んだ。

『地下水』の主張

『地下水』は、文学活動と並行しながら、政治的な発言や主張、行動の報告を誌上に掲載している。その一例をみてみよう。

一九六〇（昭和三十五）年の五月例会（五月二十九日、参加者　真壁、鈴木、植松、五十嵐、高橋徳義、佐藤藤三郎）では、安保採決への抗議集会について話し合われ、七月に「山形童話の会」「山形文学」と共同による以下の声明文を出した。（『地下水』四号、一九六〇年八月十五日）

この度の安保闘争には立ちおくれたとはいえ、多数の農民が参加したのは事実である。しかし、これは農村の限られた部分にすぎないだろう。われわれはこの部分を中心にしてこれを拡大する努力をいままで以上に精力的におこなうなかで、いま新しくわきあがってきている新しい農業技術と経営を創造し、従来の四つんばい農業から解放されると同時に生活慣習から解放される農民、更に新安保に結びつく農民整理、農業政策のために土地を失いつつある農民、これらもろもろの農民の姿とない会わされる巨大なエネルギーを文学の上に創造するであろう。（抜粋）

一九六〇年七月　山形農民文学懇話会『地下水』

こうした『地下水』の運動の積み重ねは、のちの北村山地区農民大学（一九六四〔昭和三十九〕年、のち一九六六〔昭和四十一〕年山形県農民大学）へと発展していく。

七 「創造の主体」をめざして

真壁は、「ことばの自作農とならなければならない」として、『地下水』を誕生させる。その背景には戦前・戦中において、「臣民」をつくりだすためのことばを強いられた東北の歴史がある。明治の近代化以降、資源の乏しい日本は、東北のようなおくれた農村をいわば「国内植民地」(大田堯「日本の教育水準と学力問題」朝日ジャーナル、朝日新聞社、一九六二年七月十五日)として、安い労働力に依拠しなければならなかった。そのため国家のために身を捧げ、国家に役立つ「臣民」をより多く生み出すことが必要とされ、人々の精神を「臣民」にしばりつける国(家)語教育が、とりわけ「国内植民地」とされた東北で厳しく行われた。

方言(母語)は「言語に先立って存在する、よそ行きではない、からだから剥がすことのできない具体的で土着的なことば[19]」であり、国家が出現する以前のことばである。そうしたことばをからだから剥がされ、「臣民になるためのことば」=国(家)語で書くことは、心の内から湧き出てくるものを表現するという、人間の自由な精神活動、創造のいとなみとは真反対の自我を封じ込めることを意味する。

人間は知りたがる動物だ。知りたいことに手をのばす力、それをにぎりしめ、しっかり自分のものにして、自分の言葉と表現を、文学をとおして獲得していく。こうした自由な精神活動は、自分らしい人間を自ら創るという「創造の主体」へのいとなみである。その「創造の主体」による新たな連帯と共同こそが社会を変えていく大きな力となり、新たな世界を切り拓く。

『地下水』はこうした農民の文学運動を目指したといえよう。そして、「一行一行の文章にも作者の個性があらわれてくる文学を、集団の制作の過程でどう生かし、または統一していくか」は、「農民の文学の将来の豊かな展開を約束してくれる」（「農民と文学」）とするのだった。

こうした『地下水』に対する真壁の姿勢を、同人たちは次のように語っている。[20]「先生にはついていけないし、先生は忙しくなってこっちをむかないし、植松さん（編集委員・発行人）がおとなしく待っていた時期というのは相当長い。「待つな、待つな、事後承諾でいいから本（『地下水』）を出してしまえ」（（　）は筆者）といったこともあった」（五十嵐フミ）

「ついてこれない連中は見離すわけではないが、決して自分から手を差しのべなかった。心の優しさを秘めながらある一定の距離を置いていた」。それは、「書き手の人格というか、全体像としてとらえる寛容さ」でもあった。（木村廸夫）

八　創刊以後

一九六〇年代以降、『地下水』は、出稼ぎや農村の工場誘致、開発、公害などの現状を生活の場からすくいあげ、資本との対決という視点でもって農民の文学運動を展開していく。その一部を静岡の出稼ぎ先から寄せた木村廸男の近況報告からみてみよう。

「ぼくたちみかん切りに来た人々は「移動班」とよばれ一日六〇〇円で朝六時過ぎから夕方五時過ぎまで、時には夕飯もたべずに七時まで夜業をさせられています。女たちは炊事（五時前に起き）から飯終い、夜は風呂たきと女中なみです。こうした実態をこの眼でみたいと無理に出てきたが、思った通り我々の労働力は安く買われすぎています」（『地下水』第九号、一九六三年一月二十九日）。

この報告の次号から『地下水』は、三年間の休止をへることになる。そして、一九六六（昭和四十一）年七月十五日第一〇号、次の「復刊のことば」（抜粋）を掲げた復刊号を刊行する。

「長い『地下水』の停滞は、農業経営のおさき真暗や農民の階層分化運動のさだかではなかったこととたしかに結びついていた。ぶつつ《ママ》かれば火を吐く情感の薄いこととも結びついていた。しかしいまわれわれは、なおねむりをつづけることは許されぬ。書くことがあり過ぎる。書かれてもいる農民をとおして民族の歴史とその未来をいまただちに書きすすめよう。ながいねむりの自己批判はそのなかでもおそくない」『地下水』編集部。

同年、八月一日に第一一号を、十一月十五日には一二号を立て続けに刊行する。そして再び休止をへたのち、一九七一（昭和四十六）年十二月二十五日に第一三号を復刊、二〇一五（平成二十七）年八月三十一日には第五〇号を刊行し、今日に至っている。

注

（1）「私のいるムラ史（一）——長瀞村、戦後の文学運動」『白津』創刊号、東根文学会、一九八四年、五七頁。

（2）佐藤藤三郎「あの頃の社会教育——須藤克三・私の思い」『月刊社会教育』編集委員会編『人物でつづる戦後社会教育』国土社、二〇一五年、一一一頁。

（3）須藤克三「山形県の青年文化運動史」『農村における小集団の研究』山形県社会教育研究会、一九五八年、一五七頁。

（4）こうした動き以前に北村山郡長瀞村（現東根市）や隣町の東根町神町若木開拓部落では、青年たちが自力で学習集団を組織して生活記録的な学習を行っており、長瀞村青年サークル同志会による『みんなのこぶし』（一九四六年）、若木の『自然』（一九四八年、「のちの『おさなぎ』」）といった文集が出されている。

（5）須藤克三『自伝おぼえがき』みどり書房、一九六七年、一三八頁。

（6）「第一回山形県青年婦人文化会議ほうこ《ママ》く書」一九五六年より。

（7）大滝十二郎「農民と文学、ひとつの運動」日本農民文学会『農民文学』一六三号、一九七七年十月二十五日、三頁。

（8）真壁仁「「むら」の小集団の意味と役割——農村サークル論」『農村における小集団の研究』山形県社会教育

研究会、一九五八年、一二九頁。
（9）座談会「地下水の三十年をめぐって」『地下水』第三一号、一九八六年十二月三十一日。
（10）同右。
（11）真壁仁著『野の文化論下巻』、民衆社、一九七六年、四四—四六頁（初出「農民本来の表現を」一九七三年九月、「地上」）。
（12）前掲座談会「地下水の三十年をめぐって」。
（13）同右。
（14）同右。
（15）『地下水』第六号あとがき、一九六一年六月十日。
（16）鈴木実『やまがた児童文学の系譜』山形童話の会、二〇一〇年、三七三頁。
（17）真壁仁「農民兵士の手紙と戦争への抵抗」『地下水』第四号、一九六〇年八月十五日。
（18）同右。
（19）田中克彦『国家とことば』岩波書店、一九八一年、一九頁。
（20）前掲座談会「地下水の三十年をめぐって」。

第二部　「常民大学」の軌跡

A　総論

第一章　「常民大学」考

北田耕也

第一節　おとなの学び——その理念

「おとなの学び——その理念」という大きなテーマを与えられましたが、これをやや小さなかたちに置きかえまして、私の考え方を聞いていただきたいと思います。小さなかたちと申しますのは、〝おとなの学び〟という問題を、民間の自主的な学習・文化活動（たとえば、みなさんの常民大学の学習もここに入るわけですが）に限定して、そこで三つのことを考えてみたいということです。

一つは、おとなの学びとは何か、その中心的課題をどうおさえるか

二つには、いかに学ぶか、学び方の問題

三つめは、今われわれは何のために学ぶのか

という問題です。まず、おとなの学びとは何か、その中心的課題は何か、という問題です。

一　おとなの学びとは何か

コンラート・ローレンツという人（ミュンヘン大学の名誉教授で、一九七三［昭和四十八］年にノーベル医学生理学賞を受けた方ですが）が面白いことを言っている。〝生命は学習なり〟というのです。*これは、おとなも子どもも区別はない、生命そのものの本質である、というのです。ローレンツは、生命を二つのはたらきでおさえています。生命は、一つはエネルギー獲得のプロセスである、と同時に、生命は認識を獲得するプロセスである。生きているということは、外界の状況に時々刻々適切に適応しているということであるが、それは適応に先立って外界の状況についての情報が、何らかのかたちで有機体のうちに取りこまれているということを意味するというのです。

二つのプロセスは密接に支えあっている。エネルギーの獲得は、認識の獲得を支える。逆に、認識の獲得は、エネルギー獲得のための新しい可能性を開く。かくて、〝生命は学習なり〟というのです。

生きているものは、皆学習している――おとなも子どもも、その他、草も木も、生あるものは等しく学習している。「学習」を広い意味でとらえ直したローレンツのことばは、新鮮味があり、何か輝いているように思えるのです。

今日《きょう》私たちは日本の各地から、ここ遠山へやってきました。茅ヶ崎のお母さんたちは、アルバイトをしながら、お子さん連れで学びに来ている。半年、一年と準備されて、遠山に行きたいという思いを持ち続けてこられた。現地、遠山の方々も、きびしい条件のなかで学習を続けていらっしゃる。そんなにまでして、なぜ学習しなければならないのか。それは〝学ばなければいられないからだ〟と考えると、納得がいくと思います。すなわち生命は学習なのです。学習ということが生命の本然の姿であり、本来のかたちなのです。

昨日、遠山の小沢さんが、受講者の数が減ってきているというお話をしていらっしゃいましたが、数のことはそう深刻に考えなくてもいいのではないか。なぜなら、遠山から始まって、現在六カ所に常民大学が誕生していますが、すべて遠山の子どもみたいなものです。母親は子どもを産めばやせていくものです。持続すること――それだけを大事に考えましょう。

さて、生命は広い意味でみな等しく学習しているわけですが、人間の学習にはおのずから独自な人間らしい姿、形がなければならないと思います。ことに自主的な学習文化活動のなかでのおとなの学びは、その生命の本質の意識的・自覚的な姿だとみることができます。すなわち、おとなの学習とは、自分で選んだ課題について、科学的な認識を深め、課題を達成するプロセスのことだといってよい。

課題を選択するということは、人間をとりまく環境、現実について、われわれの側から問いを発し、疑問を提起することであります。その際、問いは、問いを発する主体のあり方、価値観や、現実といかにかかわっているかという生き方の違いによって変わってくる。個人的な関心から出てくる問い、ある集団に共通の問い、全体社会に共通の問い、さらには人類全体の問題にかかわる問い、というように人間はいろいろなかたちで問いを持つことができます。

問いを発し、問いの解決をはかってゆくことで、人はみずからの人格を形成してゆく。ローレンツがいうように生命は学習であるが、逆にいえば学習が生命の生きている〝生き〟のあり方を決定する。繰り返しますと、われわれはさまざまな問いを自由に発することができるということと同時に、問いの質がわれわれの生き方をさまざまに変えてゆくということ、この二重の意味で、おとなの学習というのは、開かれたプログラムである。学習というものはせまくるしいものではない。学習は本来自由とともにあると言いたいのです。

おとなの学習が開かれたプログラムであり、学習は自由とともにあると申しましたが、しかしこれはいわゆる

「理念型」であり、現実には学習はいろいろな制約を負っております。近代百年の歴史のなかで、日本のおとなたちが、自主的・自発的に課題をえらび取って、その課題とのとりくみを通して、自分の人生をあたかも一つの作品のように自分の手で作りあげることができた時があったであろうか、と問い直してみる必要がありましょう。

残念ながら、そんな開かれた学習があったというようにはとても言えない。しかし、明治の十年代のひとときには、そういう可能性があったのではないか。十年代のとりわけ前半、自由民権運動の盛り上がった時期に、全国に自由で自発的な学習サークルがたくさん生まれていったことは、皆様も御存知の色川大吉さん、その他の方々の研究ではっきりしてきております。

当時の青年たちは草深い村々で好奇心を燃えたぎらせ、いろいろな勉強をしたわけで、だんだん学習が一つの焦点を結んでいった。すなわち憲法とは何なのか、憲法とはどういうものでなければならないか――そういう憲法を中心にした学習になっていったとみてよいと思います。

憲法の研究が、たとえば「五日市憲法草案」というような傑作を生んだことは皆さん御承知だと思います。頂点で問題を見ることも大切だと思いますが、私は底辺の、全国いたるところで青年たちが学習していたという底辺の力の充実を見落としてはならないと思います。在村在地の学習のうねりというものを、繰り返し繰り返し評価しておかなければならない。トップの方ばかり見ていると輝かしい光りに目を奪われてしまいますが、あまり陽の当たらないような目立たないところで、内側にしっかり力をたくわえている在村在地の地力というものを、大事にしてゆかなければならない。

在村在地で今何が起きているか、若者たちが村々で何をやっているかということは、明治十年代に限って言いますと、政府の役人の方がかえってよく見ていた。たとえば、伊藤博文の懐刀といわれた井上毅は、底辺で今何が起こっているのかということを片時も忘れずに見ていた人物ではないかと思います。

井上は、伊藤を助けて、憲法制定の準備を着々と進めておりました。伊藤、井上には腹案があった。英仏のような自由とか人権とかいうものをベースにした憲法では日本はまずい、プロシャ風の国権を中心にすえた憲法でなければならぬ、というわけで、これを実現する準備をしていた。明治十四年七月、井上は、胸の病気で病床にあったのですが、伊藤のところに手紙を送り、警告をしている。「二、三年ノ後ニ至ラバ、天下人心既ニ胸ニ成竹アリテ百方弁説ストモ挽回ニ難ク」……。天下の青年たちが、憲法についての考えや理念を深めてきている。それは二、三年もたつと、とんでもない大きなもの、はっきりしたものになってしまう。そうなってしまってからでは遅い。「政府ヨリ提出セル憲法ノ成案ハ世論ノ唾棄スル所トナリ、而シテ民間ノ私擬憲法終ニ全勝ヲ占ムルニ至ルベシ」。井上は、一日も早く憲法を出せと伊藤に警告しているわけです。同年十一月二十日の伊藤あての書簡でも、井上は用心深い提言をしております。その頃政府は、世論を導くための新聞を出そうとしていた。井上は、新聞に憲法に関する議論をのせてはいけないといっている。「政府と人民と学問之力を戦はす」ことを、彼は慎重に避けることを進言したのです。

明治十年代の短いひととき、青年たちを中心とするおとなたちの学びはこのように草の根のなかから生まれている。そしてそれは一時期、政府を脅かすほどの学問的力量を持っていたということは忘れてはならないことです。

民権運動の敗北は、単に民権派の政治的敗退というに止まらず、いわば学習の敗北、文化の創られ方の敗北――こういう側面があります。

やがて学問の中央集権化と学問は選び抜かれた少数のエリートに託す、というしくみが完成してゆきます。明治十九年、帝国大学令が出る。帝国大学は何をする所かという目的規定のなかで、〝国家に須要な学問〟を研究する所だと定められる。国民の大多数が学んだ小学校は、道徳教育及び国民教育の基礎をさずける所、つまり日本の臣民として持つべき心構え、態度を身につけさせる所だと定められます。一方は学問を研究する場であり、他方は道徳教育及び国民教育という二重の教育を上からかぶせていく所となる。学問と教育が、このように機械的に分断されてしまったわけです。

福沢諭吉のような人でも「サイヤンス」と「ノーレジ」という機械的な二分を行なう。学問は少数の者に託せばよい、中人以上（かつての武士階級そのほか富商・富農層）に「サイヤンス」を託し、「百姓・車曳き」は「ノーレジ」を身につければよい、というのです。近代化あるいは独立達成のあせりがそう言わせたのですけれども――。

先ほどおとなの学びは開かれたプログラムだと申しましたが、それは社会的には早くも明治十年代の終わりに閉じられてしまった。以後百年になりますが、閉じられた扉は、いまだ充分には開かれていないと思うのです。

専修大学に内田義彦先生（経済思想史）がいらっしゃいますが、日本の経済学は「国民管理の学」になってしまった、とおっしゃっています。これを開いて、「国民管理の学」から「学問の国民化」をはかってゆかなければならない。そのためには、一人ひとりのアマチュア国民が〝学問の創造〟に参加するということがなければならない――先生も学びの社会的扉は閉ざされたままだと思っていらっしゃるのでしょう。

柳田国男もこの問題を深く憂えた人ではなかったかと思います。柳田は「国民性論」のなかで、敗戦の原因の一つに、普通教育の欠陥をあげています。日本の教育は、普通＝尋常、平凡というものに対する研究が大変おそまつであった。それは、国家に有用な材を育てるという方針に関してはつらぬいたが、背後に裁屑《タチクズ》とも名づくべきものをどっさり作ったことに気づかずにきた。人は存外に早く身を知り分に安んじるものだ。しかし実際にはこういう断念派が、今更驚くような大きな仕事をしていたのだ――これは鋭く暖かい見方です。柳田の眼は一貫して常民に注がれている。そして常民の側から常民のものとしての学問や文化のあり方を見ようとしている。一九二五（大正十四）年、長野県での講演「郷土研究ということ」のなかで柳田は、学問の中央集権を破ってゆかなければならないと言っています。地方《ジカタ》研究、地方《ジカタ》学が、「取り継ぎ学問」を駆逐する日が来なければならない。地域は、そういう「研究の単位」となるのでなければならないというのです。

この講演は、今日いまだに価値を失っていない。それはある意味では悲しむべきことです。しかし、「研究の単位となるべき地域」というのは今日ようやくそこここに生まれてきております。現に遠山にはじまり六カ所に拡がった「研究の単位としての地域」をわれわれは知っている。そこで「学問の国民化」へのとりくみがつづいている。そこではたがいが、閉じられてしまった学びの解放にとりくんでいるのです。

最初の問題はおとなの学びとは何か、その中心的課題とは何か、というのでしたが、中心的課題は学びの解放ということではないか。〝本当の学び〟というものをおたがい一人ひとりの手に取りもどすことでなければならない、と結論づけておこうと思います。

二　いかに学ぶか

二番目の問題は、いかに学ぶか、ということです。この問題を考えるためには、戦後日本民衆の学習文化活動の経験の蓄積に学ぶこと、それが基本です。

五〇年代の共同学習をめぐる社会的環境は、封建遺制と貧困が重苦しく人びとをとりかこんでいたということで、そのなかでどのように生きていくかということが当時の人びとの共通の課題でありました。話しあい学習、生活記録運動が盛んに起こった。話し、聞き、書いては考えるというのが学びのスタイルでした。

生活記録――東北地方のある農家の主婦が生活記録を書きながら、〝簡単に書けると思ったが、背中を掻くのと同じで書きたくても書けない〟と嘆いていています。書けない自分の発見です。実は書けないのにはなかなか複雑な背景や原因がある。学びからの疎外、柳田のいう裁屑の一人である自分、また家のなかで嫁の立場に閉じ込められている自分、村のなかで人目ばかりを気にしている自分。共同学習を通して人びとは、二重、三重に閉じ込められている自分を発見していったのです。

書けないのはなぜか、こういう一つの経験でも、これを掘り下げてゆくとその背景にある歴史的要因や自分の内なる封建制が見えてくる。経験を掘り下げ、それがもっている社会的な背景や意味にめざめていくということ、それは「経験の一般化」といってもいいし、「概念づくり」とよんでもよい。もう一つは、すでにある固定概念を、自分の経験のなかで、確かめ直してゆくこと。たとえば、農家の嫁なら嫁はこうあるべきだという固定観念があり、これに自分をはめ込んで生きてきた農家の嫁たちが、この時期良い嫁とは何かという問い直しを始めた。これは固定観念を主体的に見なおし、自分の手でうちくだいていくわけですから「概念くだき」と言っていいと思います。この時期の学び方は、感性を大切にしながら、概念づくりと概念くだきを統一的に把握していったということ――そのような学び方を、五〇年代の日本の民衆はたがいの手で作り出していったと言ってよい。そしてまた、このような学び方は、人間の生き方に反映してゆきます。学習は、二重、三重に閉じ込められ、とらえられているたがいの発見と共感をもとに、一人ひとりの人間的な自立を促した、と言うことができるでしょう。

六〇年代は、系統学習の時代です。世はまさに経済の高度成長の時代であり、日本の産業構造が根本的に転換してゆく時代でありました。村々では、明日の農村がどのようになっていくのか解りにくくなっている。三井・三池の大争議に示されるような、総資本と総労働の対決が、この時期には起きております。都市化、核家族化が進行して、人間関係や親子関係の分断が深刻化してゆく。つまり、われわれをとりまく課題が非常に複雑になってきたわけです。当然、新しい学び方が求められるようになる。こうして、課題を解くのに必要な知識や技術を学問的系統的に学ぶ「系統学習」が盛んになっていく。生産大学、労農大学が生まれ、労働者はテキストを使って社会科学を学び、女性たちも女性史をはじめとして系統的な学習に打ちこむようになってゆきました。

学問の成果や方法に信頼を置き、これに依拠するという、五〇年代とは違った学び方の習熟は、人びとの生き方のうえにも何らかの影響を及ぼしたに違いありません。それを性急に一般化するのは無理がありますが、あえて言えば、課題の共通認識に支えられた相互の連帯の深まり、といってよいかと思います。

七〇年代は、「地域に根ざす学習」という特徴が出てきます。この時代に高度成長の矛盾が噴き出してくる。各地で公害問題が激発し、市民運動、住民運動が活発に展開される。そのなかで、住民運動も、市民運動も、学習や調査活動を伴わなければ成果を期待できないことを、人びとは経験を通して痛切に自覚してゆきます。生きるためには学ばなければならない、学習はそういう意味で一層切実なものになりました。既成の学問は、そういう人びとの必要、切実な要求に果してよく応えることができたかどうか――学問それ自体にここで重たい問いがつきつけられることになりました。六〇年代の素朴といっていいほどの学問への信頼に比べていえば、七〇年代は、学問に対する批判意識が出てきたといってよい。これは学問を軽視するのではなく、学問の必要性を深く認識するがゆえの批判であり、そこから〝学問の国民化〟への要求がしだいに熟してゆく。と同時に、学問の国民化の要求に応える研究者側からの対応も出てきた。後藤先生を中心とする常民大学もその一つのあらわれであろう、と思います。

学び方の変化に対応する主体の変化をどう特徴づけたらよいか――。学習者は強固な実践者に自己を鍛えあげていった、といえるのではないか。おだやかな学徒の風貌をもったしたたかな実践者を、われわれは身近に直ちに思い浮かべることができるはずです。

以上、三〇年を越える日本の民衆の学習文化活動をふりかえりながら、〝いかに学ぶか〟という問題を考えてきたわけですが、これを要約するならば、人間的な感性を豊かにすることで理性のはたらきを活発にしながら、社会的諸矛盾の究明と矛盾を解く実践を結びつけてゆく――ということ、それが三十数年の経験を通して、日本の民衆が打ち立ててきた学び方であると思います。それは、自立し連帯し実践する主体の自己形成に通じているということを、見落とさないようにしたいと思います。

三　何のために学ぶのか

三番目の問題は、何のために学ぶのか、です。

今、学習ブームといってよい動きがあり、教育文化産業は花盛りです。中教審の答申その他国の教育政策と結びついて、「学習社会」ということばがよく使われるようになりました。

所得の増大と安定、余暇の増加がこれを支える条件になって、人びとは学習につよい関心を寄せている。そういう、上から奨励され、支えられ、企画された学習というのは、昔からいう「余暇善用」の学習でしょう。〝楽しく学んで明るく生きよう〟――教育産業の経営者や国は、国民に対してそう呼びかけているのではないか。これは新しく装われた一種の「思想善導」ではないでしょうか。

近年、弁当産業というものが盛んになってきている。これと同じように、いろいろな企業が学習をセットにして売っている。「ホカホカ弁当」「ニコニコ勉強」です。しかし、学ぶ側に即して言えば、大ぜいの人が喜んで学んでいるのですから、これも学習が開放されたことにはなるでしょう。しかし、それだけでよいのか。何のために学ぶのか、それを今、あらためて問い返すことが必要ではないか――。

目的意識の国家的限定、あるいは価値の問題を不問に付したところに、学の変質すなわち「国民管理の学」へのコースが定まりました。そういう学へ向けた学びの開放ではいけない。そこに価値の問題をからめていかなければならない。学びの解放は、人間の解放のための学びの探究でなければならないと思います。

私は、解放の学びを、まず第一に、歴史意識を豊かにしてゆく学習としておさえてみたい。過去を問いながら、現在に立ちかえる。過去を負う現在をみつめることによって、はじめて、未来のあり方を見定めることができる。そういう意味で、今、われわれはあらためておたがいの歴史意識を問題にしなければならないのではないか――。

遠山常民大学は、日本の近代百年の過去を大きく視野に入れながら、そこに遠山の村の歴史を重ねてみる学習を展開しました。日本の近代、遠山村、村に生きた人びとという三者を串刺しにして、近代を問い返す時にはじめて現在が見えてくるし、未来が見えてくるというのが、後藤先生のお考えだと思います。

第二に、解放の学びというのは、状況認識を鋭くさせるようなものでなければならないと思います。昨日、埼玉県から来られた小口先生から富士見市の「教育文化会議」結成の話がありました。子どもの教育を何とかしなければならないが、それは学校改革をめざすということだけではどうにもならないのではないか。おとなの学びと子どもの学びというものを統一して問題にしてゆくというのでないと、子どもの学びの問題は、本当には解決できないのではないか――そういう疑問が市民全体の問題になっていかなければならないということで「教育文化会議」が生まれた。このような状況認識も日本の各地に生まれてきている。歴史認識という縦の軸と、状況認識という横の軸とが交差する接点に立っているのが人間であると思います。

第三に、解放の学びというのは、自己認識をいかに確固たるものにしてゆくかということであると言いたい。自己認識というのは、歴史を負い、さまざまな問題に直面している自分の生き方をみずから問うということです。茅ケ崎の「ふだん記運動」や「自分史」のとりくみは、自己認識を打ちたてるためのいとなみでしょう。鈴木政子さんの文学的作品『あの日夕焼け』も、鈴木さんの自己認識のための長い間の御苦労の結晶であったと思います。

以上みてきたような学びへのとりくみは、ここに集まっている六つの学習組織、あるいはそれぞれの地域にそれぞれの個性をもって存在しているのではないでしょうか。そこに当然、新しい価値観が育っている。これは間違いのないことです。時代は明らかに大きな転換期にさしかかっている。そのことはみんな感じているのです。おたがいが見出しつつある価値はまだあいまいなもの、ささやかなものかも知れませんが、私たちはそのささやかなもの、小さなものの可能性を信じたいと思います。

「正しきものを有する種子の成育は、やむときなし」（宮沢賢治）正しいものをはらんでさえいれば、それがどんなにささやかなものであろうとも、今は輪郭がはっきりしていなくても、やがて目鼻立ちがはっきりしてきて、大きく成長していくことは、疑いのないことです。遠山常民大学を基点に始まった六つの常民大学、六カ所の学習が、そういう確信に貫かれているものであってほしい。私もそういう学習のなかに参加してゆきたいと思います。

（第一回六常民大学合同研究集会記念講演　一九八三年八月七日、於・遠山村）

注

＊　コンラート・ローレンツ著、三島憲一訳『生命は学習なり』思索社、一九八二年参照。

第二節　「常民大学」の思想と展開——「飯田歴史大学」第一期完了に寄せて

明治大学教授・後藤総一郎氏が主宰講師をつとめる全国一〇カ所の「常民大学」の一つ——「飯田歴史大学」が、先ごろ、第一期一〇年の学習を完了した。子細は、同時に刊行された学習の記録『地域を拓く学び——飯田歴史大学十年の歩み』(「飯田歴史大学」発行、飯田市追手町　柳田国男館内)に明らかである。

一九八二(昭和五十七)年三月に始まった第一年度に設定された学習主題は、「近代伊那思想史研究」で、以後第四年度まで、三六回にわたって講義が続けられた。これをうけて、第五年度以降は、柳田民俗学を中心に、概説、文献購読、招請講師の記念講義、フィールド・ワーク、自主レポートの提出と討議等、主体的な学習意欲を育てるくふうをこらしたカリキュラムが、ほぼ月一回の割合で消化されていった。

ひとは、その天馬空を往く観のある講義や学習の質・量に、たじろぐ思いがするだろう。しかし、学習者の足は、しっかり飯田の大地に密着している。

それは、第四年度の講義終了後に、近代以降の伊那谷における研究課題が、次のように提示されているのをみてもわかる。

①幕末の国学における岩崎長世、北原稲雄、松尾多勢子らの人物論や山吹の「書籍講」の実態
②自由民権運動の中における伊藤大八と森多平との関係、愛国正理社の実態
③大正デモクラシー、産業・教育・交通の問題
④戦中期の国民精神作興会、愛国勤労党、羽生三七氏が参加していった労農党や社会大衆党の動き

⑤伊那谷の満州移民の思想
⑥飯田の旧制中学、商業学校、女学校、農学校が文化形成に果たした役割
⑦伊那谷の民俗研究

これほどまでの地域への関心の集中は、何のためか――。地域を通して日本の歴史、近代の歩みを学び、歴史を負う自己を知るためである。生活者の学びの焦点は、内省の学、自己認識のための学びに定まっている。それは、自分一個の関心、小さな内面に閉じこもるというのではない。その逆である。主宰講師のことばを引こう。「地域の民俗や歴史を考えること、学習することによって、自分の見えないものが見えてくる。内面が解放される。小さな人間の人生ではあるけれども、世界が見えてくる」。そこから、「地域をどうするか、町作りをどうするか、そのなかのわれわれの任務は何か」という真に内発的なかたちで、現実を変えるためのネットワーク、人間の連帯が生み出されていく。

ここでの学習には、鮮明な目的意識のあるのがわかる。生涯学習の時代といわれ、世は学習ばやりであるが、これほど明確な目的意識に貫かれた学びはまれであろう。

地域を支え地域に支えられる学習のあり方は、実は、主宰講師の悲痛な体験に根ざしたものである。一九四四(昭和十九)年、太平洋戦争末期の混乱のうちに、肉親を三人まで病で喪うということがあった。「戦争が母たちを奪った。その悲しみから、国家を考え、戦争を考え、平和を守るためにはどうしたらいいか、そこから歴史や柳田や、地域の問題を考えていった」。これは、村や地域を離れず、学問を通して地域の民衆と一緒に生きていくことが、戦争を起こさせず平和を貫くことにつながっていくという主宰講師の考え、というよりも魂の原郷を物語ることばである。

肉親の不幸にまつわる個人の情念が、これほど高く昇華されて、村や地域に生きる人びととの学習を支える力と

なった例は、ほかに聞かない。

いよいよ、第二期一〇年の学習が始まる。それは、二十一世紀にまたがる学習になる。新しい世紀がどんなものか、だれにもはっきりした予測はできまい。しかし、政治・経済・社会の万般にわたる根本的な価値転換がなければ、それが明るいものにならないであろうことはまちがいあるまい。

価値転換の担い手はだれか――。地域に根ざして学びつづける人びとをおいてほかにあるまい。学習とは何かが変わることだということを、身をもってわきまえているのはその人たちだからである。

すでにみた通り、第一期の学びは七つの研究課題を浮き彫りにしている。それぞれが選びとったみずからの課題を負う歩みは、すでに始まっているのである。そこに、第二期参加者の新しい力が加わる。すばらしいことだ。

（『信濃毎日』紙一九九二年三月十八日号）

第三節　野の学びの二五年――成果と課題

私は、社会教育の立場から、この常民大学のとりくみに、ずっと関心を寄せてまいりました。ここには学ばなければならないことがたくさんある。一人の講師が、全国一〇カ所にわたって学習を同時進行させるというようなことは、これまで前例がないわけです。おそらくこれからも真似はできないでしょう。やっぱりこれは後藤先生でなければできない仕事だなあ、と今日もあらためて感じたしだいです。その皆さま方の学習のとりくみの最も新しい成果を、つい二、三日前に後藤先生から送っていただきました。言うまでもなく『注釈　遠野物語』です。

まだ、はじめの方を少しだけ読ませていただいたばかりでありますけれども、それでももうすでにこれは大変な仕事だ、すごいことをなし遂げられたなあという思いが、ひしひしと押し寄せています。一〇年かかったんですね。というよりも、人は一〇年かければこういう仕事ができるんだという、励ましをうけたような気がしております。随分ご苦労をなさったに違いないと思うんですけれども、そういう気配がどこにもない。はじめの方に後藤先生の短いことばがのっておりますが、二一人の仲間とこの一〇年学んでは飲み、飲んでは学び、とこう書いてあるんですね。私はこの所を読みながらなんとなく楽しくなってまいりました。刻苦勉励したということではなく悠々たる学びだと思います。人間は学びたい、学ばなければならないという本然の要求をもっているはずですが、できれば遊んで暮らしたいという気持もあるわけでして、常民大学はそういう人間の二面を、実にうまくバランスを保ちながら勉強してこられた。だから二五年も続いてる。こういう学びが現にあるんですね、この日本の社会に――。

ところで、今日の私の仕事に入らなければなりません。

一　総合的な学習方法の確立

常民大学の学び方を、戦後五〇年にわたる日本の民衆の学びの歴史に照らして考えてみると、明らかに一つの特徴、あるいは個性が浮かんでまいります。ここの学びは原則を持っています。各地域の常民大学はそれぞれ運営委員会、あるいは世話人会というものを持っていらっしゃるし、後藤先生の深い考えがあって身銭主義ということも原則に持っておられます。つまり、知恵も出しあい金も出しあって、自分たちの学習を自分たちで組織し運営してゆくという原則が一つはっきりと貫かれております。また、今日もそうですが、全国各地にある一〇カ所もの常民大学が年に一回こうやって集まって、一年の自分たちの学びを総括しながらおたがいに刺激しあうという、そういうしくみもちゃんと用意されているわけで、これはつまり、本格的な共同学習です。

それから、二番目にはこれは後藤先生の口ぐせですが、「体系的に継続的に勉強しなければ何もわからないよ」といつもおっしゃっているわけで、だからこそ一期一〇年という、まァ、途方もない期間を第一期として、しかも一〇年経ったって、だれも卒業していかない。だいたい皆落第をしてさらにまた一〇年続けてゆく、大変な学習へのとりくみであります。しかも、漫然と学習するわけではない。ここにも後藤先生の方式がもう決まっております。最初はカリキュラムに基づいて基礎的な学習をまずやる。入門期の学習ですね。それを終わってその上に専門的な学習というものが待っております。専門性を深めながら、いよいよ自主的に自分で勉強するというふうになっていって、だんだん後藤先生からも突き放されていくわけで、レポートを提出しなさい、こんなものじゃだめだとどんどん厳しくなっていって、まァ落ちるものはそれで落ちていってしまうのでしょうけれども、しかし、そのあたりから学びの主体性というものが、はじめてしっかりと打ち立てられるわけで、これは、つまり系統学習です。

そして、三番目にはどのグループもそれぞれの地域に根ざして、地域で考えながら、しかも地域に閉じこもるのではなくて、地域を越えてゆくということ、つまり、普遍性を中立ちとして、その獲得を通して地域に根ざしながら地域を越えてゆくという、そういう学習のし方、やり方というものが特徴的にある。私は柳田のことを皆さんほどよく勉強していないんですけれども、それでも思い出すことばがあります。「研究の単位としての地域」ということばです。そして、そこでどう勉強するかという時にも「自身講究」という、つまり自分で勉強するしかないということばがすでに用意されているわけで、柳田がかつて思い描いた常民の学び方、すなわち地域に根ざして、地域を学びや研究の単位としながら「自身講究」という、だれにもたよらないやり方で勉強してゆくのだということを皆さん方はずっと二五年もやってこられたわけで、これは地域に根ざす学習にほかならない。

そうすると、常民大学の学び方というのは、共同学習と系統学習と地域に根ざす学習を総合したものだと言えないでしょうか。日本の民衆が戦後五〇年やってきた学習、そういう大きな動きのなかにこの常民大学の歴史もあるわけですけれども、そこに属しながら、常民大学はなお、他に吸収されてしまわない独自な個性というものを持っている。それは三者を統合した学習方法を内発的に作ってこられて、それがしっかり確立している、ということではなかろうかと思います。

二　想像力としての地域の再生

次の問題に移ります。地域に根ざすということは、住民が地域を自分たちのものとして奪い返す。そして、地域を今あるものとは違うものに変えてゆくということ。地域に根ざすということの展望は、そういうところに開かれてゆくのだろうと思います。日本の地域というのは実は奪われてきたんです。今も奪われている。だれが奪っているかといえば、それは国というとてつもない大きな権力が奪っているのじゃないでしょうか。奪うという言い方が強すぎるとすれば、地域の膝元には国が管理・統制という名の大きな石を載せている、といってもいい。

その石を日本の近代の初めに、地域の膝元に乗っけた人間はだれかといえば、まず山縣有朋が浮かんでまいります。彼はご承知のとおり日本の地方自治制度創出期の立役者でありますが、その地方自治制度が作られていく過程を思想史的見地からみた時に、そこには注目すべき事実があると、ある優れた学者が言っております。それは自然村落を究極的には非政治的生活圏とみなす原則が貫かれていることだという、たいへん鋭い指摘です。

ご承知のとおり、これは後藤先生の先生である橋川文三先生のことばです。山縣の考えでは地方自治制度を通して、これから作られて行く日本の村々というのは、中央政治の波乱とは全く無関係な、彼が使ったことばでいえば、「春風和気」の非政治的・日常的な慣習に従って生きる場所でなければならないというのでした。これが、つまり私のいう石です。こういう大きな石が日本の近代の早い頃に、地域の膝元にどっかと載せられていたのだと思います。

なぜか。それは自由民権運動の衝撃でしょう。彼らは懲りたんですねえ。自由民権運動は日本の中央で起こったわけじゃなくて、日本の諸地域から、あるいは草深い村々から澎湃として自由や権利を求める声が湧き上がってきた。一時それは明治政府の屋台骨を揺るがすほどの力があったと言われておりますが、とにかく明治政府は必死になって、いわばからくもそれを押え込んだわけです。彼らには肝を冷やした苦々しい体験がありますから、再び日本の地域がそうならないようにという熱い願いがあっただろうことは、彼らの立場に立てばよくわかります。そういう声がふたたび立ちのぼらないように、地域の膝元をまずがっちりと石で固めてしまうということが必要だったのだろうと思います。

こうして地域は中央に従う穏やかな地方というものに貶められ、固定化されていった長い歴史があるわけで、それは今も続いているんじゃないでしょうか。

そこにあるものの見方というのは、中央から地方を見おろし見くだすという視線です。そういう目つきはなかなか変わらないんです。

いつでも思い出すのは山形県で地域住民の学習活動にずっと献身してこられた詩人の真壁仁先生のことです。素晴らしい詩人でありました。真壁先生が言ったことばを思い出します。それは、自分たち東北の人間は要するに中央の権力者が言ったあの「まつろわぬ民」なんだ、その子孫なんだ、そういう魂をもって生きていって、地方から中央を見返していくという逆の視線を持ちたいものだ、とおっしゃっていました。そこにはたいへん苦い思いがあったでしょう。くやしさもあったでしょう。しかしまたそれだけじゃなくて、はっきりと将来というものを見通しておられた。そういう見通しの確かさ、あるいは決意というようなものも同時にあったわけです。なかなかこれは複雑なことばであろうと思います。

学習する日本の地域地域の人たちは、真壁さんと同じように、地方を地域として主体的にとらえなおしていくというそういうやり方の勉強をしてこられたと思うんです。そして今や、地域に関してはっきりとした共通のイメージが生まれていると私は思うのです。

そこは、地域の住民が一緒に学ぶ学習の場でなければならないということが一つ。

もう一つは、そこは文化運動、もっと砕いていうと、ともに遊ぶ場があっていいわけです。なにか楽しいことが地域になきゃならない。

そして三番目には、そこは老いも若きも、障害を負った人も、健常な者も、男も女も知恵を出しあい、力を貸しあって、共存共生していく場でなければならないという、そういうイメージで少しずつ地域を変えてきている、これは全国共通に言えると思います。

常民大学の方々のところもそうでしょう。しかしここにはちょっとほかとは違う特徴があると私は思っています。学習の場であり、文化活動の場であり、共存共生の場であるという、それはそれでいいんですが、もう一つ常民大学が開きつつある地域のイメージというのは、想像力としての地域といいますか、それは、創造力に通じているのですが、そういう地域像が回復してきている。地域をそういうものとしてとらえかえすという特徴がここにあるように私は感じております。

いただいた『注釈　遠野物語』、それを読みながら今のようなことを強く感じました。あのなかの花巻から遠野への道のところでですが、本のなかに収録されている、いわゆる毛筆本では、「花巻の停車場より……」途中は省きますが、「県道を登ること十三里、遠野町に達す」と、こういうふうにもとは記録してあったものが、初版本では、「花巻の停車場に汽車を下り」、云々とこうあって、「東の方へ入ること十三里、遠野の町に至る。山奥には珍しき繁華の地なり」となっているというんですね。私も初めて読みながらああそうなのかと大事なことを教えていただきました。つまりここに遠野町ではなくて、遠野の町と書いてるんですね。遠野町といいますと、どこにでもある、そういう町とちっとも変わらないような感じがするのですが、遠野の町とたった一字、この「の」の字が入るだけで、遠野っていうのは遥かこう遠いところにある町のような、なにか懐かしい感じがしてくるから不思議ですよね。これはやっぱり詩人柳田の技というようなものだろうと思います。

そしてまたその後に、「山奥には珍しき繁華の地なり」と後で書き足したそうでありますが、行ってみて、おっと、ちょっと感じが違うな、聞いたこととは違うな、ということで、体験をもとに書き加えた柳田の実感というふうに、本のなかに書かれております。

一〇年間この本にとりくんでこられた方々は、たとえばこういう『遠野物語』のいわゆる細部ですね、ディテールを一つ一つ丹念にたどり返し調べながら、遠い昔の寂しい遠野の町の、それでいてどこか華やかさ、にぎやかさもあったらしい、そういう故郷の深々とした共同幻想の世界に帰っていかれたのだろうと思いながら、今あの本を読ませていただいているところです。

それはいわば、遠い過去に帰っていく、過去に遡っていく想像力というものの姿です。過去へ深々と立ち返っていく想像力、地域はそういう力を持っている。人々を先祖の膝元へ呼び戻す、そういう想像力を刺激し、引き出してくれるような場所であるということでありますが、それはただ過去へ帰っていくだけじゃないわけでありまして、過去に帰りながら同時にそこから反転して、ひるがえって、未来への想像力を、未来を創る創造力を励ますのもまた地域というものではないかということなんです。

遠野町の常民大学の運営委員長をしておられる小井口有さんがご自身の夢を語っていらっしゃるのを、どこかで読んだのですが、天下に知らぬもののない観光の町の遠野、『遠野物語』でありますけれども、いつまでも同じじゃなくて、学習の『遠野物語』にしていきたい、遠野っていう地域を学習の町へ変えていきたい、いつかそこに県立大学を誘致したいという、将来にわたる夢といいますかイメージをしっかりと小井口さんが抱いていらっしゃる。そういう学校、そういう大学ができたらいいなと思います。遠野は変わるでしょうね。現に小井口さんが学習によって変わっているわけです。

学習というのは行動様式が変わることなんです。今までのやり方とは違うやり方ができるようになるということが、学習ということの一番大事な定義です。だから学習をとおして人が変わり世が変わるということは、学習の定義に照らせばあたりまえのことなんですが、今度この『注釈　遠野物語』で、なるほど学習は人を変え、地域を変えてゆくのかということを、さながら目に見えるようなかたちでわからせていただいたと思っております。

そういう意味で、まさに想像力（創造力）としての地域というものの回復が、常民大学の皆さん方をとおして達成されつつあるのじゃないかということです。

三　史心の相互鍛錬

次の問題に入りますが、今さっき地域という膝元には大きな石がのっかっていると申し上げましたが、その伝で言うと、われわれ日本人の過去を見る目、史心には、目隠しがされている。まさに国民的な災いとしての史心の欠落という問題が胸に刺さってまいります。

日本人の史心、歴史的なものの見方の欠落というものは、外から来た人には一目瞭然に見えていたようです。アメリカ人のグリフィス（Griffis）という人が一九一五年、大正四年に書いた本のなかで、日本人は近代化を成し遂げたすばらしい偉業にもかかわらず科学としての歴史の観念はまだほとんど持っていない。「皇紀二五〇〇年」の歴史に関して、教育のある日本人や有能な政治家たちでさえ、全く無価値の意見を述べる。それはもう馬鹿げており、根拠がない。日本の歴史の年代は一八七二（明治五）年におかみが作りだしたものであり、それを受け入れるぐらいなら、シンデレラ姫が活躍した年代を決めることだってできるじゃないかと、まあこういうふうに揶揄しております。

一八七二（明治五）年とグリフィスがいっているのは、明治五年の十一月に明治政府は、国の紀元というものを決めたわけです。国家の体裁をととのえるうえで、国の誕生をちゃんと書かなきゃならない。日本書紀の伝承にしたがって、西暦紀元前六六〇年、これが神武天皇即位の年だと、こう決めて、その日も最初は一月二十九日と決めてたんですが、翌年二月十一日に変わって、現在はこれを踏襲しているわけです。

教科書のさし絵の神武天皇は明治天皇にそっくりでした。われわれある年配以上のものにはみんな記憶があるあの威風堂々とした、しかしどことなく親しみの感じられる明治天皇のいわゆる御真影というのは、ご承知のとおり明治二十一年にイタリア人の肖像画家のキョッソーネ（Chiossone, Edoardo）という人が最初絵を描き、この絵を写真にしたものです。教科書にのるようになった神武天皇の肖像というのは、明治天皇の肖像をモデルにして、東京美術学校の先生が造った木彫作品が基になっているんです。こうして皆さんがご承知の「八咫《やた》の烏」がとんでくる神武天皇東征の神話には、ちゃんと肖像画まで入って歴史教科書ができる。

日本の戦前の歴史の教育はそういう神話から始まったわけで、子どもが歴史の勉強をする最初のスタートの時点からもう眼が曇っていたわけです。

子どもだけじゃなくて、おとなの目だって、曇らされていたのは変わりがない。

大日本帝国憲法が明治二十二年に出されたわけですが、あの時、大日本帝国憲法告文というのが同時に出ておりまして、勅語も付いている。未見ですがこの告文のなかで、ここに憲法と皇室典範を制定するけれども、これは天皇の先祖、皇祖皇宗が残された統治の根本原則を述べたにすぎない、といっているそうです。

つまり明治二十二年になって、憲法を発布して、大日本帝国は万世一系の天皇これを統治すというのですが、しかし、その天皇の地位というのは、別に明治二十二年に決まったわけじゃないんだ、日本という国は最初から天皇がずっと支配してこられた国なのであって、なにも今急にこの憲法でそうなったわけじゃないんだぞと国民に諭しているわけです。

この勅語で、臣民は皇祖皇宗が恵撫慈養されてきた臣民である、という言い方をしているようです。そしてここでも、国家統治の大権は、皇祖皇宗から継承してこれを子孫に伝えるものだと駄目押しがしてある。

この大日本帝国憲法の制定に影響があった、オーストリアのウィーン大学の教授だったロレンツ・フォン・シュタイン（Lorenz von Stein）は告文と勅語をみて、日本皇帝陛下はただに皇帝たるのみならず、あわせて臣民の父たることを確認せざるべからず、といっています。日本国民の歴史意識というもの史心というものは、この時その源泉、歴史の始まるその一番おおもとのところが今のようなかたちでひじょうにあいまいなものに、はっきりいうと、まちがった色で染めあげられてしまう。歴史はまさに天皇の「国史」でした。

史心というものが、これじゃあ育っていくはずがなかった。

常民大学の方々は、その問題にじっかりとくさびを打ち込んでこられたのじゃないかと思うんです。

そういう郷土に根ざした内省の学、自己認識の学としての歴史学習というものの二五年にわたる蓄積がある。

そのなかから既にいろいろな作品が生まれているわけで、遠山の方々は、「霜月祭り」の歴史的な研究をまとめておられるし、飯田では信濃川流域の暮らしの変化をまとめておられる。そういう史心をもとにしっかりと書かれた著作が何冊か生まれていて、そしてそのなかから今度の『注釈　遠野物語』少し前には『柳田国男伝』という大作が生まれている。これは、いわゆる共同研究というものの二大傑作じゃないでしょうか。

共同研究というものは、たとえば京大の人文研がやったものとか、思想の科学研究会がやった『転向』だとか、いろいろ大変な仕事があると思いますが、それらとはまた性格を異にしたこれは共同研究の二大傑作だと思います。ただこれは、さきほど挙げたような各地の常民大学の方々のとりくみ、史心を取り戻していくという、いわば豊かな史心の海のようなものがあって、そこから立ち上がった波頭、あるいはそこから大きなうねりのようなものが生じた。それがこの二冊の本というものじゃなかろうかと思います。

そう考えますと常民大学の学びはやっぱりほかの学びとは明らかに個性が異なるわけでして、これは自己認識、共同の知としての史心を養ってきた。常民大学の個性や特徴をそういうふうにとらえられないだろうか、史心の相互鍛錬、私は三つめの成果をそういうふうに名づけてみたいと思っています。

四　制度化できぬ精神的価値の熟成

四番目の成果に入っていきたいと思うのですが、それは、制度化できぬ精神的な価値、そういうものが豊かに実ってきたということです。

ここで制度化できぬ精神的な価値ということばでとらえようとしているものの一つは、友愛の精神というものです。

この「制度化できぬ」ということばは、実はある人が使ったものをそのままお借りしているわけです。ある人というのは、後藤先生と同じように、長い間民衆の学習活動のなかに身を置いて人びととといっしょに勉強してこられた哲学者の古在由重先生（一九〇一―一九〇年）です。先年惜しくも亡くなられましたけれども、その古在先生が、おっしゃったというんです。戦前は資本主義の悪というのは、もっぱら生活の窮乏としてあらわれた。戦後は文化的な要求が生活要求の不可欠の一部になった。その自由、平等、友愛のうち、友愛というのはどこにいったのか、それがなければ戦えない。しかしこの友愛というのは制度化できない、とおっしゃったのだそうです。自由や平等というのは、その国なら国、権力なら権力がある程度、法で保障することができます。全面的ではないにしても、ある程度それは制度で作りあげることができるわけでしょう。しかし友愛というものは、どんな権力をもってしてもこれを外からの力で作ることはできない。それは自分たちでこつこつと養い育てていく以外にない。であるからこそ、古在先生は亡くなる直前までずっと読書会に身を置かれて、そしてそこにかけがえもなく大事な友愛の精神というものを養い育ててこられたのだと思います。

この常民大学も全くそうであって、一〇年、一五年、二五年に及ぶ学習を通して皆さんが育ててこられたものは、友愛の精神というものではなかっただろうかと思います。

今ふっと思いだしたのですが、柳田先生にも友愛ということに関する発言があったのじゃないでしょうか。あれは、川島武宜さんとの対談のなかで、これから先、友愛の研究をしなきゃあならない。これを単位にして、これから先の社会を組織しなおしていかなきゃあいけないんじゃないか、というような趣旨の発言をしておられたことをどこかで読んだ記憶があるんですが、柳田先生が直観的におっしゃったその友愛の精神というものは、ここ常民大学のなかに、二五年の時間をかけてしっかりと育っているということを、私たちは確認したいと思います。

ところで、その制度化できぬ精神的な価値というものにはもう一つあって、それは「敬虔の念」というものではないだろうかと思います。この敬虔の念については、後藤先生の見事な定義があります。以下は後藤先生のことばですが、「私たちの先祖である常民が生きた民俗の世界とは、神と自然と人間とが共感しあい共生していった世界であった。そこで培われ、貫かれていた精神こそがまさに、敬虔の精神であった。それはことばをかえれば、日本人の根のエートスであり、ヒューマニティの源初ともいいうるものである」と、言っておられます。敬虔の念というのは、このことばにつきていると思います。そういう二つの意味で、常民大学は、この制度化できぬ精神的な価値というものの熟成を果たしつつある、といっていいのじゃないかと思います。

日本の社会は荒涼としてきました。毎日の新聞を見るたびに、まさに荒涼とした世界が、われわれの目の前に広がっていくような思いがいたします。しかしそういう現代日本において、この友愛の精神というものもまた、厳として存在するということを私はかけがえのない大事なことだと思います。やっぱりちゃんと両方みていかないとわれわれは絶望に陥り、ニヒリズムに足をすくわれてしまいます。確かに凄まじいまでに無惨な世の中に成り下がっておりますが、世の中そう簡単にすべてだめにはなってしまわないのであって、制度化できぬ精神というものをこつこつと二五年かけて作っているそういう集団、そういう人びとがいるということは、ゆるがぬ希望ではないかと思います。

五　展望と課題

おわりに展望とか課題というようなことで、一、二、話を聞いていただこうと思います。

一つはさきほど、常民大学の学びの方法は戦後日本の民衆が作ってきた三つの方法、すなわち共同学習、系統学習、地域に根ざした学習を総合したものだと申しあげましたが、それは大づかみにつかんだ場合、つまりマクロ的に見た場合にそういう個性がうかんでくるということであって、もっと細かく、いわば、ミクロ的にみていくと、そんな大ざっぱな言い方ではとらえきれないもっと微妙なものがあるという気がします。たとえば、実証と実感を兼ね合わせた学びの方法が、すでにここの特色になっているんじゃないか。それに磨きをかけて下さい、ということです。それは、柳田先生の方法だったんじゃないでしょうか。これについては、柳田の詩的直観を、肯定的にとらえる人たちもあったでしょうが、そこをまた冷ややかにみる人もいたわけです。要するに科学的ではない、方法論がないなんていう、そういう批判もあったようでありますが、さあそうなんでしょうか。私はそうじゃないんだと思います。実証と実感は、形式論理という点からいえば水と油のようなものかもしれないが、研究の実際、実際のプロセスに即していえば、決して矛盾するものじゃない。詩的直観と科学的精神というものは、結びつくはずだ、また、結びつけなきゃならないと思うんです。柳田先生はそういう方法を貫かれたわけでありますから、皆さんが野にいて、それを現代に蘇らせ、徹底させていくということは、大きなやりがいのある仕事ではないでしょうか。

大学は、どんどん機械化されていきます。もちろんよい面もあるわけです。それによって得る便益というものは極めて大きいのでしょうけれども、しかし手放しで喜んでいていいのか。機械というものにわれわれはどうも振り回されてしまっている。そしてまた機械的な正確さというものが、たった一つの正確さであるかのごとき、一種の幻想にわれわれはすでに足もとをすくわれているような気がします。理論や研究というものは、まちがいを含んで成り立つんじゃないですか。まちがうからまたそれをバネとして、反省もしながら新しい真理の探究に向かっていくのであって、完全無欠な完結した真理なんてものは、極めて非人間的な、やせ細ったものじゃないでしょうか。どうもそういう機械的な真理だけを、今、大学は求める方向へと向かいつつあるような気がいたします。

それから、今のこととつながるのですけれども、われわれのような大学の教師をしているものの本とか論文というものは、さきほども批判がでておりましたように、どうもわかりにくい、固いわけですね。岩波の『思想』を読んでごらんなさい。注を読んだだけでくたびれてしまう。もちろん、だからだめというのはあまりに短絡にすぎて、注に素晴らしいものがあるということは承知しておりますけれども、そのスタイルだけでいいのかという疑問です。

先を急ぎますけれども、固いことばでしか、真理や真実が語られなくなっている、日本の大学が作りだしてきた悪い傾きというものを、常民大学の皆さん方が書かれているもので、毒抜きをしていただけないだろうか。つまりもっとやさしいことばで、平談俗語というものが学問のことばとしても使われるという、大きな宿題がありはしないだろうかということです。ただこれは、口でいえば簡単だけれども、普段日常で使っていることばを磨いて、垢を落として、それを学問の用語にするということは、なまやさしいことじゃないでしょう。

昔、ある言語学者の話をうかがったことがあります。今のようなことをおっしゃったんです。「北田君、どうも日本の学問のことばは固すぎていかんよ。僕はね、これを変えることが一生の仕事なんだ。最近も一つ良いことばを思いついたから、聴いてくれるかい」とこうおっしゃるんで、「何でしょうか」といって耳を傾けていたら、抽象的、抽象的と、よく言いますよね。「あれは、君わかりにくいよ。僕は新しいことばを考えた」「何ですか」と言ったら、「抜き出し」と、こう言ったんです。私は思わず「えっ、引き出しですか」と、聞き返して怒られたことがあります。抽象を抜き出しと変えてみても、かえってわかりにくい。そういう簡単なことじゃないんです。これはやっぱりたがいに力を合わせ、時間をかけてとりくまなければいけない大きな事業じゃないでしょうか。

三番目に、十幾つかのグループがあるわけですが、女性だけの常民大学のグループというのがあってもいいんじゃないですか。女性でなくてはできないような、学び方、発見というものもあるに違いない。これは異論があるかもわかりませんが、そういうグループができれば、面白い将来が開かれてくるんじゃないかと思います。いよいよ、最後ですけれども、これは、課題ではなくて、皆さん方のとりくみの展望のようなものです。

何かというと、「生涯を要する簡単明瞭な一事」の証明、ということです。「生涯を要する簡単明瞭な一事」というのは、「人は学んで人になる」ということです。ここのところが日本の教育の今一番駄目になっているところで、この「人は学んで人になる」という簡単明瞭なことがどうもわからなくなってしまっている。根本をあいまいにしたままで、制度的な改造や思いつきの改革ばっかりやっているのが、現在の浅ましい姿です。人は学んで人になる。これはもちろん理屈で言えば簡単なことです。だから「簡単明瞭な一事」というんです。しかし、これを事実で示すということになれば、生涯を必要とする。生きてみなければわからない。

そういう意味で、お一人お一人がその個性的な生き方を貫かれて、今申し上げた「生涯を要する簡単明瞭な一事」を身をもって解き明かしていただきたい。そういうことばをつけ加えて、終わりにいたします。

（「常民大学十五周年記念合同研究集会・講演」一九九七年九月十日、於・明治大学）

第二章　「常民大学」への序奏——「寺小屋」から「常民大学」へ

小田富英

一　はじめに

後藤総一郎は、話し言葉の思想史家（民俗思想史）であった。その圧巻は、毎年行われる常民大学合同研究会の基調報告であり、その時その時の時代との切り火のような語り口である。たとえば、一九九五（平成七）年九月に立川で開かれた第一三回常民大学合同研究会においては、主題を「戦後五十年を問う」と決め、記念講演講師に鶴見俊輔を招いたことへの導入として次のように語っている。

今日は、四十年ぶりに青春の一コマを過ごした阿豆佐味神社に参って、かつて二十代に砂川闘争に参加した時にはもっと大きな神社かと思ったけれども、小綺麗にこぢんまりと立派な神社になっていて、我々の青春時代の面影はなかったですが、あれから四十年の歴史が流れたのだということをしみじみと思わされました。

今日、お話していただく鶴見俊輔先生も昨年から今年にかけてもう一度民衆レベルで歴史意識というものを確かめ育てることが肝要なのだ、と機会あるごとにお話しております。（略）「戦後五十年を問う」というテーマで、皆さんがそれぞれ抱えているテーマと、そして柳田学を学んで来た十年二十年のそれぞれの地域の皆さんの経験や学問的な蓄積の中からそれぞれの五十年を振り返っていただく、そして我々も学び直すという勉強会にしよう。(1)

砂川闘争を闘った学生運動のリーダーとしての述懐と、戦後五〇年の意味と鶴見俊輔の紹介、そして、会の趣旨が述べられている文であるが、この書き言葉の行間には、戦後百年を射程にいれ、なおかつ二十一世紀に向けて柳田を復権させたいという強い思いがこめられていた。後藤の語りは、常にそうした強い思いが裏付けとしてあったと言える。本稿は、その後藤の話し言葉の魅力の原点を探り、後藤の社会への登場の突破口となった「寺小屋」（寺小屋外語教室）体験と常民大学との繋ぎ目を照射することを目的とする。

二　寺小屋外語教室講師としての出発

寺小屋外語教室（事務局長、矢掛弘司・以後寺小屋と略）は、日本に滞在していたドイツ人留学生の生活費を得るため、片岡啓治、清水多吉らが中心となり、一九七一（昭和四十六）年九月、高田馬場のマンションの一室で始まった語学教室であった。七〇年安保闘争後、急速に落ち込んだ学生運動の余韻もあって、受講生も徐々に増えていった。そして、開講二年目の一九七二（昭和四十七）年春には、必然的に思想教室新設の企画が出て、「柳田民俗学について」の講座が実現するのである。講師は、片岡啓治との付き合いが深かった後藤総一郎によって人選され、その人脈のなかから谷川健一、宮田登、伊藤幹治の協力を得て、「研究生募集」[2]の呼びかけが始まった。

七月八日の第一講は、後藤と谷川健一との対談「柳田国男への視角」で、その後、毎週土曜日の午後、講師の話を中心に進められる予定となっていた。しかし、九月の最後の週の土曜日、警察の家宅捜査（ガサ入れ）が入り、その対処の仕方をめぐって講師陣の反発があり講座が中断された。一カ月以上たってから受講生が集められ、後藤と事務局と話し合い、講座の再開が決まったが、その後は、講師は後藤総一郎が中心となることとなった。とくに、谷川健一は、公安を部屋に入れた事務局体制に問題ありと言って、講師を降りたと聞いている。

いずれにしても、この事件は、私たちにとっては、後藤総一郎との間の信頼関係をつくるよい機会となったのである。その後、後藤を中心に講義形式で毎週続くことになるが、松本健一・宮田登・芳賀登・野口武徳・柴田道子・有泉貞夫といった、当時話題となっていた新進気鋭の論者たちを招き、刺激的な時間を共有することになる。こうした流れのなかで、次の年度も続けたいとの希望がでるのは当然であった。

後藤総一郎没後最初の合同研究会[3]の基調提案で、髙橋寛治は、後藤のその後の「共同研究」のコアは、この寺小屋で始まったと指摘した[4]。今から振り返れば、その指摘は間違いではないが、当時を知る私は、「共同研究」に至る過程を知って欲しいと、次の論旨で大会のまとめとした。本来なら、引用で済ませなくてはならないが、加筆修正して、本論の原稿としたい。

後藤総一郎は、講座を始めたときのことを、「最初の頃、正直いってわたしは、お金を払い、貰いあう関係での勉強会に、ある種の異和感」を感じていたと語ったあと、啓蒙で終わるはずであったと述べている[5]。

確かに、募集に応じた私たちも、満たされない生活の埋め草としての講座でよいと思っていた。それが、二年三年と過ぎていくうちに、いつしか生活の一部となっていったが、その変化は私たちだけではなかった。

講座が始まって二年目の一九七三（昭和四十八）年の後期開講に向けての呼びかけ[6]に、後藤は次のように書いている。

不思議なものである。柳田国男の研究を志すわたしたちと若い研究グループとによるいわゆる「勉強会」がはじまってから、もう二年になるが、その過程で、わたしたちは、いろいろな予期せぬことを教えられた。その一つは、一年で修了すると思っていた「勉強会」が、もう一年ということになったということ。そして、二年目のいま、またもう一年へと希望はかたまりつつある。

第二は、メンバーが固定化し持続しているということ（一年目十五人。二年目十人。）

第三は、そのために、同じ講座のいわば第二期の講座を新たにもうけたこと。わたしたちは便宜的にこれを一期生、二期生と呼ぶようになった。（いま二期生のメンバーも固定化し、二十人中十七人が持続している。）

第四には、「勉強会」の姿勢が、受動的・消極的な態度から、能動的・積極的になったということ。

第五には、そこから、自らの内面世界に主題をひきずりこみ、それぞれが個性的な研究課題を発見し研究しはじめたということ。

第六には、当然の〔二字不明〕として、一読書人としての立場から、実証主義研究をとおしての一個の研究主体にそれぞれが成長しつつあること。

第七には、こうして、当初からみられた一種の恣意的な主題の関心の寄せ方から、柳田国男の学問と思想と向き合うことを、それぞれの個人史における、己の思想営為における原点あるいはフィールド・バックとして考えつつあること。

第八には、なによりも、共通の主題に向かう知的好奇心（あえて学問といわない）を通して、新しい人間関係あるいは友人を発見しあっていったということ。（略）

柳田学が自己認識の学であるとするとき、彼らがいまそのことを理解しはじめたことは、そのまゝ彼ら自身の自己史における自己認識の歴史がはじまったといってもいいかもしれないというようにわたしは思っている。

寺小屋外語教室の講師を引き受けたことで、自らの宿命を背負わされたことを自覚したかのようである。後藤は、その次の年の一九七四（昭和四十九）年十月二日の『毎日新聞』で、「現代寺小屋の思想――原初に向かう知的気流」を発表し、その気持ちの高ぶりを伝えている。これもまた、書き言葉ではなく、話し言葉に近い自己表明であった。

東京・高田馬場の駅の近くに「寺小屋教室」という、おそらく多くの人にとっては耳なれない奇妙な学び舎がある。

普通「寺子屋」といえば、誰もが、あの江戸期に発生し明治期に姿を消した、いわゆる町の「寺子屋」を思い浮かべるであろう。

ところが、三年前の秋のちょうどいま頃、ドイツ留学生のアルバイトとしてはじめられた「寺小屋語学教室」の名称の起こりは、教えるスタイルはかつての「寺子屋」のそれに習おうとしながら、教える場が、マンションという掘立小屋であり、まして教わる生徒も子どもではないというところから、合成され創作された、一つのシャレから生まれた名称であり学び舎であったのだ。（略）

一週一回、二時間の講義と研究、三十回を一年のスケジュールとするこの「寺小屋教室」を構成している研究会員の世代と職業は、平均年齢二十五、六歳の、学部学生、大学院生、教師、出版社員、主婦などを中心とする、いわば知的欲求をもった生活者であるといえよう。(略)そしてそのなかには、三年間の「独学」の蓄積のなかから、己の研究課題を発見し、それをテコに己の思想を初々しく模索しつつあるものも、すでに何人かはいる。(略)

生活をしながら、つねに原理に向かうという知的営為を持続しながら、常民的知識人として生きてゆくことのなかに、重い病理をかかえた戦後近代の今日を越えてゆく可能性の、かすかではあるが確かなひとつが、ここにあるという実感を、わたしは、三年間の「寺小屋」で机を並べた若い友人たちのなかで強く感じたのだった。

今読んでみても、書き言葉の行間に、話し言葉のリズムが隠されていることに気づかされる。この時期の同様の文章をもうひとつ紹介したい。

それぞれの職業をもちながら、まさに生活者として生きている彼らが、なんのメリット(つまりなんの資格も与えられない)もない市井の寺小屋に、年に三万五千円の会費を払いながら勉強をしようとして参加している姿のなかに、やはり大学のなかで得られなかった、しかももっと大事な〝おのれをしる〟ための学問の不在への自らの怒りと反省からたちのぼった真の学問の奪還にも似た熱い感情が感じられてわたしには仕方なかった。制度としての大学に、一方身をおいているわたしにとって、このことは痛む。その痛みのなかから、なにかを生み出さねばならぬとわたしはわたしなりに考えつづけてきた。それは、「野の学」にあって「制度の学」にないもの、それを探し求め、生かすことであった。(7)

この時、一期生であった私たちは、自らの課題と格闘していた。「共同研究」というより「個別課題」に向き合っていたと言っていい。その成果が『柳田国男の学問形成』(後藤総一郎編、白鯨社、一九七五年六月刊)であった。内容は、永池健二「柳田民俗学における山人研究史の変容と展開」、拙論「柳田国男と文学」、杉本仁「柳田学における〈常民〉概念の位相」、山下紘一郎「柳田農政思想の位相とその変遷」の四本の研究論文であり、本書のタイトルには、小さく「共同研究」の文字はあったが、その意味を私たち自身が理解していたかと言えば、そうとは断言できない。この時、柳田国男の伝記研究を「共同研究」にしたいと思い始めていたのは、後藤総一郎だけだったかと思う。いやそれだけでなく、後藤自身のなかにも、柳田国男の伝記研究が、ここで実現できるのかの確信はまだ芽生えていなかったのではないだろうか。

三　寺小屋で獲得した「野の学」の思想

誰もが、一、二年で終わるつもりで通っていた寺小屋での学びが、その後も続いていくとは予想していなかった。講師役の後藤自身も、そうだったに違いない。その後藤が、『柳田国男の学問形成』の刊行を通して確信したことは、「野の学」「生活者の学び」「自己認識」のキーワードに集約されることであった。そうした意味で、のちの常民大学に繋がる寺小屋の意味は大きいのである。

『柳田国男の学問形成』が注目され、新聞記事で紹介された時、後藤は誇らしく次のようにその意味を述べている。

ここに学ぶ者は、卒業証書や学歴を求めて集まる学生ではない。一人の思想家を徹底的に研究したいという共通のモチーフやテーマを持った人ばかりだ。その意味では、ふつうの大学のゼミナールとも違うし、現在の大学制度では得がたい教師と学生の交流がある。とくにこうした市井の手によって、〝野の学〟の柳田研究がまとまったことは今日的意義があると思う。(8)

そこで、問題となるのが、後藤の確信の裏付けとなるべき受講生の側からの検証であろう。一期生から始まって何期続いたのか記憶は定かではないが、のべで言うと百人近くの人たちが、「柳田国男研究講座」に通った。そのなかで、さまざまな人生の岐路もあり、なおかつ伝記研究という制約のなかで残ったのが一一人であった。一一人には一一通りの、後藤評価も「野の学」論もあるので、一般的なことは言えない。しかし、今回の企画のなかで通過しないわけにはいかないと思う。そこで、当時の拙稿を掲載することで、その任を果たしたい。

以下は、寺小屋九年目に入る時に作られた、講座紹介(9)のガリ版刷りプリントに掲載されたものである。後藤が、獲得した「生活者の学び」「野の学」、そして「自己認識」への確信が、受講生のレベルでどうだったのかの資料として読んでいただければ幸いである。

柳田研究　　　　小田富英

八年が終わろうとしている。一年のつもりで軽く開けた寺小屋の扉の向こうに、こんなにも奥深い世界があったことなど、八年前には微塵にも感じることがなかった。共同研究という〈共同性〉と、伝記研究という〈持続性〉に加味して、毎年新しい課題を背負って入ってくる新会員の刺激と、会を終えて飲む酒とそして、なによりも新鮮な出会いがそこにはあった。これらすべてを保障したのが寺小屋〈空間〉であった。それが、いつのまにか私の生活〈空間〉の一部に侵入していたのだった。寺小屋自体の存続の危機は、いつもつきまとっていると思う。そのなかで自らの生活の一部として、時には重く、時には軽快な足どりを運んでくる〈多様性〉によって支えられてきたのだろう。だからこそ、私たちがいつしか「十年」を目標にしてしまったのだ。柳田国男というひとつの個性の誕生と遍歴を探る伝記研究という大きな課題を〈共同〉のものとして意識するまでには、それなりの時間が必要であった。「なぜこのようにしかならないのか」「ならなかったのか」という単純な疑問の解明に向かう手段として触れた柳田学は、多くのものを私に与えてくれたと言っていい。それがいつしか、柳田国男というひとりの生き様を捉えよう、そのことで日本の近代を考えよう、近代が歩み得なかったもうひとすじの道を透視しようと伝記研究に、ごく自然に向かわせたのだった。今、会では、作品研究と伝記研究の二本立てで進行している。八年間、読み続けてきた作品も『定本』の三分の二を数えるに至ったが、まだまだ未開のページが目の前にある。今年度は、もう一度、柳田の初期のものから読み直し、新たな発見と疑問がだされ、作品研究の大切さも改めて知らされた。ある人が、柳田の伝は『定本』をていねいに読めば、八割方可能であると述べたそうだが、私たちの伝記研究は、「伝記」の「研究」であり（「研究」としての「伝記」）、「伝記」プラス「研究」でもある。今、ささやかな収穫を少しずつでも発表していく場が保障されているのも、私たちにとっては幸せなことである。（『フォークロア』と『伝統と現代』においてすでに十二回にわたって発表している。）その全体から言っても十分の一にも満たないが、私たちにとっては確かな手応えがあるものにはちがいない。又、これに並行して『定本』未収録論文・対談・講演記録の収集にあたり、ほぼ全部を確認し終わって整理の段階に入っている。

「十年」まであと二年であるが、この二年が、今までの四年五年に、いや今まですべてに値するであろうことは、すでに会員すべての覚悟の上のことである。そして、私はといえば、あの八年前にかかえた問題を、今もなお、かかえ続けていることも言っておかなくてはなるまい。

若い時の文章で、気負いもあって稚拙であるが、今から考えると、当時の問題点のいくつかは指摘していたように思える。一番大きな問題が、後藤の唱える「共同研究」の共通理解という点にある。あくまでも、柳田の作品を読むことを目的に入ってきた受講生である。これが、後藤の思い込みの強い「柳田国男の伝記研究」への方針転換は、欲求不満が生ずる大きな要因となった。しかし、もう一方で、『フォークロア』や『伝統と現代』などの雑誌に論文掲載ができるということも大きな魅力となったのである。ここに、「個人研究」から「共同研究」への繋ぎの接点があったのだが、それは組織論から言えば、問題の解決にはならず、『柳田国男伝』完成まで猶予されたと言ってよい。

四　「共同研究」を加速させた常民大学への参加

後藤総一郎の言う「野の学」「生活者の学び」「自己認識」の三つのキーワードの理念と実体とが合体したものとなったのが、常民大学であった。寺小屋での体験が、「野の学」の確信を生み、後藤の郷里、長野県南信濃村で設立された「遠山常民大学」として結実したのである。

一九七七（昭和五十二）年十一月十二日、南信濃村の老人福祉センターで開かれた開講式には、五〇人もの村民が集まった。

その原動力となったのが、後藤が中心となって編んだ『南信濃村村史　遠山』[10]の準備段階からかかわった後藤の友人や後輩たちである。準備段階とは、ほぼ寺小屋初期の頃と重なり、後藤は、村人たちに「研究期間」と称して谷川健一や宮田登の講義を課している。谷川健一は「村史とはなにか」、宮田登は「遠山の民俗について」、「霜月祭について」を渡辺伸夫などが講演し、柳田国男の『郷土生活の研究法』の読書会も開いている。また、寺小屋の国学講座の講師であった芳賀登の著作も読み進めるといったぐあいで、「野の学」の確信の相乗効果であった。それは、一方で寺小屋の柳田国男研究講座の「共同研究」への志向を加速することにもなったように思える。研究会の合宿を遠山でやったり、(11) 柳田の旅の足跡を日本地図に表す作業に集中したりと、より「共同性」が求められてきたころであった。このことを象徴してか、一九七六(昭和五十一)年度には、春には布川・布佐、夏には辻川・北条への調査合宿が実施されている。研究会の内容も『海上の道』『島の人生』『都市と農村』などの作品研究と、「郷土会の人々」「柳田国男の兄弟」「柳田の結婚」といった伝記研究のテーマが並び、「共同研究」へと本格的に舵を切った時期となったのである。一九七七(昭和五十二)年度の開講にあたり、後藤は、寺小屋の講座案内に次のように決意を述べている。

この五年間、ゆっくりとではあったが、確実に歩みを進めてきた本講座は、柳田の伝記作成の具体的作業に入る今期を、新たな気持をこめて、「第一年目」と呼びます。柳田の全著作のうちほぼ五分の四を読了し、討論をくりかえすことによって、柳田が、未来にむかって何を見据えようとしたのかを考え、柳田の評価史を洗い直すことから、柳田とその時代を考えてきた五年間の成果を踏まえて、今期は、次の三本の柱によって進められます。①柳田の伝記作成の第一歩である個人論文発表。②個人の問題意識による研究発表。③ひき続き、作品研究と討論。とりわけ、①に比重をかけ、論文発表・実地調査・聞き書き等を通じて、資料収集センターを兼ねながら柳田の全体像にせまりたいと考えています。

片一方で、南信濃村村史の編纂作業と学習を進めながら、一気に常民大学構想の実現へとひた走ることができたのも、寺小屋での五年間の手応えがあったからに他ならない。私たちもまた、常民大学のもうひとつのキーワードである「地域にこだわり、地域を拓く」とはほど遠い場所にいながら、そのエネルギーと魅力にまきこまれていくのであった。

五　今後の課題　寺小屋論の可能性

ここまで、常民大学に繋がる寺小屋のあゆみを紹介してきたが、私には、ずっと以前から別の問題意識があった。それは、一九七〇年代における寺小屋的な大衆学習組織を正当に位置づけたいという欲求である。これが実現しないまま、後藤総一郎、片岡啓治は鬼籍に入られたし、他の講座の受講生との横の連絡も途絶えたままである。寺小屋から常民大学運動へと続いた後藤総一郎の軌跡の検証にとって、この試みは不可欠のものと思う。寺小屋論の出現に向けて、ささやかな問題提起をこの場でさせていただきたい。

前述の後藤による一九七七（昭和五十二）年度の講座よびかけは、寺小屋教室発行の「昭和五十二年度　講座の手びき」からの引用である。寺小屋論の資料ともなるので、参考までに、当時の他の講座と講師陣を紹介したい。

日本思想講座
・天皇制研究　丸山邦男　・日本農本主義研究　斎藤之男
・戦後思想家論　中島誠　・安藤昌益研究　寺尾五郎
日本文化講座
・万葉の世界　松山俊太郎　・「日本の祭」を考える　山路興造

・「毎日の言葉」　小森揺子
・日本の教育　藤田恭平
・小林秀雄『本居宣長』　佐佐木幸綱
外国思想講座
・思想の翻訳とは何か　柳父章
・ヨーロッパ革命思想　広松渉　加藤晴康
・フロイト研究　片岡啓治
原典研究講座
・本居宣長研究　野崎守英
・吉田松陰研究
・柳田国男研究　後藤総一郎

・子供の文学　山中恒　佐野美津男　谷真介
・『源氏物語』を読む　藤井貞和
・文学論　秋山駿
・現代中国を考える　藤井満州男　川田義孝
・基礎ドイツ語　守山晃
・水戸学、国体論　名波弘彰
・明治国家論　大濱徹也
・フランクフルト学派研究　清水多吉

見事な陣容と言える。現在のカルチャーセンター定着の魁と言ってよい。そのなかで、丸山邦男、山中恒、佐野美津男、藤田恭平などは後藤が引き込んだ講師陣であった。後藤がいかに寺小屋を愛していたかがよくわかる。財政問題を毎年かかえながらも、拡大路線に舵取りをした後藤のリーダーシップは大きかったと言える。こうして、語学教室から始まり、柳田講座を含めても数講座しかなかった寺小屋は、この五年間で大きく膨らみ、教室もマンションの一部屋では足りなくなって、二教室使える広いマンションへと移転することになったのである。当時の受講生も合計で一五〇人から二百人に達していたように思う。今、私の手元にある、寺小屋受講生名簿は、二五九人分の名簿である。その当時すでに通っていない人も含めているので、延べということになるが、正式な名簿が残っているとしたら寺小屋体験者は千人を大きく上回っているはずである。私の願いは、青春時代に通った寺小屋への思いを聞き書きしたり、原稿を寄せていただいたりして、当時の世相を照射してみたいということである。名簿には、現在活躍中の見慣れた名前の方もいるし、すでに故人となった方も多い。後藤にとっては、常民大学に繋がる格好な場であった寺小屋が、受講生一人一人の人生にとって何であったのか、いずれ検証したい大テーマである。この場を借りて、寺小屋体験者の声があがることを呼びかけて、小論を閉じたいと思う。(12)

注

(1) 立川柳田国男を読む会編・発行『第十三回常民大学合同研究会記録集〈柳田国男と二十一世紀Ⅳ〉戦後五十年を問う』一九九六年。

(2) 当時発行の『情況』誌上に「講座寺小屋　研究生募集」の広告が掲載された。講座内容は、「①柳田国男の生涯と主題②作品研究③柳田国男の検証④柳田国男補論で、細かく書かれた内容は、四〇年以上経った現在でも未決の課題が並んでいる。

(3) 二〇〇三（平成十五）年十一月一〜三日、飯田市美術博物館で開かれた、第二〇回常民大学三十周年研究大会のこと。

(4) 髙橋寛治「基調提案」(『常民大学研究紀要5　柳田学から常民の学へ』岩田書院、二〇〇五年)。

(5) 後藤『「学ぶ」ということについて——山下さんへの手紙」(『寺小屋通信』三号、一九七三年七月。のちに『文化からの架け橋——寺小屋教室一〇年の歩み』寺小屋教室、一九八一年十一月)。

(6) 後藤「柳田国男研究グループの断想」(青焼きコピー五枚)。

(7) 後藤「想像力をはぐくむ「野の学」——寺小屋教室」(『のびのび』朝日新聞社、一九七六年一月号)。

(8) 「市民大学「寺小屋」初の論文集刊行〝野の学〟の成果問う」(『読売新聞』一九七五年六月二十八日)。

(9) この当時の寺小屋の講座は次の通りであった。（　）内が主宰講師。「本居宣長研究（野崎守英）」「昭和天皇制研究（丸山邦男）」「丸山真男研究（中島誠）」「フロイト研究（片岡啓治）」「ルソー研究（柳父章）」「柳田国男研究（後藤総一郎）」「大衆の近代（松本健一）」「ウェーバー研究（折原浩）」「日本の儒学（末木恭彦）」「ヘーゲル研究（加藤尚文）」「日本イデオロギー論（名波弘彰・山本ひろ子）」「『資本論草稿』を読む（内田弘）」「フランクフルト学派研究（清水多吉）」「中期マルクス研究（堀川哲）」「現代文学の原点（秋山駿）」「日本のまつりを考える（藤井貞和・関根賢司・植松明石・村山道宣）」「源氏物語を読む（藤井貞和）」「現代詩研究（佐々木幹郎）」。

（10）『南信濃村史　遠山』南信濃村、一九七六（昭和五十一）年十二月二十五日。村史編纂委員会顧問に後藤総一郎、委員会委員長は、後藤の父、後藤忠人であった。

（11）一九七五（昭和五十）年八月二十六〜二十八日、遠山での研究合宿をもち、作品解説論文の読み合わせと、『民俗の旅』（読売新聞社刊）に掲載する「柳田国男の旅」の地図作成にあたった。

（12）私の経験でも、今まで出会った方のなかで、「私も寺小屋に通っていた」という方が数人いる。職業的には、編集者が多いし、その後、文筆業に入られた方もいる。現在、活躍されている方の名前も、ここで挙げることも考えたが、「寺小屋論」の可能性が見えたときにでもお願いしたい。

第三章　後藤総一郎論

杉本　仁

一　郷土と学問

1　地場

常民大学を主宰した後藤総一郎は、一九三三（昭和八）年に長野県南信濃村和田（遠山）で生まれた。遠山は、今日では寒村であるが、かつては交通の要所として栄えた。諏訪湖に端を発した天竜川が、南流し遠州灘に注ぐ主要街道が飯田街道である。その山地一つ東側を寄り添うように南下しているのが遠山街道である。諏訪から杖突峠、高遠に入り、長谷、大鹿、上、和田と南下する街道は、秋葉街道とも称され、県境の青崩れ峠を越え、遠州に入り、佐久間、龍山と経て秋葉神社に至る。秋葉神社は、火伏の神として信仰されてきた。

この街道筋は、また民俗（芸能）の宝庫でもある。美和村（現伊那市）は最上孝敬が柳田の命を受け、一九三五（昭和十）年に山村調査を実施し、『黒河内民俗誌』を上梓した地で、街のいたるところに石造物が建立されている。高遠は城下町、近世には石工職人や歌舞伎役者と恋に落ち処罰された大奥の絵島の流刑の地として知られ、現在は桜の名所地である。大鹿村は近世からの農村歌舞伎が現在でも春秋二回の公演がある。そして、上村から和田に至る遠山郷は、霜月神楽の古里で、十二月から一月にかけて各集落の神社で演じられている。青崩れ峠を越えれば遠州で、そこは花祭りや田楽などの民俗芸能のメッカである。ここ三信遠は、山深く、外界と遮断されているとはいえ、土着の文化の高さを誇っている。

2 赤い病魔

その遠山郷の中心地が和田である。後藤は、ここで生を授かった。父忠人、母もとの長男であった。地元の尋常小学校、国民学校を経て、一九四九（昭和二十四）年四月に飯田市内の高松（現飯田）高等学校に進んだ。少年時代は草野球に熱中し、餓鬼大将としてすごした。父・忠人は、一九〇五（明治三十八）年生まれで、明治大学を出て、地元の小中学校教員として、地域教育に尽力した人であった。人柄は温厚で、教え子ばかりか、地域の保護者からも信頼が厚かった。叔父たちも東京に遊学するなど地域インテリであり、同時に指導者でもあった。ただ父親は、誠実さゆえ、戦中は皇国史観の鼓舞者であり、教え子を戦場に送り出した愛国者でもあった。

その後藤家を敗戦一年前の一九四四（昭和十九）年八月、「赤い病魔」が襲う。赤痢が母と二人の妹の命を奪ったのである。

忘れもしないあの昭和一九年七月三〇日午後三時。水が欲しい水が欲しいと絶叫し途絶えていった妹、二年六ヶ月。夕暮れ我が家におぶわれて帰ってきたとき。末の妹八ヶ月をおぶって、今はなき裏庭のりんごの木の前で小学校五年の私は生まれて初めて、ただ悲しくて一人泣いた。赤痢は当時誰にも嫌われた。通夜として誰一人やってこない。父も母もいない一人仏前で、冷たくなった小さなのりこを抱きしめて夜を明かした体験を生涯忘れない。

(「柳田国男との出会い」『常民史学への視座』三五頁)

妹の死を看取ったとき、母は病床に伏し、父親は教壇に立っていた。母は、その後を追うように亡くなった。享年三十三であった。このおりの体験を後藤は、つぎのように語る。

わたしの思想核が、母たちを死においやった、戦争によってもたらされた医療の貧困であったという素朴で切実な認識から発想され、貯えられ、持続され、そして形成されたのだったという考え方は、いまもわたしのなかで変わりなく、おそらく死が訪れるまで不滅のものとなろう。

(『遠山物語』一四〇頁)

「赤い病魔」を後藤は、戦争による医療の貧困という問題意識に昇華させ、「その悲しみから、国家を考え、平和を守るためにはどうしたらいいか。そこから歴史や、地域の問題を考えていった」(「柳田国男との出会い」『常民史学への視座』)。後藤の自己の体験を思想のベースにおく学問形成がはじまったときでもある。

3　マルクス主義との出会い

敗戦は、多感な青年期の後藤に民主主義を授けるが、その受容過程は「公」のために家庭を顧みなかった父親への反逆と同化への道のりでもあった。親元を離れ、下宿した飯田では、校内では、社会科学研究会に入り、校外では共産党のフラッグ(「金曜会」)に参加した。そこで出会った菊池謙一(一九一一〜七九年)からマルクス主義を学ぶ。

菊池は和歌山県出身で大学(東京大学文学部)を卒業後、下伊那郡松尾村(現飯田市)に居住し、日本ミチューリン会の幹部としてソヴィエトの農業を研究しながら、ゆたかな農村建設を試みていた。「郷土をよりよくして行くには、つまり農民の生産と生活をよりよくしていくには、（略）まず二つの方法がある。一つは政治的方法であり、もう一つは技術的方法である。政治的方法はもちろん個人では効果をあげることはできない。勢力をあわせなければならない。技術によって生産を高める方法は、小生産者である農民には、個人ですぐにとりかかれることである」（菊池謙一「新しい郷土意識の方向」藤沢衛彦編『生活と民俗の歴史』二一九頁）。政治的方法もさることながら、地についた生活者としての個人に焦点をあて、技術向上をめざす農村改革を提唱していた。後藤はこの学習会で、マルクスやレーニン、毛沢東などの著作を読み、菊池から生活に依拠した土着的なマルクス主義を学ぶことになった。

4　学生運動

後藤は、一九五二（昭和二十七）年三月に、結核のため一年遅れで高校を卒業した。以後大学を目指し浪人生活を送るが、その間の事情はあまり語っていない。後藤が明治大学法学部に入学したのは、一九五五（昭和三十）年四月で、すでに二十二歳になっていた。翌五六年三月にはまた結核で休学を余儀なくされた。

後藤が、再度みずからを語りはじめるのは、一九五七（昭和三十二）年七月の砂川闘争からである。学生運動の闘士として顕在化した。同年の勤評反対闘争に参加したおりには、清水谷公園のデモで先頭に立つ姿が、「日映ニュース」に収録された。飯田市の映画館で上映され、遠山谷にも巷説された。父親の激怒をかい、一時仕送りが差し止められた。この窮地を救ってくれたのが、義母みさであった。みさは米や豆を売って、生活費を後藤に送りつづけたのである。

一九五八（昭和三十三）年四月、後藤は明治大学政治経済学部政治学科に転部した。すでに二十五歳になっていた。同年五月には『駿台論潮』(明治大学内)の編集部員となり、十月の警職法反対闘争を指導し、五九年には明治大学学生会中央執行委員会副委員長、全学連中央委員となり、七月には明治大学学生代表として第五回原水爆禁止世界大会にも出席した。六〇年安保では、明治大学学生会文化部長に就き、運動をリードした。

5 橋川文三との出会い

後藤は、一九五九(昭和三十四)年、橋川文三(一九二二〜八三年)に会う。この年の秋、橋川は「日本政治史」の講師として、明治大学に呼ばれた。政治学担当の教授・藤原弘達が外遊に出たためである。後藤は藤原ゼミの一員であった。そこで橋川の授業を受講することになる。時は、六〇年安保の熱い政治の季節であった。だが、橋川は、眼前の反安保闘争より、より根源的な改革の契機を探っていた。後藤より一期下のゼミ員であった高野慎三は、当時の橋川ゼミの様子を次のように回顧している。

五九年暮から〝反安保〟の運動は次第に高まりを見せていたが、橋川先生は、着古したベージュのジャンパーで登壇すると、これも使い古した鞄から次々と書物をとり出しては詳しく解説を加えるのみで、自らの政治的意見を述べることはしなかった。そのことは、翌六〇年に入ってからも変わらなかった。五・一九以降、藤原弘達、田口富久治氏らが数千の学生を前に立ち〝民主主義を守るために、いますぐ国会へ!〟と大演説をつづけている状況下で、橋川先生はついに安保のアも発することなく、遠山茂樹『明治維新』をテキストに、松下村塾塾生の思想と行動について淡々と講義していたのである。(略)そして、秋口から翌年にかけての講義内容は、幕末維新期に展開された〝挫折せる変革運動〟が中心となっていった。

後藤はこの橋川ゼミに入ることで学生運動から距離をとるようになり、丸山眞男『現代政治の思想と行動』や遠山茂樹『昭和史』などを熟読し、政治思想史の世界に魅了されていく。とくに後藤が橋川から学んだことは、「日本民衆の歴史」と「歴史意識」、さらには「ナショナルなものを見る眼」であった。橋川から「君たちは、プロレタリアートだ人民だというが、日本の民衆の歴史をどれくらい理解しているのか」と詰問され、手渡された柳田国男の『日本の祭』に衝撃を受け、後藤は柳田国男の学問の世界に入っていくことになった。それとともに、後藤は橋川から、「現代の我々にとって行動するおり何が正しいか、過ちではないか、を判断する」基準である「歴史意識」を学ぶことになった。また「ナショナルなものを見る眼」は、土着的なものへの関心といっていい。ただ、「故郷（対馬および広島）喪失者」の橋川と、たえず帰る場所のあった「帰巣者」の後藤の視座には差異があった。橋川には土着的な郷土への潜在的憧憬があったが、後藤には両親や友人が現在していた。橋川の郷土意識は、ロマン主義的なパトリアシズム（郷土主義）であったが、後藤のそれは現実主義的な在地の思想そのものであった。「帰去来情緒」の在り方が違っていた。

6　鶴見俊輔の学問スタイル

後藤の思想と学問運動に決定的な影響を与えたのは、鶴見俊輔（一九二二〜二〇一五年）であった。後藤は橋川ゼミで日本政治思想史を学んでいた時期、友人の松本一壽に誘われて、鶴見の主宰する「記号の会」に参加した。「記号の会」は、第三次にあたり、ここで後藤は鶴見俊輔をはじめ、鶴見良行、上野博正らと交わった。『和漢三才図会』、『嬉遊笑覧』、『明治事物起源』などを読み、「日本文化の中でつくりだされた記号についての包括的記述」（『鶴見俊輔集　三　記号論集』三八七頁）を研究した。なかでも「日常生活の諸記号が毎日の個人生活、社会生活の中でもつ意味のふくらみ、伝統的な記号が現代生活の中でくぐりぬける意味の転生についての、自分の体験と工夫」（同前三八八頁）をベースに、すなわち自己の体験に基づいた思想を紡ぐ方法を学んだ。そこから後藤は、柳田や折口の著作集にわけ入った。

日本における、実のある思想なり学問なり芸術なりを真に構築しようとするとき、柳田学は、あるいは誰もが、通過しなければならないひとつの日本民族文化の大いなる遺産であるように思われる。そして柳田学はその多様性と豊かな鉱源を限りなくもっているように思われる。しかし、その時〈柳田学と「私」〉という図式でなく、〈「私」と柳田学〉という個性ある出会いこそ、必要なことではないだろうか。なぜなら、柳田学は、それぞれにとっての反省の鏡となっても、それ自体、未来へのエネルギーとはならないように思われるからである。柳田学が真にジェレラティヴなエネルギーとなるのは、まさに個性ある主体的な柳田学への働きであり、それを通しての、自らの思想なり学問なり芸術なりの止揚作業である。

（後藤総一郎『柳田国男論序説』一〇頁）

後藤は、「私と柳田」という自己を主体に置いたある意味では近代的思考をもって、柳田著作を読み、摂取することになったのである。また「記号の会」は、学問研究だけでなく、後藤に研究会の在り方に対しても大きな示唆を与えた。研究会の「場所は、再出発の時には、しばらく浅草方面のお寺を転々とした。サークルは、それをひらく場所が、意味の空間に大きく影響する。京大の研究室、国際文化会館から、浅草のお寺に会合の場所がかわったことは、これまでとちがう時期《ママ》に記号の会をつれだした。二次会には、おなじく浅草のお好み焼屋、西の市などがあらわれた。葛飾区の川に浮く、もぐり的スタイルのうなぎ屋の舟で研究会をもったこともある。すすきの原をかきわけて、その店に達すると（この場所を見つけるのが大へん）、お客に註文をきいてから、舟でどこかに出かけて、うなぎをかくしてあるところからとってくるという、めずらしい店だった。その後は、伊豆山や湯河原などで合宿をした」（鶴見俊輔「記号の会について」『鶴見俊輔集　三　記号論集』三八七頁）。

場所と飲食などが学問の意味にも大きな影響を与える。この鶴見の考えは、後藤の常民大学運動にも大きな影響をもたらした。

二　学問による実践――常民大学運動

1　雑誌『季刊柳田国男研究』の刊行

後藤は、一九七二（昭和四十七）年夏ころ民俗学者の谷川健一から、「柳田国男の学問と思想を真に検証‐継承するためには、そのトータルなしかも内在的な検証作業」（「創刊号が生まれるまで」『季刊柳田国男研究』創刊号、一九七三年二月）の必要を説かれ、雑誌『季刊柳田国男研究』を刊行することにした。編集同人には、後藤、谷川のほか宮田登と伊藤幹治が加わった。創刊号は、一九七三（昭和四十八）年二月に刊行された。「問いとしての柳田学」を掲げて、民俗の思想を柳田国男を通して探る作業が開始された。創刊号の巻頭には「柳田学の形成と主題」を配し、橋川文三、色川大吉、川村二郎をむかえて座談会を開いた。

また柳田学を検証するために柳田の謦咳に接した戦前からの弟子たちから、柳田の人なりを問うインタビューを企画した。まずはじめに登場したのが岡正雄であった。柳田と過ごした砧時代（一九二七［昭和二］年八月～一九二八［昭和三］年九月）など、学問とは別な日常生活の柳田像を語った。この後、橋浦泰雄、比嘉春潮、池上隆裕、松本信広、野沢虎雄、柳田為正らが、柳田の民俗学やその思想だけでなく、その基盤となった柳田の日常生活などを語った。こうして柳田民俗学を日本のあるべき思想としてトータルに検証する作業がはじまったのである。

さらに後藤は、誌上で若い研究者を育てることにも熱心であった。少壮の福田アジオや小松和彦、村井紀、山下紘一郎などに誌面を割き、かれらは柳田学の思想的有意味性を語り、柳田研究者として育っていった。

2 寺小屋教室「柳田国男研究講座」

後藤が、柳田国男の学問について、若い草莽の人びとに直接指導・啓蒙に乗り出したのが、一九七二(昭和四十七)年春に開講した「寺小屋」の「柳田国男講座」であった。寺小屋は、一九七一(昭和四十六)年にマルクス主義者の片岡啓治を代表に東京・高田馬場に開講した私塾である。雑誌『情況』に依拠し、思想的にはブントの流れを汲むわけだが、清水太吉「マルクスを読む」に代表されるように語学教室として出発した。マルクス主義関係の書物を原書で読むことを第一義に心がけたのである。全共闘運動衰退期に運動の立て直しを根源から、当時のことばで言えばラジカルに洗い直す意味を持った学舎であった。

そこに「柳田国男の世界」講座が開かれ、日本民衆の生活の根源を問い直す作業がはじまったのである。講師陣には谷川健一、伊藤幹治、有泉貞夫、松本健一、野口武徳、宮田登などの名があげられていた。しかし、その年の九月に「寺小屋」自体に官憲のガサ入れがあり、この講座から谷川健一や伊藤幹治らは手を引き、結局は後藤総一郎が残り、面倒を見ることになった。翌年からは後藤が、主宰講師として講座の運営にあたり、最終的には『柳田国男伝』の編集へと向かった。柳田の思想の根源的な深みに鉛測を下ろす伝記作業は、紆余曲折しながら一五年以上もかかり、一九八八(昭和六十三)年に完成した。その編集の日々を顧みて後藤は、つぎのようにいう。

当時、全国の大学を揺るがしたいわゆる全共闘運動の余韻の残る昭和四十七年、その挫折の残影をひきずった、大学や大学院生の学生、あるいは卒業して生活者となっていた彼らの一種やり場のない無念さとなにかを模索しつつある荒々しいばかりの熱気と向きあいながらの、毎週土曜日の午後の勉強と、それが終わってからの深夜あるいは夜明けまでの酒を肴にしての激論の繰り返しの一年一年は、少々わたしを疲れさせたほどであった。だがそれは、わたしにとって快い疲れであった。その研究と酒と討論が、彼らの友情を強め、研究を深化させ、人間の品位と志を磨き高めていくことになった。野の学、生活者の学の、情念の解放としての学のありようは、そのことを抜きにしては形成されない、という経験を、この若い彼らとともに過ごした十五年の刻みのなかで、わたしは教えられたのであった。

（「まえがき」『柳田国男伝』一七頁）

居酒屋抜きに柳田国男研究の継続も、『柳田国男伝』の完成もなかったわけだが、またこの体験を抜きに常民大学の出発もなかったはずである。野での研究とは、酒が入り、生活者の弱さを摺り合わせながら、その体験をバネに研究を推し進めていくことであった。だから、後藤は彼らと全面的に接し、飲み屋での数時間の議論、新宿駅の東口で始発を何度となく待ち、時には泥酔しながら後藤宅があった鎌倉までタクシーを走らせたこともあった。また、後藤はハレの生活の場である冠婚葬祭の付合いも拒むことはなかった。会員の結婚式では仲人を務め、葬儀の義理にも付きあった。故郷・遠山の生活慣習（義理）を持ち込んだのである。柳田研究会は、在地に発生した学問運動ではなかったが、後藤は「郷土」を引きずり込んでいた。

しかし、それは伝承されてきた郷土の生活を継承することでもあり、純粋に学習・研究をしようとする会員や実存主義的傾向を持った「全共闘運動くずれ」とは、時に齟齬をきたすことも少なくなかった。後藤がめざしたものは、生活と学問が切り離された関係ではなく、生活と学問とが混然と化した場の形成であった。その緊張を保つことはむずかしく、純粋に研究をめざしたものには「生活」への干渉と映った。そのため大学等に就職を得た者の多くは研究会から去り、家庭生活に埋没した者も継続する道を断っていった。生活者としての学問とはなにか、この問いは柳田研究会を主宰した後藤には以前にも増して重くのしかかっていったはずである。

3　村史『南信濃村史　遠山』の編纂

一九七二（昭和四十七）年八月、後藤は南信濃村村史編纂を委嘱された。ここで村史を編むにあたって後藤は、いくつかの方針を示した。まず、「活用される村史つくり」。そのために、①反省としての村史、②アマチュアの科学、③村史全員による歴史、を掲げた（「『村史』の方法」『天皇神学の形成と批判』）。柳田の『郷土生活の研究法』を遠山の在地で生かす方法であった。

編集委員には、宮田登らが就いた。四年後の一九七六（昭和五十一）年十二月に『南信濃村史　遠山』は完成した。なかでもユニークなのは「第四篇　特集」で、ここで「霜月祭」を大きく取り上げた。「神と人間との美しい交渉史」（『柳田学の思想的展開』二〇五頁）の霜月祭を、村民の精神構造と結び付け、この祭りを村史の中核に位置付けた点である。それは「祭は共同体の最も貴い構成要素である」という柳田の『日本の祭』（一九四三年）を具現化したものであった。

また、この村史は、副産物として後藤の代表作となる『遠山物語』を生むことになった。『遠山物語』は、固有名詞を持った個々の村人の個人史を幾重にも積み重ねた遠山谷の同時代史であった。ここには、それぞれの分野で活躍した人々が登場した。釣や狩猟、茸名人などが実名で登場し、個々人が保持していた技術を明らかにした。彼らは、後藤が遠山で実際に接した人々であった。柳田国男のいう「実験の史学」の「郷土版」が『遠山物語』であった。

『村史遠山』の評判はよく、この本に触発され、村民による村の歴史をより深く勉強会が結成された。それが「遠山常民大学」であった。

ある夜（略）わたし二〇年来の友人である小沢一太郎氏（南信濃村和田、文房具店主）を中心に、数人の三〇代、四〇代の友人がわたしの家に〝殴り込み〟、いや一杯飲もうとやってきた。そこで私たちが話し合い決め合ったことは、まずはこの一年、そしてせめて一〇年、お互いに勉強しようということであった。もちろん当方に異議があるわけがない。むしろまえまえからこのことを望んでいたわたしは（略）わたしのモチーフと方法を彼らにも話し、その趣旨にそってまずは勉強会を、そして自立した勉強会へと向かって行く展望を話し合った。その結果生まれたのが、「遠山常民大学」の開講であった。

（「『ムラ』の普遍性に向けて――『遠山常民大学』の開講」『朝日ジャーナル』一九七七年十一月四日号）

こうして一九七七（昭和五十二）年十一月、遠山常民大学は立ち上がり、毎月第三日曜日、六時半から九時まで「近代日本の思想と民衆」というテーマのもと学習会がはじまった。後藤は主宰講師として自宅（鎌倉市）から新幹線と飯田線を乗り継いで通った。村人にとってははじめてと思われる受講料、一回千円を支払い、「難解な講義」に耳を傾けた。

後藤はここで学ぶ意義を「生活者の学び」、「自己認識として歴史を学ぶ」、「地域にこだわる学び」に集約した。それを支える基盤として①各自の主体性と内発性にもとづく参加を柱に、自己の内面は自己の力でつくるという自己教育の実践、②学習会は行政等の補助金を排除し、自前（身銭）主義を貫く、③世代縦断的な委員会組織が運営を行う、④単発の学習会でなく、少なくとも一年をワンサイクルとして一〇年くらいの長期継続の学習活動を提言した。初年度の受講者は、延べ五二一人、一回平均三七人であった。このなかには後藤の実父忠人の姿もあった。当時の村人口は約三五〇〇人であった。三年目をむかえた遠山常民大学には、常連の受講者が三〇人ほど残り、学習を継続していった。

この遠山常民大学の在り方は、反響を呼び、各地に常民大学がつくられ、つぎつぎに開講していった。一九八一（昭和五十六）年一月に「茅ヶ崎常民学舎」、同年五月に「浜松常民文化談話会」、同年十月に「ふじみ柳田国男を学ぶ会」、翌八二年四月に「飯田歴史大学」と増加していった。しかし、各常民大学の発足や開講は、同質なものではなかった。各常民大学は、独自の郷土に即した独自の柳田学のカリキュラムをつくり、後藤を講師にしながら郷土研究に入っていった。

4　合同常民大学

この常民大学六学舎が、合同で開いたのが第一回常民大学合同研究会であった。一九八三（昭和五十八）年八月六、七日の両日、長野県南信濃村（遠山）で開催された。参加者は総勢二百名にもおよんだ。子連れの主婦も少なくなく、茅ヶ崎常民学舎では、二二名の大人と一四名の子どもが東海道線を乗り継いで遠山郷入りした。そのほか、個人参加もあり、のちに邑楽学舎を設立する横山喜重や石原照盛や稲葉泰子らは、六時間かけて群馬県邑楽町からかけつけた。なお、女性参加者が多かった点は注目すべきであろう。

初日は、後藤の基調報告からはじまった。ここで後藤は、常民大学で学ぶ意義を「生活者の学び」、「自己認識として歴史を学ぶ」、「地域にこだわる学び」の三点に集約した。そして、その学習を支えてきたものは、①各自の内発性と主体性、②自前主義（身銭主義）、③自主運営（野の学）、④長期展望に立った継続学習、であることを明確化した。そのうえで合同大会の意義については、①人と心のタコツボからササラへの転換の試み、②各郷土

（第一回は遠山）の風土の理解、③各常民大学の学びの成果と展望の報告と交流にあると宣言した。そして最後に参加者の主体性を促し「参加されたみなさん一人ひとりが、ひとことでいいから自分を語っていただきたい」と「私」という主体と「常民大学」の関わりを問うた（後藤総一郎「初めての交流会の意味」『生活者の学び』）。

つぎに各常民大学から「研究経過報告」があり、旅費捻出のため店のレシートを集め、その割り戻しを数年間貯めて充てた主婦ならではの「苦労話」などが語られた。翌日は記念講演と題して「大人の学び――その理念」（北田耕也）と「子どもの学び――その歴史と現在」（庄司和晃）があり、また特別講演として会員の鈴木政子（茅ヶ崎常民学舎）による戦争体験を語った自分史「ひとつの自分史――あの日夕焼け」（『あの日夕焼け』）もあり、聴衆の感動を誘った。最後に参加者一人ひとりにマイクが渡され、「自分を語る」ことが「強制」された。だが、それは心地よいものであり、その一人は「この二日間というのは、私にとってこの一五年位の間では最も感激した」（『生活者の学び』一三三頁）と語った。終わると、食事をかねて懇親会が開かれた。地元の会員が中心になり、地元の食材を使った手作りの郷土料理が並んだ。また地元衆による盆踊りの余興もでるなど深夜まで歓喜は続いた。宿は遠山の商人宿に分散し、翌朝早くに子どもらのはしゃぐ外からの声に親たちは起こされ、会場に出向いた。

この光景を同宿した坂本龍彦（朝日新聞編集委員）は、つぎのように描いた。

　七日朝、冷気の中で眼前に迫る山が美しかった。人間同士が、学び求めることを通して、裸で触れ合っている集いへの感動が、静かに胸にひたしていた。競争社会の中で、日々、失なっていくモノのあることを知っている私にとって、研究会は、「人間」のよみがえりを予感させた。すべての大人は、歴史を背負っている。みんなさまざまの歴史を背負いながら、この遠山郷へ集まってきたのであろう。（略）人々が共に学びながら、裸のこころをぶっつけ合いながら、己を変えていくこと、人間として、自立し、自由になっていくこと、その焦燥が、世の中に風を運ぶこと、風穴を開けること、それを体感出来たことは、幸せであった。
（坂本龍彦「感想」『生活者の学び』一七一〜一七二頁）

いっときであろうが、柳田国男を「学ぶ」ことを契機に、ここ遠山郷に多くの人が集まり、人が結びつき、後藤が若き日に夢みた「コンミューン」が、「試験管の中」に出現したことだけはまちがいなかった。

だが、それだけではなかった。後藤の脳裏には、柳田国男が、昭和十年七月から八月に開いた日本民俗学講習会の在り方が、よぎったはずである。日本民俗学講習会とは、一九三五（昭和十）年に、柳田国男の還暦祝を兼ねて開かれた民俗学の講演会である。七月三十一日から八月六日までの一週間、明治神宮外苑内の日本青年館で開かれた。全国から一五〇名余りの参加者があり、講師は、柳田国男・折口信夫・伊波普猷・金田一京助・橋浦泰雄のほか、松本信広・岡正雄・桜田勝徳・関敬吾・大間知篤三・最上孝敬など三十代の研究者が務めた。ここで柳田は、民俗学を国民「共同の学問」、そして、みずからを「出来るだけ賢こく」する学問と位置づけた（『日本民俗学研究』岩波書店、一九三五年）。この講習会方式は、民俗学が大学や研究機関に設置されていない時代にあって、同学を学ぶ方法として、柳田国男によって採用された方法であった。後藤は、この講習会方式を踏襲した。以後、合同常民大学は、柳田学の情報交換と深化のため毎年各常民大学の持ち回りで、継続されることになった。

一方、各地の常民大学の開講も続いた。一九八四（昭和五十九）年十月には鎌倉市を中心に「鎌倉・市民アカデミア柳田国男研究講座（現鎌倉柳田学舎）」が、一九八五（昭和六十）年四月には長野市を根拠に「長野生活者大学」が、同年十月には東京三多摩地区に「立川柳田国男を読む会（立川市）」が、一九八七（昭和六十二）年三月には群馬県邑楽町を中心に「於波良岐常民学舎（群馬県邑楽町）」が立ち上げられた。

三　大学政治と行政

1　明治大学教授

一九八一（昭和五十六）年四月、後藤は明治大学政治経済学部の専任講師に就任した。四十八歳と遅い定職であった。その後、助教授（一九八二年、四十九歳）、教授（一九八七年、五十四歳）となり、一九八七（昭和六十二）年四月には学生部長、一九九〇（平成二）年には政経学部政治学科長、一九九二（平成四）年二月には大学評議員、同年四月には学長室専門員、さらにはラクビー部部長、一九九六（平成八）年四月には図書館長、二〇〇〇（平成十二）年四月には大学理事、二〇〇一（平成十三）年三月には明治大学創立一二〇周年記念事業委員会副委員長と、大学中枢のポストを歴任し、大学行政に深く関与することになった。

と同時に、後藤は自治体行政との結びつきも強めていった。一九八六（昭和六十一）年九月には、東京都世田谷区成城の柳田家から、柳田国男が一九二七（昭和二）年に書斎として建て、戦後は民俗学研究所として使用された「喜談書屋」を、飯田市に寄贈する仲介をつとめた。一九九〇（平成二）年一月には、その家屋をもとにつくられた飯田市の柳田国男記念伊那民俗学研究所の初代所長に就任した。

一九八七（昭和六十二）年五月二十九、三十日、後藤は遠野市において「柳田国男ゆかりサミット」を開催した。柳田と関係が深い市区町村九カ所（遠野市・利根町・我孫子市・世田谷区、飯田市・渥美町、福崎町、椎葉村・平良市）が集まり、柳田学の原郷としての連携と交流、街づくりの議論が行われた。立案・企画・交渉・実施とすべてを後藤は中軸になりプロデュースした。以降、二〇〇二（平成十四）年まで毎年各自治体まわりで実施され、後藤は主宰講師をつとめた。

遠野市における「柳田サミット」の成功は、「遠野常民大学」がはじまるきっかけでもあった。同年（一九八七〔昭和六十二〕年）八月に早くも開講し、後藤は主宰講師として、ほぼ毎月のように遠野市に通い、住民と勉強会を重ねた。集まった会員は、定年退職した教員や公務員、サラリーマン、自営業者などが主体であった。

後藤は、ここで会員すべてに『遠野物語』の一話ずつを割り当て、そのレポートを中心に勉強会を展開した。時には、小田富英や赤坂憲雄、石井正己、三浦祐之らの少壮の研究者を招き、彼らの講義を聞きながら、問題点を洗い直した。この学者と高柳俊郎など地元研究者との「合同研究」の結果、でき上がったのが『注釈　遠野物語』（一九九七〔平成九〕年）であった。イデオロギーやロマンチシズムを排除し、実証的な手法によってテキストを読み砕く訓詁学的手法によるものであった。そして一〇年の星霜が流れていた。「書くこと」を通して、地元の人たちの潜在能力を引き出した後藤の教育者としての能力の真骨頂といえよう。『柳田国男伝』（柳田国男研究会、一九八八年）や『注釈　遠野物語』（遠野常民大学、一九九七年）、や『見附次第／共古日録抄』（遠州常民文化談話会、二〇〇〇年）らは後藤のオルガナイザーとしての類まれな才能と、個性を見抜く教育者としての研ぎ澄まされた鋭い才能があってこそ成し遂げられた成果であった。

2　遠野物語研究所長

この間の一九九一（平成三）年一月二十五日には、後藤は遠野市長・小原正巳とともに松本市の池上隆祐宅を訪ね、池上が所蔵していた「遠野物語」直筆原稿（初稿本三部作）の遠野市への寄贈の仲介の労をとった。名実ともに遠野市における『遠野物語』の里帰りであった。

これらを契機に一九九四（平成六）年八月には、遠野市において「遠野物語ゼミナール」という遠野市外の人びとに向けての講座を開催した。講師には後藤のほか、吉本隆明などの柳田研究者が招かれた。そして一九九五

（平成七）年四月には、遠野常民大学は市の助成をうけ、『遠野物語』を研究する会員制研究組織と化し、「遠野物語研究所」と組織替えし、常設の施設を市の施設内に持ったのである。後藤は「行政と民間の協調」を提唱し、「遠野のまちづくりの礎として、『共生』の研究所を設立した」といい、「二十一世紀における自治体のあり方の、まさにさきがけとも範型ともなる試み」（「『遠野物語研究所』設立の意義」『岩手日報』一九九五年四月二十四日）と強調した。後藤は初代所長に就任した。

それまでの遠野市は、一九七〇年代から「日本のふるさと遠野まつり」や「民話の里」を売りものにするが、それを受け入れる場所も施設もまだ整備されていなかった。一九八〇年代に入り、図書館と博物館を有機的に連動された施設が完成し、『遠野物語』を中心とした遠野の民俗世界の展示が行われるようになった。その遠野市を後藤は、遠野常民大学などを触媒にして、転換を試み、『遠野物語』を中心とした町づくりを行政とともに推進したのである。後藤のジャーナリステックな才能が町づくりに一役買ったのである。行政とタイアップすることで、『遠野物語』を「資源化」し、「日本文化の原郷としての遠野」・「日本人の心のふるさと」として遠野を再生産することに、後藤は成功したのである。

この後藤の営為を追うかのように二〇〇一（平成十三）年度から文化庁は「ふるさと文化再興事業」を立ち上げたのである。それは「民俗学」を梃子にし、「美しい日本」をアピールするもの以外の何物でもなかった。後藤は、これらの政策の先導者であり、遠野常民大学の営為はその地ならしでもあった。権力側が後藤の営為をパクったといえなくもないが、初期の後藤がめざした「私と柳田学」・「私と学問」・「私と生活」・「生活者と地域」・「自己省察・自己認識」という課題の学習は、吸い取られてしまったといえよう（岩本通弥編『ふるさと資源化と民俗学』）。

後藤の志も変容した。初期の後藤から脱落したものも少なくなかった。初期と後期の境目は、明治大学専任教員となったころに線引きを入れることが可能である。後半生の後藤には、前半生に後藤が傾注した「野の学」への理念や常民大学に賭した鋭利な「初志」は弛緩されていた。行政と関与する比重が大きくなるにしたがって、常民大学が掲げた「身銭主義」や「内発的な学び」は内実を失い、行政の主宰する「市民講座」へと転位した。常民大学の初志の理念、「自覚したマッセ」として野にあり、学習者が「共同で立ち上げる」ダイナミズムや「共同で学ぶ」たのしさは、色あせてしまったといえよう。そのかわり現れたのが、柳田の実証的読み方であり、テクストの科学的、注釈的な作業であった。それは一面「野の学」のアカデミズム化であった。

3 「野の学」とは何か

だが、そのことを後藤自身に背負わせ、その「変質」ないしは「転向」などと問うだけでは、問題の本質の解決には至らない。すでに社会は大きく変貌しはじめていた。一九八九（平成元）年のベルリンの壁崩壊、ソ連の瓦解、そしてわが国の五五年体制の終焉は、反体制運動を溶解させていた。反体制運動は、権力の柔構造に吸引され、体制の一部を補完する運動にさえ見えてきたのだ。変革は改良・改善にスライドされ、行政と結びつきながらさらに変質していく。いつしか「身銭主義」は、「公共性」の学習として、自治体が支給する補助金による「おんぶにだっこの学習」に質的変容をきたし、「自立」ではなく「共生」が図られ、後藤の常民大学は行政と協同し、「行学連携」の構図をさらに推し進めていったのである。

ことばを変えれば、「行・学」の連携による学問は、「公」の装いのもと、もろもろの学問を「市民講座」と化し、体制を補完するゆりかごにしてしまったのである。「野の学」として育った民俗学さえ、そこで孵化することになったわけである。戦後柳田が設立した民俗学研究所の解散・解体（一九五二〔昭和二十七〕年）が、つぎのステージとして成城大学や東京教育大学の正式講座にのぼり、「野の学」の理念を奪い、アカデミズム化した軌跡に等しい。その轍を止揚しようとしたのが、後藤総一郎であり、常民大学であったはずである。野で「学ぶ」ことと、「研究」することは違ったはずである。「学ぶ」とは、みずからを知り、みずからを見直すことであった。「自己省察・自己反省」であった。しかし個に留まるのではなく、他との交信が絶えず行われているものであった。それは初期の常民大学の合同研究会が持っていた理念と地場であった。初心者が相互で学ぶたのしさがあった。研究は、他との交わりを本質的には拒絶する。

後藤は、「常民大学」を「生活者の学び」と定義し、「日常生活に活かす」、「自分自身とは何か、ということを見極めていく」、「主体性と内発性」による勉強会と位置づけた。それは、たんに官学アカデミズムから離れた在野の学問であるというだけではなかった。既成のどのような権威とも、制度の枠組みとも無縁であった。市井の自由な一市民が、自立し、歴史を担っていく主体（常民）として自己を見出すための学問運動であった。その意味において、後藤の常民大学運動は、柳田国男研究としての『柳田国男伝』や『注釈　遠野物語』などの伝記研究や注釈研究の枠組みを越えた、「生活者」の主体的な自立を促す、実践的な教育活動であった。

「公民」は「常民」ではない。権力と融合した「公民」などではなかった。「常民」と「公民」とには隔たりがある。後藤がめざした「常民」は権力に対して常に「批判者」として顕在化する「常民」であったはずである。後藤は、「常民」を歴史主体であると同時に「批判概念」であると規定し、常民大学運動は出発した（後藤総一郎「常民論ノート」『常民の思想』）。常民大学とは、生活者が権力や「公」に対して批判精神を持ち続けながら「主体性」を確立するための運動体であった。

後藤の柳田学は、「私と柳田学」としてはじまった。個の主体を重視した「私」からの出発であった。常民大学とは、自由な「個」と批判精神を持った生活者の学習運動であったところに有意味性があった。「行・学」連携とは、「公私」の融合の機関なのか。私たちは、「私」を貫き、その彼方に「公」をつくるべきである。後藤の常民大学は、「個」の自立を促す運動体ではなかったか。安易な「私」と「公」との連結は、「公」優先の社会を生み、「個」を犠牲にしかねない。その歯止めが、常民大学運動にはあったはずである。

学問の「公」性とは何か。「個」の学とどう関連するのか。「野の学」とは何か。「野の学」民俗学は、「野」で再生することは、不可能なのか。官や野などという二分対立の学問構図がそもそもおかしいのか。これらの問いは、後藤の「情念」(志)の軌跡である常民大学の在り方を検証することなしに、その答えは出てくるはずがない。

後藤は、二〇〇三(平成十五)年一月十一日、生涯を閉じた。この世でに、六九年間の命であった。棺は常民大学関係者によって担がれ、荼毘に伏された。二〇〇四(平成十六)年、柳田国男研究会をはじめ、各常民大学、明治大学関係者、友人・知人によって追悼集『常民史学への道——後藤総一郎・人と思想』(岩田書院)が刊行された。と、同時にご家族の浄財によって「野の学」を支援する「後藤総一郎基金」が設けられた。だが、いまだに付与された団体や個人はない。

参考文献

岩本通弥編『ふるさと資源化と民俗学』吉川弘文館、二〇〇七年
遠州常民文化談話会『見付次第/共古日録』パピルス、二〇〇〇年
菊池謙一「新しい郷土意識の方向」藤沢衛彦編『生活と民俗の歴史』新評論社、一九五五年
後藤総一郎『柳田国男論序説』伝統と現代社、一九七二年
後藤総一郎『常民の思想』風媒社、一九七四年
後藤総一郎『遠山物語・ムラの思想史』信濃毎日新聞社、一九七九年
後藤総一郎編『生活者の学び・六常民大学合同研究会記録』伝統と現代社、一九八四年
後藤総一郎先生追悼集刊行会『常民史学への視座　後藤総一郎　人と思想』岩田書院、二〇〇四年
杉本仁『柳田国男と学校教育』梟社、二〇一一年

鈴木政子『あの日夕焼け』立風書房、一九八〇年
高見寛孝「柳田民俗学と文化政策」『伝承文化研究』第一二号、國學院大學伝承文化学会、二〇一四年四月
鶴見俊輔「記号の会について」『思想の科学／別冊』一九六九年十月（『鶴見俊輔集三　記号論集』筑摩書房、一九九二年所収）
遠野常民大学編著『注釈　遠野物語』筑摩書房、一九九七年
似内邦雄「『遠野物語』直筆原稿と私」『柳田國男全集第二巻』月報一、筑摩書房、一九九七年十月
橋川文三『ナショナリズム・その神話と論理』紀伊國屋書店、一九六八年
柳田国男研究会編『柳田国男伝』三一書房、一九八八年

第四章　「常民大学」の出版活動と後藤総一郎

久保田宏

一　後藤総一郎最後のメモ——一人一冊

後藤総一郎は、「——ある創造に向けての——常民大学語録メモ」と題したノートを遺している。このノートは、鎌倉市内の病院の病床で書かれたもので、すでに弱くなっていた筆圧のため、解読不能の文字もあるが、まぎれもなく後藤総一郎の文字である。

それには、「二〇〇二・九・三〇〜」とあり、恐らくは翌年の常民大学三〇年をひかえた二〇〇二（平成十四）年秋から死の直前の翌二〇〇三（平成十五）年初頭にかけて書きつづられたものと推測される。そこには「自由な主体者」や「非アカデミーのアカデミー」という言葉とともに、「次なる歴史観——民俗思想史の理念と方法に入っていきたい」として、常民大学三〇年以後の構想が掲げられ、それを担保するものとしての新たな季刊誌の創刊と「常民文庫・新書・叢書」の構想が書き込まれている。そこには常民大学のメンバーの問題意識や適性に合わせて、何人かの会員の名と本のテーマからなる出版構想が書き込まれている（**図2-4-1**）。

図 2-4-1　後藤総一郎最後のメモ

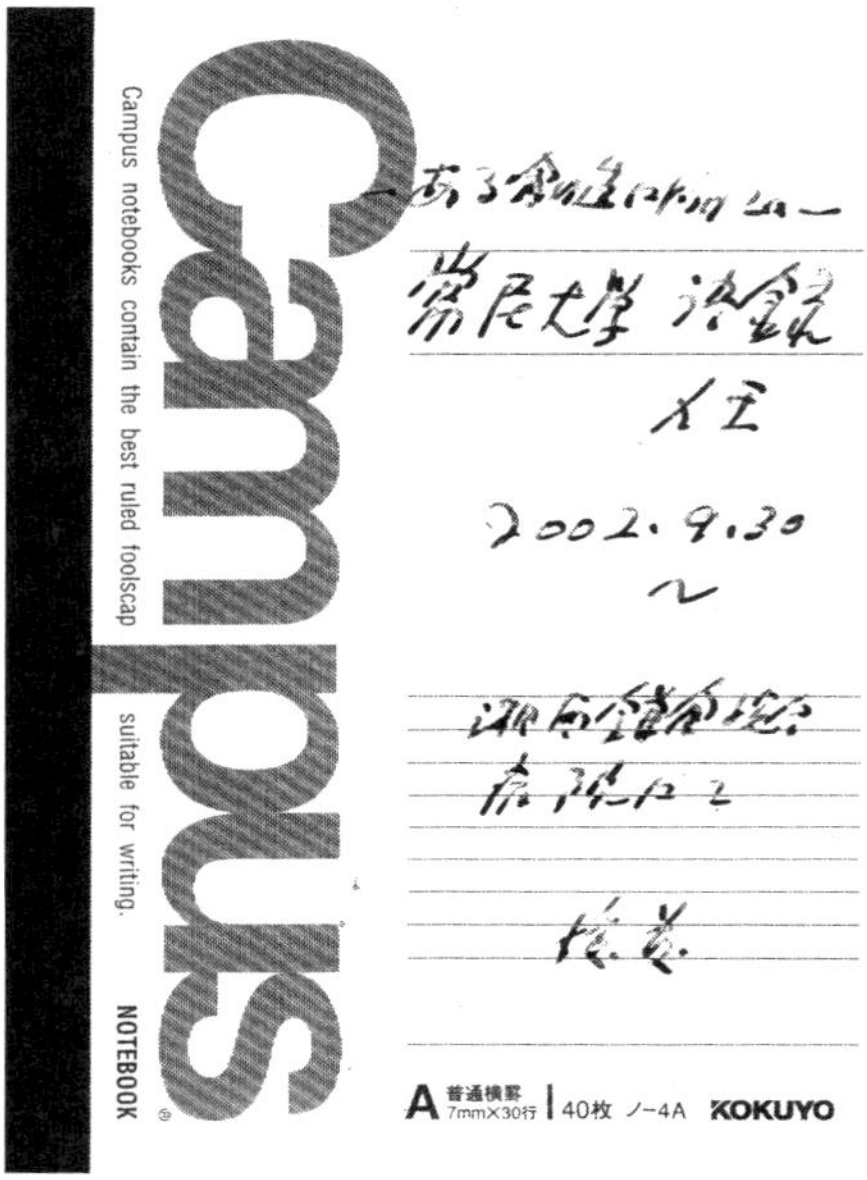

病床でのこのあくなき追求心には眼を瞠るばかりだが、各メンバーが「自由な主体者」として、それぞれの長い間の常民大学における研究の成果を本とするということは、常民大学の出版活動という観点から考えてひとつのゴールともいえよう。生前の後藤がよく言っていた「一人一冊。一人ひとりがそれを抱えてにっこり笑って死んでいく」という言葉を思い出す。このノートは、常民大学の次の段階への構想であり、遺書というべきものではないと思うが、死によって「最後のメモ」になってしまったものである。

本稿では、後藤が最後まで出版物を重視し、「常民文庫・新書・叢書」をも構想した常民大学の出版活動について、概観してみたい。ただ、紙数の関係から、各常民大学の全ての出版物については触れることができないことをあらかじめお断りしておきたい。

二　講義録から通信へ

後藤の常民大学は、まず一期一〇年間は続けるという原則にあるように、制度にとらわれないけれども、持続した学び、あるいは研究を志向しており、その手法も最初は後藤による講義だが、次の段階では会員によるレポート方式に移り、受け身ではない自立した学びの継続が求められる。そして、テーマの割り振りは各人の問題意識や関心のありどころなどを考慮して行われる。この方式が受け身で授業を受ける、制度としての大学やカルチャーセンターとは峻別される由縁である。私の所属した鎌倉柳田国男研究会（現鎌倉柳田学舎）がレポート方式になったのは一九八九（平成元）年度の『柳田国男伝』を読む」からだったが、当時入会二年目の私は、市役所職員であったこともあると思うが、第五章の「官僚時代」を割り当てられた。また、後年の『日本の祭』の注釈研究では、私の問題意識を的確に把握され、「物忌と精進」の章を割り当てられたが、私は今もこのテーマをライフワークとしようと考えている。

レポート方式の導入は、共同研究への階梯を一段上がることになるが、その方式を望まない人たちは脱落していくことになった。そういう一種の覚悟を個人に求めるという厳しさも常民大学にはあった。

そして、この常民大学という共同研究の組織を地味ながら支えてきたのが、講義録の作成であり、通信の発行である。多くの常民大学で、一期目の前半は近代政治思想史と柳田国男の思想あるいは柳田国男の著作の講義であったが、後藤はこの講義形式の期間もその講義録の作成を求めた。それは、ともすると聞き放しになってしまいがちな講義を各人が再確認するために重要であり、また、当時の録音テープを聞きながらの講義録の作成は単にテープを聞くだけではできず、改めて参考図書を参照したり、あるいは不明の点ついて、後藤に確認したりという作業が必要であった。

そして、この講義録の延長線上に存在するのが通信である。鎌倉柳田学舎（神奈川県鎌倉市）の場合で言えば、鎌倉柳田国男研究会の『谷戸通信』、鎌倉市民学舎の『鎌倉学舎通信』であり、現在の『柳田学舎』である。それは内部通信であり、いわゆる会報と同じものと考えてもいいが、後藤は殊の外この通信を重視していた。それは『鎌倉学舎通信』の創刊号に寄せた次のような言葉にあらわれている。

図 2-4-2　遠州常民文化談話会『遠州常民文化』と鎌倉柳田学舎『柳田学舎』

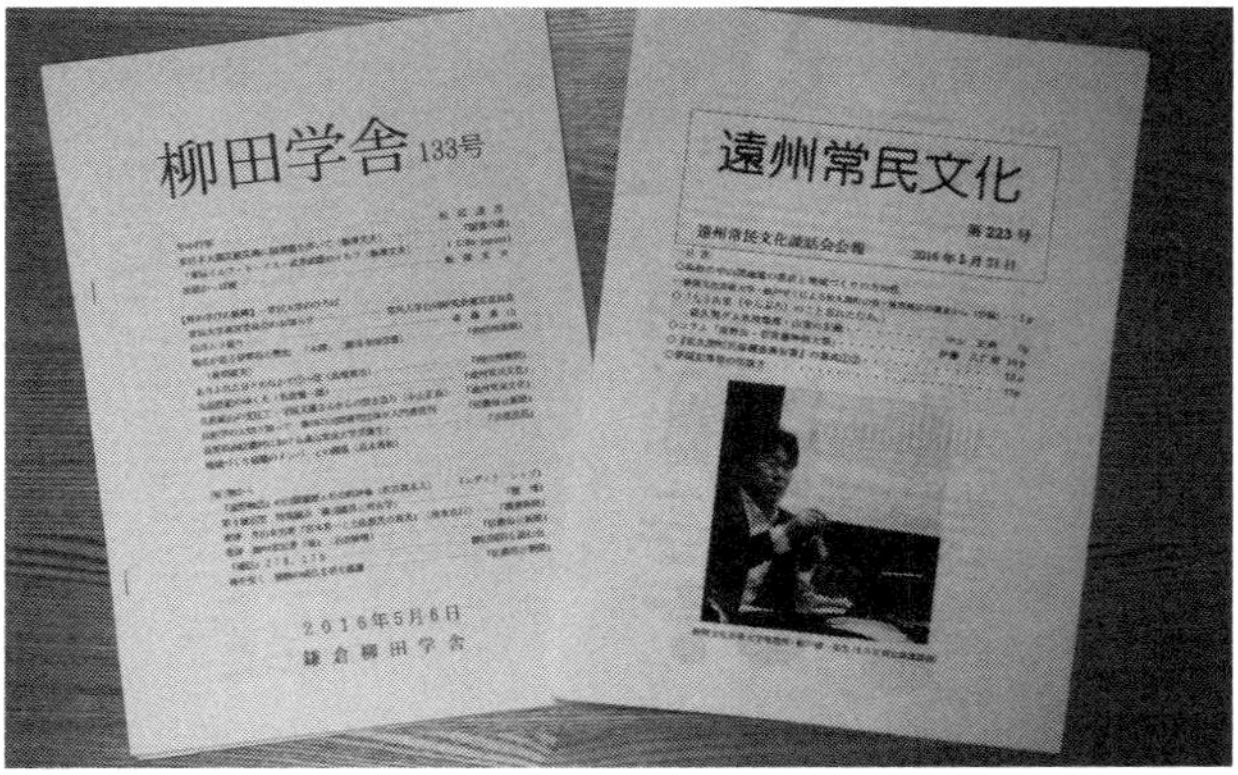

> 考えながら生きる広場が、実はこの市民学舎であるといえましょう。その学び舎は、「野の学」であります。野の学舎は、建物も専従の人もありません。
>
> だから、さまざま問いを発したり、その人と心を理解したり、学びの営みの記録を残したりしていくことで、学びの〝かたち〟をつくりだしていかねばなりません。
>
> 無形のサークルの存続は、ひとえにこの「紙碑」の充実と持続にあると言えましょう。
>
> （「『野の学』の紙碑」『鎌倉学舎通信』第一号、一九八九年）

「学びの営みの記録」を残しておくこと、この言葉には通信の位置付けにとどまらず、常民大学の性格がたくまずして示されているが、無形の野の学舎がその〝かたち〟をつくり出していくうえで、必要不可欠のものとして通信が位置づけられているのである。この位置づけは、講義録の作成も同様だが、以後の各常民大学の出版活動や常民大学研究紀要の発行をも貫く大原則でもあった。

講義録については、各常民大学それぞれが印刷物として、会員に配布しているが、於波良岐常民学舎（群馬県邑楽郡邑楽町）のように『後藤総一郎　講義集』（一九九二年）のように製本して刊行したところもある。また、通信については、多くの常民大学が発行したが、遠州常民文化談話会（静岡県磐田市）の『遠州常民文化』と鎌倉柳田学舎の『柳田学舎』は、現在も発行を続けており、『遠州常民文化』は二二五号を、『柳田学舎』は一三五号をそれぞれ刻んでいる（二〇一六［平成二十八］年九月現在）（図2－4－2）。

なお、通信についていえば、「鎌倉柳田学舎」の章で堀本暁洋が指摘している『常民大学通信』にも触れなければならない。これは主宰講師の後藤が各地の常民大学を結ぶ扇の要として、自らの状況とそれぞれの常民大学の現状を、各地の常民大学に知らせようとして発信したもので、一九九二（平成四）年から二〇〇二（平成十四）年まで、不定期だがおおむね年に一、二回で一五号まで発行されている。そして、後藤が病に伏してからも臨時号として、病床から三号まで発行された。

これをみても、後藤が通信をいかに重視していたかがわかる。

三　合同研究会と『常民大学研究紀要』

最大一三を数えた各地の常民大学を結びつけた合同研究会は、二〇一四（平成二十六）年秋の花巻の研究会で二九回を数えたが、その第一回は、一九八三（昭和五十八）年夏、後藤が「この「学び」発祥の地」であるとする遠山（長野県下伊那郡南信濃村、現飯田市）で行われた六常民大学合同研究会であった。それは遠山常民大学（長野県下伊那郡南信濃村）の開講から六年後のことである。

その基調報告で、後藤は次のように言う。

第三は、それぞれの学びの経過や成果、あるいは今後の希望・展望について、意見を交換して、お互いに学び合って、それぞれに役立てていくことができるのではないかということです。

（後藤総一郎編『生活者の学び　六常民大学合同研究会の記録』伝統と現代社、一九八四年）

ここにはそれぞれの会員を結びつけ、より高めあい、それぞれの学びを深めていこうという考え方が現れている。そして、これを担保するものが合同研究会の記録であった。

後藤は、合同研究会の記録は必ず出版することとしており、この記念すべき第一回合同研究会の記録は、『生活者の学び』として伝統と現代社から発行された。

以後、それぞれの合同研究会の記録は必ず「記録集」として発刊され続けてきた。

一九九七（平成九）年、「生活者と学問」を研究主題に第一五回合同研究会を開催し、それを記念し、『常民大学の学問と思想　柳田学と生活者の学問・二五年の史譜』と『報道の記録　常民大学の学問と思想・第三部』（いずれも後藤総一郎／常民大学合同研究会編著、一九九七年）を発行し、一区切りとした後藤は、一年おいた一九九九（平成十一）年秋、韓国梨花《イファ》女子大学での集中講義からの帰国後、合同研究会を鎌倉で再開する。第一六回合同研究会である。後藤は、ここで合同研究会の質的転換を図った。

研究主題に選んだのは『柳田学前史』であり、従来の記録集にかわり、『常民大学研究紀要』を発行するという提案もなされた。このふたつは以後の合同研究会の研究主題と性格に深くかかわっている。

この第一六回以後、後藤が死去するまでの研究主題は、

第一七回　柳田国男のアジア認識（『常民大学研究紀要二』）

第一八回　柳田国男と現代（『常民大学研究紀要三』）

第一九回　古層における日韓文化史交流（『常民大学研究紀要四　柳田学の地平』）

であり、それまでの柳田研究における未決の課題あるいは議論になっていた課題を取り上げた。これはそれまで常民大学と合同研究会が到達した地平をふまえながら、その質を一歩高め、各会員に研究者としての発展をも求

めるという意気込みが示されたものであった。そして、その集成が『常民大学研究紀要』であった。「研究紀要」は「記録集」とは異なり、研究的性格の強いもので、それは生活者の学びとしてのより一層の質の高さを求めたものであった。そして、冒頭で紹介した「最後のメモ」の「非アカデミーのアカデミー」と通ずることでもあった。この時、「後藤先生は常民大学の仕上げに入ったのかな」と、一瞬思ったことを覚えている。

最初にふれたように「最後のメモ」には、新たな季刊誌の構想も記されており、そこからは常民大学三〇年を機に、もう一歩新しい段階に進もうという意志が読み取れる。ここには単なる学者、研究者ではない、実践的な思想家のとどまるところを知らない志の高さを見ることができるのである。

ともあれ、これを受けて、後藤死去後も合同研究会の継続と『研究紀要』の発行だけは、死守しなければならないと考え、一回だけ合併号になったが、合同研究会ごとに『研究紀要』の発行を継続している。

四　持続する常民大学――共同研究と注釈研究

後藤死して一三年、一三回忌を過ぎてもなお、すべてではないにしても少なからぬ常民大学が存続している。主宰講師亡き後もこれほど長く会を続けられることを不思議に思われることがあるが、なぜ活動を持続できるのか。その理由は何か。そのひとつの要因は後藤の残した共同学習、共同研究だと思う。柳田国男の学問をとおして、文字によらない日本人の信仰や精神の歴史を振り返り、学び、そしてそれを現在をどう生きるかを考える糧にする。それを年代も違う、職業も異なる、経歴も様々な人たちが、共同で学び、共同で研究していく。それは制度によらない野の学問であり、生活者の自立をめざしたものである。これを続けていくというのが後藤の残した常民大学の作風である。これを長年、鎌倉柳田学舎で言えば、三十数年続けているわけだから、その連帯が強くなるのは必然である。

この共同研究のひとつの到達点が柳田国男の著作を中心とする「注釈研究」であり、その先駆けとなったのが、一九九一（平成三）年から始められた遠野常民大学（岩手県遠野市）の『遠野物語』の注釈研究である。なぜ柳田の著作の注釈を行うのか。それは柳田没後五〇年が過ぎ、柳田の多くの著書も刊行後長い年月がたち、最も初期の『遠野物語』などは一九一〇（明治四十三）年の刊行から百年以上が経過し、現代の若者にとっては、むしろ古典としてみえ、その語句、内容が分かりづらくなっており、それを注釈し、内容を解説するということがまず大切だということである。そういう点では、本居宣長の『古事記』の注釈書『古事記伝』をほうふつとさせるが、しかし、当然のことながら、注釈研究の意義はそこにはとどまらない。

一九九七（平成九）年、『注釈　遠野物語』（後藤総一郎監修・遠野常民大学編著）が筑摩書房から刊行されるが、その「序」で後藤は次のようにいう。


『遠野物語』のまさに舞台である地元遠野のみなさんによって、百人を超える地元関係者からのいわゆる聞き取り調査は、『遠野物語』の登場人物の系譜や伝承をすべて明晰にすることができ、歴史や地名やものの所在や信仰なども一目瞭然とすることができたのである。


後藤の注釈研究の基本には、郷土の歴史を郷土の人の手でという視点がその根源にある。その意味で『注釈　遠野物語』は他ならぬ遠野のそして遠野常民大学の人たちの手によって編まれることに意義があったのである。

ともかくも『注釈　遠野物語』は、二一人のメンバーの遠野常民大学一〇年の共同学習の末に、原著は一一九話だが四百ページを超える注釈書に仕上げられた。刊行後、大きな評判を呼び、程なく増刷されたが、それも現在

図 2-4-3　遠野常民大学、遠州常民文化談話会、飯田柳田国男研究会、立川柳田国男を読む会の注釈研究

では絶版状態になっている。

注釈研究は、このあと多くの常民大学で取り組むが、それぞれの常民大学の地域性を重視した柳田の著作および関連性のある本が選ばれている。遠野常民大学に続いた注釈研究をあげると次のようになる（図2－4－3）。

・二〇〇〇（平成十二）年　遠州常民文化談話会『注釈　山中共古　見付次第／共古日録抄』（パピルス）

山中共古（一八五〇～一九二八年）は、キリスト教の牧師で、一九〇五（明治三十八）年から二年間、見付（静岡県磐田市）で布教活動をしており、この間に収集した民俗・考古資料を書き留めたのが『見付次第』である。共古は、また見付にとどまらず江戸文化を中心とした膨大な資料と記録を残しており、それが『共古日録』なのだが、部分的にしか翻刻されておらず、翻刻されているものを『共古日録抄』という。柳田と共古は郷土会などで交流があり、柳田の著『石神問答』（一九一〇年）には、柳田と共古との往復書簡が載せられている。遠州常民文化談話会

は、この民俗学の先駆者ともいわれる共古の『見付次第』と『共古日録抄』を取り上げ、五年間の注釈研究の後に発刊するにいたった。

後藤は、『見付次第』の意義」という講演のなかで、次のように語っている。

結局、郷土の歴史を知ってゆくということは郷土を愛することで、郷土愛があるということは人間愛があるということである。人間愛がないような社会は、砂漠の社会であると言えます。

（常民大学『野の学びの史譜』編集委員会編『野の学びの史譜』梟社、二〇〇八年）

・二〇〇三（平成十五）年　立川柳田国男を読む会『柳田国男の武蔵野』（三交社）

立川柳田国男を読む会（東京都立川市）は、柳田国男の風景論でもある「武蔵野の昔」（一九一八年）を取り上げ、六年半の研究とフィールドワークの後に、各メンバーの武蔵野に関する論考を加え、刊行した。

・二〇〇三（平成十五）年　柳田国男記念伊那民俗学研究所飯田柳田国男研究会編『注釈　東国古道記――柳田国男のみた古道』（柳田国男記念伊那民俗学研究所柳田国男研究会）

『東国古道記』は、柳田国男が一九五二（昭和二十七）年に発行したもので、三河・遠江・信濃の古道を取り上げ、それが諏訪信仰、秋葉信仰、熊野信仰などの信仰の伝播の道でもあったことをエッセイ風に書いた。後藤はこれを「民俗エッセイ」と名付けている。飯田柳田国男研究会は、七年半の歳月をかけ、フィールドワークを行いながらまとめた。後藤のいう「書物とフィールドのクロス」の産物である。

注釈研究は、他にも鎌倉柳田学舎が『日本の祭』に取り組んでいるが、その成果を刊行するまでにはいたっていない。

五　常民大学と地域の学び

後藤の「最後のメモ」には、「常民大学三〇年」の項に、「野の学」、「生活者の学」と並び、「地域の学」とある、その総括と展望を常民大学三〇年の合同研究会で果たそうとしていた。後藤が、長野県・静岡県から岩手県までの各地に、在地に根差した常民大学を組織した理由はここにある。それは、「特殊から普遍へ」つまり地域、郷土と言い換えてもいいと思うが、自分の生活する地域をよく知ることが日本を知ることにつながり、日本をよく知ることは世界を知ることにつながるという後藤の「歴史方式」に裏付けされたものであった。各常民大学もこれに基づき、それぞれの地域で研究を重ね、その成果を出版物として刊行している。

そういう観点を中心に、すべてを網羅することはとてもかなわないが、各常民大学の出版物を概観してみたい。

1　柳田国男研究会

一九七二（昭和四十七）年、東京高田馬場の寺小屋教室の「柳田国男講座」から始まる常民大学四四年の歴史のなかで、最大最高の出版物は、一九八八（昭和六十三）年に後藤総一郎監修・柳田国男研究会編著として三一書房から刊行された『柳田国男伝』である（**図2-4-4**）。

『柳田国男伝』は、別冊「年譜・書誌・索引」のついた一一四二頁の大著で、柳田国男の伝記としては空前のもので、発行後二八年たった今日でもその意義を失わず柳田国男研究者や民俗学者が辞書的に利用することもできる伝記である。精緻な年譜が付いていることも相まって柳田国男研究史に大きな足跡を残すものである。

図 2-4-4　『柳田国男伝』

しかし、この『柳田国男伝』の意義はこれだけにとどまらない。それはこの大著が、後藤と研究会に集った若者たちの手によってなされたことである。後藤はそれを「若く志の固い一一人の生活者である野の学徒のチームワークと研鑽の持続の果てに、ひとまずの完成をみたのである」（『柳田国男伝』まえがき）と記している。この『柳田国男伝』には発刊当時多くの賛辞が寄せられたが、そのなかのひとつに哲学者山田宗睦の評価がある。

> まことに各自が、手塩をもむように描き出し、集成（リライトは山下紘一郎）した柳田国男伝は、集団が個人のごとく、個人が集団のごとく作業したみごとな成果として、わが常民思想史上に輝いている。
> （『東京新聞』一九八九年一月三日）

常民大学の出版活動の頂点は今でもこの『柳田国男伝』であると言っても過言でない。この会員の共同の力手によってなされるという手法は以後の各常民大学の出版物にも継承されている。

柳田国男研究会は、これより以前、一九七五（昭和五十）年に永池健二、小田富英、杉本仁、山下紘一郎の四名による『共同研究　柳田国男の学問形成』（後藤総一郎編、白鯨社）を、寺小屋開講以来の作品研究の成果として刊行している。柳田国男の山人研究、文学、常民概念、農政研究をテーマとしており、柳田国男の学問の核心に迫る課題ばかりである。

柳田国男研究会は、この後も柳田国男論の深化と伝記研究の補完を目指し、後藤の死去後も不定期ではあるが、柳田国男研究の論集を刊行している。その書名は、次のとおりだが、いずれも柳田研究に切り込む意欲的なテーマである（いずれも柳田国男研究会編）。

・柳田国男研究年報①『柳田国男・ジュネーブ以降』三一書房、一九九六年
・柳田国男研究年報②『柳田国男　ことばと郷土』岩田書院、一九九八年
・柳田国男研究年報③『柳田国男　民俗の記述』岩田書院、二〇〇〇年
・柳田国男研究年報④『柳田国男　民俗誌の宇宙』岩田書院、二〇〇五年
・柳田国男研究⑤『柳田国男　同時代史としての「民俗学」』岩田書院、二〇〇七年
・柳田国男研究⑥『柳田国男　主題としての「日本」』梟社、二〇〇九年
・柳田国男研究⑦『柳田国男の学問は変革の思想たりうるか』梟社、二〇一四年

2　遠山常民大学

後藤の郷里である遠山につくられた最初の常民大学であり、第一回の合同研究会が開かれるまでの五年間の活動をまとめた『遠山常民大学の五年』（遠山常民大学編、一九八三年）がある。しかし、遠山常民大学の主要テーマは遠山谷に広く分布する遠山霜月祭の調査研究であり、これには当初から後藤の強い思い入れがあった。「霜月祭の世界」をテーマとした第九回合同研究会に基づいて刊行されたのが『伊那民俗ブックス　遠山の霜月祭考』（南信州新聞社、一九九三年）である。

3　遠州常民文化談話会（浜松常民文化談話会、浜松・磐田常民文化談話会）

磐田市を中心とした常民大学で、前掲の注釈研究以外に、『遠州常民文化　研究紀要』を四冊出版している。

とくに二〇〇九（平成二十一）年に創刊した冊子『遠州の常民文化』は、財団法人静岡県文化財団から地域文化活動特別賞を得ている。また、野本寛一柳田国男記念伊那民俗学研究所前所長の指導のもと、二〇一〇（平成二十二）年から二年かけて静岡県北端の水窪《みさくぼ》（浜松市天竜区）に、現地調査に入り、その調査報告書『水窪の民俗』を二〇一二（平成二十四）年に刊行した。

4　飯田柳田国男研究会（飯田歴史大学）

飯田柳田国男研究会は、一九八二（昭和五十七）年の飯田歴史大学から始まるが、一九九二（平成四）年、その一〇年の活動を総括する『地域を拓く学び——飯田歴史大学の歩み』（飯田歴史大学刊）の発行とともに、名称を飯田柳田国男研究会に変更した。一九九〇（平成二）年に東京成城の柳田邸の喜談書屋を移築し、そこを拠点に柳田国男記念伊那民俗研究所を設立し、その柳田国男館を拠点に活動している。月刊の伊那民俗学所報『伊那民俗』と年一回の紀要『伊那民俗研究』を刊行している。また、後藤死去後だが、野本寛一前所長、福田アジオ現所長の指導のもとに、精力的に飯田市内の調査に入り、下久堅、遠山、飯田などの民俗調査報告書をすでに五冊発行している。一方、注目すべきは一九九六（平成八）年に飯田市で開かれた柳田国男ゆかりサミットに合わせて、小学校高学年向きに『柳田国男と飯田——まこと君の一研究』（柳田国男記念伊那民俗研究所編）を刊行していることである。

5　鎌倉柳田学舎（鎌倉柳田国男研究会、鎌倉市民学舎）

一九九二（平成四）年に二点発行されており、ひとつは当時並行して存在していた鎌倉市民学舎と鎌倉柳田国男研究会が市内の住民団体と共に開いたシンポジウムの記録『人間らしく鎌倉で生きる』で、「比較の中の都市・

鎌倉」という基調講演が中心となっている。もうひとつは同じく両会合同で開いたフィールドワーク「化粧坂を歩く」の講演と報告の記録の『化粧坂考』である。一九九九（平成十一）年には、柳田国男の鎌倉に関する記述を抽出し、現状もふまえながら解説をした『柳田国男の鎌倉断章』（後藤総一郎監修・鎌倉柳田学舎編著）を刊行している。これは地元の書店でも好評で、二〇〇一（平成十三）年には改訂版をだしている。

6 於波良岐常民学舎

於波良岐常民学舎の刊行物で特筆すべきは、邑楽町老人クラブ連絡協議会を母体とする編集委員会と共同で執筆、編集した『あすへひとこと』である。後藤はこの『あすへひとこと』との出会いについて次のように述べている。

横山喜重先生を中心とする、いわゆる老人パワーの熱心な勉強ぶりに出会って、正直いって私は驚きつづけてきました。そのひとつの果実が、昨年出版された『あすへひとこと』の自分史文集だったのです。

（於波良岐常民学舎「開講案内」一九八七年）

その後、一九九一（平成三）年に『高齢者の語り　あすへひとこと第四集　おうらのくらしと民具』、一九九五（平成七）年に『第五集　「家」の民俗誌　邑楽町の盆と正月』が刊行される（いずれも、あすへひとこと編集委員会編）。また、一九九七（平成九）年には一〇年の記念誌『からっ風の中のヒューマニズム』が刊行されている。

7 遠野常民大学

遠野常民大学は、その学びの記録を、『遠野常民』という形で発行していた。一九九四（平成六）年から遠野常民大学主催で『遠野物語』ゼミナール」を毎夏開講することになるが、各講師の意欲的な講義もあって非常に注目された。そのため、毎年発行された講義記録も評価が高く品切れとなっている年もある。特に、第四回の記録からは、手に取りやすく、読みやすい新書版になっている。一九九五（平成七）年に後藤が所長となり、遠野物語研究所が開設されて以降は、『遠野物語』ゼミナール」も研究所の主催となり、一九九六（平成八）年には年一回発行の『遠野物語研究』創刊号が刊行された。遠野常民大学、遠野物語研究所の出版物は数多いが、その一部は後段で紹介する。

遠野物語研究所は残念ながら二〇一四（平成二十六）年に解散となり、『遠野物語』ゼミナール」も二〇一三（平成二十五）年の第二〇回をもって終了となった。

8 立川柳田国男を読む会

立川柳田国男を読む会は、立川市公民館主催の「市民大学セミナー」を経て、一九九二（平成四）年に開講し、柳田国男の『雪国の春』、『秋風帖』などを読みながら、共同研究として柳田国男の武蔵野観の解明に力を注ぎ、「武蔵野の昔」の注釈研究である『柳田国男の武蔵野』を出版している。その他に紀要『なおらい』を二号まで発行している。現在は、柳田の武蔵野についての記述を抜き出し、それに基づいて現地調査を行いながら、新たな武蔵野論である『断章　柳田国男の武蔵野』の発行を予定している。

六　私たちは「最後のメモ」に応えられるだろうか

これまで、常民大学の出版活動を見てきたが、それは各地に創られた常民大学のそれぞれの特質と活動内容、研究内容を反映する鏡でもある。各地の常民大学の出版物は、その多くが地域に根差した研究の成果であり、それは後藤の死後も続けられている。そういう意味では、後藤が示した常民大学の三要素、「野の学」「生活者の学」「地域の学」を不十分ながらもなんとか引き継いでいる。

しかしこの成果は、「最後のメモ」に示されていた構想「常民文庫・新書・叢書」に引き継がれたであろうか。すでに、柳田国男研究会の山下紘一郎の『柳田国男の皇室観』（一九九〇年）、『神樹と巫女と天皇』（二〇〇九年）、永池健二の『逸脱の唱声　歌謡の精神史』（一九九七年）、『柳田国男　物語作者の肖像』（二〇一〇年）、杉本仁の『選挙の民俗誌』（二〇〇七年）、『柳田国男と学校教育』（二〇一一年）（以上梟社発行）、室井康成の『柳田国男の民俗学構想』（森話社、二〇一〇年）、遠州常民文化談話会の大庭祐輔の『竜神信仰』（論創社、二〇〇六年）、中山正典の『風と環境の民俗』（吉川弘文館、二〇〇九年）、『富士山は里山である』（農文協、二〇一三年）、遠野常民大学の佐藤誠輔の口語訳に小田富英の注釈が付された『口語訳　遠野物語』（河出書房新社、一九九二年。二〇一四年に文庫版が河出文庫として出版されている）、高柳俊郎の『柳田国男の遠野紀行』（三弥井書店、二〇〇三年）など多くは後藤の死後だが、単著として出版されている。しかし、常民大学の大多数のメンバーにとって「一人一冊」の課題は未決である。

後藤の「一人一冊」は、決して名誉を得るための著作ではなく、柳田国男の著作や後藤の民俗思想史を通して、日本人の精神の歴史に触れ、そしてそれを歴史意識として己が内に養い、自立した個人として生きたそのあかしを一冊の本に刻み込むことに意味がある。本の生命力を信じた後藤のことばである。後藤は、それを生の証しとしろ、と言っているのである。

参考文献

後藤総一郎／常民大学合同研究会編著『報道の記録　常民大学の学問と思想・第三部』常民大学合同研究会事務局、一九九七年
常民大学合同研究会編『主宰講師後藤総一郎先生追悼　常民大学の史譜　三〇年の歩み』常民大学合同研究会、二〇〇三年

B 各論

第五章　遠山常民大学

胡子裕道

遠山は赤石山脈と伊那山脈にはさまれた山間の谷地にある。古くは『吾妻鏡』にも遠山の名前が登場しており、諏訪湖から太平洋へとそそぐ天竜川や、東海道から北信方面へとのびる秋葉街道など交通の要衝として古くから栄えてきた。行政区分上は長野県の南部、飯田市南信濃・上村地区にあたるが、現在の静岡県や愛知県とも縁が深い地域でもある。実際に訪れるとわかるが、左右どちらの側にも高く山々がそびえており、その間の細長い谷地に集落がある。自動車道が整備され交通が発達した現在でさえ、遠山常民大学の舞台である旧・南信濃村和田地区から飯田市中心部までは一時間ほどかかる。かつては飯田へ出るだけでも山を越えるために丸一日を要したというほどだ。遠山常民大学はこのような土地で、一九七七（昭和五十二）年に始まったのである。

さて、本書を手に取られた方にとっては周知の事実かもしれないが、一九七七（昭和五十二）年に踏み出された遠山常民大学の第一歩は、全国各地で二〇一六（平成二十八）年現在まで続いているすべての「常民大学」運動の第一歩ということができる。この点で、遠山常民大学のはじまりは非常に重要な意味をもつと筆者は考えており、全国の常民大学関係者の中にも、この点で遠山常民大学に特別な敬意を払う方が少なからずいる。本章では、この遠山常民大学のはじまりと、このときに関わった方々の現在に特に焦点化しつつ、遠山常民大学の概略をまとめていきたい。

後藤総一郎は遠山常民大学が開講となる一九七七（昭和五十二）年以前から、『常民の思想――民衆思想史への視角』[1]などの著書で常民大学というものの理念を構想し、さらに東京では実際に柳田国男研究会を開講するなど、自らの構想の具体化を少しずつ進めてきていた。この流れから遠山常民大学を見ると、後藤の構想実現のステップの一つとして位置づけることができ、遠山常民大学が後藤の力なくして実現しえなかったことは言うまでもない事実であろう。だが、一方で『自分史―地域史―日本史―人類史』[2]という視野で、固有の地域にこだわることで普遍的に世界を見通すという「常民大学」の抽象的な理念に、はじめて具体的な形を与えたのは遠山の人びとであるということも見落としてはならない事実であろう。これ以後、全国各地に「常民大学」の理念が拡がっていくが、この後藤の構想を、あるいは個人的な想いを受け止めた人々は、後藤の人物像とともに多かれ少なかれ遠山の人々がつくりあげつつあった具体的な「常民大学」の姿に影響を受けたのではないかと想像する。この点で、遠山常民大学を知ることは「常民大学」とは何かを考える上で重要な手がかりを与えると考えられるのである。そして、もう一点ふれておきたいのは、これまた周知の事実かもしれないが、遠山が常民大学の主宰講師であった後藤総一郎の生地であるということである。ひとつの村の歴史は国家の歴史、人類の歴史へと通じている、と後藤は説いていたが、自らの思想を最初に実践する「ひとつの村」として後藤は故郷を選んだ。したがって遠山常民大学では、後藤は主宰講師であるとともに、ひとりの人間として他の参加者と立場を共有している部分を合わせもっていたと言える。このことについては後藤自身も『遠山物語』の中で言及し、自らの方法論に沿った遠山常民大学の活動は、自身にとっての歴史意識の形成の営みでもあることを述べている[3]。

本章では、以上のことを念頭におきながら、遠山常民大学の概略と参加者の現況について紹介し、見えてきたものをまとめたものである。執筆にあたって、遠山常民大学事務局長・針間道夫氏、飯田市立美術博物館・櫻井弘人氏のご協力のもと、初期の遠山常民大学やその当時の後藤をよく知る方々と直接お会いしてインタビューを行った。調査は二度行い、二〇一四（平成二十六）年三月十一日から三月十二日にかけて、針間道夫氏、片町伊十氏、深尾善一郎氏、野牧治氏を、二〇一五（平成二十七）年二月二十八日から三月一日にかけて、針間道夫氏、遠山信一郎氏、山﨑徳蔵氏をそれぞれ訪ねてお話を伺った。本章の執筆責任が筆者にあることはもちろんであるが、本章の完成はあらゆる面でお名前を挙げた方々の好意的なご協力に支えられたものであり、はじめに記して厚く御礼を申し上げる次第である。今回の聞き取りで伺うことができたお話は、分厚い遠山常民大学の積み重ねに比べればごく一部にすぎないが、それでも遠山常民大学の積み重ねた豊かさが少しでも伝わり、読者に新たな力をもたらすきっかけとなることを願うばかりである。

一　遠山常民大学の四〇年

遠山は常民大学の主宰講師・後藤総一郎の生地である。そのため、常民大学の前史としてどうしても遠山に居た頃の後藤について少し触れなければならない。後藤総一郎は一九三三（昭和八）年、遠山の和田地区に生まれた。総一郎は教員であった後藤忠人に養子として迎え入れられ、中学校までを遠山で過ごしたのち、飯田の高等学校へ進学したことを機に故郷遠山を離れ、さらに東京の明治大学へと進み研究者としての道を歩んだ。後藤がどのような人物であったか、という点については、すでに別途触れられているため、ここでは片町伊十が語ってくれたエピソードを紹介するにとどめる。今回の調査でお話を伺ったひとりである片町は、後藤の一学年先輩にあたる。片町と後藤は、もともと家が近く親しい間柄で育ち、高校時代に飯田へ出てからも同じ寮で暮らしをともにした仲であったという。片町によれば、後藤は上京して研究者となった後も帰郷の際には片町のもとに来て、遠山の将来の話をすることがしばしばあったという。また、後藤は昔からとにかく人の心をつかむのがうまく、また、まず怒ることはなかったといい、そして大酒を呑んでいたということを語ってくれた。これと同じような人物評は、今回の調査の中で出会った各地の常民大学関係者の方からも多く耳にしたものと同じである。後藤を幼少期から知る片町から見ても、後藤は多くの人が知る後藤と変わらぬ人物であり、また、つねに地元遠山の地を想っていたのである。

常民大学の前史をもうひとつ。後藤は一九七二（昭和四十七）年から当時の南信濃村の村史発刊に携わることとなった。当時の教育長が父・後藤忠人であったという縁もあり、当時東京教育大学の講師であった後藤総一郎が村史の編纂顧問を務めることとなった。村史を開くと、村長の発刊の辞に次いで後藤が執筆したとわかる「編纂ノート」が掲載されている。そこには以下のように記される。

> 歴史はつねに悔恨である。だが、たとえ失敗の歴史であったとしても、村共同の歴史に刻みこまれてきた村民一人ひとりの、幸せに向かっての血と汗と涙と笑いの歴史の営みは、正当に書きとめられ、定着されねばならない。(4)

この文章では、柳田国男を引用しながら、「歴史を形成する主体は村民、すなわち一般にいう民衆である」（四頁）とも述べており、完成した村史を「近代における人間の証しとしての『自己認識』すなわち『反省』の鏡」（三頁）であると述べている。この時点で、すでに各地の常民大学運動の原点としての後藤の理念、すなわち「自己認識」の学として歴史を学び、常民が主体的に歴史を作る、ということが言われている。そして、村史づくりをとおして高まった郷土史研究への関心が、理念のさらなる具体化、つまり常民大学の開講へとつながっていく。

図 2-5-1　遠山常民大学運営委員会要項

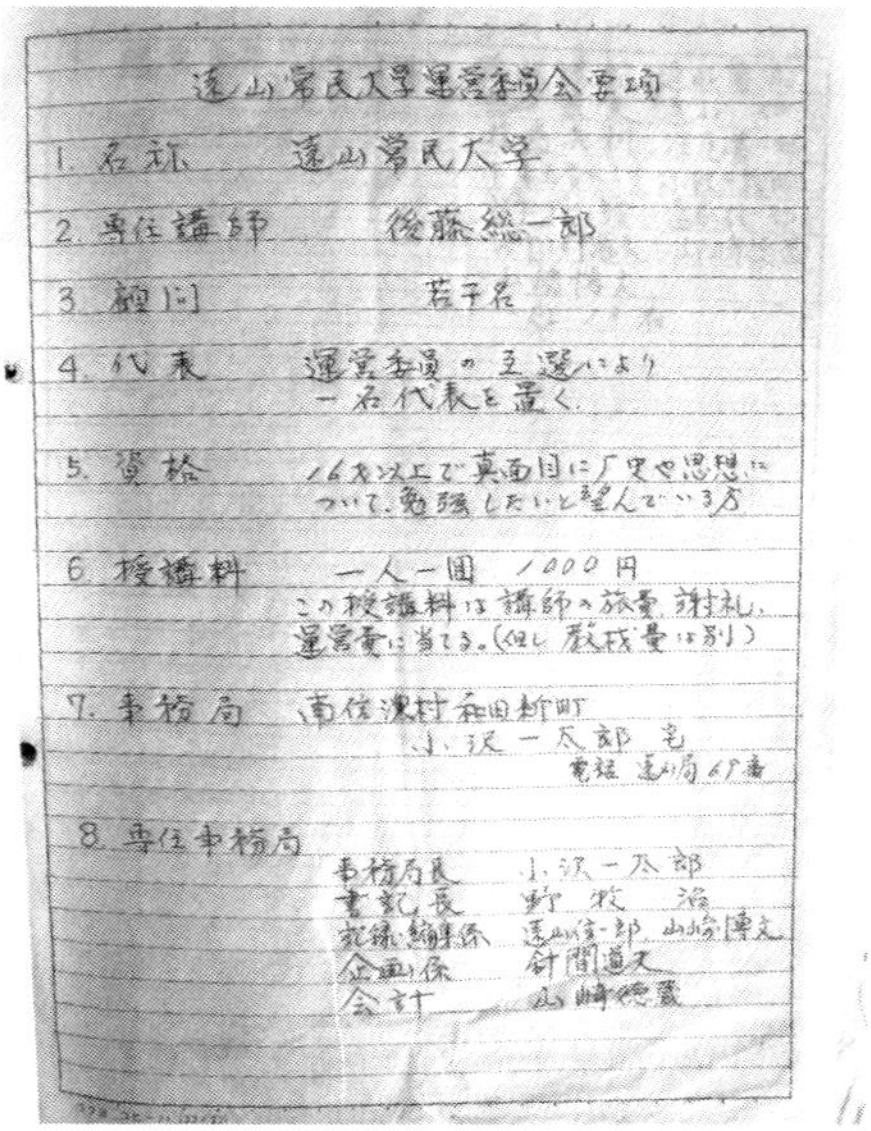

遠山常民大学の設立当時の運営委員会要項。手書きで書かれた紙の年季から、歴史の重みが伝わる。針間氏のファイルにはこのような当時の文書が多く保存されている。

針間道夫氏所蔵（筆者撮影）

さて、ようやく本題である。まずは遠山常民大学の現在までの歩みを概観する。まずは遠山常民大学では、『遠山常民大学の五年』[5]（以下『五年』という）を出しているほか、各地の常民大学と合同で『常民大学の学問と思想――柳田学と生活者の学問・二五年の史譜』[6]（以下『二五年』という）を編集するなど、繰り返し歩みをまとめてきている。また、第二五回常民大学合同研究会の記録として出された『常民大学研究紀要一〇　常民大学の原点と未来』に収められている、櫻井弘人「遠山霜月祭の調査研究――後藤総一郎先生の宿題と今後の課題」には、特に一九九〇年代以降の動きがまとめられており、ここではこれらの文献の記載と今回の聞き取り調査の結果とを合わせて記述していくこととする。

ことの発端は一九七七（昭和五十二）年九月二十八日。帰郷中の後藤総一郎の実家に有志数名が集まり宴会が催されたことが始まりであったという。『五年』によれば「一九七七（昭和五十二）年九月二十八日　講師実家に小沢一太郎・野牧治・遠山信一郎・山崎《ママ》徳蔵ら集い『遠山常民大学』開講を誓う」と記されている。[7] その後、『二五年』によれば、十月十日に第一回準備会、十七日には第一回運営委員会が開催され要項（**図2－5－1**）と役職者が定められるなど、急速に開講の準備が整えられ、記念すべき第一回遠山常民大学は同年中の十一月十二日に開かれることとなった。最初の宴会から開講まで、わずか一月半の準備期間しか設けなかったところに、遠山常民大学への期待の高さと結成メンバーのエネルギーを窺い知ることができる。

最初の運営委員会のメンバーは『五年』にすべて記載されている。これによると、運営委員会のうち中枢を担う専任事務局のメンバーは、事務局長に小沢一太郎、書記長に野牧治、記録編集に遠山信一郎と遠山雄仁、企画に針間道夫、会計に山﨑徳蔵、と九月二十八日の宴会で集った人々が中心となって主宰講師である後藤を運営面から支えることとなったことがわかる。

文章として残された記録だけを見ていくと、ここで挙げた面々はいずれも後藤の下に集ったかのように見えるが、今回の調査で実際にお話を伺った方がみなさん口をそろえたのは、故・小沢一太郎が遠山常民大学の結成にあたって中心的な役割を果たしていたという点である。小沢は生前、文具店の店主であり、非常に魅力的な人柄と仕事熱心な姿勢もあって周囲からも一目置かれる存在であったという。小沢と後藤とは小学校の同級で家も近く幼いころから交友があったといい、『遠山物語』の「文庫版あとがき」にも、「その〔遠山常民大学の〕中心人物であった、わたしの親友小沢一太郎君を、つい四年前（一九九〇年十二月三日、五十六歳）に失ったのは、心の痛手であった」（三九〇頁）と記されるほど後藤が信頼を寄せていた人物である。今回の調査でお話を伺った初代の専任事務局のメンバーの中でも、山﨑徳蔵は小沢に非常に世話になっていたといい、小沢の声掛けがあったからこそ常民大学へ参加することを決意したと語ってくれた。また、同じように遠山信一郎も、小沢に宴会への参加を誘われたことから後藤家へ向かい、それがきっかけで遠山常民大学へ参加するに至ったという。このように、古くから後藤と親しい間柄である一方、地元でも顔の利いた小沢が、遠山の人びとの中でも常民大学にふさわしいメンバーを選び、地元を離れた後藤と引き合わせるという役割を果たしていたことが窺い知れる。

さて、「遠山常民大学」開講が誓われた宴会に話を戻そう。この会合のことについて、『五年』に掲載されている板倉正村長（当時）の文章には、十月十八日付という後藤からの手紙の一部が引用されている。残念ながら後

図 2-5-2　現在の南信濃老人福祉センター

第１回から遠山常民大学が行われた会場の現在の姿である。（筆者撮影）

藤が書いた現物の手紙を確認するには至っていないが、そこには「去る九月末帰省した折、数人の有志が小生のところへ参り、歴史の勉強会をして欲しいという希望がだされ、それに応ずることとなり、ここに『遠山常民大学』を開講することになりました」と記されている(8)。この文だけを読むと、あたかも後藤は受身の立場のまま遠山の地に住む人々の求めに応じて常民大学というものをはじめたかのように書かれている。しかし、現事務局長の針間道夫は、遠山常民大学は当時の村の気運を感じて後藤が仕掛けて立ち上げた面があったと感じているという。山﨑や遠山らの記憶では、最初の宴会の時点で後藤は集まった面々に「遠山常民大学」という名前を具体的に伝え、ともに学んでいくことを提案したという。また、このとき学習の基本原則として、自らの学習のためには自らがお金を支払うべきであるという、いわゆる「身銭主義」の原則も提示されたといい、おそらく後藤は主体的に「遠山常民大学」構想の骨組みを準備して遠山での最初の宴会に臨んでいたようであり、そこに小沢ら地元の仲間が肉づけして出来上がった、というのが第一回の常民大学の本当の姿のようである。

第一回の遠山常民大学は一九七七（昭和五十二）年十一月十二日、南信濃村老人福祉センターで開かれた（**図2－5－2**）。主宰講師を務める後藤総一郎により「遠山学事始」と題した講義が行われ、受講者は四八名を集めた。

ここから一期を一年とし、全一〇期・一〇年にわたる「第一ステージ」が始まる。第一期のテーマは「近代日本の思想と民衆」で、後藤総一郎は大学で行っている政治思想史の講義と変わらぬ調子で毎回熱弁をふるったという。「第一ステージ」の学習の基本的な形態は主宰講師である後藤が受講者に対して講義を行うというもので、このほかに受講者による研究発表が年に数回ほど行われた。後藤による講義は月に一回、土曜日か日曜日に行われることがもっぱらで、八月には集中的に講義が実施されることもあった。このほか、外部から講師を招くこともあり、武井正弘や谷川健一ら民俗学の専門家と合同で研究会を行うこともあった。

講義のタイトルの詳細は『二五年』にまとめられているため、ここでは当時の遠山常民大学の活動の一例として第二期の具体的な日にちとテーマを紹介する。

一九七九（昭和五十四）年　主題「村の歴史―その現在・過去・未来」

四月十五日　第一講　「二一世紀からの照射―日本・伊那谷・遠山」

五月二十日　第二講　「遠山の政治」

六月十七日　第三講　野外研究「青崩峠を歩く」

七月二十一日　第四講　「遠山の産業経済」

八月十八日　第五講　「遠山の教育文化①」

八月十九日　第六講　シンポジウム・遠山の課題

北沢広富「農業問題の課題」　針間道夫「青年会の課題」

九月十五日　第七講　「遠山の教育文化②」

十月二十一日　第八講　野外研究「地蔵峠を歩く」

十一月二十四日　第九講　「自分史の理念と方法」
十二月九日　第一〇講　シリーズ研究第一回「霜月祭を考える」
　後藤総一郎「霜月祭研究史考」　渡辺伸夫「芸能史から見た霜月祭」
一九八〇（昭和五十五）年
二月十日　修了式

この年は「村の歴史―その現在・過去・未来」という主題のもと、遠山という村に焦点化した講義が多く行われた年であった。八月に行われたシンポジウムの発表者はいずれも受講者であり、実際に村で直面している課題に焦点をあてて発表を行っていることが見て取れる。十二月のシリーズ研究は外部講師による講義であり、遠山に古くから伝わる霜月まつりをテーマとして講義が行われている。この霜月まつりをテーマとした学習は翌年以降も継続的に行われ、「第二ステージ」へと発展的につながっていくことになる。

図 2-5-3　第九講「自分史の理念と方法」の後藤自筆講義メモ

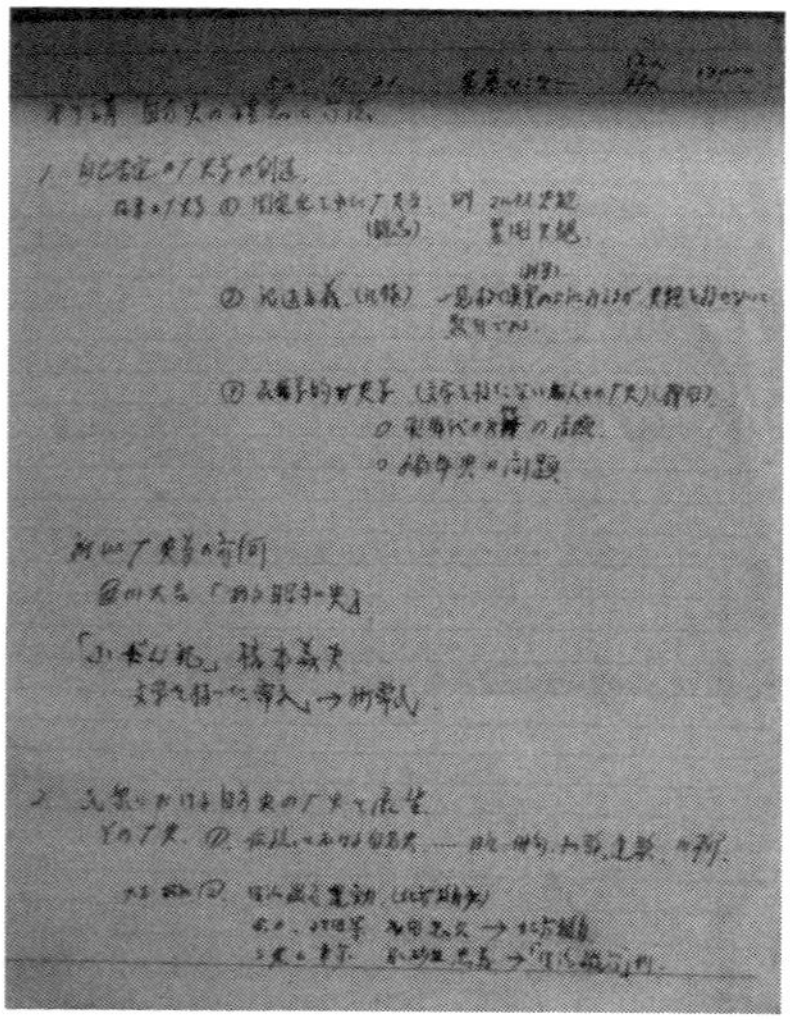

後藤総一郎が1979年（昭和54年）の11月24日の講義のために作成したメモである。自己否定の歴史学の創造、民衆における自分史の歴史と展望といった講義内容が読み取れる。
針間道夫氏所蔵（筆者撮影）

一九八三（昭和五十八）年、遠山常民大学では開講から五年が経ち第六期を迎えていた。この五年ほどの間に日本各地で後藤によって常民大学が開かれるようになっており、この年初めて六つの常民大学が遠山で一堂に会し、合同研究集会が行われることとなった。これが現在三〇回を数える常民大学の合同集会のはじまりである。

遠山常民大学では第六期以後も、およそ一カ月に一回の学習会を続け、一九八七（昭和六十二）年の十一月に当初の予定どおり丸一〇年を迎え、ひとつの区切りとして修了式を行った。この一〇年間、後藤はほぼ毎月欠かさず東京から遠山を訪れた。余談ではあるが、東京から飯田まで高速バスの路線が開業したのちも、後藤は遠山までは好んで飯田線を使って通っていたという。

さて、修了式のあと約半年の間をはさみ、一九八八（昭和六十三）年春から「第二ステージ」がはじまった。「第二ステージ」は、一〇年間の学習成果をふまえて、いくつかのグループに分かれて調査研究を進めていくこととなった。現事務局長の針間によれば、このとき霜月まつりの調査研究を行うグループ、民俗・民具の調査研究を行うグループ、村の産物を活かす取り組みをはじめるグループなどが結成されたという。このいくつかのグループの中でも、長く続いているのが霜月まつりの調査研究である。一九八九（平成元）年七月には、遠山常民大学と飯田市美術博物館とが共同で研究調査を進める体制が整えられ、後藤総一郎が代表となり、指導者に武井正弘を迎え「遠山霜月祭調査団」が結成された。これまでも霜月まつりについて学術的な研究関心が寄せられることはあったが、包括的な調査が行われたことはなかった。遠山常民大学では、この調査研究にあたってもおよそ月に一回の例会を開き、飯田市美術博物館の学芸員でもある会員の櫻井弘人を中心に、各集落の祭についての調査研究の成果発表が行われ、それに対してメンバーが検討を行うという形で進められた。(9) 深尾善一郎や針間道夫によれば、指導的な立場であった武井は毎年数回、遠山へと足しげく通い、後藤も「第一ステージ」のころよりは頻度が少なくなったものの、遠山に足を運び指導と激励を続けたという。また、会員の中でも専門的知識が豊富な櫻井の存在は、その研究への姿勢も含めて非常に大きく、指導的な役割を果したという。

この調査研究の最終目標は、地元遠山の各地区にそれぞれ古くから伝わる霜月まつりについて一つひとつ丁寧に調べ上げていき、その結果をひとつにまとめるということであった。主要なメンバーの一人である深尾は、のちに以下のように記述を残している。

この調査当初の思い出として一番印象に残っていることは、面の調査で櫻井弘人学芸員をはじめ数人が明け方までかけて撮影したことです。たとえば、南信濃の各神社の面について正面、斜面、裏面と撮影し、計測して調書を作るのは大変なことです。面は門外不出、しかも祭りのときにしか面箱から出さない決まりでしたから、どうしても宵祭りの終わったその夜中にしか調査ができません。撮影が終わる頃に夜が明けるという苦労がありました。(10)

このような困難に直面しつつ徐々に調査は進められていったが、メンバーは徐々に少なくなっていき、櫻井のほか、時間の経過とともに深尾、針間ら一〇人に満たない人数の活動となった。さらに二〇〇三（平成十五）年には主宰講師であった後藤総一郎が逝去するなど、活動も徐々に細っていったという。それでも、編纂活動は地道に進められ具体的な成果もまとまっていった。実感がもてる研究成果の一例として、針間は祭で行われる舞の意味が地区ごとに異なることが明らかになったという事実を話してくれた。針間は遠山常民大学の事務局長でもあるかたわら、禰宜として霜月まつりでは舞を実演するという顔もあわせ持つ。針間によれば、祭の舞は人から人へと、それぞれの地区で代々受け継がれてきたものであり、針間もまた自らの地区の先達に舞い方をならったというが、伝達はすべて真似をすることで行われるため、その所作の意味がすべて正確に伝わっているわけではないという。しかし、今回の遠山常民大学の調査は地区の枠を超えた包括的な調査であったために、具体的にそれぞれの地区にどのような違いがあるのかが明らかになったほか、他の地区の舞の所作と合わせて一つの意味をなすような舞が存在していることも明らかになったという。

このような調査研究の成果は、最終的に県の合併特例交付金や文化庁の「ふるさと文化再興事業」などの資金援助もあって、二〇一〇（平成二十二）年に『遠山霜月祭〈南信濃①　和田・八重河内・南和田編〉』、二〇一一（平成二十三）年に『遠山霜月祭〈南信濃②　木沢地区編〉』がまとめられ、さらに映像記録としてDVD「遠山霜月祭」も木沢編と和田編が編集された。この二冊と上村遠山霜月祭保存会によって二〇〇八（平成二十）年に出されていた『遠山霜月祭〈上村〉』の三冊を合わせると「遠山谷に伝わる霜月祭りの記録が完結したことにな」り[11]、遠山常民大学の第二ステージの目標としていた報告書の刊行が果たされたこととなった。そして、報告書の刊行後も現在まで事務局長を針間が引き続き務めているが、その針間も今は関係者が何人か生きているだけ、と語っており、実質的な活動は行っていない。

二　参加者の現在

ここまで遠山常民大学の四〇年あまりの歴史をまとめてきたが、ここでは二人の参加者の活躍についてとりあげたい。ひとりは開講当初から現在に至るまでに中心となって事務局を支えてきた針間道夫、もうひとりは最初期に後藤を支え、その後常民大学の活動から離れていった野牧治である。

針間道夫はすでに述べた通り二〇一六（平成二十八）年現在の遠山常民大学事務局長である。遠山常民大学はすでに関係者が何人か生きているだけ、と語ってくれた針間であるが、それでも針間は遠山常民大学の事務局長として今も看板を背負い続けている。これは後藤が生前残した文章の影響が大きいと自ら話してくれた。その文章というのが以下である。

図 2-5-4　針間道夫氏と遠山常民大学の看板

遠山常民大学の事務局長、針間道夫氏の近影。左手の看板は会場入り口に、上部の看板は講義室にそれぞれ掲げられていたものである。（筆者撮影）

その［一九九〇（平成二）年に亡くなった小沢一太郎氏の］遺志をついで、いまも元気にがんばってくれている針間道夫君の存在が、せめてもの救いである。ムラで、働きながら、学びながら、考えながら、そして勇気を出して生きることは大変なことである。がんばってもらわねばならない(12)。

この文章で後藤が針間を名指しで激励したのは一九九四（平成六）年。それから二〇年近くが経ち、すでに後藤は故人となったが、今も針間氏は後藤のこのエールに応えるために看板を背負い続けているという。針間のもとにはこれまでの遠山常民大学の資料が残されており、開講当初から使われている遠山常民大学の看板も厳重にくるまれて大事に保存されている（**図2-5-4**）。

また、小沢一太郎や後藤総一郎の父である後藤忠人ら、遠山常民大学の中核を担った故人の遺品も譲り受け、捨てることなく大切に保管しており、まさに現在の遠山常民大学を守っている存在である。本章に掲載の写真も、その膨大な資料の中のごく一部を撮影させていただいたものであるが、このような資料を地域の内外の人にも見てもらえるように整理していきたいと、今後の抱負を語ってくれた。

一方、野牧治は遠山常民大学の設立当初、小沢一太郎らとともに後藤をもっとも近くで支えてきた人物であるが、遠山常民大学を一〇年続けたところで身を引いてしまったという。その理由は、運営に忙殺されてしまい本当にやりたい歴史を学ぶということが思うように進められなかったことにあるという。そもそも野牧の学びの原点には自身の戦争体験がある。誰もが戦争はしたくないという気持ちを持ちながらも、それを言うことができない空気を感じていた中で、死んでいった大勢の村人たちがいたことの無念さに報いるために歴史を学びたいという。これは、言い換えれば歴史を学ぶということは人々の無念を学ぶということであるとも語っている。結局、野牧が遠山常民大学の活動にかかわったのは最初の一〇年間であったが、その期間を振り返って、後藤が連れきてきた多くの講師の講演が現在でも糧となっている点で非常に意味があったという。これを野牧は「私の文化」と表現する。常民大学を離れて以降も野牧は古文書などの資料をもとに地域の歴史について独自の調査研究を進め、いまでは市井の学者として一目置かれる存在となっている。

今も遠山常民大学の看板を預かる針間と、後藤や小沢とともにかかげた看板からみずから離れた野牧。両者のあゆみは対照的なものであるが、共通するのは自らの譲れないものへの妥協のない姿勢であると筆者は考える。余談ではあるが、野牧の言葉は、「歴史はつねに悔恨である」という後藤総一郎の言葉にも通じるものがあると筆者は感じる。後藤の期待に今も応えて村を支え続ける針間のあり方も、野牧のように自らの意志と判断で後藤に追従せず学び続ける道を進む姿勢も、歴史を主体的に作る常民の姿勢を体現している気がしてならない。

三　遠山常民大学から学ぶもの

ここまで遠山常民大学のことを書いてきたが、最後に筆者が調査・執筆を通して印象的だった点についてふたつ触れておきたい。ひとつは、本章の冒頭でも指摘した通り、後藤が「主宰講師」である以前に、一人の人間として受け止められてきた、という点である。今回は最初期の中心メンバーを中心にお話を伺ったが、筆者は聞き取りを通して、彼らの熱意を支えてきたものが学習への意志だけでなく、後藤あるいは小沢といった、常民大学にむけて奮闘する人びとへの愛着だったのではないか、という実感を非常に強く持った。常民大学が始まる以前から後藤は村の人間であった。したがって、後藤もともに村の未来を考えている、という仲間意識が、多かれ少なかれ参加者の背中を押していたと考えられる。このことは、はじめて常民大学というものに具体的に取り組んだ後藤にとって心強い後押しとなっただろう。また、全国各地に広まった「常民大学」の姿にも、後藤を後押しする遠山の人びとの姿が多少なり影響を与えたのではないか。そして、もうひとつ印象的だったのは、今回お話を伺った多くの方が、常民大学の成果である書物をすぐに手にとれる場所に置いていたということである。「常民大学」の成果である刊行物が、自宅あるいは職場の本棚の目立つ位置に置かれており、懐かしそうに本を眺めながらお話をされる顔が非常に印象的であった。「歴史はつねに悔恨である」という後藤の言葉は最初に紹介したが、その後藤は全国の常民大学で歴史を学んだ成果を本にまとめて残すように、と指導したという。本にまとめるという作業は、書き手がこの「悔恨」の積み重ねをしっかりと受け止めてきた時間を物として残す作業であり、その成果を手に取れるということが情熱をもって参加してきた遠山の人びとに自信をあたえ、勇気をあたえるのではないだろうか。本章は遠山常民大学のはじまりとそこに関わる人物に特に注目したが、遠山常民大学の意義を考える上では、本をまとめる過程とそこに関わった方々についても焦点化して考えていく必要があるだろう。いずれにしても、遠山常民大学によって積み重ねられてきた時間が、自信や勇気となり、遠山の村の新たな動きへと発展していくことを願ってやまない。

注

(1) 後藤総一郎『常民の思想——民衆思想史への視角』風媒社、一九七四年。
(2) 遠山常民大学運営委員会編・発行『遠山常民大学の五年』一九八三年、一七三頁。
(3) 後藤総一郎『遠山物語』筑摩書房、一九九五年、三七七頁。
(4) 後藤総一郎、南信濃村史編纂委員会「編纂ノート」南信濃村史編纂委員会編『南信濃村史　遠山』第一法規出版、一九七六年、三頁。
(5) 遠山常民大学運営委員会編、前掲書。
(6) 後藤総一郎、常民大学合同研究会編・発行『常民大学の学問と思想——柳田学と生活者の学問・二五年の史譜』一九九七年。
(7) 遠山常民大学運営委員会編、前掲書、八三頁。
(8) 板倉正「後藤講師からの手紙」遠山常民大学運営委員会編、前掲書、一一頁。
(9) 櫻井弘人「遠山霜月祭の調査研究——後藤総一郎先生の宿題と今後の課題」常民大学合同研究会編『常民大学の原点と未来　常民大学研究紀要一〇』岩田書院、二〇一〇年、六九頁。
(10) 深尾善一郎「刊行に寄せて」飯田市美術博物館、遠山常民大学『遠山霜月祭〈南信濃②　木沢地区編〉』二〇一一年、一八頁。
(11) 深尾、前掲書、一七頁。
(12) 後藤、一九九五年、前掲書、三九〇頁。

第六章　飯田柳田国男研究会

杉浦ちなみ

飯田市美術博物館の一角に、一九八九（平成元）年に建てられた柳田国男館がある。この場所を拠点に、飯田柳田国男研究会は現在、月に一回、定例の学習会を開いている（図2－6－1）。

本稿では、全国各地で開かれた「常民大学」のうち、長野県飯田市で開かれた、飯田歴史大学と、その後の飯田柳田国男研究会を取り上げる。飯田歴史大学は、二〇一六（平成二十八）年現在も活動を続けている飯田柳田国男研究会につながっている。

飯田柳田国男研究会が、今もその歴史を積み重ねる飯田市は、長野県の南部に位置する。後藤総一郎は、この地を「第二の都」(1)といった。現に、後藤は長野県飯田高等学校に通った。後藤が青春時代を過ごした飯田には、彼が研究者となってからも思想史や民俗学のフィールドとして後藤一人で、またゼミの学生を連れて通った。(2)

「飯田歴史大学」が開かれたのは一九八二（昭和五十七）年のことである。三月十四日の後藤による記念講演「飯田学事始　近代伊那思想史研究の意義」を皮切りに、同年四月十七日に始まった。柳田国男館がまだない当時、飯田市立中央図書館の研修室を使用してスタートした。

図 2-6-1　飯田柳田国男館

現在ここで飯田柳田国男研究会の定例会が行われている。（筆者撮影）

一　飯田柳田国男研究会のあゆみ

飯田歴史大学以来の飯田柳田国男研究会のあゆみを追うことは、三〇年以上続く歴史とその活動の幅広さから容易ではない。また、今のところ飯田歴史大学から飯田柳田国男研究会の歴史をまとめたものは少ない(3)。まずは、これまでの大きな流れを確認するところから始めたい。参加者にとってのあゆみは後述することとし、ここでは会の外側、特に新聞報道から会のあゆみを探った。後藤や常民大学関係者らによって『報道の記録』（後藤総一郎／常民大学合同研究会編・発行、一九九七年）がまとめられているように、各地の常民大学は多くのメディアを通して伝えられてきた。飯田柳田国男研究会も、飯田歴史大学として開講した当時から新聞各紙に報じられている。新聞報道という媒体上の制約もあろうが、その時々の活気を伺い知ることができよ

表2-6-1　飯田柳田国男研究会のあゆみ

1982年	3月	14日	準備講演会
		25日	初の運営委員会開く
	4月	17日	飯田歴史大学開講
1985年	8月	17、18日	常民大学合同研究会（於飯田）
1986年	3月	23日	静岡県磐田市誌「天竜川流域の暮らしと文化」編纂調査委員会打合わせ
	4月		柳田為正・冨美子夫妻記念講演の後、柳田の書斎が夫妻から飯田市に寄贈することが決まる
	11月	1日	静岡県磐田市誌編さんに参加する調査メンバーで秋葉街道の調査
1989年	10月		柳田国男館開館
1990年	1月	20日	柳田国男記念伊那民俗学研究所が創立
1991年	4月		飯田歴史大学が開講10年目を迎える
1992年	5月		飯田歴史大学が改組し伊那民俗学研究所のもとで飯田柳田国男研究会として新たにスタートする
	9月	19、20日	常民大学合同研究会（於飯田）
1993年	9月	18、19日	常民大学合同研究会（於飯田）
1996年	4月		飯田柳田国男研究会が歴史大学開講以来15年目を迎える
1997年	7月	13日	本多勝一氏『はるかなる東洋医学へ』出版記念講演会を開く
2000年			調査メンバーとして加わった『天龍村史』が完成
2003年	1月	12日	後藤総一郎急逝
	11月	1～3日	常民大学合同研究会（於飯田）
2004年	1月		野本寛一氏を伊那民俗学研究所の所長に迎える
2012年			2011年度で野本寛一氏が研究所所長を退任
			2012年度から福田アジオ氏を研究所の所長に迎える

『報道の記録』、『常民大学の史譜』（常民大学合同研究会編・発行、2003年）中の「Ⅲ　常民大学報道書誌」、筆者が新たに見つけた新聞記事、柳田国男記念伊那民俗学研究所ホームページから筆者作成。

う。

表2―6―1は、会のあゆみを年表にしたものである。一九九一（平成四）年に飯田歴史大学は、柳田国男記念伊那民俗学研究所のもとに改組された。また、会の一〇年目を機に名称を飯田柳田国男研究会へと変更した。そのため一九九三（平成五）年以降は、研究所全体の行事に関する報道も含まれている。これだけ報道されてきたのは、研究会メンバーからの聞き取りで、あらゆるものを取り上げてもらうことによって運動を盛り上げていく「初動期の作戦」と証言があったように、後藤による戦略として新聞報道に意識的であったという側面と、新聞というメディア側のねらいなど、双方の理由がありうる。

会の活動は**表2―6―1**のとおり多岐にわたるが、以下では、新聞各紙でも注目を集め、かつ会の歴史にとって節目といえる、（一）飯田歴史大学開講（一九八二［昭和五十七］年）、（二）柳田国男記念伊那民俗学研究所の設立（一九九〇［平成二］年）、（三）飯田歴史大学から飯田柳田国男研究会への名称変更（一九九二［平成四］年）、という三つのトピックを中心に、会のあゆみを追う。

1　飯田歴史大学開講

市立飯田図書館に所蔵される豊富な郷土資料を使って伊那谷の近代史を学習したい、との声が高まったのをきっかけとして、四月の飯田歴史大学開講が決まった。大正から昭和にかけての「伊那自由大学」に学び、飯田歴史大学の運営は受講者自身で行う。三月十四日の準備講演会の案内が新聞紙上でなされた(4)。

一九八二（昭和五十七）年三月十四日午後一時半から、飯田歴史大学開講準備講演会「飯田学事始　近代伊那思想史研究の意義」が市立飯田図書館で開かれた。飯田下伊那地方をはじめ長野市などから、若者から高齢者まで幅広い世代の人たち一三五人（うち女性二〇人）が出席する盛況ぶりであった。参加者には、教師、主婦、会社員ら様々な職業の人が参加したほか、当時の松澤太郎市長、大沢和夫県考古学会会長、原田島村雑誌『伊那』編集長らの参加があった。この日だけで、約九〇人が四月からの「飯田歴史大学」一年間の受講を申し込んだ。(5)
飯田歴史大学会報創刊号（飯田歴史大学運営委員会、一九八二年四月十七日発行）によれば、この講演において後藤は飯田歴史大学の目指すものとして以下を示した。

この勉強会の目ざすものは郷土研究を通しての自己教育である。その特徴の第一は普通の生活者による学問だということだ。ここでの学習成果はやがて参加者の日常生活における価値準則として肉化されよう。第二は自己認識のための学問だということだ。第三は参加者の内発性にもとずく学問だということだ。第四は身銭主義だ。自治体の助成や篤志家の寄付に依存するタカリの精神から脱却し、身銭を切って自身の内面世界を自力で養うことが大切だ。第五は持続的研究ということだ。カリキュラムは十年くらいの長期的展望と構想のもとに編成される。

一九八二（昭和五十七）年三月二十五日には、市立飯田図書館で飯田歴史大学初の運営委員会が開かれた。運営委員会は委員一一人で構成し、委員長や事務局、会計、記録、広報の各係を設けた。また、運営の方針として、受講者を会員と自由聴講者の二本立てにすることや、受講者の考えを吸収するため、質疑や意見のための紙を毎回受講者に配ることが決まった。(6)
一九八二（昭和五十七）年四月十七日午後六時三〇分から、市立飯田図書館で飯田歴史大学第一講が開かれた。約一四〇人が参加し、入りきれない人も出た。四月十四日までに、会員数は一九〇人近くに達しており、十七日の第一講には新たに受講に訪れた人も五〇人近くいた。(7)

飯田歴史大学を発足させた動機について、後藤は次のように語っている。

スタートまでに、かなり時間がかかったんですよ。まず昭和五十年に、われわれ研究者が飯田で日本の民俗学の先駆者・柳田国男の生誕百年祭を行ったが、その時に地元に豊富な資料があり中央では活発な研究対象になっていながら、伊那谷の近代史が地元ではほとんど研究されていないことを痛感しました。伊那谷の都である飯田市には、まだ市史もない。そこで、年間を通じて中央の先生を呼び、歴史セミナーを開いて地元との交流を深めたらどうかと提案したんです。そうしたら、当時、郷里の南信濃村で始めた『遠山常民大学』を、ぜひ飯田でも開いてくれ、という話になってしまって……。[8]

また、開講の盛況を後藤はどのように捉えていたかも語られている。

この熱気は、もともと伊那谷には歴史や学問に関心の強い人が多いのに、系統だった学習の場がなかったからではないでしょうか。運営委員の話だと、郷土史や民俗学をコツコツと勉強してきた人たちが、こうした機会を待ちに待っていたと言うんですね。その意味では機が熟していた感じです。[9]

一方、飯田歴史大学開講に関わって、研究会メンバーからその当時のことや自身の参加の経緯を聞くことができた。[10]

髙橋寛治は、飯田市よりも先に開講されていた遠山常民大学に参加し、飯田でもそのような学習の場がほしいと考えた。当時、社会教育の現場で職員として働いていた髙橋は、後藤に飯田市でも公民館の活動として近代思想史を中心にした柳田学を指導してくれないかと頼んだが、断られてしまった。髙橋によれば、後藤は「公民館は公の機関。公の機関である限り、いくら行政から教育機関が独立していても、トップが変わった瞬間に必ず意思が変わってくるから、継続的な学習活動なんて出来ないよ」と話した。「その辺のところで、〔後藤氏の常民大学と〕一般でいう社会教育との間でどこかに違いがあって、違いのあることにすごく大事なことがあるのではないか」と感じたという。公民館の業務としては後藤に引き受けてもらえなかったことから、何人かで集まって実行委員会を組んでやることになったという。

前澤奈緒子は、開講の二年前の一九八〇（昭和五十五）年に、東京から夫の生まれ故郷である飯田に引っ越した。飯田市に来る前に、朝日新聞で後藤の『遠山物語』の書評を読んだ。それを読んだ時に、「私、こういう集まりがあったら勉強したい」と思った。前澤は、終戦の年は十四歳だった。その間、高等女学校を卒業したものの、「ほとんど皇国史観べったりの歴史しか学んでこなかった」という。そしてその後度々、「違う歴史ばっかり習ってきたんじゃないか」と思うことがあった。そんな疑問を抱えた前澤の目に入った『遠山物語』の書評をきっかけに、そこで紹介された「遠山谷の学び」のような方法で近現代史をもう一度勉強してみたいと考えたという。そしてその後飯田に引っ越して二年目、飯田歴史大学開講の新聞記事が目に飛び込んだ。書評で読んだ後藤による近代史の学習に、ぜひ参加したいと思ったという。

原幸夫は東京の専門学校を出て飯田に帰ってきたが、「地元のことを何も分かっていない」と思っていた。「歴史大学とうたっていたので、歴史や郷土史を教えてくれるのかな」という気持ちで参加した。

松上清志は、飯田歴史大学より早くに開講された遠山常民大学に参加した。小学校の教師をしていて、上村の下栗分校に勤めていた時に、新聞に遠山常民大学開講のチラシが入った。「珍しいものをやるんだ」と思って参加したのが、最初だと話す。「自分の反省として学問をする、民衆の精神を探る、そういうことは今まで勉強していなかったことで、非常に興味がありました」。遠山常民大学に参加して二～三年たった頃に、下栗から飯田に勤務地が変わり、通うのが難しくなったところ、飯田でも開講されることになり、飯田歴史大学に参加した。

宮下英美は自身の退職前、後藤が亡くなる直前に会に加わった。いわく、「夜の常民大学」から参加した。講義が終わると後藤と受講生は行きつけの居酒屋「みつびき」に行って、「夜の常民大学」(直会《なおらい》とも呼んだ)を開いていた。「みつびき」は宮下の行きつけの店でもあった。そこで後藤に出会い、「みつびき」の女将の勧めもあって、参加するようになった。

・北原いずみは、飯田歴史大学にも時折参加していたが、本格的に参加したのは、『天龍村史』の調査からであった。伊那民俗学研究所の別の会に参加していたことも一つのきっかけとなって、『天龍村史』調査メンバーから誘われて参加を決めた。

片桐みどりは、飯田歴史大学の八期から自主的に参加した。元々、教員として働いていた時から柳田国男に関心をもっていたため、柳田を学習する飯田歴史大学に参加することを決めた。

宮坂昌利は、飯田歴史大学の二期から参加し、住んでいる松本市から飯田市まで通う。大学時代にアダム・スミスの『道徳感情論』を読んで日本の柳田国男が想起され、柳田は元々気になっていた。また、当時「自分史」に関心をもっており、「求めていたものにあった」と思った。

2　柳田国男記念伊那民俗学研究所の設立

一九八六(昭和六十一)年に、柳田国男の書斎が、柳田家の柳田為正氏とその妻・冨美子氏から飯田市に寄贈されることとなった。(11) 寄贈、移築された書屋は、一九八九(平成元)年十月に柳田国男館としてオープンした。

その翌年一九九〇(平成二)年一月二十日には、館の活用のために「柳田国男記念伊那民俗学研究所」が、飯田市の美術博物館講堂での創立総会をもって発足した。同日午後二時から開かれた総会には、一般市民を含めて七〇人余が参加した。また、総会では今後、広く会員を募るとともに、伊那谷はじめ長野県や全国の民俗に関する史資料の系統的収集や調査研究、さらに出版や講演活動にも力を注いでいくことも提示された。将来は財団法人として基盤確立を図りたいとも言及された。研究所には飯伊地方の歴史・民俗などの研究団体が参加し、一般市民も予想された以上に大勢が加わった。[12]

後藤によれば、一九八六（昭和六十一）年四月の飯田歴史大学第五年度開講記念に柳田為正・冨美子夫妻を招き、夫妻による記念講演を行った後に柳田の書斎寄贈の話を受けた。[13] そして、書斎の一九八八（昭和六十三）年秋オープンに向けて、東京・成城から飯田に移動をはじめた。後藤は、「飯田市は、なんと幸運なことであろうか」、「わたしも含めて、伊那谷の郷土史研究にまつわる野の学徒にとって、こんなにかけがえのないことがあろうか」と感激をあらわしている。同時に、「この話が実現に向かって流れてゆくなかで、次第に、その責任の重さをひしひしと感」じ、「この由緒ある書斎を、今後どう活用してゆくか」と情熱を燃やすとともに、館の活用への強い期待を記している。

3　飯田歴史大学を研究所のもとに改組、飯田柳田国男研究会になる

一九九二（平成四）年には飯田歴史大学が一〇年を迎えたことを機に、新たに飯田柳田国男研究会と名称を変えてスタートした。一〇年を目標に、柳田国男の学問と伝記上の研究を基礎に、明治以降の日本の思想と伊那谷の思想の関係などを探っていく方針で、行政の補助金も企業の援助も基本的に受けないという〝身銭主義〟を貫いており、受講料一万円と、入会金三千円を払えばだれでも参加できるものであった。[14]

4　現在までの活動

飯田歴史大学としてスタートした飯田柳田国男研究会は、その後も現在に至るまで活動を続け、二〇一六（平成二十八）年で三四年を迎える。

これまでの学習のテーマは、『地域を拓く学び――飯田歴史大学十年の歩み』に飯田歴史大学一〇年目までの日程が詳細にまとめられている他、以後は柳田国男記念伊那民俗学研究所が発行する『伊那民俗』で確認できる。それらを元に、飯田柳田国男研究会の年度ごとのテーマをまとめると**表2－6－2**のようになる。

開講日はおよそ月に一回、年によって異なるが一年度につき一〇回程度開講されている。学習内容については後藤が提示し、飯田歴史大学第四年度までは、近代思想史の学習に取り組んできた。初年度は、現代の日本の思想史的背景、思想史の方法や民俗史の方法などを学習し、以後、明治近代思想史に第二年度まで取り組んだ。第三年度は明治末期の思想と大正デモクラシーの思想を学んだ。第四年度四回目までは昭和思想やファシズムの概念を、五回目からは丸山眞男を学習し、その後近代思想史のまとめを行って区切りをつけた。この間、近代思想史の学習の他に、ゲスト講師による特別講義やフィールドワーク、自主講座として受講者による研究発表、合同研究会への参加等が行われた。

近代思想史の学習方法は開講以来、第四年度第四回までは後藤による講義形式を取っていたが、第四年度の第五回目の丸山眞男の学習からは受講者からレポーターをたてる学習方法がとられている。

当時を知るメンバーは、講義形式からレポーターをたててのゼミナール形式がとられるようになったことに対し、後藤自身、講師が話し、受講生が聞くというかたちではだめだと考え「主体性をシフトしていったのでは」と話す。(15) 初めてレポーターをたててのゼミナール形式がとられた回で扱ったのは、丸山眞男の「超国家主義の論理と心理」。メンバーの髙橋は「えらいことになった」、前澤も「表題読んだだけで頭が痛くなった」が、何が何

表 2-6-2　飯田歴史大学および飯田柳田国男研究会　年度別テーマ

年度	テーマ	会の歴史
1（1982）	近代伊那思想史研究（1）	飯田歴史大学 （1982 年 4 月～ 1992 年 4 月）
2（1983）	近代伊那思想史研究（2）	
3（1984）	近代伊那思想史研究（3）	
4（1985）	伊那谷近代思想史研究（4）	
5（1986）	柳田国男の思想と学問	
6（1987）	柳田学の理念と方法	
7（1988）	「個」と「共同」の精神史	
8（1989）	『柳田国男伝』を読む	
9（1990）	明治大正史・世相篇	
10（1991）	都市と農村	
11（1992）	柳田民俗学の世界	飯田柳田国男研究会 （1992 年 5 月～）
12（1993）	柳田国男の年中行事考	
13（1994）	山の神のフォークロア――古層の神の姿を求めて	
14（1995）	衣・食・住のフォークロア	
15（1996）	年中行事とフォークロア	
16（1997）	『東国古道記』研究 1	
17（1998）	『東国古道記』研究 2	
18（1999）	『東国古道記』研究 3	
19（2000）	戦後日本民俗思想史 1 ／『東国古道記』研究 4	
20（2001）	戦後日本民俗思想史 2 ／『東国古道記』研究 5	
21（2002）	『東国古道記』研究 5	
22（2003）	『東国古道記』研究 6（注釈本刊行）	
23（2004）	『信州随筆』注釈研究	
24（2005）	『日本の祭』を読む	
25（2006）	『日本の祭』を読む／『遠野物語』を読む	
26（2007）	『遠野物語』を読む／『日本の祭』を読む	
27（2008）	『信州随筆』を読む	
28（2009）	『信州随筆』を読む	
29（2010）	『信州随筆』を読む	
30（2011）	『信州随筆』を読む	
31（2012）	『信州随筆』を読む	
32（2013）	『信州随筆』注釈研究／『木綿以前の事』を読む	
33（2014）	『木綿以前の事』を読む	
34（2015）	『木綿以前の事』を読む	

『地域を拓く学び――飯田歴史大学十年の歩み』（飯田歴史大学、1992 年）、『伊那民俗』第 1 ～ 101 号（柳田国男記念伊那民俗学研究所発行）から筆者作成

だか分からない中でも、丸山眞男の名前をおぼえ、色々なものを書きながら少しずつ理解をしていった。第五年度からは、柳田国男の学習がはじまった。第四年度のおわりで近代思想史のまとめを後藤がした際に、次のように語っている。

当初の計画より一年間延びてしまったが、近代の歴史、思想史を日本と伊那谷とをつないだ形で学習してきた。つまり我々民衆がなぜあの一五年戦争に捲き込まれていったのかという問題意識で、近代以降の日本の天皇制を軸とした思想形成と権力形成が、民衆にどのような光と影を与えてきたのかについて、その基本的な骨格を学んできたことになる。

しかし、丸山眞男の日本ファシズム分析に対する柳田国男の批判にもあるように、制度としての天皇制を受け入れた民衆の精神史を明らかにしておかないと、真の意味での天皇制の政治構造やその思想を解明したことにもならないし、また自分自身を解放したことにもならない。だからこそ思想史と民俗学という二つの視点で把えていく方法が重要であるし、この方法によってはじめて政治を支える自由な主体的精神が培われていくといえる。

そこで来年度からは柳田国男の民俗学を媒介として、民衆の精神史を学んでいく予定である。来年一年間は、総論として、柳田国男の学問がどう評価されてきたかという柳田民俗学の評価史、柳田国男の思想がどのような人生体験や学問によって形成されていったかという学問形成の問題、そして柳田民俗学の理念・方法論、最後に仮説としての現代の民俗学の方向、というような問題を扱い、二年目からは、柳田国男の主たる著作、またこの地域、会員がもっている問題と関係している著作をテキストとして選び、読みあわせていきたい。

このような学習とともに、近代の伊那谷の歴史も我々の手で掘り起こしていかなければならない[16]。

現在では月に一回のペースで集まり、柳田の著作を読み込んでいる。取り上げるテキストの①本文の読み、②会員のレポート、③問題点、感想の話し合い、④会報[17]による報告という形でおおむね進めている。

飯田歴史大学時代は、特に第四年度までは思想史の学習に特化してきたが、第五年度からは柳田の学習にシフトしていった。民俗調査に関しては、継続して行われてきた。一方で、研究所に改組した後に飯田柳田国男研究会、伊那思想史学会、民俗調査部会の三つの部会が設けられたことから、飯田歴史大学時代の様々な学習テーマが細分化され、テーマごとに会を分けたようにみえる[18]。ただし、参加者自体は飯田歴史大学のメンバーと同一人で重なっており、活動の「枝分かれ」ではないとの認識が会のメンバーで共有されている。また、「研究会の運営と研究活動は飯田市美術博物館の支援を受けながらかつての飯田柳田国男研究会のメンバーが運営委員になって行っています[19]」、そして研究所の三つの部会の説明として「どれもかつての飯田歴史大学・飯田柳田国男研究会の延長線上にあるもの」と片桐が述べるところからも、研究所の運営や活動の母体は飯田歴史大学あるいは飯田柳田国男研究会に由来していたことがわかる。

表2−6−2で確認できるように、飯田柳田国男研究会になって以降は柳田国男の学習を続けており、『注釈東国古道記』の発刊をはじめ、注釈研究、柳田の著作を丹念に読み込む作業などを続けている。

現在まで活動を続ける中で、二〇〇三（平成十五）年に後藤が亡くなってからは、飯田柳田国男研究会が属している柳田国男記念伊那民俗学研究所の所長が二度交代した。野本寛一は二〇〇四（平成十六）年から二〇一一（平成二十三）年まで、二代目所長を務めた。その後、二〇一六（平成二十八）年現在は福田アジオが三代目所長を務めている。

会のメンバーは、三人の所長それぞれから学んできた。野本は、後藤が亡くなってから会のメンバーが奔走して所長に招いた。メンバーは野本を「本当に民俗学の人」と語る。後藤は思想史や柳田国男に通じており、民俗調査の方法は厳しく語らなかったのに対し、二代目の野本は、民俗調査について時に厳しく指導をしたという。松上は、「何人かで怒られながらも慰めあった」。しかし、「生活をしながらこういうふうに勉強していくのが大事だ」と後藤からも教わってきた。「専門研究者とは違う視点で物事を見ていくことがいいのかな」と考えて必死になって続けてきた。前澤は、野本が車を運転しないこともあって、どんなところにでも歩いて行くことに驚いた。「その情熱たるや、とてもついていけないくらい」と思った。「野本流の調査のハードさ」に、野本の第一人者としての姿をみた。

福田が所長に就任してからは、また異なる学びを得ている。髙橋は、福田は「柳田学と民俗学とを切り分けてくれる」と話す。福田が民俗学の世界を明解に示すことによって、「民俗学じゃなくて柳田国男を研究していたんだ」と改めて考えさせられ、これまでの学習を相対的に振り返ることができたと話す。

二　飯田歴史大学・飯田柳田国男研究会での学びを通して

飯田歴史大学・飯田柳田国男研究会での学習とは、参加者にとってどのようなものだったのか。飯田歴史大学から参加していたメンバーが語ってくれた。

前澤は、学習内容は難解で分からないことが多かったという。時に、「柳田じいさん、何でもうちょっと分かりやすいこと書いてくんないのかな」と仲間と悪態をつきながら勉強した。それでも長く続けられたのは、どんなにたどたどしいレポートをしようとも後藤は叱らず、前澤に言わせれば「鳴かず飛ばずの私を、おまえはもう出ていけとも言わずに一緒に連れてきてくれた」ためだ。その「恩情」に助けられたという。後藤は言葉にして「こう読みなさい」とは言わなかったが、指導を受けた約二〇年の歳月の中で、少しずつ本を読むこと、学問をすることの基礎を学んだという。後藤が「麹《こうじ》が発酵するように、自分で醸成していくのを待つのが僕の仕事だね」と語ったことがあった。前澤はその言葉を聞いた時、この先生に学べて「幸せだったな」と思ったという。後藤は、常民大学で教えるということは、結果を求めちゃいけないんだと自分に言い聞かせていた。

宮坂は、後藤が飯田から長野市まで「長野生活者大学」(20)のために移動する際、宮坂の運転する車で送り、また自身も長野生活者大学にも参加した。飯田に後藤が滞在する際には、宿の同じ部屋に泊まってずっと話を聞くこともあり、ある時は後藤が住んでいた「鎌倉へ来い」と声をかけてもらい、「書生」のようであったと語る。そんな後藤が、「本物をみて、本物を食べろ。そして本物になれ」と言い、松本市の洋食屋で後藤に「ビフテキ」を食べさせてもらったことを、後藤の人柄を思い起こす印象深い出来事として語る。

宮下、北原、片桐にとっては、各地への調査が印象深いものであった。「柳田の気持ちになって」各地を訪問した。北原は研究会の活動を通して「ルーツを知る喜び」に楽しみを見出だしていると語った(21)。

原は、最初の講義で後藤が「なぜ歴史を学ぶか」を語ったことが衝撃的だったと話す。いわく、「歴史を学ぶことの意義は、過去の反省を未来に生かすためである」と。そのようなことは学校で聞いたことはなかった。教えてもらっていたら、もうちょっと真面目に学んだかもしれないと思ったほどだという。柳田の学習は、原の整骨・鍼灸師の仕事に活きている。例えば腰痛を、これまで行動的に考えられていたことから、柳田から学んで社会文化的なアプローチを用いて考えなくてはいけないと見方が変わった。柳田が仕事に「効いている」という。

また、原は「直会」や「夜学」、「夜の常民大学」とも言われる、講義後の飲み会が楽しみだったと話す。そこでの耳学問は、「目から鱗がぼろんぼろん落ちる」ものだった。自身を「おとなしかった」と語る前澤にとっても、後藤と受講者が自由に語らう直会は印象深いものだった。受講生が「先生、さっきああ言っとったけど、あれどういう意味？　もっと詳しく言ってくれにゃ、おらあとうには分からんわ」と飯田の言葉で後藤に質問する。それに後藤が丁寧にこたえるのを、「ああ、そういうことなんだ」と耳をすませた。そんなやり取りから耳学問をする、楽しい会だった。宮下にとっても「すべての人がしゃべる」この会が印象深かった。

松上は、飯田歴史大学・飯田柳田国男研究会での学習を「単なる趣味じゃない」と話す。松上にとって会の学習は、「自分の生き方につなげていく」ものだった。学ぶ意味をしっかり考えてきたからこそ、長く続けることができたと考えている。前澤も、「学んできたことを『良いご趣味で』って言われたら、『ばかな』と反論すると思う」と話してくれた。運営委員の仕事は多く、大変だった。「趣味」と言葉であらわすよりも、「もうちょっと真剣だった」と振り返る。片桐も「やめたらどんなに楽になるか」と思った。しかし、それでも「強いられたる恩寵」であり、「この世界を知らなかったら寂しかった」と語る。実際にやめようとした際には周りのメンバーが引き止め、励ましてくれた。

宮坂は、歩んできた歴史を解明できることは、「日常生活に意味づけができる」命にかかわることであり、それがうれしいと語った。髙橋は、「僕らは学んで、何か資格を取るわけでも何でもなくて、自分のためにやっているだけ」と話す。その学びは、「二〇年間出席したら何かもらえる」というものではなく、「自分がつかみ取るかどうか」であった。今になって振り返ると、「それぞれが自分の世界の中で、後藤の思想を自分なりに解釈して生きてきた」ことに気付く。

髙橋の場合、後藤から一番学んだと思うのは「物事を構造的にみる」ことだという。それが活きたのは仕事でのことだった。髙橋は元飯田市職員で、都市開発を専門に地域のことを考えてきた。理屈で地域は変わらないとよくいわれた中、後藤は、「理屈のない地域は駄目になっていくだけだ」と説いていた。髙橋は、産業革命以降の都市史を、後藤に習った構造的にみるという方法で捉えていく。そして何が必要か。どういう手段を選ぶか。誰が主体になるかを考えて実践していく。物事を構造的にみることは様々なところで活き、歴史であれば、事実ばかり並んだ年表という視点から、どのように捉えるかという視点に変わった。そのような見方をつかみ取ったことが「自分の人生にとって大きかった」と話す。

宮下は、飯田柳田国男研究会に参加する前から「本を読んではいたが、読む本の種類が変わった」という。そうした人生の中の読書の転換から後藤に出会ってよかったという。また、宮下は二〇一六（平成二十八）年現在、飯田柳田国男研究会の幹事を務める他、公民館の分館長、伊那史学会の役員を務めており、飯田柳田国男研究会内外で活動の幅を広げている。

三　飯田歴史大学から飯田柳田国男研究会に続く学び

飯田歴史大学・飯田柳田国男研究会の特徴は、次のようにまとめられる。一つ目は、参加者の多様性にある。飯田歴史大学・飯田柳田国男研究会は、開講当時、長野県内外各地から様々な職種、年齢の人が集まった。二〇一六（平成二十八）年現在も、松本市から通う会員がいる。当初の参加者の中には、先に開かれていた遠山常民大学からの受講者もいたが、常民大学の活動自体知らない人もおり、新聞記事で開講の知らせをみて参加した人もいる。二つ目には、学習内容についてである。第四年度までは近代思想史の学習に取り組み、その後第一九、二〇年度にも日本民俗思想史と題した学習が行われたが、後藤の方針として柳田の学習が第五年度からはじまり、柳田をテーマの中心にして現在まで学習を続けている。三つ目には、柳田国男記念伊那民俗学研究所ができたことである。それによって、飯田歴史大学は研究所の一組織へと改組され、飯田柳田国男研究会になった。そのため研究会は、全国で展開し、相互交流を深める各地の常民大学の一つでありながら、研究所の中の組織でもあるということになる。髙橋は、地域を起点にした会としての活動がありながら、その延長として常民大学があると述べている。また、後藤の亡くなった後は野本寛一（二代目所長）や福田アジオ（三代目所長）の指導をうけてきた。

次に、一、二の考察を試みたい。一つは、後藤が主宰した当時の会としてのアイデンティティは変容しつつあるということである。飯田柳田国男研究会になって以降、後藤、野本、福田という三人の講師の指導を経験しており、インタビューの中でそれぞれの特性が語られたように、講師によって指導内容に多様性がある。また一方で、三〇年以上の歴史を重ねてきた中で、受講生にも多様性が生まれている。後藤の指導をどれくらい受けてきて、どの程度それを「つかみ取った」かというのも各人による。後藤の教えを直接受けていない受講生もいる。そして今、地域に根ざした飯田柳田国男研究会、全国各地に広がる常民大学、そして柳田国男記念伊那民俗学研究所の一つの会という三方向の広がりの中で、会が保たれている。

二つ目は、三〇年をこえる学習の成果として、柳田学を参加者それぞれの生活や仕事、生き方に活かしていることである。髙橋や原が語ったように、それぞれが柳田を自分に引き寄せて解釈し、活かしている。これはかつて後藤が願ったことでもあった。

このように、飯田歴史大学からはじまった飯田柳田国男研究会は、当初の姿から少しずつ変容をみせながらも、丹念で確実な学習を続けている。

付記　飯田柳田国男研究会の皆さんには、インタビューをお受けくださり、研究会にも参加させていただきました。また、貴重な資料の提供や執筆にあたってのご助言も賜りました。ここに記して感謝申し上げます。

注

（1）飯田歴史大学編・発行『飯田歴史大学十年の歩み』一九九二年、三頁。
（2）柳田国男記念伊那民俗学研究所ホームページ（http://inaminkenhome.blogspot.jp/ 最終アクセス二〇一六年九月二十九日）。
（3）そうした中で、飯田柳田国男研究会の歴史をまとめたものとして、片桐みどり「飯田柳田国男研究会『柳田館を拠点にしての学び』」『常民大学の原点と未来　常民大学研究紀要一〇』（岩田書院、二〇一〇年）がある。
（4）『信濃毎日新聞』一九八二年二月三日、『南信州』一九八二年二月二十五日、『中日新聞』一九八二年三月十四日。
（5）『信濃毎日新聞』一九八二年三月十六日、『信州日報』一九八二年三月十七日。
（6）『信濃毎日新聞』一九八二年三月二十七日、『信州日報』一九八二年三月三十日。
（7）『信濃毎日新聞』一九八二年四月十九日、『信州日報』一九八二年四月二十日、『南信州』一九八二年四月二十日。
（8）『信濃毎日新聞』一九八二年五月二十四日。
（9）『信濃毎日新聞』一九八二年五月二十四日。
（10）二〇一四（平成二十六）年三月十日、柳田国男館にて髙橋寛治、原幸夫、前澤奈緒子、松上清志、櫻井弘人への聞き取り。また、二〇一六（平成二十八）年六月十一日、柳田国男館にて片桐みどり、北原いずみ、宮下英美、同日飯田市内での宮坂昌利への聞き取り。
（11）『朝日新聞』一九八六年九月八日、『信濃毎日新聞』一九八六年九月十一日。
（12）『朝日新聞』一九八九年五月二十九日、『朝日新聞』一九九〇年一月二十日、『朝日新聞』一九九〇年一月二十一日、『信濃毎日新聞』一九九〇年一月二十一日、『南信州新聞』一九九〇年一月二十三日、『朝日新聞』一九九〇年二月二十三日。
（13）『信濃毎日新聞』一九八六年九月十一日。
（14）『信濃毎日新聞』一九九二年六月十五日。
（15）二〇一四（平成二十六）年三月十日、柳田国男館にて髙橋寛治、原幸夫、前澤奈緒子、松上清志、櫻井弘人への聞き取り。
（16）飯田歴史大学編・発行『飯田歴史大学十年の歩み』一九九二年。
（17）飯田歴史大学開講後、毎回の会で扱った内容の要旨や質問とそれに対する回答、参加者による感想や論考等、伝達事項を会報にしている。

(18) ただ、後藤の生前には、二〇〇〇～〇一（平成十二～十三）年に「戦後日本民俗思想史」という後藤による思想史の講義も行われている。

(19) 片桐みどり「飯田柳田国男研究会『柳田館を拠点にしての学び』」『常民大学の原点と未来　常民大学研究紀要一〇』岩田書院、二〇一〇年、一一三頁。

(20) 長野生活者大学は、一九八五（昭和六十）年から一九八七（昭和六十二）年まで長野市で開講された常民大学。

(21) こうした「ルーツを知る」ことの重要性は後藤が柳田国男に依りながら提起するところでもあった。「郷土研究の第一歩は平民の過去を知ることである。平民の過去を知ることは自分を知ることであり、即ち反省である。――これが柳田国男の郷土研究の根本理念である」（「飯田歴史大学会報」創刊号、飯田歴史大学運営委員会［飯田市図書館内］一九八二年四月十七日）。

第七章　遠州常民文化談話会

穂積健児

一　遠州常民文化談話会とは

後藤は「『生命は学習なり』、すなわち生きることは学ぶことである」[1]（明治大学「公開大学」受講者募集要項／一九九一年）と言っている。だとすれば、「生命」が失われては「学習」すら成り立たない。当然「生命」を失う危機は克服されなければならない。つまり、人間生活において、自分にも、地域にも、日本にも、世界にも「平和」を確立することが大前提となる。しかも、「平和」とは、ヨハン・ガルトゥング[2]が云うように、単なる「戦争がない状態」ではなく、生命の危機、飢餓、貧困、苦痛等のない状態をいう。

振り返って、二〇一五（平成二十七）年九月十九日未明、戦後七〇年の節目に、民主主義、立憲主義、平和憲法を破壊する暴挙が国会内で繰り広げられ、いわゆる「戦争法案」が国会を通過した。国会を取り巻く住民は旧来の「動員型」ではなく、若者・学生、若いママ・パパ、ミドル層、高齢者、学者・文化人、労働者等が「主体的」に集まり抗議行動を続けた。また、東日本大震災・福島原発事故直後は、「金より命」という考え方が主流になったように見えたが、またもや「命より金」という考え方に戻り、「原発再稼働」がすすめられようとしている。六〇年安保当時、明治大学の学生で闘士だった後藤総一郎が生きていたらなんというか？ そんなことが、頭をよぎった。

さてここでは、静岡県磐田市の「遠州常民文化談話会」の報告をしたい。

遠州とは、遠江のことで、静岡県西部一帯を指す。都市名では、浜松、磐田、袋井、掛川、菊川、御前崎周辺である。

地理的には、静岡県の大井川以西を云う。古くは「遠江国《とおとうみ》」と言われ、大和朝廷に近い湖（琵琶湖）を近つ淡海といったのに対し、大乃浦（浜名湖）を遠つ淡海と言ったらしく、律令時代の国府は現在の磐田市見付にあるなど、東海の交通の要所で、古くから栄えた地であった。中世には、斯波、今川、武田、徳川などが郡雄割拠し、江戸時代には、浜松藩、掛川藩、横須賀藩が存在する時代を経て、明治期に駿河、伊豆と合併して静岡県になった。江戸時代には天竜川の筏を利用して伊那盆地や北遠から木材が運ばれた。明治以降、牧ノ原台地が開拓され、緑茶栽培が奨励された。農産物では蜜柑やメロン、工業としては楽器やバイク等の生産がある。サッカーのジュビロ磐田は磐田市にある。祭りも盛んで、浜松まつり、見付の裸まつり等がある。磐田は天竜川左岸にある。上流の飯田、遠山と天竜川で繋がっている。一九七七（昭和五十二）年に天竜川上流の遠山で開講した「常民大学」が、四年後の一九八一（昭和五十六）年に天竜川の下流、浜松で開講されたことは、ある意味、必然であったかもしれない。

二　発足の経緯

遠州常民文化談話会は、一九八一（昭和五十六）年当時、高校の美術教員で、絵のモチーフとして「芸能・民俗・農民の暮らし」を描いていた大庭祐輔が、一九八〇（昭和五十五）年の暮れ「三信遠の霜月祭を描いているが、最近、東京駅の八重洲ブックセンターで『遠山物語』を買い求め感動した。来年一月に浜松の百貨店で個展をするので、ぜひご覧頂きたい」（遠州常民文化談話会二〇周年記念、『見付次第／共古日録抄』出版記念会での後藤の挨拶／遠州常民文化談話会「二〇年の歩み」から）[3]という主旨の手紙を後藤に出し、翌年一月、後藤は遠山常民大学の講義の帰途、浜松で大庭と会い意気投合して浜松でも「柳田学」を勉強したいということになり、四月、浜松の牛山会館で二一人が集まって開講したのが、始まりである。当時は、浜松常民文化談話会と称していた。以後十二月まで、全九回の講義とフィールドワークを重ねた。

三　三〇年間の活動実績（内容と方法）

1　発足当初の状況

手元にある「遠州常民文化談話会　三〇周年記念講演会」（遠州常民文化談話会／二〇一〇年十月三十日）[4]という冊子には、発足当初から三〇年間の活動の軌跡が記されている。その冊子を手掛かりに遠州常民文化談話会の三〇年間の歩みの概要を記述してみたい。

一九八二（昭和五十七）年の第二年度は、会場を浜松南部公民館に移して開講した。学習方法は後藤の講義が中心で、学習テーマは「柳田国男を読む」であり、以後、第四年度まで、継続して学習を深めている。一九八五（昭和六十）年の第五年度は『海上の道』を読む」をテーマにしている。フィールドワークは遠山常民大学との共催で十二月に「霜月祭」を見学したり、三年度、四年度は、二日がかりで、『東国古道記』を歩くフィールドワークとして宿泊をしながら「秋葉信仰の地」や「諏訪信仰の地」を歩いている。また、「合同研究会」も一九八二（昭和五十七）年「三信遠のフォークロア」という主題で佐久間町において開催され、遠山常民大学、豊根村夏期山村大学とともに参加している。以後、常民大学「合同研究会」は、一九八三（昭和五十八）年の長野県下伊那郡南信農村老人福祉センターでの「合同研究会」を第一回とし、毎年、開催地を変えながら、一年に一回開催されている。この年から、後藤の講義に加えてレポート制度や参加者の「研究発表会」が実施されている。

以後節目の活動を中心に紹介したい。活動の詳細は末尾の資料も参照されたい。

2　浜松から磐田へ

発足以来、「遠州常民文化談話会」の活動は、毎年、四月から翌年の一月まで、毎月一回、計一〇回にわたり柳田国男の著作を読みながらその意味を理解するという学習スタイルである。

一九八六（昭和六十一）年の第六年度からは磐田市誌の編纂に参画したので、地元の磐田市中泉公民館に移った。この年の学習テーマは「柳田国男の民俗紀行」で、四月の記念講義は小杉達（県教委文化課）の「道と文化」、フィールドワークは九月に「見付天神裸祭」見学を実施している。この年の最終の例会では、四人が研究発表を行った。また、この年の一大イベントは、十月から十一月にかけて磐田市誌『天竜川の暮らしと文化』編纂のため、三泊四日で、諏訪から掛塚まで、秋葉街道の実地踏査をしたことだった。この年から会の名称も「浜松常民文化談話会」から「浜松磐田常民文化談話会」に変更をしている。

3　磐田市誌シリーズ『天竜川流域の暮らしと文化』出版記念市民講座

磐田に移ってからは、柳田の著作を読むことと並行して、磐田市誌編纂のための学習も積み重ねてきた。「東三河と遠州の交流」「天竜川の水の信仰」「磐田の漁業」等の研究発表や「見付天神裸祭」の現地見学や「早太郎伝説」の学習、「秋葉寺護摩火渡り・秋葉神社火祭り」の見学等のフィールドワークも実施している。後藤総一郎は当時の状況を「飯田の勉強会の皆さん、遠山の勉強会の皆さんと共同して、野本寛一先生、小杉達先生、石川純一郎先生などのご当地の民俗に詳しい専門の方五人に分担指導していただき、私がまとめ役ということで、この『天竜川流域の暮らしと文化』を常民の皆さんとフィールドを調査・研究してまとめあげた」その中で「初めての市誌編纂の中で、三県にまたがる民俗誌を編ませていただいたということで、勉強会〔遠州常民文化談話会〕の皆さんもそれをバネにして力を付けてゆくことができました(5)」と回想している。

その証しとして一九八九（平成元）年十一月十五日には、磐田市誌『天竜川流域の暮らしと文化』上・下巻完成の出版記念市民講座が開催され、主講師は後藤が務めたが、各担当を会員の執筆者がそれぞれ報告している。また、翌年の一九九〇（平成二）年には、後藤が継続の一区切りと考えた発足一〇年を迎え、第一期終講式を実施し、一〇年間の経過報告、一四名に終了証の授与、市長や全国常民大学代表の挨拶、後藤の記念講演や感想文集を発行している。

4　「遠州常民文化研究紀要」発行・（財）静岡県文化財団から表彰

発足後、一〇年を経過した一九九二（平成四）年には、自分達のこれまでの歩み、研究結果を記録に残そうという実践として、『遠州常民文化』という民俗を調査・研究した紀要（論文集）を創刊している。一九九五（平成七）

年発刊の第二号には「子安信仰」が特集されている。子ども・子育ての問題では、「いじめ」や「登校拒否」、都市化による「遊び場の減少」「子どもの孤立化」等社会の病理が生まれている中、「病理を生まなかったかつての子供、神の子として育て、宝として育てようとしたつい五〇年、百年前の先祖の子育ての姿を、子安信仰の中に豊かにみることができた。このことを現代社会の中に反省する鏡として役立ててほしいという小さい願いをこめて、子安信仰の民俗調査論文等をまとめた」紀要として後藤総一郎は評価している。[6]また、後藤総一郎死去(二〇〇三〔平成一五〕年)の後も、野本寛一(近畿大学教授)の援助・指導を受けながら『遠州の常民文化』として、紀要(論文集)を二冊発刊し、二八年間の活動が評価され、二〇〇九(平成二十一)年二月には財団法人静岡県文化財団から地域文化活動特別賞を受賞している。

5　山中共古「見付次第／共古日録抄」発刊

聞き取り調査によれば、見付次第の学習は、一九九四〜九五(平成六〜七)年頃、前代表の熊切正次が浜松の図書館で山中共古の「見付次第」の筆写本を見つけて、自分で挿絵の複写とともに、活字化して「会で読みませんか?」と提案されたことがキッカケで、当時は断片的(例えば「裸まつり」など)に読んでいた。それを見つけた後藤が、全部フォローして学習しようと提起し、平成八年に後藤の開講記念講義「山中共古『見付次第』研究の意義」から本格的に取り組み始めた。会代表の名倉愼一郎は二〇〇〇(平成十二)年十二月に出版された「山中共古『見付次第／共古日録抄』の「解題」で『見付次第』の自筆稿本は、かつては所在不明で「幻の著作」であったが、「幸い地元の浜松市立中央図書館には、何種類かの写本が残されていたため、この内の一書(小池誠二氏写本)を、会の前代表、熊切正次が活字に起こし、会での学習のテキストとしてきた」[7]と書いている

また、一九九八(平成十)年の八月九日、九月十九日、十月十日の三回、「見付次第」に関わる連続講座を後藤

図 2-7-1　遠州常民文化談話会の出版物

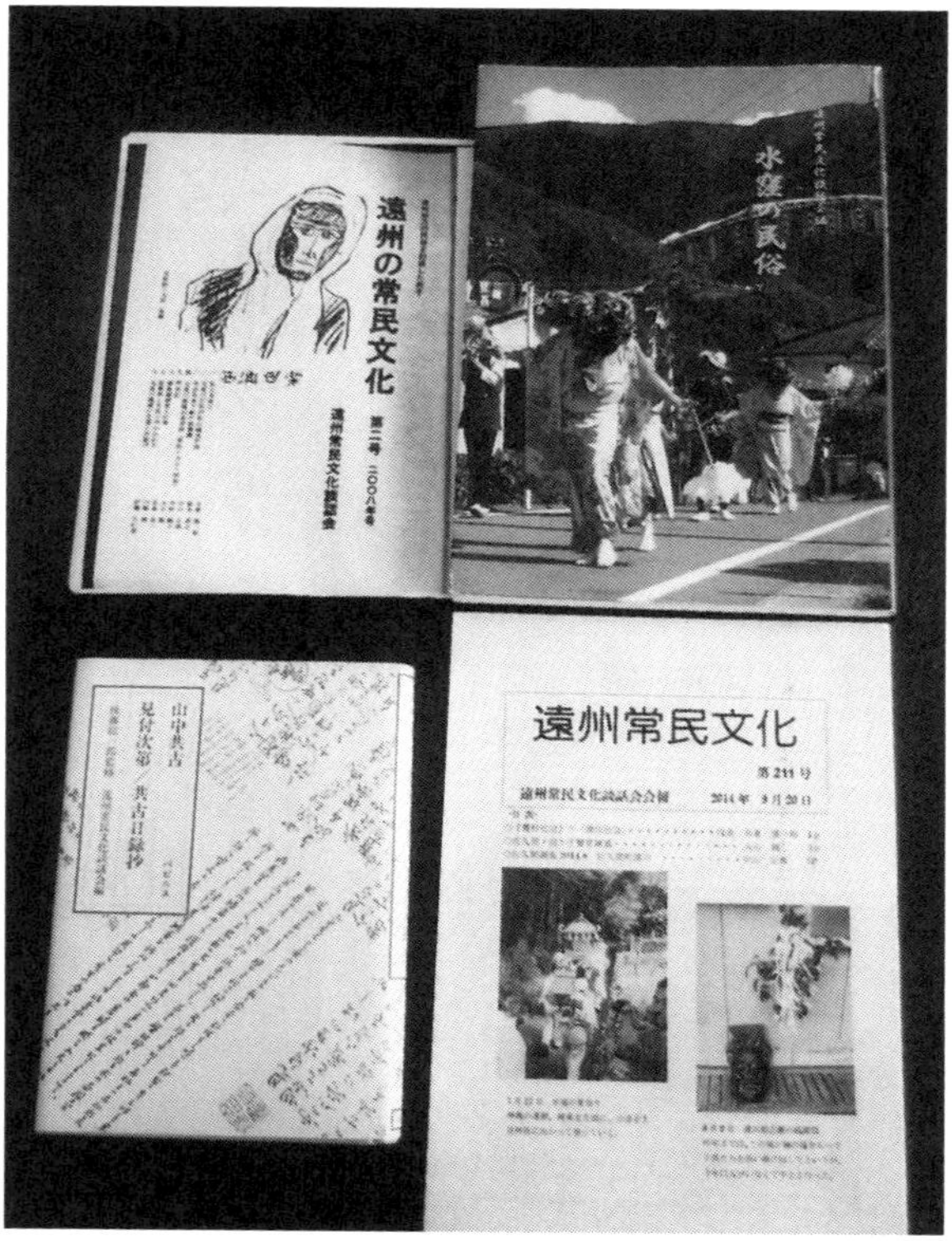

右上は『遠州常民文化談話会編　水窪の民俗』、
右下は会報「遠州常民文化」、
左上は紀要『遠州の常民文化』、
左下は『山中共古　見付次第／共古日録抄』。

や会員が講師になって実施しているが、この中で後藤は、「例えば、裸祭の伝承にしてもそうですが、すでに、なくなって我々が知らないことも、実は九〇年前に書き記している貴重な本があるわけですから、この古い抽き出しを開け、文字で書かれた民俗誌である山中共古の『見付次第』を、皆さんと一緒に勉強してみようということで今回の連続講座となったわけでございます[8]」と本書発刊の意義と連続学習会の意義を述べている。さらに後藤は「まえがき」で、「遠州常民文化談話会の二〇年の節目の年に遠野常民大学の『注釈　遠野物語』の労作に次ぐ本書を上梓することが出来たことをともに多としたい[9]」とこの出版を高く評価している。

6 「水窪の民俗」出版

後藤に導かれ、野本に援助を受けながら、柳田を読み「民俗資料の記録化」の重要性に目覚め、自分達で地域を特定し、そこでの「民俗資料の記録化」を実践したのが、水窪の民俗調査である。遠州常民文化談話会編の『水窪の民俗』の「あとがき」には「二〇一〇（平成二十二）年五月の例会でこの事業の実施が決定され」「およそ二年の歳月をかけた」調査が刊行されたこと、先行研究もいろいろある中で、「今回は地域の住民でないものが企画し、実施したところに格別の意義」があり、「調査の時期が前回から四〇余年経て、亡失されている部分が多々ある中で、変化が見られたり、当時の調査には浮かばなかった事実や証言が取り上げられている」[10]等の自己評価をしている。また、会の代表、名倉愼一郎は「はじめに」において、今回の出版は後藤の追悼の意味で一周忌に実施した「天竜川流域の民俗文化と後藤総一郎」という企画展の延長線上にあり、「故後藤総一郎先生から教えられた『生活者の学び』『身銭主義』という、学びの基本をもとに実施することができたのではないか」[11]と述べている。さらに、この調査報告書には、「水窪に三〇年通い続けたその熱い思いを表した」野本寛一の玉稿も掲載され、後藤から野本へ指導者の確実なバトンの受け渡しが現れている。遠州常民文化談話会は、「水窪の民俗」に続いて二〇一四（平成二十六）年九月から「佐久間の民俗」調査を実施し、調査報告書の刊行を予定している。

四　現状について

1　月例会に参加して

遠州常民文化談話会には、二〇一四（平成二十六）年の九月と十二月の二回、おじゃまして、学習・研究会に参加させていただいた。会場は磐田市の中泉公民館、体育館も備えた大きな公民館である。月例会は毎月第三土曜日、午後一時三〇分～五時、終了後は希望者で、だいたい駅周辺の居酒屋で直会《なおらい》という流れのようだ。九月は参加者一五人、十二月は二〇人、うち女性は五人位、あとは男性であった。

いずれの例会も冒頭、会の代表から今後の予定、諸行事の案内、現在の活動の状況、社会情勢などを含めた挨拶と報告があり、九月の学習内容は（1）柳田国男著『神樹篇』を読むのうちの⑦「天狗松・神様松」「地蔵木」「花とイナウ」についての報告と、（2）会員の中山正典の自著『富士山は里山である――農がつくる山麓の風土と景観』の紹介の二本であった。（1）の『神樹篇』では柳田の本の該当部分がコピーされ、持参していない参加者への配慮を感じた。自営業の主婦だという会員の女性は、報告事項の丁寧な説明とご自分の体験を交えた感想、パソコンからのコピーという玉串や鳥柴の絵の説明、用語の説明等、丹念な報告がされた。

（2）の報告は、会員の中山が出版した著作[13]の内容についてで、富士山がなぜ「里山」なのか、長野出身の満蒙開拓団の方々の入植の苦労などの報告があった。終了後、私を含め七人で、磐田駅近くの居酒屋での「なおらい」に参加した。参加したメンバー全員が地元（森町、掛塚等）の祭りの世話人ということで、祭りの話や、地元で古いしきたりの葬儀が残っている等の話で盛り上がった。

十二月は、会員から佐久間調査での報告がされた。中でも、「佐久間町祭り備忘録」は、一年間、自分の足で確認した佐久間町のすべてのお宮、神社の祭りの祭礼日、内容、神楽舞、湯立ての報告で、圧巻であった。後半の民俗学者野本寛一氏の特別講義「民俗学の責務」[14]はパワーポイントを使い、全国各地の習俗、伝承を紹介しながら、「民俗の伝承を活かして現実問題を見る目」「『地方消滅』（増田寛也編著）をどう乗り越えるか」「政府の政策は対処療法」等、地方創生批判を展開された。

二回の例会参加で、柳田の著書の継続的な学習、緻密で丁寧な読み込み、民俗調査活動の充実、出版活動、個人としても、独自に出版できる力量のある方々の存在等が印象に残った。

2 会員の構成、月例会、会場、学習内容、調査内容、出版物等について

現在、名簿上の会員は三六人（男性二七人、女性九人）だが、物理的な条件で参加出来ない人がいる。例会の参加者は二〇人前後で、その他の人は「通信」「会報」会員と言う状況である。職業的には、教員、会社員、公務員が多く、あとは自営、主婦という現状である。年齢的には、五十代から六十代が中心で、若手は四十代、最年長は八十五歳である。年間一〇回の月例会を三〇年以上も継続し、参加者が長続きしているのが特徴で、最も長い大石さんは、第一期の七月からで三五年、三〇年は五～六人いる。出入り自由なので、短い人もいるが、例年二～三人退会し、二～三人入会するということであった。最近では、二〇一五（平成二十七）年五月の例会に初めての人が二人入会した。会費は年間一万円、一回千円で運営している。運営委員会は浜松を拠点に活動していた時代は、代表の大庭の関係で高校の教員が多く七人位でやっていた。磐田へ移ってからは、元磐田市役所職員の熊切正次が二代目、高校の教員だった名倉愼一郎が三代目で、教員、公務員、自営業、主婦等一四人でやっている。二〇〇三（平成十五）年一月に後藤が他界してからは、静岡県出身で民俗学者野本寛一（近畿大学名誉教授）に折々の援助をいただいている。学習研究内容は、柳田の著書（別項参照）を中心に会員が読み込み、報告、調査活動では、磐田市誌作成のための調査や水窪の民俗調査をし、その成果を本にまとめ出版している。また、牧師であり、柳田の師ともいわれている山中共古の『見付次第／共古日録抄』の注釈出版は大きく評価されている。なお、会場、調査内容、出版物、テキスト等については別項を参照されたい。

五　聞き取り調査から

二〇一五（平成二十七）年五月十七日（日）午後と二〇一六（平成二十八）年三月五日（土）午後の二回、浜松市で、遠州常民文化談話会の代表、名倉愼一郎と発足以来の会員、大石龍にご協力いただき、民俗学と常民大学運動について聞き取り調査を行った。

1　民俗学とは

東日本大震災・福島原発事故から、今年で五年になる。事故直後は、「お金よりも命」という考え方が主流になったと思ったが、またもや「命よりもお金」という考え方に戻り、残念ながら、原発再稼働が進められている。津波対策も、高い防潮堤ばかりが造られ、「防波堤が高すぎて、海が見えなくなってかえって危険」という声も出ている。

名倉は、赤坂憲雄の新聞記事を紹介して「東日本大震災で津波を避けるために、高い防波堤を造っているが、そのことは、人間はもともと自然界の中の動物の一つにすぎないということを忘れた、『人間のおごり』なのではないか」「強大な自然の力の前に、どうすることも出来ない人間が、自然への畏敬の念を、宗教や祭りで表現してきた」そのことを大事にすることが人間にとって大切なことだと語られた。また「今、人口が都市に集中し、山村はどんどん過疎化している。果してこれでいいのだろうか？　これが人間生活の正常な姿なのか。今まであった『祭り』が出来なくなっている。家庭がどんどん崩壊している。お墓はだれも墓守がいなくなって荒れ放題。何でも『お金』で解決しようと、通販大手の『アマゾン』が、葬儀や法事の僧侶の派遣を商品化しようとして、日本仏教会から『宗教は商品ではない、お布施は出す人の心の問題だ』と拒否されたという話もある」という話をされ、さらに「自分はいったい何者なのか。どこから来てどこへゆくのか？ それぞれの人間の寄って立つ基盤はなんなのかを考え、自分のアイデンティティを確立していくことが、常民の活動の目的であり、『不易と流行』という言葉があるが、民俗学とは、普遍的な人間の生き方を追求することではないか」と語られている。

2 常民大学（運動）とは

また「自分の故郷を考える、自分の生活の場を学び、自分のアイデンティティを持つ。そのためにこそ『学習』がある。『生活者の学び』がある。学習して自分の生活の場、故郷を考え、理解する所に愛着がわき、地域を大切にする考えがでてくるのではないか」と述べて、「後藤に導かれた常民大学の人々は、後藤の考えに大きく影響を受けている。自前主義、手弁当主義、主体性、継続性、率直に語り合う場の『なおらい』の大切さ、などなどである。後藤は良く、『カルチャーセンターではダメだ』と言っていた。後藤は、現代の課題を、柳田を通して、柳田の考えを学びながら、課題解決を考えていた」と話されている。それが常民大学（運動）なのではないかと思う。

その事例を大石が具体的に話した。

船明ダムの所に『石碑』が建っている。知らない人は何の碑だかわからないが、それは、ダムに沈んだ日《ひ》明《やり》という集落の七〇戸ほどの人々の悲しみの碑だ。そのことを学ばないと永遠にそういう事実は抹殺される。

さらに「行政（浜松市の教育委員会）は、財政の都合や政府の方針のもと、学校教育においても分校を統合したり、残った建物も住民の意見も聞かないで管理しようとする。水窪の佐久間小学校羽ケ庄分校は、元はと言えば、子どもたちの将来のために、篤志家が土地を提供して建てたもので、村全体で学校を大事にし、先生には自分のところで取れた野菜や果物などを持って行っていた。廃校になってからも地場産業である『お茶工場』として活用していた校舎を取り上げる。行政は生活者の立場で考えていない。地元の人々が、分校の成り立ちや役割を知り、毎日生活している立場で自分達の歴史、部落の歴史を学んでいれば、行政にマッタを掛け、建物も壊されずにすんだかもしれない。その学びがないから、どんどん地域や部落が破壊される」と残念がられていた。

お話をお聞きしながら、常民大学運動とは何かを自分なりに考えてみた。

後藤は『常民の思想』[15]の中で、柳田が八八年の生涯をかけて「理解したものは、『日本人とは事大主義だ！』というある種の絶望に近い吐露だった」と述べ、このことは柳田にとって「無念の自己認識」だったにちがいないが、それでも柳田学を後世に残そうとしたのは「『絶望的な自己認識の上に立ってそこからつねに前に進むことをかんがえよ』と、いわば逆説的に教え」ているのではないかと受け止めたという。「柳田の無念を晴らす」という強い思い・「情念」の結実が後藤常民大学運動の根本なのではないかと考えることができよう。

そのことを後藤は「柳田学を政治思想史に導入することによって、生活者とか不変の民衆の自己認識を、つまり主体的自由の意識を形成していくことができたらと思って、ささやかな勉強をしてきた」[16]と述べている。

この後藤の「常民大学」にかける思いを主体的に受けとめ、自己認識を高め、三〇年以上も継続し、活動の実績を積み上げてきた「遠州常民文化談話会」の驚異的なエネルギーに敬意を表したい。

遠州常民文化談話会は三〇年以上継続して活動している。発足以来の会員である大石は「後藤先生の情熱ある、迫力ある講義に引き込まれて続いた」と同時に、「各人が研究テーマを持ち、一人一冊という後藤先生の方針にまじめにとりくんできた」からではないかとふりかえる。

六　活動の特徴

遠州常民文化談話会は、後藤常民大学の提起した、四つの基本「①自主的・主体的に集まる、②身銭主義、③運営委員会方式、④系統的・長期的展望（一〇年一区切りで本を出す）」と地域主義および会終了後の「なおらい」を忠実に実践してきたことが、継続している大きな要因ではないかと思う。このことを遠州常民文化談話会の具体的活動で考えてみたい。

1　自主的・主体的活動

入会する時も活動する時も常に自分自身の判断で行動することである。遠州常民文化談話会に第一期（一九八一［昭和五十六］年）の七月から入会している大石は「新聞記事を見て興味が湧いた」といい、教員仲間の誘いもあって入会している。他の会員も入会前から、それぞれのテーマに関心があったり、仕事の延長線上の研究などそれぞれ個性があり、素地のあった人々が集まっている。こうして、自主的・主体的に入会した人々が、それぞれ独自のテーマを持って活動してきたことが、三〇年以上も継続して活動できている基本的な要因だと考えられる。

2　身銭主義（自前主義、手弁当主義）

公に頼らず、全て自前で、手弁当の活動である。会費は、一回千円、一年に一〇回の学習会で年間一万円である。会費は講師謝金、会の運営費、会報発行費用、会員への通信費等であり、その他にも、聞き取り調査活動の費用、フィールド・ワーク活動の費用、研究調査のための旅費、宿泊費、「なおらい」の経費などがかかっている。こうした活動が、どこからも指示や圧力を受けずに自由に活動でき、継続できている要因であると思われる。

3　運営委員会方式

遠州常民文化談話会は、会員の力量と運営委員会・リーダーの力量が大きいと思う。後藤は、「山中共古『見付次第／共古日録抄』の中で、「遠州常民文化談話会のメンバーは、大庭さんを中心に、数名の高校の先生方がおります。また、地元ではご存じの方が多いと思いますが、熊切さん、あるいは前の助役であった鈴木さんとか、郷土史に造詣の深い皆さん(17)」がいて、一八年間、活動の実績を積み上げてきてこの本(18)ができたと、会員、リーダーや運営委員の力量を評価している。また、私が参加させていただいた月例会の席上、指導者の野本は「この会は、人格者が揃っているので、内容が充実し、長続きしている」と運営委員会を評価していた。さらに、三〇年間で代表が三人変わっただけという、代表者の長続きも、要因の一つだと思う。また、後藤が大事にした「なおらい」も重要だと思う。「なおらい」とは本来、「神社等で祭事が終わって後、供物・酒を分け合って食べる（宴会）(19)」の事だが、学習会が終わってホットして講師も参加者も対等にザックバランに飲みながら「おしゃべり」や「本音」が話せる場が、お互いの解放感を確認し、人間関係を深め、次へのエネルギー蓄積の場となっている。

4　系統的・長期的展望を持って

遠州常民文化談話会が継続出来た要因の一つとして「節目、節目に本を出してきたので、活動の目標があった」こと、「各人が研究テーマを持ち、一人一冊という後藤先生の方針にまじめにとりくんできた」ことがあげられている。実際、会発足から一〇年で『磐田市誌』の発行に協力し、一二年目に研究紀要『遠州常民文化』を創刊し、以後、三冊の紀要を発行している。二〇年目には、『見付次第／共古日録抄』を出版し、三〇年目には『水窪の民俗』を出版して、三五年目には、「佐久間町の調査」結果を出版する予定である。また、一三年目から毎月一回、年一〇回、会報『遠州常民文化』を発行している。

個人の研究活動、成果発表では、三〇年間で、一五人が四一本の研究発表をし[20]、それぞれが独自な研究テーマを追求している[21]。

5　指導者・援助者の役割

指導者・援助者の役割も大きい。後藤の死をキッカケに活動がなくなった常民大学があったり、開店休業のところもあるが、幸い、遠州常民文化談話会は、後藤とともに指導・援助していた静岡県出身の野本が、『後藤民俗学』を学び続けよ[22]」と激励し、後藤亡きあとの会の指導、助言を引き受けている。

6　会の宣伝・発信

会が継続するためには、各会員の長続きと、新しい会員の獲得が必要である。遠州常民文化談話会では、自治体の広報の活用や、会員募集の工夫、会報の普及や出版物の普及等で、宣伝、発信をしている。実際、物理的に毎回例会に参加することが困難な人は、「通信会員」という形で参加をしている。また、二〇一二（平成二十四）年に出版した『水窪の民俗』は初版、二版合わせて一三〇〇部も売れている。さらに、マスコミ（地元の「静岡新聞」等）の力も大きく、新聞記事を見て参加してくる会員もいる。

こうして、後藤常民大学の基本方針を基に、遠州常民文化談話会が継続して活動できている要因をみてきたが、結論としては、後藤の活動方針をキチンと受け止め、あらゆる面において真面目に、すぐれた活動実績を積み上げてきたことの当然の結果であるといえる。

七　常民大学運動の旗手に

遠州常民文化談話会の例会に参加させていただいたり、三〇年誌や紀要を読ませていただき、聞き取り調査をさせていただく中で、また、名倉から「後藤は、柳田を通して、柳田の考えに学びながら、現代の課題の解決を考えていた」というお話しを伺って思うことは、遠州常民文化談話会の活動、「常民大学」が掲げたテーマは、社会教育の視点から見ると、まさに、日本国憲法・旧教育基本法・社会教育法を貫く「精神」(平和主義、人権尊重、民主主義、地方自治)と(主体性、継続性、系統性、科学性、地域性)、そして生活課題を解決するための実際生活に即した学習を最も具現化している実践なのではないかということと、そこに集う人々の「力強さ」である。

公民館でも、同一講師で一〇〜二〇年間続いた講座もある、勿論そこに参加するのは自主的、主体的にである。さらに、感想文、レポート、講座のまとめ冊子も作る。運営は講座の運営委員と職員とで相談しながら運営し、毎回、講座終了後の「二次会」＝飲みながら、食べながらの懇談(但し、講師は不参加の場合が多い)＝など、常民大学が基本とした活動と同じような活動はある。しかし、公民館との違いは「身銭主義」と一人一冊の本を出すというところである。それは、公的社会教育制度の内部で活動することの「限界」なのかもしれない。

また、後藤の常民大学運動は、「日本の民衆の歴史、生きざま」に学びながら、地に足のついた「常民大学運動」という学習運動で、「平和的に」日本に「人権・民主主義」を確立しようとしてきたのではないかと考える。しかし、これほどまでに中身のある壮大な実践活動である常民大学(運動)が、全国的には増えてはいない。いやむしろ減少・消滅している現状がある。『『後藤民俗学』を学び続けよ』と激励した野本の元で、後藤常民大学運動の方針を静岡・磐田の地で忠実に実践し、紀要の発行、山中共古の注釈『見付次第／共古日録』の刊行、『水窪の民俗』発刊、一人一冊が実現できる会員の力量等、実績を積み重ねてきた遠州常民文化談話会が、今後、さらに後藤の思いを地域に深く根ざし、活動を拡げ、常民大学運動のリーダーとなることを期待したい。

参考文献

常民大学『野の学びの史譜』編集委員会編『野の学びの史譜――後藤総一郎語録』梟社、二〇〇八年
『構造的暴力と平和』中央大学現代政治学双書、一九九一年
後藤総一郎『遠山物語』筑摩書房、一九九五年
磐田市誌シリーズ「天竜川流域の暮らしと文化」編纂委員会編『天竜川流域の暮らしと文化（磐田市誌シリーズ第十冊）』（上・下巻）、磐田市史編さん委員会、一九八九年
柳田国男『桃太郎の誕生』角川学芸出版、二〇一三年
鶴見太郎『橋浦泰雄伝　柳田学の大いなる伴走者』晶文社、二〇〇〇年
遠州常民文化談話会『遠州の常民文化』第二号、二〇〇八年

資料1　これまでの出版物（会として）

『遠州常民文化　創刊号』一九九二年、『遠州常民文化　第二号』一九九五年
『見付次第／共古目録抄』パピルス、二〇〇〇年
『遠州の常民文化　創刊号』二〇〇五年、『遠州の常民文化　第二号』二〇〇八年

資料2　これまでの出版物（会員として）

大庭祐輔（初代代表）『竜神信仰　諏訪神のルーツを探る』論創社、二〇〇六年
熊切正次（二代代表）『磐田ことはじめ　第一編　町内の風土記』一九九五年
熊切正次（三代代表）『磐田ことはじめ　第二編　現代編』一九九六年
熊切正次（四代代表）『磐田ことはじめ　第三編　現代物語編』一九九七年

熊切正次（五代代表）『磐田ことはじめ　第四編　心のふるさと』一九九八年
熊切正次（六代代表）『磐田ことはじめ　第五編　見付天神の考察』二〇〇四年
熊切正次（七代代表）『磐田昔がたり』（共著、磐田昔がたり保存会編・発行、一九九八年）
中山正典『山と森のフォークロア　富士山を語るシンポジウム全記録』（共著、静岡県文化財団、静岡県環境民俗研究会編、羽衣出版、一九九六年）
中山正典『風と環境の民俗』吉川弘文館、二〇〇九年
中山正典『富士山は里山である——農がつくる山麓の風土と景観』農文協、二〇一三年
鈴木直之『幻の日本民芸美術館　遠州の民芸運動とその群像』種月文化集団、一九九二年
鈴木直之『磐田の青年群像』二〇一一年

資料3　遠州常民文化談話会　使用テキスト一覧

年			
昭和56	(講義) 柳田国男の学問と思想		
57	(講義) 青年と学問	(講義) 郷土生活の研究法	日本の祭 1 〜 2
58	日本の祭 3 〜 8	先祖の話 1 〜 2	
59	明治大正史世相編 1 〜 5		
60	海上の道 1 〜 6		
61	秋風帖 1 〜 3	豆の葉と太陽 1 〜 3	
62	後狩詞記 1 〜 2	遠野物語 1 〜 2	山の人生 1 〜 2
63	毎日の言葉 1 〜 2	蝸牛考 1 〜 2	地名の研究 1 〜 3
平成 1	年中行事覚書 1 〜 3	新たなる太陽 1 〜 3	
2	神送りと人形 1 〜 2	月曜通信 1 〜 3	神樹編 1
3	祭日考 1 〜 2	山宮考 1 〜 2	氏神と氏子 1 〜 3
4	(講義) 天皇制イデオロギーの形成	妹の力 1 〜 7	
5	妹の力 8 〜 10	巫女考 1 〜 3	
6	食物と心臓 1 〜 3	時代と農政 1 〜 4	
7	子ども風土記 1 〜 2	なぞとことわざ 1 〜 2	村と学童 1 〜 3
8	(講義) 見付次第		
9	(講義) 見付次第	石神問答 1 〜 3	
10	(講義) 見付次第	石神問答 4 〜 5	
11	(講義) 見付次第	(講義) 戦後日本民俗思想史 1 〜 4	
12	見付天神の考察 1 〜 4	(講義) 戦後日本民俗思想史 5 〜 8	
13	先祖の話 1 〜 4	土のいろ 1 〜 2	
14	土のいろ 3 〜 4	先祖の話 5 〜 8	
15	土のいろ 5 〜 7	先祖の話 9 〜 10	
16	土のいろ 8 〜 10		
17	土のいろ 11 〜 13		
18	土のいろ 14 〜 17		
19	土のいろ 18 〜 19		
20	研究報告		
21	明治大正史世相編 1 〜 5		
22	明治大正史世相編 6 〜 10		
23	明治大正史世相編 11 〜 14		
24	東国古道記 1 〜 4		
25	神樹編 1 〜 4		
26	神樹編 1 〜 8		

年	テーマ	講師・会場・刊行物等
第29年度 2009(平成21)年	柳田国男を読み直す『明治大正史　世相篇』I	講師：野本寛一 会場：磐田中泉公民館
第30年度 2010(平成22)年	柳田国男を読み直す『明治大正史　世相篇』II	講師：野本寛一 会場：磐田中泉公民館

※出典：「『見付次第／共古日録抄』出版記念会、20年の歩み」記録と「遠州常民文化談話会30周年記念講演会」記録（いずれも遠州常民文化談話会発行）から作成

年	テーマ	講師・会場・刊行物等
第14年度 1994(平成6)年	米と日本人（時代と農政）	講師：後藤総一郎 会場：磐田中泉公民館
第15年度 1995(平成7)年	子どものフォークロア（子ども風土記、村と学童）	講師：後藤総一郎 会場：磐田中泉公民館 「遠州常民文化　研究紀要」第2号発行
第16年度 1996(平成8)年	山中共古『見付次第』注釈研究 Ⅰ	講師：後藤総一郎 会場：磐田中泉公民館
第17年度 1997(平成9)年	山中共古『見付次第』注釈研究 Ⅱ	講師：後藤総一郎 会場：磐田中泉公民館
第18年度 1998(平成10)年	山中共古『見付次第』注釈研究 Ⅲ	講師：後藤総一郎 会場：磐田中泉公民館
第19年度 1999(平成11)年	山中共古『見付次第』注釈研究 Ⅳ	講師：後藤総一郎 会場：磐田中泉公民館
第20年度 2000(平成12)年	①戦後日本民俗思想史 ②「見付天神の考察」を読む	講師：後藤総一郎 会場：磐田中泉公民館 ※1月14日「見付次第、共古日録抄」出版記念会
第21年度 2001(平成13)年	①「祖先の話」を読む Ⅰ ②「土のいろ」を読む Ⅰ	講師：後藤総一郎 会場：磐田中泉公民館
第22年度 2002(平成14)年	①「祖先の話」を読む Ⅱ ②「土のいろ」を読む Ⅱ	講師：後藤総一郎 会場：磐田中泉公民館 ※2月 後藤総一郎 脳梗塞により入院 ※9月 後藤総一郎 悪性リンパ腫により入院
第23年度 2003(平成15)年	①「祖先の話」を読む Ⅲ ②「土のいろ」を読む Ⅲ	講師：野本寛一 会場：磐田中泉公民館 ※1月12日 後藤総一郎、湘南鎌倉病院にて死去（享年69）
第24年度 2004(平成16)年	「土のいろ」を読む Ⅳ	講師：野本寛一 会場：磐田中泉公民館
第25年度 2005(平成17)年	「土のいろ」を読む Ⅴ	講師：野本寛一 会場：磐田中泉公民館 「遠州の常民文化」創刊号発行
第26年度 2006(平成18)年	天竜川流域の民俗文化 Ⅰ	講師：野本寛一 会場：磐田中泉公民館
第27年度 2007(平成19)年	天竜川流域の民俗文化 Ⅱ	講師：野本寛一 会場：磐田中泉公民館
第28年度 2008(平成20)年	天竜川流域の民俗文化 Ⅲ	講師：野本寛一 会場：磐田中泉公民館 ※「遠州の常民文化」第2号発行 ※2009年2月8日 財団法人県文化財団から地域文化活動賞特別賞受賞

資料4　遠州常民文化談話会　30年間の活動年表

年	テーマ	講師・会場・刊行物等
第1年度 1981(昭和56)年	柳田国男の学問と思想	講師：後藤総一郎 会場：浜松牛山会館 ※会の名称「浜松常民文化談話会」 ※代表、大庭裕輔
第2年度 1982(昭和57)年	柳田国男を読む 1	講師：後藤総一郎 会場：浜松南部公民館
第3年度 1983(昭和58)年	柳田国男を読む 2	講師：後藤総一郎 会場：浜松南部公民館
第4年度 1984(昭和59)年	柳田国男を読む 2	講師：後藤総一郎 会場：浜松南部公民館
第5年度 1985(昭和60)年	「海上の道」を読む	講師：後藤総一郎 会場：浜松南部公民館 ※この年の後半から会員がレポート ※会の名称を「浜松・磐田常民文化談話会に変更
第6年度 1986(昭和61)年	「柳田国男の民俗紀行」を読む	講師：後藤総一郎 会場：磐田中泉公民館 ※会の名称を「浜松磐田常民文化談話会」に変更
第7年度 1987(昭和62)年	山のフォークロア	講師：後藤総一郎 会場：磐田中泉公民館
第8年度 1988(昭和63)年	「毎日の言葉」を読む	講師：後藤総一郎 会場：磐田中泉公民館
第9年度 1989(平成元)年	「年中行事」研究 I	講師：後藤総一郎 会場：磐田中泉公民館
第10年度 1990(平成2)年	「年中行事」研究 II	講師：後藤総一郎 会場：磐田中泉公民館 代表、熊切正次
第11年度 1991(平成3)年	「祭日考」を読む	講師：後藤総一郎 会場：磐田中泉公民館
第12年度 1992(平成4)年	天皇制イデオロギーの形成	講師：後藤総一郎 会場：磐田中泉公民館 ※会の名称を「遠州常民文化談話会」に変更、現在に至る ※代表、名倉愼一郎に変更、現在に至る ※「遠州常民文化　研究紀要」創刊号発行
第13年度 1993(平成5)年	民俗の中の女性と信仰（妹の力・巫女考）	講師：後藤総一郎 会場：磐田中泉公民館

注

(1) 後藤総一郎「明治大学『公開大学』の理念と方法」『妻有学舎』（平成三［一九九一］～平成十五［二〇〇三］年）四頁。
(2) ヨハン・ガルトゥング（一九三〇年ノルウェー生まれ、社会学者、数学者、平和研究家、戦争のない状態を「消極的平和」と捉え、貧困、抑圧、差別など構造的暴力のない状態を「積極的平和」と捉える概念を提起）。
(3) 遠州常民文化談話会編『「見付次第／共古日録抄」出版記念会　二〇年の歩み』二〇〇一年、一頁。
(4) 遠州常民文化談話会編『遠州常民文化談話会三〇周年記念講演会』二〇一〇年。
(5) 後藤総一郎監修　遠州常民文化談話会編『山中共古　見付次第／共古日録抄』パピルス、二〇〇〇年、二七四―二七五頁。
(6) 同右、二七五頁。
(7) 同右、二七六頁。
(8) 同右、二七一―二七二頁。
(9) 同右「まえがき」ii頁。
(10) 遠州常民文化談話会編『水窪の民俗』二〇一二年、二七一頁。
(11) 同右、五頁。
(12) 中山正典『富士山は里山である――農がつくる山麓の風土と景観』農文協、二〇一三年。
(13) 同右。
(14) 野本寛一『民俗学の責務』（遠州常民文化談話会　特別講義　テキスト　二〇一四年十二月二十日）。
(15) 後藤総一郎『常民の思想――民衆思想史への視角』風媒社、一九七四年、一〇六―一〇七頁。
(16) 茅ヶ崎常民学舎編『地球がまるごと見えてきた！』径書房、一九八五年、二四五頁。
(17) 同右「見付次第」二七三頁。
(18) 前掲書、後藤総一郎監修、遠州常民文化談話会編『山中共古　見付次第／共古日録抄』を指す。
(19)『広辞苑』。
(20) 前掲「三〇周年記念講演会」記録から筆者が集計。
(21) 常民大学合同研究会編『常民大学の原点と未来　常民大学研究紀要一〇』岩田書院、二〇一〇年、八五頁。
(22) 遠州常民文化談話会、前掲書、五頁。

第八章　鎌倉柳田学舎

堀本暁洋

一　鎌倉柳田学舎の概要

本稿では、神奈川県鎌倉市で行われている、鎌倉柳田学舎の実践について報告を行う。鎌倉柳田学舎は、一九八四（昭和五十九）年に開始され、二〇一五（平成二十七）年度の活動で三二年目を迎える歴史を持つ常民大学である。鎌倉は、常民大学主宰講師である後藤総一郎の住まう場所であった。また鎌倉柳田学舎では後藤以後、新たに講師を迎えることなく、参加者の手によって活動が続けて行われており、全国の常民大学が集う合同研究会にも会員の多くが参加してきた。本稿は、こうした特徴を持つ鎌倉柳田学舎の活動がそれぞれの生活とどうかかわっているのか、参加者の方々からお話を伺い、また活動に参加して見えてきたものをまとめたものである。

本稿の執筆に当たって、筆者は二〇一四（平成二十六）年九月より、鎌倉柳田学舎の月例会への参加、及び二度の聞き取り調査を行った。一回目の聞き取り調査は、二〇一五（平成二十七）年三月十九日に、久保田宏氏、曾原糸子氏、松尾達彦氏、松村慶子氏に、また同年五月十日に、久保田氏、曾原氏、松村氏、安東健一氏、米田裕正氏、後藤三枝子氏、矢澤恵美子氏、佐藤雅子氏、谷田部悦氏にお話を伺った。なお、五月の聞き取り調査は、鎌倉柳田学舎の月例会の時間を一部頂戴して行ったものである。

上記の鎌倉柳田学舎の方々には、筆者の月例会への参加を好意的に迎えてくださり、また聞き取り調査にも快くお力添えをいただいた。この場にて御礼申し上げる。

二　これまでの歩み

鎌倉柳田学舎は、「鎌倉・市民アカデミア柳田国男研究講座」を前身とする「鎌倉柳田国男研究会」と「鎌倉市民学舎」の二団体が統合したものである。本節では、これら二団体の活動と、鎌倉柳田学舎のこれまでの歩みについて述べる。なお、各年度における活動テーマは**表2－8－1**のとおりである。

1　鎌倉・市民アカデミア柳田国男研究講座→鎌倉柳田国男研究会

「鎌倉・市民アカデミア」（以下市民アカデミア）は一九七五（昭和五十）年に設立された。大学で教える教授らと市民による、自主運営の生涯学習団体であり、現在も継続しているものである。それぞれの講座の内容は講師となる大学教授らによるところが大きく、その方法は啓蒙主義的であったという。

この中で、「鎌倉・市民アカデミア柳田国男研究講座」が、一九八四（昭和五十九）年十一月二十日に発足した。市民アカデミア副代表であった、高橋洸明治大学教授（当時）の要請で、各地の常民大学主宰講師である後藤総一郎が講座を担当することとなった。初年度の受講者はおよそ三〇名で、柳田学の今日的意義、評価史や柳田国男の学問形成の歴史についての講義が行われた。当時の市民アカデミアは、基本的には春と秋の二期制をとり、

3：鎌倉柳田学舎

年度	名称	期	テーマ	
1994		1	「柳田国男の世界（1）柳田国男の学問と思想」10 講	
1995		2	「柳田国男の世界（2）民俗の中の風景と都市を考える」	
1996		3	「柳田国男の世界（3）〈地方分権〉のフォークロア」	
1997		4	「柳田国男『日本の祭』を読む注釈研究に向けて」	
1998		5	「『日本の祭』を読む②」	
1999		6	「注釈研究『日本の祭』③」	
2000		7	「注釈研究『日本の祭』④」10 講	
2001		8	「注釈研究『日本の祭』⑤」10 講	
2002		9	「注釈研究『日本の祭』⑥」10 講	
2003		10	「注釈研究『日本の祭』⑦」	
2004		11	「注釈研究『日本の祭』⑧」	
2005		12	「注釈研究『日本の祭』⑨」	
2006		13	「注釈研究『日本の祭』⑩」	
2007	鎌倉柳田学舎	14	「注釈研究『日本の祭』⑪」	
2008		15	「注釈研究『日本の祭』⑫」	
2009		16	「日本人のこころの歴史を探る」『火の昔』講読	「注釈研究『日本の祭』⑬」
2010		17	「言葉から考える精神の歴史」『毎日の言葉』講読	「注釈研究『日本の祭』⑭」
2011		18	「柳田国男の自分史を読む」『故郷七十年』講読	「注釈研究『日本の祭』⑮」
2012		19	「柳田国男の自分史を読む」『故郷七十年』講読（2）	「注釈研究『日本の祭』⑯」
2013		20	「学問とその志を考える」『青年と学問』講読	「注釈研究『日本の祭』⑰」
2014		21	「学問とその志を考える」『青年と学問』講読（2）	「注釈研究『日本の祭』⑱」
2015		22	「柳田国男の語る沖縄」『海上の道』講読	「注釈研究『日本の祭』⑲」

常民大学合同研究会編『主宰講師・後藤総一郎先生追悼　常民大学の史譜　30 年の歩み』2003 年 11 月、常民大学合同研究会編『常民大学の原点と未来』常民大学研究紀要 10、2010 年 10 月、および鎌倉柳田学舎各年度学習計画より筆者作成

表 2-8-1　鎌倉柳田学舎のあゆみ

1：鎌倉・市民アカデミア柳田国男研究講座→鎌倉柳田国男研究会

年度	名称	期	テーマ
1984	市民アカデミア柳田国男研究講座	1	「柳田国男の世界」4 講
1985		2	「柳田学の原初」10 講
1986		3	「柳田国男――その理念と方法」『青年と学問』『郷土生活の研究法』
1987		4	「子育てのフォークロア（民俗学）」10 講
1988		5	「日本人の精神史」10 講
1989	鎌倉柳田国男研究会	6	「『柳田国男伝』を読む」10 講
1990		7	「『明治大正史世相篇』を読む」10 講
1991		8	「女性と民俗『妹の力』を読む」
1992		9	「女性と信仰『巫女考』、宮田登『女の霊力と家の神』を読む」10 講
1993		10	「女性と民俗『家閑談』『木綿以前の事』『食物と心臓』を読む」10 講

2：鎌倉市民学舎

名称	期	テーマ
鎌倉市民学舎	1	「生活者と学問」5 講
	2・3	「地域に生きること」、「近代日本の歴史と民衆（1）天皇制国家の形成」
	4	「近代日本の歴史と民衆（2）明治末期の思想と大正デモクラシー」
	5	「近代日本の思想と民衆（3）昭和思想史――ファシズムの思想構造」10 講
	6	「戦後民俗思想史・戦後 50 年の光と影をふりかえる」10 講

一年間の講義が終了するとその後は自主講座として継続するようになっていた。柳田国男研究講座の二年目以降は、講座世話人が運営委員となり、講師と共にカリキュラムを決めるようになった。講座は一年間に一〇講、五年から一〇年の期間続けることを目標とした。

一九八九（昭和六十四／平成元）年、「鎌倉柳田国男研究会」に改称。これは、市民アカデミアからの独立であった。この契機について、啓蒙主義的だった市民アカデミアの学習方法を後藤が批判していたことが挙げられる。久保田宏氏は、「市民アカデミアの啓蒙主義への決別」(1)を理由に挙げ、「後藤先生の常民大学の考え方の根源には、啓蒙ではなく、（略）「生活者が歴史の主体となる」ということが据えられている」と述べている。

この間の学習内容をみると、一年間に一〇講の月例会が行われる中で、『青年と学問』（第三期）や『柳田国男伝』（編著・柳田国男研究会、第六期）といった柳田国男の著作から、柳田学の学問形成の歴史を学んだほか、「女性と民俗」に着目した講座が組まれていた(2)。

「鎌倉柳田国男研究会」に改称された一九八九（昭和六十四／平成元）年より、通信『谷戸通信』が発行される。これまでも講義録として定期刊行物が発行されてきたが、十一月より、三〇ページほどの冊子となって発行されるようになった。この『谷戸通信』は、後述の合併までの五年間で四一号が発行された。

2 鎌倉市民学舎

「市民アカデミア」が「鎌倉柳田国男研究会」に改称した同年である一九八九（平成元）年十一月に、「鎌倉市民学舎」が開講された。こちらのきっかけとしてあったのが、当時の鎌倉市長選挙であった。「市長選挙候補擁立をめざす、様々な市民運動のグループが連帯の広場と共通の歴史意識を獲得し、地域を拓き、人間らしく生きるための生活者の学びを始め(3)」たとされる。当時、全国的に革新的な首長が誕生する時代にあって、鎌倉市では正木千冬氏が一九七八（昭和五十三）年まで市長を務めた。正木氏以降は六代一〇期にわたり、現在も保守系首長が続いているが、一九八九（平成元）年に行われた市長選では、革新的な候補者を擁立することができなかった。後藤総一郎は、選挙の結果を受けて、「かしこい選挙民」となるための学習の必要性を説き、鎌倉市民学舎を立ち上げた。こうした「市長選への挫折と幻滅から、市民活動に参加していた住民が多く参加して作られた(4)」と久保田宏氏は述べている。

鎌倉市民学舎では、「生活者の学問（第一期）」「地域に生きること（第二期）」「近代日本の歴史と民衆（第二～四期）」といったテーマのもとで講座が行われた。そのほか、『鎌倉学舎通信』が通信として五年間で三九号発行された。

以上、一九八九（平成元）年の鎌倉市民学舎誕生から、二つの学習団体が合併するまでのおよそ五年間は両者が並存して続き、それぞれに通信を発行していた。当時は各地にカルチャーセンターが設立されるなど、全国的に生涯学習の推進が提唱され始める時期でもあった。市民アカデミアでの姿勢に見られたように、大学教授らが、地域での文化的なサポートをしようとする時期だったのではないかと松村氏は述べる。

また、それぞれの参加者については、両方の講座を掛け持ちしていた人もいた。

3　鎌倉柳田学舎

一九九四（平成六）年四月、先述の「鎌倉柳田国男研究会」と「鎌倉市民学舎」が統合し、名称を「鎌倉柳田学舎」に改めた。ちょうど「鎌倉柳田国男研究会」が目標であった一〇年目の節目を迎え、二つの学習会が一緒に学びを進めることになった。同時に、これまで二つの学習会が発行してきた通信（『谷戸通信』、『鎌倉学舎通信』）も、通信『柳田学舎』としてひとつに取りまとめられた。

これまでの実践では、第四年度となる一九九七（平成九）年度以降二〇〇八（平成二十）年度まで、柳田の『日本の祭』注釈研究を中心に行われてきた。二〇〇九（平成二十一）年度以降は新たな参加者を迎え、『青年と学問』や『海上の道』等の講読が行われ、『日本の祭』注釈研究が並行して行われている。詳細は次項にて述べる。

三　実践の内容と方法

本節では、現在行われている鎌倉柳田学舎の活動の内容、学習方法について述べる。

1　月例会

毎月第一日曜日に、月例会を行っている。会場は、鎌倉市生涯学習センター、もしくはＮＰＯセンターを利用している。また、月例会は一四時から行っているが、メンバーの一部は午前中に集まり、通信の発行作業を行っている。二〇一五（平成二十七）年現在の参加者は一〇人から一五人ほどである。多い時には三〇人を超える人数が参加していた。

二〇一五（平成二十七）年度は柳田の『海上の道』をテキストとして学習を行っている。学習の方法として、一人の会員が文献の担当箇所についてのレポートを作成し、発表をするという形式を市民アカデミアの頃から続けていた。また、『故郷七十年』の講読を始めた二〇一一（平成二十三）年度からの月例会では、会員が二人一組となり、一人の会員が音読をしたうえで、担当者がレポートを発表している（**図2―8―1**）。

月例会の後、参加者の一部で「なおらい（直会）」を行っている。後藤総一郎は、この「なおらい」も講義の一部であると考えていたという。

2 講演会

毎年一月の月例会は、一年間の学習のスタートであり、外部から講師を招いて講演という形で行っている。その年に講読する文献の内容に沿った形で講演が行われる。

3 フィールドワーク

毎月の月例会のうち、年に二度は、鎌倉及びその周辺に出向きフィールドワークを行う。近隣市町村で行われる祭りや、柳田の文献で言及されている寺社などを訪れ、見学をする（図2－8－2）。二〇一四（平成二十六）年度は、山北町の「室生神社の流鏑馬」の見学などを行った。

4 『日本の祭』注釈研究

鎌倉柳田学舎第四年度から続く、柳田の『日本の祭』の注釈作業を継続して行っている。この作業は、高校の教師向けの注釈本を出版するという目的を持つ。月に一度、月例会とは別の日に行われ、参加者は、久保田氏、曾原氏、松尾氏、松村氏のほか数名である。

5 通信の発行

『柳田学舎』は、先述の通り鎌倉柳田学舎発足時から発行が続けられている通信であり、現在も隔月で発行されている（二〇一五年九月号で第一二九号）。現在の内容は、各地の会員らからの投稿や、柳田関連の記録・記事、単行本等の情報が中心となっている。

図 2-8-1　**鎌倉柳田学舎月例会**（NPO センター鎌倉、2016 年 5 月）

図 2-8-2　**鎌倉柳田学舎フィールドワーク**（荒川区・延命寺、2016 年 6 月）

また『常民大学通信』は、一九九二（平成四）年四月十二日に創刊され、二〇〇二（平成十四）年九月まで刊行されたほか、臨時号として三号が刊行された。全国の「常民大学」のニュースや記事を集め、会員相互の交流を図る情報誌の役割を持っていた。

6　そのほかの出版

鎌倉柳田学舎では通信のほか、以下のような冊子を発行した。『化粧坂考』（鎌倉柳田国男研究会編、一九九二年）や『人間らしく鎌倉で生きる』（鎌倉市民学舎、一九九二年）、『柳田国男の鎌倉断章』（鎌倉柳田学舎、二〇〇〇年）などがある。

また、常民大学合同研究会では、合同研究会開催地の事務局が中心となって、記念講演をはじめ各研究報告、シンポジウムの記録を冊子としてまとめ、『常民大学研究紀要』として発行している。

四　参加者それぞれの語り

本節では、二度の聞き取りから、参加者が活動に参加するきっかけや、その楽しさについてうかがったことを記す。現在の参加者は、先述の「鎌倉・市民アカデミア柳田国男研究講座」時代から参加し、後藤総一郎から直接教えを受けたメンバーと、近年新たに加わったメンバーからなる。

久保田宏は、「鎌倉・市民アカデミア」の第五年目から参加している。鎌倉柳田学舎という常民大学の活動については、「自立した個人の学習」であると述べる。後藤総一郎や柳田国男から、それぞれ受け継いだものがある。

参加者それぞれが、「柳田国男」という仕事とは別のところでつながっているから、それぞれが関心を深めて自由になれているのではないかという。

三〇年以上に及ぶ活動の継続については、現在まで続く月例会のレポート・発表の方式と、規約がなく、自由な個人として参加できる組織のあり方を理由に挙げる。それぞれが個人として関心を深めることで、メンバー全員が優れた研究者になった。「後藤先生も含めて、メンバー全員がフラットな人間関係の中で学びあってきた」といい、一人の人物にリーダーシップがなく、全員で緩やかに支えあってきたと述べる。リーダーの存在がないことで、新しいメンバーも参加しやすいのかもしれないという。

曽原糸子は、四十歳頃から「鎌倉・市民アカデミア」の活動に参加したのをきっかけに、後藤の柳田学に出会う。講座を受ける中で後藤から、講座を一〇年サイクルでやっていくため、事務局を担当するように言われ現在に至る。最初のころは後藤から連日電話があり、指導があったといい、実に貴重な体験だったと感謝している。

常民大学には、誰もが発言し、質問ができる雰囲気があったという。後藤は、「こんなことも知らないのか！」と笑うものの、それでも応えてくれる。後藤には、人の話をじっと聞く忍耐強さがあり、後藤自身も知らないことは知らないといえる学者であったという。複数の常民大学の講師をつとめ、似た内容の講義を行っていた後藤が常に真摯に学ぶ姿勢から、得るところが大きかったという。

後藤は、毎月の例会の後、必ず「なおらい」を行った。曽原氏によればこの「なおらい」こそが学習の場だといい、参加者全員が必ず一言は、自分の意見を述べなければならなかった。この「なおらい」の場で意見を聞き言葉を交わしながら、学び合い、考える土壌を作っていったと感じている。

後藤には、記録を残すことを教えられた。現在は通信の形態で発行しているが、当初はまず講義録を載せていた。また、記録を残し通信を発行することは、他の活動の場においても行っている。
鎌倉柳田学舎の継続については、楽しいから続けられるのだという。なぜ柳田かというと、民俗学という学問の枠を超え、後藤の切り口である政治思想史（後藤民俗思想史）から柳田の著作を読み解いてきたからだという。「柳田学」と「後藤学」は、いまの曾原にとっての屋台骨であると話す。学習の方法についても、メンバーが集って、主体的な共同学習の場になっていることも面白さにつながっている。

松尾達彦も、「市民アカデミア」から参加した「仕掛け人」の一人である。アカデミア時代から、後藤の「システム」に沿った形で常民大学が形作られたという。そのシステムとは、一〇年を一区切りとしてそれまで続けること、また「市民アカデミア」のような啓蒙的なものに批判的であることだという。生活者の学びを重視し、当時の講座を夜に開講したのも後藤の教えによるものだった。
こうした後藤のやり方についていくことのできた参加者が仕掛け人となり、全国の各地で常民大学が成り立っていったという。それぞれに地域の色があるが、鎌倉はメンバーの中に行政職員が少なく、最も行政と離れているのではないかと述べる。鎌倉には、市民によって生涯学習団体が作られる自主的な土壌があるという。

松村慶子は、子育てをしていた三十代から「市民アカデミア」に参加し、後藤の柳田学に出会った。後藤からは「賢い」市民になりなさいと常々言われてきたといい、本物の学習をしないと許されなかったという。例会のレポートもしっかり整えないと認められなかった。
こうした後藤の教えは、特別に他の運動をするわけではないが、生活の中で物事を考える背骨になっていると松村氏は述べる。行政や他人の言いなりにならず、一つ一つ考える判断力などを身に付けたという。

安東健一は、一九八九（平成元）年に定年を迎えた後一〇年ほどしてから鎌倉柳田学舎を知った。参加してみて後藤の話がおもしろかった。歴史に関心を持っていたので、歴史を知ったうえでしっかり学んでいかなければと感じたという。柳田にはハッとさせられることが多く、たくさんの発見がある。参加する中で、メンバーとのつながりができて嬉しい。

米田裕正は、元々立川の常民大学に参加していたが、現在は友人に誘われ、鎌倉柳田学舎にも参加している。後藤が一〇年という期間を重視して活動を行うのは、小学校から高校までの一〇年間に似ていると感じている。そのあとに続く「大学」というところも似ているだろう。「大学」でも一〇年やって、活動を続けられる（その場に根づく）かどうかというところが、後藤の評価基準になっていた。根づかせるためにどうするかを考えたのが、後藤の民俗教育であり、生徒に自己認識をさせるということであったという。というのも、実際に活動をするのは、その場に生活をしている人だから、その「生活」がとても大事になる。そこにおける気付き、本人の自己認識が重要になるという。

後藤は、「柳田と現代」という視点を常に持っていたと米田氏はいう。現代の私たちがもつ課題をどうしていくべきか。これには、いつも自分の中に主体性、観念がないといけない。後藤は自分からフィールドに出て、人に出会って記すことを大切にしていた。当時からの参加者には、それぞれ「後藤先生にこう言われた」ということがいまに生きていると述べる。

また、講師を招かずに活動が続けられていることについては、参加者に主体性が育ったおかげで、続けていくことができるのではないかということであった。

後藤三枝子は、数年前から参加している。年に二度のフィールドワークも楽しいし、例会では柳田の著作を読む中で、こういう世界があるのかという発見がある。『海上の道』を読んでいて、柳田は旅をしながら知ることを楽しんでいたのだと感じるようになったという。柳田を読み始めて、日常生活では辞書を引いたり、図書館で調べたり、あるいは草取りをしながら今度は『野草雑記』を読みたいなあなどと考えたりするのだという。沖縄の問題に政治家はあまり言及していないことなど、日常の中で気づくようになった。参加することを楽しいと感じている。

矢澤恵美子は二〇〇八（平成二十）年から参加。鎌倉市の広報を見て参加を決めた。もともと曾原氏と鎌倉の女性史を編纂しており、広報で曾原の名前を見つけ、誘われたという。それまでは、『故郷七十年』が実家にあり、いつか読んでみたいと思っていたものの、柳田の著書は読んだことがなかったという。

研究会で読んだ著作の内容は、自身にとって未知のことが多くて興味深く、新鮮に感じている。また、レポートや参加者の意見交換からも内容が深まり、新しい発見もあって、楽しく参加させてもらっていると話す。

佐藤雅子は、メンバーの矢澤氏に誘われ、鎌倉の女性史を編纂していた曾原がメンバーだったこともあり、二〇〇八（平成二十）年から参加している。それまで柳田国男は『遠野物語』しか読んだことがなかったが、柳田には関心を持っていた。ここでは歴史の学び方を学び、進歩史観への疑問が浮かぶようになった。しかし、柳田を学び続けてこのまま会をやっていけるのか、柳田は今日的ではないような気もして悩んでいるという。

続けることに意味があると言われ参加している。自分の中で結論が出せないままではあるが、参加を続けているという。

谷田部悦は、二〇一五(平成二十七)年から参加。沖縄の問題をなんとかしないといけないと思っていた矢先、ちょうど『海上の道』を読むこの会を知った。柳田のことはよく知らなかった。曾原とは、二七年前に民芸朗読の会で一緒になったことがあるという。

五　鎌倉の「柳田学」と後藤総一郎

ここまで、鎌倉柳田学舎の概要、及び聞き取りによって得られた参加者の語りについてみてきた。これまでに行った月例会への参加、及び聞き取りから、筆者は以下のことを感じ取った。

まず、鎌倉柳田学舎において学ばれる「柳田学」についてである。参加者からは「柳田を読み、調べることで新しい発見がある」と、学びの楽しさや豊かさが異口同音に語られた。柳田を学ぶことの難しさを口にする一方で、参加者自身の生活、経験と結び付けながら柳田の言葉をたどる姿がうかがえた。

月例会は、それぞれが自立した研究者として得られた個人の気付きを共有し、学びを深める場となっている。その気付きは各自の生活や経験と密接にかかわっており、会が「生活者の学問」の場として成り立っている。その上で、メンバーそれぞれの魅力に惹かれて集まる場となっているとも感じられた。別の活動で知り合ったことをきっかけに、柳田学舎に参加するようになったメンバーも多い。月例会やその後の「なおらい」においては、和やかな雰囲気のもとで自らの経験や思ったことを率直に出し合いながら、活発な議論が行われる。これは、柳田学という共通の学問を学ぶ参加者、集まることそのものに魅力を感じていることの現れであろう。

続いて、主宰講師であった後藤総一郎について述べる。上記のような、参加者一人ひとりが自立した研究者として学習する方法や、フラットな人間関係による緩やかな支え合いの形は、後藤総一郎と会のメンバーによって作り上げられ、長年にわたって継続されてきたものである。先に述べたように、鎌倉柳田学舎は、後藤に直接教えを受けたメンバーと、近年新たに加わったメンバーによって構成されているという特徴を持つ。一〇年を一区切りに活動を続けること、音読とレポートによる月例会、通信を発行すること、そして「なおらい」といった方法は、三〇年を超える長い歴史の中で受け継がれている。こうした学習の方法や、後藤を知るメンバーによる言葉は、後藤の住まった鎌倉において、直接後藤を知らないメンバーも含めた全ての参加者の中に根づいているといえる。

参考文献

『主宰講師・後藤総一郎先生追悼　常民大学の史譜　三〇年の歩み』常民大学合同研究会編、二〇〇三年
常民大学『野の学びの史譜』編集委員会編『野の学びの史譜――後藤総一郎語録』新泉社、二〇〇八年
常民大学合同研究会編『常民大学研究紀要一〇　常民大学の原点と未来』岩田書院、二〇一〇年
『柳田学舎』各号
『谷戸通信』各号
『鎌倉学舎通信』各号

注

（1）久保田宏「鎌倉柳田学舎のこれまでと今後」常民大学合同研究会編、二〇一〇年、九四―九五頁。
（2）常民大学合同研究会編、二〇〇三年。
（3）久保田、前掲、九五頁。
（4）同右。

第九章　於《お》波《は》良《ら》岐《ぎ》常民学舎

山﨑　功

一　常民学舎（大学）に取り組んだ理由――石原照盛の実践から

1　公民館の仕事をとおして

於《お》波《は》良《ら》岐《ぎ》常民学舎の仕掛け人、石原照盛は次のように記述している。[1] 群馬県邑楽町での公民館活動は、一九八〇（昭和五十五）年からであり、当時は趣味的講座が数多く、趣味を共通とした人々の自主グループの活動だった。その後、公民館が集いの場、学習の場、交流の場としての活動を重視し始めた。そして、趣味的な学習だけではなく、青年活動、子育て問題、婦人問題、高齢者問題、公民館図書室活動、生活点検活動などライフステージに沿った様々な学級・講座を開催するようにした。

一九八三（昭和五十八）年に、社会教育研究全国集会で知り合った神奈川県茅ヶ崎市の小和田公民館のS氏から、後藤総一郎の故郷長野県南信濃村で第一回の常民大学合同研究会が開催されることを紹介された。石原は、入職以来社会教育の現場の公民館で婦人や高齢者を対象に学習活動を進めていたが、何か物足りなさを感じていたと言う。

この研究会は、後藤が数年前より各地（地元の南信濃村、神奈川・茅ヶ崎、静岡・浜松、埼玉・富士見、長野・飯田、東京・柳田国男研究会）で開催している常民大学（近代思想史や柳田国男の著書の学習活動）の最初の合同研究会だった。会場となった村の老人福祉センターは、主体的に学習しようとする人々の熱気であふれていた。学びを求めて、参加費を牛乳配達のアルバイトで稼いできた人、夫に気兼ねしながらも生きた学問を求めて何時間も電車にゆられてくる参加者、小さな子どもを抱えながら仲間と共に峠を越えて来た若い参加者など。石原は確信したと言う。ここに本物の生活者の学びがあることを、後藤が各地で実践している常民大学こそ、本物の学びであることを……。

この時、後藤から地元の老人会が編んだ「高齢者の語り　第一輯『ふるさとへの伝言』」を貰った。これは、自分史や地域の歴史・民俗・伝説・思い出を綴ったB５判一四五ページの文集だった。この合同研究会と文集との出会いが、石原の、その後の公民館実践と於波良岐常民学舎設立に大きな影響を与えた。それだけでなく、邑楽の町にとっても大きな出会いとなった。

石原は邑楽に帰り、高齢者学級の受講者に合同研究会のこと、自分史文集『ふるさとへの伝言』のことを熱く語った。

2　高齢者の語り『あすへひとこと』と常民学舎

その年度の後半、早速自分史作りの講座の準備について老人クラブの会員と話し合いを重ねた。そして、後藤や合同研究会で出会った茅ヶ崎の鈴木政子にも講師として来て貰った。そして、一九八五（昭和六十）年一月から三月までの七回、「生きがい、やりがい講座」を開講することができた。

講座終了後、自分史文集作りの前段として、講座の記録集を作ろうと提案し、講義テープを起し、感想文を清書し、暑い最中汗を流しながら、印刷原稿のページ合わせをし、一八三頁の記録文集を発行した。この取り組みが、その後に続く高齢者の語り『あすへひとこと』作りの原動力となった。

生きがいやりがい講座の呼びかけの文章には、「私たちの邑楽町は、美しい自然に恵まれ、東毛の穀倉地帯と呼ばれました。また中野絣の生産地として繁栄した町でした。そしておりおりに先人はいろんなことを語り伝え、私達に残してくれました。民話あり、祭りあり、歌あり、遊びありと豊かな生活の知恵がありました。しかし、時の流れとともに生産方法も変化し、人々の生活意識も大きく変わろうとしています。大地に足を踏ん張って生きてきた先人の貴重な知恵や、豊かな経験すらも忘れられ、消え去ろうとしている危機に直面しているのでは……。

この講座は、受講生自身の豊かな体験を基本に学習を深めるとともに、講座終了後は、受講生全員が学習の実践の場として、おりおりの出来事を綴る編集委員となり、共通の心の宝石を作りたいと思います」と記されている。

参加者は五二人で、あすへひとこと編集委員会には二一人が参加し本格的な自分史作りが動きだした。高齢者の語り第一集『あすへひとこと』を一九八七（昭和六十二）年二月に発行。内容は、八七人一一六編の邑楽町始まって以来の本格的な高齢者の自分史文集であった。

この時石原は、「この町に、こんな素敵な人達がいる、なんて素晴らしいことだろうか、共に編集を進めた担当者として希望が湧いてくる思いでした。本気になって係わりをもてば、共に響きあうし、変わることができること」を、この編集を通して強く感じたという。

一九八九（平成元）年二月に少年少女時代を中心に四八編、「年中行事」「おうらの交通」「中野絣」「行商人や旅芸人たち」と題しての共同研究報告をまとめた第二集を発行した。またこの編集活動から事前学習会を組織し、後藤に講師を依頼し「地域の歴史課題の発見」の講演と川崎の地名研究所に籍を置く川島健二氏による一一回連続の柳田国男著『郷土生活の研究』学習会を開催した。

町制施行二〇周年記念事業として、一九九〇（平成二）年三月に「昔の遊び」にテーマを絞り総数七一編の第三集を発行。事前学習として、日本遊戯研究所長の有木昭久による「伝承あそび」と後藤による柳田国男著『こども風土記』に触れながら『「遊び」の意義』についての講演を行なった。

後藤は第三集の前書きの中で、「これは単なる年寄りの手なぐさめ、などというものでは、決してない。現代社会の病理にたいする痛烈な文明批評の作業であったと言えよう。可愛いい孫を思う、人間の本物の未来を思う、邑楽の里びとの『遺言』である」と評した。

第四集を一九九二（平成四）年九月に「おうらのくらしと民具」と題して発行。事前学習会として、「伝承文化の基礎知識」講師として後藤を呼んでいる。「群馬の中の邑楽　その庶民のくらし」——講師は民俗学者の都丸十九一氏。「伝承文化と民具」——講師は筑波大学助教授の佐藤賢次氏。川島健二氏による柳田国男著『先祖の話』の連続講演会を開催した。

第五集を一九九六（平成八）年三月に『「家」の民俗誌　邑楽町の盆と正月』と題して発行。盆を綴る一〇二編、正月を綴る八〇編、邑楽の盆行事調査のまとめ。事前学習会として、鹿野政直著『戦前・家の思想』、柳田国男著『青年と学問』『家閑談』『先祖の話』『年中行事覚書』、河合隼雄著『家族関係を考える』、井上忠司著『現代家庭の年中行事』を三年に亘り於波良岐常民学舎の学習と合同の学習会と位置づけ開催している。

そして、第六集「邑楽町の昔ばなし」、第七集を第一六回国民文化祭「食の文化祭」記念誌として二〇〇一（平成十三）年十一月に「邑楽町のくらしとたべもの」と題して発行している。

生活の断片を綴った自分史活動が評価され、二〇〇一（平成十三）年に全国老人クラブ連合会より全国表彰を受けた。その他、群馬県よりライフアップ功労表彰、上毛新聞社より上毛社会賞も受賞している。

石原は第五集まで編集に携わったが、その後も二冊の自分史を編んだ。第八集「邑楽の村ことば」は編集中である。

元編集委員の前原は「我々の生きて来た世代の歴史的位置づけなど、貴重なアドバイスを受け、我々の世代が一身二世に生きて来た。即ち戦争と平和を経験し、また農村中心の時代から都市的生活を享受し、貧しさと豊かさ、即ち戦前の搾取された農民の貧困、戦後の食糧難の時代と、それを乗り越え豊かな時代を経験した。高齢者の第一号として、我々が先祖から受け継いだ祭りやしきたりの伝承文化が消えて行くことの淋しさを感ずると共に、我々が経験した時代の歴史的背景を書き残す責任があると思う」と感想文に記している。

このようなしっかりと地域に根づいた、公民館での高齢者の自分史作り活動のエネルギーを分析した。それは、自分史を通じて地域史・日本史・世界史へと連なる自身の営みの自覚と自信（実践と学習によって）によるものと理解できる。

石原は、公民館の仕事をとおして、地域の中で専門職として何が出来るか、いつもアンテナを高くしながら問い続けてきたという。これが、於波良岐常民大学の源流となっている。

二　常民学舎の学習は

1　開講からの五年間その学習内容（一九八七～九一年）

第一回於波良岐常民学舎（一九八七年）「近代国家の形成と民衆」

一　現代日本の精神風景（政治風景、社会風景、文化風景）講師　後藤総一郎

二　生活と学問（現代における「生活と学問」、「生活と学問」の歴史像他）講師　後藤総一郎
三　日本人の思想・二つの問い（さまざまな日本人論・近世近代、戦後における日本人論）講師　後藤総一郎
四　明治維新論（外国人の日本人論、柳田国男の日本人論、明治維新論）講師　後藤総一郎
五　特別講座「鉱毒事件と田中正造」――明治の義人・田中正造の人物像　講師　布川了（渡良瀬川研究会代表）
六　第五回常民大学合同研究会（静岡県磐田市・遠州常民文化懇話会）「学びの持続と学びからの飛翔」主宰講師　後藤総一郎　「天竜水系のフォークロア」講師　石川純一郎（常葉短期大学）
七　フィールドワーク「渡良瀬川沿岸の鉱毒跡を訪ねる」講師　布川了他
八　明治維新の思想・その一（吉田松陰の思想的位置、松陰の略歴、松陰の思想形成）講師　後藤総一郎
九　明治維新の思想・その二（松陰の忠誠観念、忠誠観念の転位、〝狂〟の思想、狂とニヒリズム、松陰のヒューマニズム、草奔崛起の思想、天皇神学の創出）講師　後藤総一郎
一〇　明治維新の思想・その三（「幕末の国学者における天皇神学の形成」学の系譜・学者の分布・学運動のタイプ、「明治国家の思想」）講師　後藤総一郎
一一　県外研修（長野県南信濃村・霜月祭りの旅「和田の祭り」）
一二　自由民権運動の思想と運動（国権論、民権論、国権論と民権論の共存、自由民権の思想と運動）講師　後藤総一郎
一三　特別講義「学びから飛翔へ」（大人が学ぶってなんだっけ）講師　庄司和晃（大東文化大学教授）
会場　長柄公民館　年会費一万円（聴講一回一五〇〇円）

第二回（一九八八年）「天皇制イデオロギーの形成と二つの戦争」全一三回（以下各回の学習内容は省略）

第三回（一九八九年）「大正デモクラシーと昭和ファシズム」全一四回（以下略）
第四回（一九九〇年）「柳田国男伝から学ぶ」（柳田学の形成と理念）後藤総一郎がドイツ留学のため邑楽町（於波良岐常民学舎）の関係者が講師、レポーターを勤める　全一三回（以下略）
第五回（一九九一年）「柳田国男の思想と学問」全一三回　講師に後藤総一郎が復帰（以下略）

2　六年目からの学習内容（一九九二～九六年）

第六回（一九九二年）「柳田国男『青年と学問』、鹿野政直『戦前・家の思想』を読む」全一七回　この回からレポーターを置くようになる。（以下略）
第七回（一九九三年）「柳田国男著『家閑談』『先祖の話』を読む」全一一回（以下略）
第八回（一九九四年）「河合隼雄著『家族関係を考える』、井上忠司他著『現代家族の年中行事』、柳田国男著『年中行事覚書』を読む」全一一回（以下略）
第九回（一九九五年）「柳田国男著『明治大正史　世相編』を読む」全一〇回（以下略）
第一〇回（一九九六年）「柳田国男著『木綿以前の事』『食物と心臓』を読む
一　衣食住の民俗誌・常民史に向かって（侵略をめぐる対話、一〇年の学習計画、研究の動向）、『木綿以前の事』①（木綿以前の事、何を着ていたか、昔風と当世風）講師　後藤総一郎　レポーター　一人
二　『木綿以前の事』②（働く人の着物、国民服の問題、団子と昔話、餅と臼と擂鉢、家の光、囲炉理談、火吹竹のことなど）講師　後藤総一郎　レポーター　三人
三　『木綿以前の事』③（女と煙草、酒の飲みようの変遷、凡人文芸、古宇利島の物語、遊行婦女のこと、寡婦と農業）講師　無　レポーター　三人

四『木綿以前の事』④（山伏と島流し、生活の俳諧）講師　後藤総一郎　レポーター　二人

五「第一四回常民大学合同研究会・新潟県十日町（妻有学舎）」（研究主題・柳田国男と二一世紀＝着物のフォークロア～その歴史と未来～、基調講演・柳田国男の着物観　主宰講師　後藤総一郎、記念講演・着物の潤い　講師　中島和子＝染色家、フィールドワーク）

六『木綿以前の事』⑤（女性史学）『食物と心臓』①（食物と心臓、生と死の食物）講師　後藤総一郎　レポータ　三人

七『食物と心臓』②（米の力、酒もり塩もり、モノモライの話）講師　後藤総一郎　レポーター　三人

八『食物と心臓』③（トビの餅・トドの餅、餅なおらい、牛飼と間食、幸福の木、田作り・まな祝い）講師　後藤総一郎　レポーター　二人

九『食物と心臓』④（モノモライの話、身の上餅のことなど、のしの起源、食制の研究）講師　後藤総一郎　レポーター　四人

一〇　修講式　講師　後藤総一郎

以上一〇回にわたる学習内容を見てきたが、開講からの五年間は講義形式の座学である。次の五年間でレポーターをおいて大学のゼミのような形式になっている。だが、ほとんどは後藤学といっても過言ではない。

3　常民学舎の主な参加者

参加者の稲葉泰子はこう記している。「二五年前初めて遠山谷を訪ねました。（略）車窓からの風景は見るだけで驚きの連続でした。ようよう和田の集落に到着し第一回の合同研究会に参加しました。それから何年か経ち後藤先生が邑楽に来てくれる事となり当時公民館活動している婦人セミナー、老人大学との合同学習会が始まりま

図2-9-1　於波良岐常民学舎第一期10年修講式（1997年2月22日　邑楽町長柄公民館）

した」[2]。

一九八七（昭和六十二）年四月五日の毎日新聞では「常民大学邑楽で誕生、全国で九番目、学生七〇人」という記事でこう報道された。「邑楽町と後藤教授のつながりは三年ほど前、長柄公民館主催の「いきがい講座」の講師に招かれて以来。（略）元教員の横山喜重さん（略）を中心にした老人の学習グループと同町主婦の稲葉泰子さん（四十歳）を中心にした「婦人セミナー」メンバーの熱心な勉強ぶりに出会って感激、石原社会教育主事らと常民大学開校の可能性を模索してきた」。参加者は元教員、公務員、町役場職員、主婦などが中心であった。

三　常民学舎の参加者評価——感想文と聞き取り調査から

1　受講生の声（感想文）から

常民は生涯の友……「私の人生の楽しみの大きな部分を占める〝於波良岐〟。楽しみの秘密はなんといっても学舎を構成される学生諸氏との出会い、多様な人生の方々との語らい、（略）時には酒を酌み、手作りの料理をいただく（略）後藤先生の講義の多様さ、特別講師の多様さ、これは楽しみを越え会の醍醐味といえる」（館林市・守随吾朗）「一〇年計画という長い年月の学習内容に当初は不安ばかりでしたが、もう五年目を迎えることに改めて凄い！　と思っています。さぼってばかりの四年間でしたので学習内容はよく飲み込めていませんが、ここに集う人たちの前向きな姿勢と一人ひとりの魅力に引かれて参加しています」（明和村・堀江美智子）「柳田国男を通し歴史を学ぶことは、まさに自分探しである。主婦として二〇年生きてきた私の歴史を知り、自分らしく生きていくための学問である。夫と子どもを中心にして、自分を二の次にして生きてきたという意味を含めて、今までの自分を振り返り、そしてこれからの自分の生き方を見つけて行きたい」（邑楽町・坂本照子）「開講した時からなにかと気になっていた於波良岐常民学舎であったが、私の住む町から六〇キロメートル、片道二時間かかるとすっかりあきらめていたのだった。が、縁あって六年目から通い始めた。ちょうど一〇年の半分通ったわけである。今でも残念に思うのは最初の三年間の『日本の近代史を学ぶ』が受講できなかったことである。於波良岐の五年間のまとめである「講義集」を読みながら、後藤先生の声での講義が聞きたかったと悔やまれてならなかった。（略）二市三町一村を通り抜けての月一度の邑楽町通いは、職場と家を往復する日々の中で良い刺激を与えてくれた」（佐藤まつ代）[3]。

2　聞き取り調査から

＊稲葉泰子（邑楽町あいあいセンター）……先生に、もうそばは打たなくていいと言われました。――時折、私の運転する車の中で先生はそう言っておられた。常民学舎の学習を終え、ひと時の直会を納め、邑楽から館林駅までの車中の事である。一九九六（平成八）年四月から邑楽町農畜産物直売所、「あいあいセンター」を女性達（四五名）の起業として立ち上げ七年目を終えようとしている頃だと思う。売り上げは右肩上がりにのびていた。（略）決められた出勤時間を守らない。彼女たちの口から出る言葉、「家が大事」、家あっての「あいあいセンター」で

ある。直売所として生き残るには、規則を作り整備していく。決め事をみんなで納得してつくり守っていく。先生はいつもそんな私の状況を察して示唆してくれた。群馬の食文化を記録して残しておくようにと。（略）建物だと三〇年五〇年は残るけど食文化というのは、それこそ食ってしまえば終わり。その事をきちんと記録に残し、現在に生きる仕事をして欲しいと願われたのだと思います。(4)

＊守随吾朗（館林市在住元高校教師）……面食らいました。それは守随さんの家でしようと言われたことです。初めて於波良岐常民学舎に参加した時、「後藤さんの話、見方に問題があるな」と石原さんに言うと「そういう批判も含めて参加して」と言われたことを聞いておられたかどうか。先生は恒例の直会をいきなり「守随さんの家でしよう」と言われます。なんの用意もないテラスであり合わせの肉を焼いたことは今も忘れません。後藤さんはいわば人の心をいきなり鷲づかみにする天性の持ち主だったのでしょう。(5)

＊川島健二（民俗学研究者）……これを使わない手はないよ、とつぶやかれた事が今でも思い出されます。——先生の数多くの忠告をあきれるほど沢山受け流してしまったという思いが強いが、つぶやくように発せられたこの言葉の残響の深さであった。柳田国男の百数十通の手紙が『田山花袋宛柳田書簡集』（館林市発行）として刊行されたのは一九九二（平成四）年のことであったが、刊行後間もなく、その本を手に、先生はぼくにそう言った。声高ではなく、つぶやくように言われたのがぼくには効果的だった。その声は耳底に残り、こちらの怠け心を長く刺激しつづけた。「田山花袋記念文学館」（館林市）の紀要に六〇枚ほどの論考（「笑う花袋・怒る柳田——近代日本のある親和的相克劇」）を寄せたのは、それから一〇年近くも後のことだが、後藤先生の小さなつぶやきが大きな推進力となって、ペンを走らせることができたのである。(6)そして、私の常民学舎での役割は会報の担当だった。私

の役割は、常民学舎の「後藤総一郎講義集」（後半の五年分）のまとめを作成することです。これをきちっと印刷製本し発刊することがこれからの課題です。

＊神谷美智子（カフェ・コトイセ経営）……歌うことをとおして公民館の石原さんと知り合った。石原さんは高齢者教室に関わっていて、そこで後藤さんを知った。於波良岐常民学舎は当初から参加していた。私は常民学舎の劣等生だ。高校、サークルなどでレポートを書くという経験が少なかった。だからレポートは苦手だった。正直言って後藤さんの講義は難しかった。だけれども多くの気づきもあった。遠野物語、霜月まつり、直会、鎌倉などに行き、いろいろな地域の人々に出会った。後藤さんが亡くなってからは足が遠のいた。最近邑楽町の文化財に関心を持つようになってきた。そして、もっと祖父母からの記憶の記録や戦後の記憶などを聞いておけばよかったと思っている。私としては難しいということが先に立ってしまったような気がする。

＊雑談から　常民の活動は生産と結びついた営みではないか（生産の場がない都市住民の課題は……）、これからは街づくりの活動と結びつかなければ……（守隋）、私たちの爺さん婆さんの世代は文字を持たなかった人も多かった、この人たちがどのように生きてきたかを聞き取りし、それを記録したものを子どもたちに読み聞かせをすることの意味を考えたい（稲葉）、後藤さんが亡くなってから常民学舎は休眠状態である。ある意味では後藤さんあっての学びだったのかも知れない（川島）。

四　これからの課題

於波良岐常民学舎の今後の活動と展望について、開講の当初からの参加者は邑楽町の高齢者学級のメンバーが多かった。回数を重ねるごとに物故者が多くなっている。その中でも比較的若い層のメンバーの高齢化に伴う継続の困難性が浮き彫りにされてきた。また、当初から後藤総一郎の個性に依存することが多く、第一期の五年間は後藤学校と言ってもいいほど座学を中心としてきている。参加者の感想も難しかったと言うものも多い。第二期はセミナー方式を取り入れているが、レポーターが限られている印象を受けた、これも一つの課題かもしれない。

当面は、第二期目の五年間の「講義録」のまとめの出版という事が課題になるであろうが、常民学舎を中心的に担ってきた、公民館の石原が退職して、父親が高齢のため隠居し寺の住職としての重責が押し掛かっている。このことによって代表がまだ決まらない。また、於波良岐のメンバーの心情は後藤が亡くなったことによる喪失感があまりにも強い。毎年常民大学の交流会に参加するものの、継続した学習活動は中断されたままになっている。

参考文献

石原照盛「常民大学の学習運動が築きあげたもの」『月刊社会教育』二〇〇三年十一月号
常民大学「野の学びの史譜」編集委員会編『野の学びの史譜』梟社、二〇〇八年
於波良岐常民学舎編『からっ風の中のヒューマニズム　於波良岐常民学舎一〇年の学び』一九九七年
常民大学合同研究会編『常民大学研究紀要一〇　常民大学の原点と未来』岩田書院、二〇一〇年

注

（1）石原照盛「群馬・邑楽町の社会教育実践（社会教育活動の二十七年間の取り組み）」自治労自治研中央推進委員会編・発行『自治研報告集　第三〇回地方自治研究全国集会』二〇〇四年。

（2）「於波良岐常民学舎」常民大学合同研究会編『常民大学研究紀要一〇　常民大学の原点と未来』岩田書院、二〇一〇年、八七頁。

（3）於波良岐常民学舎編『からっ風の中のヒューマニズム　於波良岐常民学舎一〇年の学び』一九九七年より。

（4）稲葉泰子「もう、そばは打たなくっていい」常民大学「野の学びの史譜」編集委員会編『野の学びの史譜』梟社、二〇〇八年、一四六頁。

（5）守随吾朗「守随さんの家でしよう」常民大学「野の学びの史譜」編集委員会編、一六三頁。

（6）川島健二「これを使わない手はないよ」常民大学「野の学びの史譜」編集委員会編、一五七頁。

第一〇章　遠野常民大学——『遠野物語』をめぐる遠野市民の「自己認識」の形成

佐藤一子

遠野学事始め——遠野常民大学の発足

一九一〇（明治四十三）年に刊行された柳田国男『遠野物語』は、民俗学の誕生を告げる書として知られるが、遠野市の市民がこの書のもつ意味を理解するには、長い時間がかかった。文語体の難しさに加えて、村で現実に起きた暗い出来事が固有名詞で語られているため、この書に触れることを忌み嫌う空気もあったのである。村落の因習が残る環境の中で柳田民俗学と『遠野物語』の研究にとりくむ遠野常民大学が発足したことは画期的であった。

遠野常民大学は、全国の常民大学のなかでもっとも遅く一〇番目に発足した。後藤総一郎が遠野市の招きで一九八六（昭和六十一）年十一月十五日に初めて遠野を訪問し、「『遠野物語』七五年の評価史を語る」と題する講演をおこなったことがきっかけである。(1) 後藤の招請に尽力したのは青年会議所の小井口有《こいぐちたもつ》と市図書館職員の似内邦雄《にたないくにお》である。(2) 講演会には松本市在住の池上隆祐《いけがみたかすけ》所蔵の柳田国男『遠野物語』初稿本三部作(3)に関心を持っていた遠野市長、市役所職員、小井口と共に遠野のまちづくりの活動を行っていた青年会議所の若手事業家、市民など約百人が参加した。柳田にゆかりのある地方自治体が連携して柳田国男ゆかりサミットを開催したいとの遠野市の意向もあり、柳田の書屋を移築した飯田市の市長も招かれた。

後藤は『遠野物語』を地元の遠野から読み解くことが重要であると説き、その学習のために年六回、一〇年間通い続けると表明した。遠野常民大学は翌一九八七（昭和六十二）年八月二十二日に開講され、「遠野学事始め」と題して後藤の開校記念講義がおこなわれた。以来、息長く学習活動が継続され、一九九五（平成七）年四月に市の助成を受けて遠野物語研究所（後NPO法人遠野物語研究所）の設立にいたる。研究所は遠野常民大学など複数の市民学習文化団体の交流・連携の場として事業を行うこととなり、後藤が所長となった。研究所は後藤の死後も継続され、二〇一三（平成二十五）年度末に解散する。遠野常民大学の活動は一九九〇年代後半に研究所に受け継がれたが、組織は存続しており、研究所の解散によって遠野常民大学も二六年八カ月の歩みを終えた。

遠野常民大学二六年余の歩みを検証するうえで、以下の三つの視点を提示しておきたい。

第一に、後藤が遠野に招請される背景として、遠野市が「民話のふるさと遠野」の構想に基づき、日本初の民俗専門博物館（図書館を併設）の設立、とおの昔話村の整備、柳田国男、柳田に昔話を語った佐々木喜善、郷土の人類学者伊能嘉矩らの顕彰など、一九七〇年代以降民俗文化的なまちづくりを推進してきたことが注目される。(4) 他の地域では常民大学とまちづくりが直接関連づけられる例は多くないと思われるが、遠野市においてはむしろこうした地域文化的なまちづくりの土壌によって、常民大学の学習活動も育まれたといえるであろう。

第二に、遠野常民大学は発足後三年を経た頃から、『遠野物語』の注釈研究に集中的にとりくんだ。一九九七（平成九）年八月には後藤総一郎監修・遠野常民大学編著『注釈　遠野物語』（筑摩書房）が刊行される。本書は地域の調査や聞き取りにもとづく詳細な注釈研究として注目され、広く新聞紙上でもとりあげられた。全国の常民大学の中でも「注釈研究」という学習の展開とその結実は先駆的であり、遠野常民大学の学習の特徴を示すものと評価しうる。

第三に、遠野常民大学の二六年余の歩みのうち後半期十数年の活動はＮＰＯ法人遠野物語研究所に包摂され、行政の支援を受けた学習組織において展開された。後藤は「行政と市民との共生という新しい地平」「地方自治の在り方というものを手作りで示した」としてこの研究所の発足に期待を寄せた。(5) 後藤が持論とする「身銭主義」による常民大学のあり方は遠野においても同様に貫かれており、学習者の受講料に支えられた自立的な学習組織として出発したが、同時に市当局からもその役割が期待され、他の常民大学にはみられない行政との協働の形態という特徴をあわせもつようになったといえる。

以下の本論では、これらの三つの視点から常民大学の学習過程を歴史的にたどり、それぞれの時期の学習過程の内実、課題となったことを明らかにし、その意義を考察する。

一　遠野における昔話の再発見とまちづくり——遠野常民大学前史(6)

遠野市は一九五四（昭和二十九）年に一町七カ村の合併によって発足した。遠野町を中心に、綾織《あやおり》、小友《おとも》、附馬牛《つきもうし》、松崎《まつざき》、土淵《つちぶち》、青笹《あおざさ》、上郷《かみごう》の村々が遠野市となり、その後二〇〇五（平成十七）年に宮守村《みやもりむら》も合併した。土淵村は柳田国男に昔話を語った佐々木喜善の故郷であり、『遠野物語』（一一九話）の中心舞台であるが、その他の村にも数多くの昔話が伝承されており、遠野郷全体では八百から千近い昔話が伝わっているとされる。各家庭で夜、祖父母や父母が昔話を子どもらに語り聞かせる風習は、一九四〇年代まで村々のどこでもあたり前にみられた。遠野が小盆地ながら江戸期から海岸部と内陸部をつなぐ交通の要衝であり、馬の生産・取引が盛んであったことから、全国各地の昔話が持ち込まれる地理的な条件にも恵まれていた。

「民話のふるさと遠野」という表現は一九七〇（昭和四十五）年の岩手国体に前後して提唱されるようになった。一九七一（昭和四十六）年に市民センターが建設された時、こけら落としで鈴木サツが昔話を語ったことを機に、「語り部」という呼称も定着した。土淵小学校校長であった福田八郎が中心となり、一九七五（昭和五十）年に遠野民話同好会編『遠野の昔話』（日本放送出版協会）が刊行されたことも、「民話」や「語り部」への関心を高めるきっかけになった。「民話」は包括的にすぎるとして、後に「昔話」という表現に統一されていくが、高度経済成長期に民俗的な文化や習俗が衰退しつつあった状況に対して、一九七〇年代には遠野における昔話の再発見ともいうべき動きが生まれていた。

一九七六（昭和五十一）年以降、市民センターではそれぞれの村に伝承された昔話を素材とする市民創作劇「遠野物語ファンタジー」が毎年上演されるようになる。社会教育課が事務局をつとめ、約三百人の市民の参加と制作協力、小学校から高校までの児童生徒の合唱や音楽演奏、各集落の伝統芸能の上演も組み込まれ、昔話を新たな表現芸術として創造する試みは今日にいたるまで継続され、毎回二千人を超える市内外からの観客を集めて四一年の歴史を刻んでいる。

昔話に造詣の深い工藤千蔵市長のもとで、一九七七（昭和五十二）年には「田園都市・博物公園都市」をめざす『遠野市総合計画　基本構想』（トオノピアプラン）が策定される。この構想によって、一九八〇（昭和五十五）年には日本初の民俗博物館といわれる遠野市博物館が図書館を併設、設立された。一九八三（昭和五十八）年には「遠野物語ファンタジー」がサントリー地域文化賞・最優秀賞を受賞、一九八四（昭和五十九）年に土淵地区センターに伝承館が設立され、『遠野物語』で家の神として語られているオシラサマを祀るオシラ堂や国の重要文化財に指定された旧菊池家の曲り屋、昔話を語るいろりのある部屋などが整備された。一九八六（昭和六十一）年には町の中心部に「とおの昔話村」が開設され、柳田国男が遠野を訪問した時に宿泊した高善旅館が「柳翁宿」として移築され、語り部が昔話を観光客に語る中心施設として活用されるようになった。

このように遠野市では一九七〇年代から八〇年代にかけて昔話を軸に観光的発信をおこない、ハード面の整備を進めていたが、市の職員や一般市民にとって昔話にはある程度なじみがあっても、柳田の『遠野物語』は身近に感じられることはなく、表層的な理解にとどまっていたといえる。図書館職員であった似内によれば、当時『遠野物語』に関心をもつ全国の研究者などから問い合わせがきても、きちんと答えられる職員がいない状況だった(7)。鐘紡株式会社を退職してUターンし、実家の仕事に従事するようになった小井口から「遠野はこのままでは生きられないのじゃないか」「やはり『遠野物語』をなんとか市民の手で勉強して生かしていこう」との話もあり、似内はつてをたどって明治大学の後藤に直接電話をして来訪を依頼した。市行政によるまちづくりを背景として、市民的なレベルで「本当に『遠野物語』を理解しているのか」という疑問が生まれたことが遠野常民大学の発足に結び付き、一般市民が初めて『遠野物語』を深く学ぶための場がつくられたのである。

二　遠野学事始めから『遠野物語』注釈研究へ——遠野常民大学前半期の一〇年

1　柳田学の世界に出会う——一九八七～九〇年

『遠野物語』評価史

後藤が、最初に遠野を訪問した一九八六(昭和六十一)年十一月の講演のタイトルは「『遠野物語』七五年の評価史を語る」であった。後藤は一九八六(昭和六十一)年から一九八七(昭和六十二)年にかけて柳田国男をめぐる約六千編の論考の集成(8)を刊行する編集作業のさなかにあり、『遠野物語』をめぐる論考が一九六〇年代以降四六本出されていると語った。後藤によれば、一九一〇（明治四十三）年刊行当時、泉鏡花を除くとあまり高い評価がされなかった『遠野物語』は、一九三〇年代の再刊時に金田一京助が高い評価を与えたものの、全体として関心が低調であった。そのなかで桑原武夫が「すぐれた文学書」、「我が国古来の常民の文芸」であり、「民衆の伝える」感動的な書として普遍的な評価を与えた。こうした時期を経て、一九六〇年代以降日本文化をもう一度見直し、柳田を再評価する関心の高まりがあり、吉本隆明、三島由紀夫、小林秀雄、谷川雁、鶴見和子、色川大吉などの注目すべき評論が次々と出されている状況を後藤は評価史として示し、「さまざまな人が最大級の評価を出してきた。そのことをあらためてじっくりと読みながら、そういう遠野論と皆さんの実感とを突き合わせて考える」ことが重要であると説いたのである。(9)

一九六〇〜八〇年代に文学、歴史、思想などの分野で柳田再評価が大きな高まりをみせており、その集成作業を通じて柳田学の研究は深化し円熟の段階にあった。中心的な研究者の一人であり、かつ柳田学を学ぶ市民の学習の場として各地の常民大学設立に精力的に関わってきた後藤にとって、遠野訪問はいわば必然的な出来事であったに違いない。他方、この同じ時期に遠野市は『遠野物語』を軸にまちづくりを模索し、新たな段階を求めて後藤を招請した。一九八六（昭和六十一）年十一月の後藤の講演は、両者にとってまさに歴史的な出会いとなったといって過言ではない。一九八七（昭和六十二）年五月には、この出会いを受けて遠野で第一回柳田国男ゆかりサミットが開かれ、常民大学開校への機運が高まった。

遠野常民大学の開校

一九八七（昭和六十二）年八月二十二日に遠野常民大学が開校した。この日程は、一九〇八（明治四十一）年に柳田が東京で佐々木喜善の話を聴き、『遠野物語』執筆を念頭に置いて一九〇九（明治四十二）年に初めて遠野を旅した時期に重なる。『遠野物語』序文に柳田は次のように書いている。[10]

昨年八月の末自分は遠野郷に遊びたり。花巻より十余里の路上には町場三カ所あり。その他はただ青き山と原野なり。人煙の稀少なること北海道の石狩の平野よりも甚だし。或いは新道なるが故に民居の来たり就ける者少なきか。遠野の城下はすなわち煙花の街なり。

この美しい簡潔な遠野郷の景観描写については、のちに常民大学の学習過程で詳細な旅程調査研究がおこなわれ、一冊の書として刊行されている。[11] 遠野常民大学の記念的な行事は、柳田が遠野を訪れた日程に重ねて、しばしば八月下旬に実施されることになった。

常民大学開校要項では、①柳田学を柱とした常民の学びをつくろう。②異業種・異世代の広い学びの場をもとう。③新たなる歩みの中から明日の遠野の確かな生き方を考える力をつくろう、という趣旨が掲げられている。後藤の開校記念講義は「遠野学事始め――日本の原郷・遠野の位置と未来」と題され、続けて九月から十二月までに第一講「生活者と学問」、第二講「歴史と予見」、第三講「日本人の思想」、第四講「柳田学と現代」、第五講「会員報告」と、初年度に全六回の常民大学が開催されることとなった。開校記念講義で、後藤は常民の学び、常民大学の意義について次のように語っている。[12]

柳田の出発点である遠野物語に関する施設が設けられ、訪れる人に深い感銘を与えている里であることを知った時、市民のみなさんが柳田の作品と遠野物語の作品位置を学んで、自信をもって日本の民衆の財産である遠野を深く理解することが大事だと考えました。(略) 生活者の学問というのは尊いのではないかと思います。十年に向けて二カ月に一回、年六回、一回三時間集中講義をし、時にはゲストの先生を呼んで、みなさん自身による研究発表をやりつつ十年持続したいと思います。遠野にひとりでもふたりでも歴史をみつめて、柳田の学問を肉体化しようとする人が、遠野にこだわって生きていこうとする人が、十年の勉強を通して軽く私を飛び越え、学びの中で蓄えたかしこい考える力、勇気ある行動力それを望むものです。そういう人が生まれてくれれば十年後、遠野のまちは今の十倍以上の力にもなるのではないか。

こうして開始された遠野常民大学では、初期の三年間、柳田学の入門的な講義が続けられた。一九八八（昭和六十三）年度のテーマは「柳田学の形成」、一九八九（平成元）年度は「北国のフォルクロア①」、一九九〇（平成二）年度「北国のフォルクロア②」とされた。一九八九（平成元）年度には年間一〇回講義の中で六回が『遠野物語』を読む」にあてられ、次第に柳田学における『遠野物語』の作品位置に焦点化する方向性が示されている。しかし、講義は決してわかりやすいものではなく、高度な内容であったため、当初五〇人を超えた受講生は二年目以降には半分近くに減少していった。[13]

開校講義で後藤が提案したように、テーマによって専門家がゲストとして招かれるようになり、『遠野物語』評価史がそれぞれのゲストから語られることを通じて受講生の目が開かれていった。一九九〇（平成二）年の『遠野物語』発刊八〇周年記念では、吉本隆明を招いてシンポジウムが開催された。常民大学開設当初の三、四年間は、後の注釈研究にいたる土台づくりの過程であり困難を伴ったが、『遠野物語』をめぐる学問的背景の大きさ、深さに受講生が次第に覚醒していく過程でもあった。遠野常民大学の学習は、柳田学との出会いから『遠野物語』の注釈研究へと着実に深化していったのである。

2 遠野の地元から『遠野物語』を読み解く注釈研究——一九九一〜九七年

活発化する常民大学の発信

常民大学発足五年目にあたる一九九一（平成三）年五月に、かねてより遠野市が後藤に仲介を依頼していた『遠野物語』初稿三部作が池上家から寄贈された。盛大な式典が催され、民俗学者赤坂憲雄が記念講演をおこなった。この頃から常民大学の活動は本格化し、発信力をもつようになる。この三本の初稿から読み取れる柳田の推敲過程自体が、注釈研究として重要であることが自覚され、『「遠野物語」初稿三部作パンフレット」が作成された。

この他にも遠野常民大学編『遠野郷先覚者物語』（自費出版、一九九一年）、柳田国男（後藤総一郎監修・佐藤誠輔口語訳）『口語訳　遠野物語』（河出書房新社、一九九二年）、遠野常民大学運営委員会編『柳田国男の遠野紀行』（自費出版、一九九二年）などの刊行があいついだ。佐藤の『口語訳　遠野物語』は、後藤の監修、小田富英（柳田国男研究会）の注釈に加え挿画もつけられ、子どもも名作に親しめるよう表現し直した作品である。佐藤は「あとがき」で「いまや個人の手を離れ、遠野常民大学の事業となり、また遠野市主催による世界民話博覧会の事業の一つとして位置づけられ、河出書房新社のご厚意で出版も決まりました」と記している。小学校教員で国語教育連盟に参加していた佐藤は常民大学で学習を深め、研究所発足後には、遠野の昔話継承と語り部の養成に力を尽くす。

一九九二（平成四）年四月には機関紙『遠野常民』が発行されるようになる。毎号講義のテープ起こし原稿や各自の学習レポートが掲載され、二〇〇〇（平成十二）年十二月号まで通算百号にわたって常民大学の歩みを記録した貴重な資料として残されている。このテープ起こし・編集作業は元中学校教員（社会科）高柳俊郎が中心となった。高柳がエネルギーを注いだ機関紙の編集作業は、後に遠野物語研究所による多数の刊行物の編集・出版事業の土台をなしたといえる。研究所からは、研究紀要『遠野物語研究』が毎年発行され、機関誌『遠野文化誌』、さらに多くの単行本が発刊され、その大半は高柳が編集を担った。

遠野常民大学運営委員長の小井口有は、「遠野常民」第一号（一九九二年四月）の巻頭で次のように抱負を表明している。

十年を単位にしてみれば、折り返しの年になりました。わたしたちの学習も後藤先生のご指導をいただきまして油がのってきたという感じです。市の民話博もむかえていよいよビッグな年になりそうです。わたしたちは遠野物語の口語訳、民話劇、記念講演会が担当です。常民に学ぶみなさんが実行委員ということでご協力いただきます。

小井口は青年会議所を担い手とするまちづくりの志向性をもち、一九八八（昭和六十三）年に青年会議所が中心となって「ロマン銀河鉄道――遠野行き」のイベントを実施した経験をもっていることから、常民大学の日常学習だけではなく、多くの市民が参加する対外的な記念事業等の企画・運営にも力を発揮した。一九九二（平成四）年の八月には「柳田国男没後三〇年記念講演会」が開かれ、高校生向け講演に坊ちゃん文学賞受賞者の中脇初枝（筑波大学学生）が招かれた。『遠野物語』を生んだ三人」と題する三浦祐之（日本文学者）の講演では五百人の参加があった。一九九三（平成五）年に岩手で開催された国民文化祭では、常民大学として「柳田国男と二一世紀」と題する講演・シンポジウムを開き、鶴見和子による講演「内発的発展論の原点としての『遠野物語』」と六人のパネリストによるパネル討論会が開催された。このようなとりくみをもとに、小井口は、対外的に若者の参加をよびかける「遠野物語ゼミナール」を企画・提案し、翌一九九四（平成六）年の八月には第一回「遠野物語ゼミナール」がスタートする。常民大学の参加者は二〇人余であるが、ゼミナールには百人を超える参加者が集まった。「観光で遠野に泊まらなくても、学習なら泊まる」というスタディ・ツアーの構想、スタディ&グリーンツーリズム＝「遠野ツーリズム」の提案には、小井口の独創性、事業家としての『遠野物語』の読み取り方が表れている(14)。

遠野常民大学の学習は、注釈研究に焦点化されていくが、メンバー個々人の個性、独自の発想や力量が結集され、役割分担の中で対外的に発信する事業も拡充されていった。遠野常民大学が一九九〇年代初頭から半ばにかけて、地域に根を下ろしつつ新たな発展段階に入ったことが読み取れる。

一〇年間の学習の成果としての『注釈　遠野物語』の刊行

遠野常民大学の事務局長であった似内は、遠野常民大学で注釈研究がとりくまれるきっかけについて次のように述べている(15)。

> 後藤先生から「安易な考えで『遠野物語』を良く知らないで、観光に利用しようとするような短絡的な話ではいけない」と忠告されたりもした。きちっとした枠組みで勉強をするというのはすごく我慢がいりましたが、頑張らなくてはなりませんでした。（略）『注釈　遠野物語』の方は、やはり後藤先生が、「遠野では聖書に値するものは『遠野物語』なのだから、子どもたちに分かり、また柳田や『遠野物語』を研究する人たちが分かるようなものを、地元の人たちによって書かなければならない。（略）後藤先生にはもう一つの戦略があったはずで、それが同時に、柳田国男研究の第一線を開くだろうと考えていたと思うのです。そういう二つの目論見を同時に実現してしまうという大きな構想が、後藤先生にはあったと思うのです。

一九八九（平成元）年度から「『遠野物語』を読む」学習が行われ、一九九〇（平成二）年度後半には「『遠野物語』

注釈研究」に焦点化される。似内が受け止めた後藤の「二つの目論見」は、学習計画の中に当初から具体化されていた。一九九一（平成三）年度、一九九二（平成四）年度の常民大学では『遠野物語』注釈研究が年間テーマに据えられた。各自が『遠野物語』の一話ずつを担当し、調べてきたことを発表する方式であるが、初めは戸惑いも大きかった。『遠野物語』の専門的な論考をまとめている赤坂憲雄（民俗学者）、三浦祐之、石井正己（日本文学者）らが招かれて、後藤と共に注釈研究を導いた。たとえば赤坂の講義では、「やはり『遠野物語』は遠野から読まれなければいけない」と述べ、民俗学的な研究方法を詳細に示したうえで、さしあたって具体的な方法として①索引の作成、②関連する説話・伝承のグループ化、③参考文献のコピー、ファイル化、④「伝承地図」の作成準備などを進めるよう助言している。[16]

一九九二（平成四）年七月の「特別講座」では、石井正己が『遠野物語』初版序文の「目前の出来事」「現在の事実」という言葉に注目して、「大昔」「昔」「年号の示す時間」「事件の示す時間」そして「今」に収斂する時間の構造を厳密に区別し、柳田自身の思想の表明として吟味して読み解く必要があると次のように教示する。[17]

「目前」とか「現在」という時間を、個々の物語のなかに発見していく、それをどういうふうに表現するのかというとき、柳田は徹底的に「今」へのこだわりを見せていきます。つまり、「出来事」とか「事実」というのは、聞き書きの時点においてはすでに過去に起こったことでしかないという宿命をもっています。けっして、目の前でこの出来事が起きているわけではありません。過去に起こった出来事を「目前」とか「現在」としていく、そこのからくりに注意する必要があるのだと思います。

「遠野常民」に二四頁にわたって収録されている長大な講義であるが、こうした専門家の手ほどきが、『注釈遠野物語』の刊行にいたるまで繰り返し行われている。高度な方法論的学習、地元の語り手など六〇人から伝承の聞き書き、地域の地理・歴史的・民俗的調査研究などの密度の濃い学習過程を経て、徐々に一一九話をめぐる注釈研究が深められていった。

『注釈　遠野物語』は遠野常民大学会員二二人によって執筆された。監修の後藤は、「『遠野物語』の新地平——注釈研究の史譜」と題して次のような序文を寄せている。(18)

『遠野物語』の本来的な意味と意義の普遍的理解をしかと胸に刻むことができた、在野の研究者が育まれたことの意義は限りなく大きい。本書と本書を編まれた地元研究者の誕生を契機として、遠野はたんなる表層的な観光「民話の里」から脱出して、日本常民の精神史の象徴的な紙碑としての『遠野物語』の里として位置づけられていくであろうし、またそうあらねばならなくなるであろう。(略)『遠野物語』のまさに舞台である地元遠野のみなさんによって、本格的な調査研究がはじめてなされていったことの意義は極めて大きいといえよう。百人をこえる地元関係者からのいわゆる聞き取り調査は、『遠野物語』の登場人物の系譜や伝承をすべて明晰にすることができ、歴史や地名やものの所在や信仰なども一目瞭然とすることができたのである。(略)

願わくば、地元遠野の市民が、広く本書を手にされ熟読され、遠い先祖の苦悩に満ちた精神史をふりかえり、そこから離陸した今日の生活と精神のありようを改めて見直し、遠野人としての「自己認識」を深めながら、確かな誇りをたちのぼらせてくれることを期待したい。

後藤は、『遠野物語』の注釈研究をなしとげたことが、生活者の学問の理念、すなわち歴史を学ぶことによって「自己認識」を獲得するという意味において、全国の常民大学のあるべき姿、範型にもなりうるであろうと述べている。[19] 一〇年間の学習を経て、『遠野物語』への近づきにくさをかかえていた遠野市民の「自己認識」の形成を促す研究成果を生み出したことは、遠野常民大学の存在価値そのものの証明ともなったといえるであろう。

専門家として遠野常民大学の注釈研究を支援してきた赤坂憲雄は、難渋した執筆過程を十分にふまえつつ、本書の意義を以下のように評価している。[20]

『注釈 遠野物語』を読んでまず驚かされることは、これまで物語のなかの主人公として付き合ってきたその人たちが、実は遠野という小さな土地に暮らしていた生身の肉体をもつ人たちであった、ということです。(略)柳田が文学性と引き換えに切り捨てることになった、『遠野物語』から失われた「現在の事実」とか「目前の出来事」としての性格と言うものを、この『注釈 遠野物語』はあらためて濃密に意識させる。それがこの注釈書のひとつの特徴になっています。(略)

この本のなかにはさまざまな眼差しが交錯しています。(略)柳田国男とその『遠野物語』はあきらかに権威であり、権威ゆえに持ってきた呪的な力というものがあるのですが、遠野常民大学の人たちはみごとなほどに、その柳田と『遠野物語』の祀り上げを周到に避けています。(略)柳田の眼差しを相対化し、なおかつ土地の眼差し、喜善の眼差し、伊能の眼差しもまとめて相対化している。どれも特権化しないで、それらの眼差しの交錯のなかに、かろうじて浮かび上がってくる原風景なり、原像のようなものを辿り、復元しようとしているんですね。そこがこの『注釈』がたいへん信頼度の高い仕事になったひとつの理由だろうと思います。(略)初めて『遠野物語』はその生まれ故郷である遠野から、真直ぐに読み抜かれたのです。

『注釈　遠野物語』の編集過程では専門家たちの教示とあわせて、筑摩書房の編集者からも学術書としての水準を求められ、出典の厳密さや文体の統一など、編集の中心となったメンバーの苦労も並大抵ではなかった。赤坂の評価は、『注釈　遠野物語』が専門研究者ではなく、地元遠野市民の共同学習によってこそ達成しえた意義を的確に指摘している。

刊行に先だってすでに一九九五（平成七）年四月に遠野物語研究所が設立されており、市からの助成が開始されていたが、三千部買い取りのために九百万円近い銀行からの借り入れなどをするという苦労もあった。結果的にはすぐれた注釈の書として全国的な反響をよび、すぐに二刷、三刷と増刷され、経済的な困難も乗り越えることができた(21)。

一〇年間の学習活動が結実をみることと並行して、遠野常民大学は遠野物語研究所に包摂されて新たな活動段階に入る。

三　遠野物語研究所の発足と学習文化事業の広がり――一九九七〜二〇一三年

1　遠野物語研究所の発足

遠野物語研究所発足のいきさつは、遠野市が地球民俗研究所の構想を持っていたこと、常民大学運営委員長の小井口が提案した遠野物語ゼミナールに全国から多数の参加者を集め、セミナーハウスの構想も生まれていたことなどから、市長が後藤と小井口に相談して具体化した(22)。一九九五（平成七）年四月八日に市長、教育長、文化課長などが参加して設立の承認、事業の委託調印がおこなわれた。市中の中心施設「とおの昔話村」内部に事務所を置くことになり、事務職員を雇用して常設事務所が機能することになった。

遠野物語研究所の事業は、①諸会議の開催、②研究事業（『遠野物語』をベースとした柳田国男の関係資料、研究文献の収集・整理・閲覧・紹介）、③編集・出版事業（所報、冊子・単行本、郷土史などの受託研究など）、④講演会の開催など四本の柱で展開される。市博物館が推進する伊能嘉矩の台湾渡航百周年記念事業への協力、「伊能嘉矩伝」の執筆など、市と協働する事業も計画され、市の助成を受けた研究機関という新たな方向性が示される。

研究所は、「遠野古文書会」、「えみし学会」、「遠野読書会」、「遠野民俗の会」、「遠野常民大学」の五つの市民郷土研究団体の連携・交流の場とされ、後藤によれば「遠野学」の広場であると性格づけられている。(23)

研究所の構成は、①顧問（柳田為正、鶴見和子、野村純一、宮田登）、②客員研究員（三浦祐之、赤坂憲雄、石井正己）、③所長（後藤総一郎）、④所長代理（高柳俊郎）、⑤研究員（八人、主に遠野常民大学会員）、⑥監査員、⑦事務局（事務員雇用）、⑧連絡協議会（五団体）となっている。従来、ゲストとして招かれた専門家が、顧問、客員研究員として研究事業により積極的にかかわり、出版事業への協力もおこなうなど、研究態勢が強化されている。

2　拡大発展する研究所の事業

遠野常民大学時代と異なる点は、市民向け、全国向けの事業が幅広く展開されるようになった点である。小井口が提案した「遠野物語ゼミナール」は、一九九四（平成六）年に第一回が開催され、一九九六（平成八）年度から研究所の主催となった。全国から大学生や遠野物語に関心をもつ市民が参加し、フィールドワークを含む滞在型学習として、毎年テーマが設定され、二〇一三（平成二十三）年度まで二〇回を重ねた。二〇〇七（平成十九）年度から四年間は、東京会場を設けて二百人以上の参加を集めている。民俗学や昔話を学ぶ学生の研究関心を育てる大きな事業として継続していった。ゼミナールのテーマに即して多くのゲストの講義が行われ、その内容が新書版の「ゼミナール記録」として研究所から発行された。(24)

同じく若者に目を向けた事業として一九九五（平成七）年度から「遠野物語教室」が開催されている。市内の中学・高校生を対象に教育委員会の協力をえながら、『遠野物語』を次世代に伝えようと、年間一〇回程度の講座を開設する。講義中心では継続が難しく、マイクロバスで現地を訪ねる方式で、二〇一三（平成二十五）年度まで続けられた。

さらに特筆される事業は、一九九六（平成八）年度に開始された語り部教室（後に昔話教室）である。前期、後期各六回（後に五回）を通じて遠野の昔話について学び、語り部を講師として実際に受講生が語りをおこなうという実践的な学習である。自ら語り手でもある佐藤誠輔が担当者として中心的に関わった。佐藤は語り部教室にこめた抱負を次のように語っている。

一つには（遠野の昔話の）伝承でしょうね。絶やさないということ。（略）そのために、語り手、語り部といった人を育成というと、おこがましいけれど、育てていく必要があると思うんです。[25]

強くわたしに残っているのは、後藤総一郎所長に言われた「昔話は、たんに面白おかしいものじゃないんだ」と。（略）その辺も考えながら進めなければいけないと考えています。

後藤先生の考えの中になかったのは、公開講座ではなかったかと思うのです。遠野物語教室と、昔話教室（語り部教室）、これはわたしらが考えた、立派に言えば内発的な市民講座を、われわれが始めた。[26]

語り部教室には常時三〇人近い受講生が繰り返し受講し、二〇〇〇（平成十二）年には二〇人の卒業生が語り部の会「いろり火」を結成して、駅前の空き店舗を借りて語りの活動を始めた。祖父母や親から伝承されて多くの昔話を語る「語り部」の高齢化が進む中、教室から育った語り部集団は、昔話のふるさと遠野を支えるうえで欠くことのできない担い手となっている。

一九九六（平成八）年には遠野学会が開催され、同じく二〇一三（平成二十三）年度まで継続された。この会は、研究所と協力・連携する五団体の交流の場として始まったもので、「豊かな郷土への道しるべ」として相互の活動に学ぶという趣旨で年一回集まっていたが、次第に報告者・団体の幅が広がり、高校の農業実践や地域づくり協議会による文化財保全活動、山・里・暮らしネットワークのグリーンツーリズムなど、広く遠野の地域づくりや環境保全の実践交流会として広がっていった。

一九九五（平成七）年に研究所が発足し、『注釈　遠野物語』の執筆最終段階の時期に重なってこれらの新たな事業が次々に実施された状況をみると、常民大学で学びあった会員の力量がいかに大きく高められていたかということが伺われる。これらの事業は二〇一三（平成二十五）年度末に研究所が解散するまで毎年継続され、市民・学生、全国から交流に訪れる人々に学習機会を広げていったのである。

むすび　遠野学の第三ステージ

後藤は、二〇〇〇（平成十二）年一月五日に遠野市文化賞を授与され、一月二十一日に遠野常民大学の年度最終講座で「遠野学一五年の成果と展望」と題する総括的な講義をおこない、ここで「ふりかえる一五年の学譜」として、一九八六（昭和六十一）年十一月に初めて遠野市を訪問して以来の常民大学の歩みをたどっている。(27) 二〇〇三（平成十五）年一月に死去する後藤が遺したメッセージとも受け止められる。

後藤は常民大学がとりくんだ市民の注釈研究が遠野学の第二ステージを生み、次の時代、「第三ステージ」をめざしていこうと展望を語っている。第一ステージは一九一〇（明治四十三）年の『遠野物語』の発刊の時期である。第二ステージは、『遠野物語』を内側から読む注釈研究によって、柳田の『遠野物語』から遠野の市民による『遠野物語』へ、「外発的発展から内発的発展へ」の段階である。遠野常民大学の一五年はまさにその段階を拓いた。そして後藤が第三ステージの課題とすることは、『遠野物語拾遺』の注釈研究、郷土の人類学者伊能嘉矩の全集を出す仕事、台湾を含めて世界に発信していくことなど、さらに遠野に歴史的に蓄積されてきた豊かな土壌を市民自身が学んでいくことであったと思われる。

後藤の急逝の後、遠野物語研究所は高柳俊郎新所長のもと客員研究員の協力を得ながら、一〇年間にわたって研究所の事業の維持発展に力を尽くした。しかし、第三ステージを拓く模索は困難であり、徐々にゼミナールや教室事業の参加者の減少、市からの予算削減、研究所の後継者がいないなどの課題を抱えるようになった。二〇一四(平成二十六)年三月、遠野物語研究所は解散する。

他方、遠野市は二〇〇九(平成二十一)年から遠野文化研究センター調査研究課を中心に商工会や観光協会と連携して「語り部」千人プロジェクトにとりくみ、昔話に加えて、食、歴史、郷土芸能、生業などの伝承に目を向けて千人の語り部を認定する事業を広げている。佐藤誠輔なども認定委員となっている。二〇一〇(平成二十二)年の『遠野物語』百周年記念事業では、小井口が市民企画委員会委員長に招かれ、子どもたちの語りの舞台、語り部千人プロジェクトで認定された人々の発表、コンサートや舞台など多くのイベントが盛大に実施された。

このような展開を経て、遠野市はとおの昔話村を再整備し、「とおの物語の館」としてリニューアルオープンさせた。また、新たに赤坂を所長に招いて二〇一一(平成二十三)年四月に遠野文化研究センターを設立した。まちづくりにむけた文化的発信を重視する方向で、経済団体や地域づくり団体、学校などの組織的ネットワークが動き出しており、後藤の展望とは異なる第三ステージが始まっている。語り部教室も遠野文化研究センターが継続して開催している。遠野常民大学と遠野物語研究所の二六年の歩みを通じて『遠野物語』の深い理解が促され、多彩な公開学習事業と出版事業が展開されたことは、遠野と『遠野物語』百年の歴史のなかで躍動的な時代を築いたことは明らかであろう。

注

(1) 遠野常民大学の記録テープ八〇本のなかにこの講演記録も残されている。常民大学発足以来事務局長をつとめた似内邦雄からの提供による。
(2) 小井口有に遠野常民大学運営委員長として学習の企画、組織運営にあたった。
(3) 柳田国男『遠野物語』の原稿は、毛筆本、ペン字入稿原稿、活字に赤を入れた校正本の三種類あり、初稿本三部作とよばれる。柳田は当時東京帝国大学の学生で交流のあった池上隆祐にこの三部作を贈った。池上は戦時中も空襲を避けて大切に保存していた。遠野市はこの三部作の寄贈の仲介を後藤総一郎に依頼し、池上の死後、一九九一(平成三)年五月に夫人から遠野市に寄贈された。遠野市立博物館のもっとも重要な所蔵品の一つとなっている。
(4) 佐藤一子「昔話の口承と地域学習の展開――岩手県遠野市の『民話のふるさと』づくりと語り部たちの活動」『法政大学キャリアデザイン学部紀要』第一〇号、二〇一三年三月。
(5) 後藤総一郎「遠野第四の曙――遠野物語研究所の意義」(遠野物語研究所設立記念講義)『遠野常民』第四一号、一九九五年九月。
(6) 遠野市の歴史文化、まちづくりについては、前掲佐藤一子論文の内容を略記した。
(7) 対談(似内邦雄・石井正己)「常民大学と図書館・博物館を結んで」『遠野文化誌』(遠野物語研究所発行)第三〇号、二〇〇五年一月二十日。
(8) 後藤総一郎編『柳田国男研究資料集成』全二二巻・別巻二巻、日本図書センター、一九八六~八七年。
(9) 前掲、注(1)、後藤総一郎「『遠野物語』七五年の評価史を語る」の講演記録テープより。
(10) 柳田国男『遠野物語　山の人生』一九七六年第一刷、二〇一四年第五六刷、岩波文庫、七頁。
(11) 遠野常民大学運営委員会編『柳田国男の遠野紀行』自費出版(熊谷印刷)、一九九二年。同改訂版、高柳俊郎著、三弥井書店、二〇〇三年。
(12) 遠野常民大学開催要項と第一回常民大学講義要旨(後藤総一郎「遠野学事始め」)が、遠野常民大学事務局の

文書記録として残されている。似内邦雄から提供された。
(13) 似内邦雄への聞き取り(二〇一四〔平成二十六〕年三月二日)と提供された講義記録による。
(14) 小井口有への聞き取り(二〇一四〔平成二十六〕年三月三日)より。
(15) 似内邦雄「遠野常民大学のこれまでの活動と今後」『常民大学の原点と未来』(常民大学紀要一〇)、岩田書院、二〇一〇年十月、一〇六―一〇七頁。
(16) 赤坂憲雄「『遠野物語』を遠野から読もう」『遠野常民』第二号、一九九二年五月二十二日。
(17) 石井正己「『遠野物語』の時間」『遠野常民』第五号、一九九二年九月十日。
(18) 後藤総一郎監修・遠野常民大学編著『注釈 遠野物語』筑摩書房、一九九七年、二頁、四頁。
(19) 同右、四頁。
(20) 赤坂憲雄「『注釈 遠野物語』を読む」『遠野物語研究』第二号(特集『注釈 遠野物語』)、遠野物語研究所、一九九八年三月、八―九頁、一二―一三頁、一六頁。
(21) 注(14)に同じ。
(22) 同右。
(23) 後藤総一郎「『遠野学』の広場」(扉のことば)『遠野物語研究』創刊号、遠野物語研究所、一九九六年八月。
(24) 何冊かタイトルをあげると、「オシラサマ信仰の世界」(一九九七年)「山人の発見とその世界観」(一九九九年)「昔話の世界」(二〇〇〇年)「動物のフォルクロア」(二〇〇一年)『遠野物語』と北の文化」「東北日本の食――『遠野物語』と雑穀・飢饉」(二〇〇七年)「二十一世紀と遠野――小盆地・遠野を歩く」(二〇一一年)「佐々木喜善の世界」(二〇一四年)などが刊行されており、ゼミナールが非常に多角的に企画されていたことが伺われる。
(25) 座談会「『遠野物語』と遠野の昔話」(石井正己、佐藤誠輔、阿部ヤエ)『遠野物語研究』第四号(小特集『昔話の世界』)遠野物語研究所、二〇〇〇年三月、三六頁。
(26) 「遠野物語研究所の現状と課題」(石井正己、高柳俊郎、千葉博、佐藤誠輔、似内邦雄)『遠野物語研究』第八号(特集 遠野物語研究所創設一〇周年)遠野物語研究所、二〇〇五年三月、五四頁。
(27) 後藤総一郎「遠野学一五年の成果と展望」『遠野物語研究』第五号(特集『遠野物語』発刊九十周年)、二〇〇一年三月。座談会「『遠野物語』研究――第三ステージへの展望」(後藤総一郎、三浦祐之、小田富英、石井正己)同所収。

第一一章　立川柳田国男を読む会

田所祐史

立川市は、東京都の多摩地域に位置する街である。一九四〇（昭和十五）年に、東京では八王子市についで二番目に市制施行した。米軍立川基地があり、米軍が横田基地へ移転するまで、朝鮮戦争やベトナム戦争では出撃拠点のひとつとなった。一九五五（昭和三十）年の立川基地拡張計画発表に対し、一九六〇年代まで砂川闘争が展開したことでも知られる。一九六三（昭和三十八）年には砂川町が編入された。

立川駅から東京駅までＪＲ中央線で五〇分前後所要の位置であることから、都市型生活者の居住地でもある。一九五〇（昭和二十五）年に六万人余、砂川町合併後の一九六五（昭和四十）年に一〇万人余だった人口は、年々増加をみせ、二〇一六（平成二十八）年三月現在で約一七万九八〇〇人を数えている。

「立川柳田国男を読む会」（以下原則として「立川読む会」と略）は一九九二（平成四）年に発足し、二〇年以上の歴史がある。ほかの常民大学と形態を比較すると、大都市近郊の中都市に生きる都市型生活者の「野の学び」であること、公民館での社会教育が源流にあることに気づく。立川での常民大学実践はどのように生まれ、どのように展開してきたのだろうか。都市部で展開している常民大学の歩みをたどってみたい。

一　公民館主催「市民大学セミナー」

立川柳田国男を読む会の源は、立川市中央公民館主催「市民大学セミナー」にある。

山口茂記氏は、市職員として一九七八（昭和五十三）年から公民館事業に携わり、飯田市への視察調査や東京・多摩地域の自治体職員との交流等を通して、「市民教室でこれからの時代や地域をどうとらえていくか」という課題に向き合った(1)。

その取り組みのひとつが、大学開放を地域で展開する「市民大学セミナー」の開設であった。山口氏は、柳田国男研究会の存在を「風の便りで知っていた」という。第三回常民大学合同研究会（一九八五［昭和六十］年八月、研究主題「柳田国男研究と生活者」会場・飯田市）の開催をパンフレットで知り、単身参加した。また、東京都国立市、小平市、昭島市などで後藤総一郎が講師として活躍していたこともあり、立川の「市民大学セミナー」の講師依頼のため「ラブレター」を出したところ、後藤は「五年間続けるならばやる。受講生が一人でもやる」と応諾した。

こうして、一九八五（昭和六十）年に第一期「柳田国男序説――柳田国男と現代――思想と学問」が開催され、その後、一九八九（平成元）年まで五期にわたり、毎年異なるテーマを掲げて秋に開講された（表2-11-1）。

第二期に至り山口氏は、柳田国男を通じて「生活者の学び」を展開する意味をつぎのように認識した。

> 社会教育、公民館にとっても生活者の学びとして、柳田学をその基底に位置ずけ《ママ》ることは不可欠であると確信しました。それは私たち民衆が生きるうえで、自らの歴史を知り、将来を切り開くために確かな見通しを

表 2-11-1　立川市中央公民館主催 市民大学セミナー概要

1985 年　第 1 期	
柳田国男序説 ――柳田国男と現代――思想と学問	

1986 年　第 2 期	
柳田学の理念と方法 ――『青年と学問』を読む	
第 1 講	書誌とモティーフ
第 2 講	『青年と学問』
第 3 講	柳田国男の旅行と歴史
第 4 講	『郷土研究』（6・7・8 章）について
＊全5回のうち1回は砂川でのフィールドワーク	

1987 年度　第 3 期	
日本人のルーツをたずねて――日本人の精神史「柳田国男作品入門」日本常民精神史考	
第 1 講	『遠野物語』――村落伝承の精神史
第 2 講	『雪国の春』――偏土の旅への眼
第 3 講	『子ども風土記』 ――子ども史への視座
第 4 講	『閑談』――家の思想史
第 5 講	『妹の力』――女性史事始
第 6 講	『毎日の言葉』――言葉の発生
第 7 講	『明治大正史 世相篇』 ――衣食住の歴史
第 8 講	『先祖の話』――日本人の死生観
第 9 講	『日本の祭』――共同体の精神史
第 10 講	『海上の道』――日本人の起源論

1988 年度　第 4 期	
「日本人の精神史」―― 日本人のルーツを訪ねて、常民の心を探る ――柳田国男著「先祖の話」「日本の祭」から	
第 1 講	『先祖の話』の今日的な意義
第 2 講	『先祖の話』第 1 話
第 3 講	『先祖の話』つづき
第 4 講	『先祖の話』終り
第 5 講	『日本の祭』第 1 回
第 6 講	立川の正月と盆行事（立川民俗の会 桧山泰子）
第 7 講	『日本の祭』第 2 回
第 8 講	『日本の祭』第 3 回

1989 年　第 5 期	
天皇制国家の形成と民衆	
第 1 講	明治国家の形成
第 2 講	明治国家の統治構造
第 3 講	天皇制イデオロギーの形成と支配 ――宗教政策
第 4 講	天皇制イデオロギーの形成と支配 ――教育政策
第 5 講	天皇制イデオロギーの形成と支配 ――家族政策

市民大学セミナー第 2 ～ 5 期の講座記録（立川市中央公民館発行、1987 ～ 89 年）より筆者作成（資料提供＝立川柳田国男を読む会）。講師は特記なき限り、後藤総一郎。各年のテーマは、資料によって表記・表現が異なるが、講座記録に拠った。例えば、「市民サークル『柳田国男を読む会』募集要項」では、公民館主催市民大学セミナー第 1 期のテーマを「柳田国男論――柳田国男と現代、思想、学問」としている。

つくる、この切実なテーマにとって柳田学は欠かせないと思えたのです。それは私たちが公民として主権者としてかしこくなること。将来に対して主体的に確かな目を育てること。そのために私たちの先祖がどのように生きたのかを学ぶことは、これからどうすればいいのかの手がかりを柳田学は与えてくれるように思います。(2)

柳田国男の学問は、「今日の根無し草と化しつつある私たち日本人の『自己を知る』ための学問として役立てようとして興された学問」(3)である、という認識のもと、「日本人のルーツ」を求めて精神史の探究や、「天皇制国家の形成と民衆」など毎期テーマを設定して、全五〜一〇回の公民館講座が五期実施された。柳田国男といい、天皇制国家といい、扱う材料や課題は、「根無し草と化しつつある」と感じざるを得ない現代日本、とくに都市に生きるなかで「自己認識の学」として選ばれ、設定されたものであったといえる。

後藤は「わたしたちは、自分を知り確かなものにしていくための勉強として歴史を勉強していくのであり、またその仕方として自分史・地域史・人類史とを繋ぐことをつねに頭におきながら勉強していく。そのことが結果として、内面倫理とか、主体的な自由を持った人間像を作っていくことになるのではないか、という期待をこめて学びあっている」(4)と述べている。

二　常民大学と公民館

このように、立川では公民館が常民大学の発足の下準備の役割を果たした。後藤総一郎は、社会教育行政や教育機関としての公民館について、どのように考えていたのだろうか。

飯田柳田国男研究会の髙橋寛治によると、公民館主催の社会教育講座に対する後藤の考えは、

公民館とのかかわりに対して、私が公民館での連続講演会をお願いできないか相談したところ、答えは『無理だよ』と明言なさった。一人の講師の講座を公の機関である公民館が続けることは無理、出来ないと判断された。公民館から依頼を受け講演を行うことがあっても、それは『種まき』であり、種が自らの力で学ぶ場を作らないかぎり、言い換えれば『公』を頼る限り自らの学問は育たないと先生は考えていた。また、一人の決まった講師が講座を続けても、市町村のように首長が変わり、その方向を意識する組織は必ず問題を起こすと確信を持たれていた。(5)

というものである。後藤は、『公』を頼る」という図式で市民の学びと社会教育行政の関係をとらえ、公民館主催の学習機会を「種まき」と限定的にとらえていたのか、首長部局と教育委員会の関係をどうとらえていたのか、など、この発言には、後藤の社会教育（行政・機関）観について、その「身銭主義」（会員が自ら謝礼等の経費を負担するなど、自分たちの力で運営すること）とともに検討を要する点がある。

背景には、一部の公民館の実態への批判や不信感があったかもしれない。たしかに、実態は社会教育行政や機関の本来的あり方と乖離していたり、「学習機会の提供」に終始して継続的に探究する学習文化活動への方向性がみえなかったりする面もある。こうした面への批判・不信であるとすれば、現代公民館の学級・講座のあり方を再考すべきであろう。自己教育運動と公民館がいかなる関係を紡げるか、右に引用した「確信」とまで言わしめる市町村の社会教育現場への問いは重要である。

もっとも、髙橋が述べているように、「各地の常民大学運動を初期に仲立ちをなしたのが公民館活動であった」

のも事実である。また、「住民が積極的に係わり、一人一人が主体的に地域を考える取り組みが出来ないものか、悩む公民館主事」の存在、社会教育推進全国協議会主催の社会教育研究全国集会への後藤の参加など、髙橋が挙げた点も重要で、『種まき』としての公民館主催の講演会」という公民館の位置づけとあわせて考えるとき、職員の役割の大きさが浮上してくるように思う。

立川市中央公民館についていえば、五年にわたる公民館主催講座開催と職員の取り組みは、「野の学び」の助走から独り立ちへの「仲立ち」にあたるだろう。担当職員の山口は、立川市退職後の現在も会の一員として活動を続けている。

後述するように、現在、立川読む会は公民館の後継施設である柴崎学習館を会場に活動している。「身銭主義」といっても、公民館等の社会教育機関・施設を会場にして学びを定例的・継続的に展開できる一条件として地域に物的施設があることは非常に大きい。集い学びあえる空間＝部屋の確保さえできればよい、ということでは、学びの公共性や権利保障の意識もないままである。受益者負担で使用料を払って使うだけの関係になってしまう。「身銭主義」には『公』に頼らない」というたくましい気概が感じられる。しかし、施設建設・会場確保を「身銭」で行ってきた戦前来の自己教育運動の歴史とあわせてみると、確立された地域の社会教育・公民館との関係は金銭では表せない価値があろう。

もちろん施設だけあればよいわけではなく、その施設のあり方・質が、職員のあり方・質と相俟って、住民主体の社会教育を可能ならしめる環境醸成の大事な要素になってくると思う。自治体によって社会教育行政や機関のあり方が異なるのは、市町村主義ゆえの多彩さともいえるが、一方で、質が高く安定した学習する権利保障をどの自治体においても実現していく行政の課題があるし、住民も意識する必要があるように思う。社会教育機関・施設が整った環境下にあるときは、空気のように当たり前で、日常的には意識することは少ない。そこで社会教育職員の役割も問われる。立川読む会においては、発足前後における公民館との関係は、職員が役割を果たした好例といえるのではなかろうか。

三　自主学習会から「立川柳田国男を読む会」の発足へ

一般に、公民館主催講座は予定の開催期間を終えると、受講生が学習の継続を求めて自主サークル化する例が多い。職員は求めに応じてその発足を支援する。公民館で出会った受講生は、主として公民館の担当エリアの地域住民で構成されている。あるテーマの講座を契機に出会った地域の人びとがそのつながりを保ちたいと願い、一過性の学習に終始しないよう、自発的に集い学びあう機会を自分たちの手で守り育てていくことになる。主催講座担当の職員にとっては、学習機会提供にとどまらない発展を住民・指導者・職員の力で築くことができた、と手ごたえを感じる動きである。その後公民館は、施設提供や、学習成果発表、地域社会への還元の機会を設けるなどの形で、学習文化活動の環境醸成を図っていくことになる。

立川の公民館主催講座も、一九九〇（平成二）年からは公民館主催の位置づけから離れ、自主学習が始まった。公民館主催講座として五年継続を求めた後藤と、その条件に応じた立川市中央公民館の姿勢は特筆に価しよう。自主学習会は、柳田国男『明治大正史　世相篇』を自分たちで読み進めるものだった。当初の参加者数は多かったという。主催講座後も学習を続けたい、という思いとともに、後藤からの「立川という地域に根ざしたことをやること、地域に還元すること、学習することが生きることにどう役に立つのか考えること」という〝宿題〟もあった。この〝宿題〟は、公民館での社会教育活動が目指す目標であり、課題そのものである。

後藤と会の中心メンバー五、六人が東京・駿河台の山の上ホテルに集まり、今後の活動を相談した。後藤は、「毎

表 2-11-2　立川柳田国男を読む会のあゆみ（概要）

期	年度	テーマ	主なテキスト・注釈研究対象（一部）	その他（F＝主なフィールドワーク）
1	1992	風景の中の日本——柳田国男の紀行文を読む	「雪国の春」「秋風帖」	F 砂川・玉川上水
2	1993	ムラとマチの変貌——柳田国男「都市と農村」を読む	「都市と農村」	砂川闘争、砂川の民俗などについても学ぶ、F 同上
3	1994	「戦後民衆思想史」——戦後 50 年の光と影を振り返る		後藤総一郎の講義中心
4	1995	共同体の精神史—その原初の世界	「遠野物語」「山の人生」	合同研究会を立川で開催
5	1996	風景の思想史	内田芳明「風景とは何か」	F 日野川、代々木村、三富新田ほか 合宿開催
6	1997	柳田国男の武蔵野観——その意義と方法	「武蔵野雑談」「武蔵野の昔」	F 武蔵野を歩く
7	1998	柳田国男の武蔵野観——「先祖の話」「日本の祭」	「武蔵野の昔」	F 利根川、青梅ほか 4 回開催
8	1999	柳田国男と武蔵野の風景	「菅江真澄」	この年まで年 1 ～ 2 回、後藤総一郎による講義あり
9	2000	風景のフォークロア——柳田国男と風景観	柳田国男の風景論・武蔵野論ほか	風景観をベースにした調査研究を文章化することをめざし、会員の自主レポート等を開催
10	2001	柳田国男の武蔵野論の注釈研究		
11	2002			
12	2003			『柳田国男の武蔵野』刊行（三交社）
13	2004	「水曜手帳」注釈研究	「水曜手帳」	F 多摩川・乞田川
14	2005	「先祖の話」注釈研究	「先祖の話」	F 高野山ほか
15	2006			F 布佐、藤沢、奥三河
16	2007	注釈研究「先祖の話」・「神道と民俗学」、個人研究	「先祖の話」「神道と民俗学」「日本の祭」	F 桶川・東松山方面 法華経の歴史や丸山眞男など
17	2008	注釈研究「神道と民俗学」「日本の祭」		F 大国魂神社、清瀬
18	2009	注釈研究「先祖の話」	「先祖の話」	このころ、注釈レポート、個人研究レポート、武蔵野関連の「水曜手帳」注釈とフィールドワークの三本柱で開催。「遠野物語」は会員がチューターとなって注釈研究を進める。
19	2010	注釈研究「先祖の話」・「遠野物語 100 年・遠野物語を読む」		
20	2011	「遠野物語」・「武蔵野断章」	「遠野物語」「武蔵野断章」	
21	2012			
22	2013			市民講座開催（全 3 回、F 野川）
23	2014			F 飯能・竹寺・子の権現
24	2015	「故郷七十年」	「故郷七十年」	

山口茂記氏作成の「立川柳田国男を読む会の記録」、常民大学合同研究会編『常民大学の史譜 30 年の歩み』常民大学合同研究会、2003 年、118-125 頁等をもとに筆者作成

月開催し、一〇年続け、形（本の出版）にすること、身銭で運営すること」を、代表者の指名とともに提案した。一出席者は「提案というより、一種のアジでしたよね。山の上ホテルのハンバーグライスをいただいたことを妙に覚えているわ」と回想している。「学習会がややダラダラしてきたこともあって、先生に喝を入れられるまでが苦しかった」という。組織運営の目標や指標を具体的に示す〝アジテーション〟で、一歩踏み出すように促したのかもしれない。

こうして一九九二（平成四）年春に、月一回・夜二時間、立川市中央公民館を会場に活動する市民サークル「柳田国男を読む会」が誕生した。後藤総一郎主宰講師の常民大学に参加し、全国一〇番目の誕生となった（東京都内では二番目）。発足時、山口氏は「柳田民俗学を通じ、『自分たちの三多摩』の意識で街づくりを考えるきっかけになれば」と抱負を語っている。[6] 後藤からの「武蔵野にこだわれ」という提起を大切にした出発である。

立川読む会のテーマは**表2―11―2**の通りである。都市と農村、砂川、戦後五〇年など、地域や現代にこだわったテーマを毎年掲げて会は始動し、一九九五（平成七）年には立川を会場に第一三回常民大学合同研究会が開かれている。

四　現在の会の活動

毎月開催される学習会の会場は中央公民館であったが、立川市教育委員会所管の地域学習館六館のうちの一つ柴崎学習館となり、二〇一四（平成二十六）年に移転・建て替えを終えて、現在は小学校・図書館・学童保育所との複合施設になっている。

月一回の学習会は一〇人弱の会員が学習館に集って和やかに行われている。最初に、各地の常民大学の情報を交換・共有したり、時事的な諸問題について会員同士で話したりする時間があり、続いてレポートや注釈研究に入っていくスタイルが多い。注釈は、柳田がなぜその語彙・語句を選び、用いたのかに迫ることにつながり、一語一語丁寧に検討が進められる。会員の一人は、「自分の生活の中での学習は、相当な踏み込み方をしないと柳田の視点を通じて地域をどうとらえていくかというところまで行き着かない」と言う。学習は、テキストに即した語義の検討から、立川、武蔵野周辺、他地域の事例の比較にまで及び縦横無尽であるが、柳田の視点で地域を見る、という態度が貫かれている。

立川読む会が意識的に実施してきた特徴的な活動形態に、フィールドワークがある。**表2–11–2**に示したように、武蔵野を歩くフィールドワークが数多く企画されている。「武蔵野研究の両輪として柳田の著作の講読を通じた『書』による研究と、『眼・足』による研究として武蔵野各地の探索」[7]が行われた。武蔵野は東京のベッドタウンとして開発が進められてきた地域である。自分の足で訪ね、かつてと変わらない点、変わった点を目で見て確認することを大事にしている。

定例の学習会の後は、駅周辺の飲食店で「なおらい(直会)」が催される。立川読む会で発行してきた学習記録文集も『なおらい』という誌名である。筆者が参加した「なおらい」では、一会員が「ほら、後藤先生がここに座っているよ」と畳を指差した。後藤の存在の大きさが感じられる。

現在の参加者は八十歳代から中年層まで、中高年中心の男女である。公民館主催講座の時期からの参加者も数名おり、二〇年以上学習を続けている。「有楽町マリオンでの後藤先生の講演を聞きに行き、感想用紙に質問を書いたら立川読む会を紹介された」という女性や、公民館主催講座からの参加で、立川民俗の会にも所属して地域の民俗を学んでいる女性など、会発足前から長年継続参加してきた人、後藤の紹介や会員の誘いで参加している人、さまざまである。後藤総一郎の「会の中核になる人を育てたい」という思いと指導が、一人一人の心をつかんで、熱心に研究する人が育ったといえる。また、「民俗学を学びたい」、「柳田国男を読みたい」という若い人が加わっても参加が続かないこともあった。現メンバーの中には、後藤と直接会ったことのない人もいる。緻密な研究活動と「なおらい」やフィールドワークなどの和やかな企画運営で、休むことなく着実に歩みを続けている。

五　都市部における「野の学び」

立川で常民大学合同研究会が開かれた一九九五（平成七）年度の講座案内には、

昨年の戦後五〇年を学ぶ中都市というものが何なのかが分からなくなっている。そこで共同体の元の姿をたずねてどのように変容していったのか。大きくは明治近代や戦後近代ですが、柳田が明治末期にまとめた山村、ムラ社会から常民の共同体社会を考えてみようというのが今年の勉強会の主題です。(8)

とある。大都市近郊の都市型生活者の学びと、都市そのものへのまなざしを大切にした明確な課題意識を持って、「常民の共同体社会」にさかのぼって考察する主題が設定された。

その後、都市における「風景」の喪失の考察へと学習関心は深まる。失われる都市近郊の自然を目の前に、『人間のための自然』から『自然と共生する』人間への模索の道程が二十一世紀の課題であり続けるであろう(9)」という問題意識から「風景」の思想の旅を主題にし、柳田国男の武蔵野観の解明へと学習は進み、一九九七（平成九）年度には柳田の『武蔵野雑談』と『武蔵野の昔』の注釈研究が始まった。会員の一人、池谷匠氏は「立川において一貫してきたのは、柳田国男を通じた『風景にむける視線』の獲得であったのではないか(10)」と記している。

そうした視線を獲得することで、現代都市への視座もすえられる。山口氏が「東京郊外の発展の中で、武蔵野は東京にのみ込まれてしまっている」という認識のもと、「今改めて『風景としての武蔵野』の再生はありえるのか」と問い、『風景の作者としての住民』の視点からの武蔵野の再生」(11)を唱えているのは、生活者の学びとして自らの学習を位置づけてきたことが根幹にあるからだといえよう。

二〇〇三(平成十五)年十月に後藤総一郎監修・立川柳田国男を読む会編著『柳田国男の武蔵野』(三交社)が発行された。同年一月に後藤が悪性リンパ腫のため死去し、彼が本を手にすることはかなわなかった。出版は、公民館講座第一期から一八年後、立川読む会発足から一一年後のことであり、ひとつの到達点といえよう。同書では、武蔵野のあゆみの概説、武蔵野の水や道の考察、砂川村の開発や信仰など、扱うテーマは多岐にわたり、『武蔵野の昔』の本文と注釈も掲載された。

後藤没後、会を閉じるか否かの議論があったが、継続することになったのは、「後藤先生からの宿題がある」という会員たちの大きな問題意識ゆえである。また、『柳田国男の武蔵野』をまとめ、世に問うことで、自分のたち位置が見えてきたことも大きかった。また、会が刊行した本を読んで新たに参加する会員もあった。

「人口減少社会」といわれる現在、ある一会員は、長らく開発と人口増が続いた武蔵野でも今後の展望を立てる時期にきている、と感じている。地域を見失いがちな都市社会にあっても、現代の生活と社会に根ざして地域にこだわり続ければ、学習活動を強固な足場にして地に足の着いた将来像を描けるであろう。

筆者は会にわずか四回参加して活動を垣間見たに過ぎない。学びの内容や個々の主体形成を深く検討するには至らなかった。後藤総一郎の存在の大きさを感じるとともに、彼の死後も活動を生き生きとつづける姿に、地域にこだわり、地域で学び、今ある地域を越えて、将来の地域を創る主体が形成されているように感じた。

追記　本稿執筆にあたり、立川柳田国男を読む会のみなさまには、聞き取りや読む会への参加を快諾いただき、また、多くの貴重な資料を提供していただいた。記して感謝申し上げます。

注

(1) 以下、特記なきものは筆者による会への参加の際の会員からの教示及び聞き取りによる（参加日は、二〇一四［平成二十六］年七月二十一日、九月十五日、二〇一五［平成二十七］年二月十四日、三月二十一日の計四回）。
(2) 「にじめに」（山口茂記）『市民大学セミナー　天皇制国家の形成と民衆　講座記録』立川市中央公民館、一九九〇年、一―二頁。
(3) 「はじめに」『市民大学セミナー講座記録集「日本人の精神史」「日本常民精神史考」』立川市中央公民館、一九八九年、一頁。
(4) 後藤総一郎による「第一回六常民大学合同研究会」基調報告（一九八三［昭和五十八］年）常民大学『野の学びの史譜』編集委員会編『野の学びの史譜』梟社、二〇〇八年、一〇一頁。
(5) 髙橋寛治「常民大学の軌跡――自分たちのお金と意思によって運営する」同右、二八八―二八九頁。
(6) 「生活者の学問目指す」『毎日新聞』一九九二年五月三十日（常民大学合同研究会編『常民大学の史譜　三〇年の歩み』常民大学合同研究会、二〇〇三年、一一九頁）。
(7) 池谷匠「立川柳田国男を読む会――これまでの活動と今後」常民大学合同研究会編『常民大学の原点と未来　常民大学研究紀要一〇』岩田書院、二〇一〇年、一〇三頁。
(8) 前掲『常民大学の史譜　三〇年の歩み』一二一頁。
(9) 後藤総一郎による「立川柳田国男を読む会」講座の主宰講師呼びかけ（一九九六［平成八］年）前掲『野の学びの史譜』一三八頁。
(10) 池谷前掲「立川柳田国男を読む会――これまでの活動と今後」一〇一頁。
(11) 山口茂記「武蔵野と現代」後藤総一郎編『柳田国男と現代　常民大学研究紀要三』岩田書院、二〇〇二年、四七頁。

第一二章　妻有《つまり》学舎——新潟県十日町市の常民大学

穂積健児

一　妻有《つまり》学舎とは

表題にある「妻有《つまり》学舎」は新潟県十日町市にあった。あったということは、現在は、残念ながら活動していないということである。十日町市にありながら、なぜ「妻有」なのか？　十日町市は、市制を施くまでは中魚沼郡とよばれており、この地方の古称が「妻有」なのである。「妻有とは『とどのつまり』行きづまりになっている地形からの名称で、信濃川の最上流の四方を山に囲まれた十日町盆地の行きづまりを表している」（随想　妻有郷『十日町地方の歴史と民俗』佐野良吉）。

この「妻有《つまり》地方」は日本有数の豪雪地帯であり、冬は二〜三メートルの積雪があり、一年の三分の一は雪の中という地域である。新潟県の南部にあり、中央を日本一の大河である信濃川が流れる盆地で、雄大な河岸段丘が形成されている。市の南部、長野県境には日本三大渓谷の清津峡や秋山郷、西部には日本三大薬湯のひとつ、松之山温泉がある。魚沼産コシヒカリの産地であり、かつては京都・西陣と並ぶ着物の一大産地だったが、近年は需要の低迷で、産業規模は著しく縮小している。一方、札幌と同時にスタートした「雪まつり」には、毎年二〇〜三〇万人が訪れたり、町おこしとして二〇〇〇（平成十二）年から三年に一度開催される「大地の芸術祭・越後妻有アートトリエンナーレ」は世界最大級の野外アート展として知られ、国内外から、多くの来訪者がある。

二　発足の経緯

1　「前史」

常民大学発足の経緯はさまざまである。後藤総一郎の生地、遠山郷の常民大学が第一歩であるが、その後、後藤の思想に共鳴した人物による後藤の招聘や公民館職員が共鳴して後藤を迎えた講座の開催等である。中でもユニークなのは、ここ妻有学舎の発足の経緯である。それは、明治大学の卒業生がつくる「十日町明大会」に明治大学から「公開大学」の呼び掛けがあり、それを受けた形でスタートした。キッカケは「着物産業が衰退した町をなんとか活性化させたい」という十日町の人々の思いからであった。そして、明治大学の公開大学のリーダーが後藤総一郎だったのである。常民大学は、多かれ少なかれ後藤の思想とその背景にある柳田国男の打ち立てた「民俗学」に共鳴してスタートしている。しかし、「妻有学舎」のキッカケは「まちおこし」であった。

もっとも、「妻有学舎」の発足は、「〝雪ときものとコシヒカリの町〟十日町の本格的な再生のために、地域の歴史と民俗に学びながら、未来を切り拓[1]」（「妻有学舎」開講の理想から）きたいという後藤の思いに共鳴したからであって、その意味では、後藤の思想に共鳴したと言える。

十日町市は、明治時代に京都の西陣から伝わった製法により、夏用高級着物の「明石ちぢみ」が作られ、大正から昭和十年にかけて隆盛を極めた。戦争により一時中断したが、戦後、織物工業協同組合等の商品開発や、織と染めの総合産地体制を築き、一九七六（昭和五十一）年には生産高五八一億円という最高額を記録した。しかし、その後は、消費者の着物離れに歯止めがかからず、需要が減少している。こうした状況の中、一九八〇年代には、町おこしに向けて商工会議所や市役所、織物組合等が何回か学習会を持ったり、第三セクター運営の「当間高原リゾート」の開業、冬場の交通確保としての「北越北線」の開通等努力を重ねてきたが、なかなか思うような結果がでていなかった。そこへ、一九九一（平成三）年、明治大学から十日町市の明治大学ＯＢ会「十日町明大会」に大学の公開講座（公開大学）開催を十日町市で実施したい旨の打診があった。地域振興に向けた学習に取り組みたいとの思いはあるが、不安もあり、市役所、商工会議所、農協、織物組合、青年会議所、地元新聞等の団体に声をかけ、百人ほどの参加者を得て、受講料一万円、二日間講義の公開大学を実施した。

公開大学の理念は以下のとおりである。

明治大学は、今年創立一一〇年を迎えます。それをひとつの節目として、明治大学は、新しい学びを始めます。社会に開かれた大学、すなわち「生活者の学びの広場」としての、明治大学「公開大学」を開講いたします。ふりむけば、わが明治大学は、自由民権運動のたかなる明治のはじめ、フランスの民権思想を学んだ若き法学徒たちが、公衆共同して教育・研究を紡ぐために大学を創設し、以来、権利自由・独立自治の精神を獲得した知のひとびとを育んできました。「公開大学」は、こうした建学時の理想と、その後に培われた「民衆の大学」という伝統を受け継いで構想され、開講されるものであります。したがって、その理念は「生命は学習なり」、すなわち生きることは学ぶことであるという言葉に示されるように、現在の問いを解くための「生活者の学び」におきます。そのために、つねに多角的な歴史意識を育み、自己意識を深める学びの方法を取り入れていきます。そして、その系統的、多角的、持続的な学びを通して、自由な主体者として

の尊厳を獲得された方々が、地域や企業や家庭において、人間らしく生きつづけてくださることに期待をつないでいます。(2)

（一九九一［平成三］年公開大学受講者募集要項）

2 「公開大学」の時期

一九九一（平成三）年から始まった「公開大学」は、初年度は、十月十二〜十三日（土・日）、会場はクロステンで講義を実施した。テーマは「地域振興の基本理念I〜地場産業・リゾート開発を中心として〜」であり、初日は後藤総一郎、長岡顕、百瀬恵夫の三人の講師の講義と交流会、二日目の午前は、大山陽生、池田庄治の二人の講師の講義、午後は「地域振興の基本理念と展望」と題したシンポジウムを実施した。一九九二（平成四）年の二年目は、十一月十四〜十五日（土・日）、会場をラポート十日町に移して実施、テーマは「地域振興の基本理念II〜交通イノベーションと地域産業の展望〜」で、初日は新田功、小池保夫、百瀬恵夫の三人の講師の講義と交流会、二日目は後藤総一郎の講義と「地域産業について〜農業・工業・商業・リゾートを中心として〜」と題するパネルディスカッションで、パネリストは農協、織物組合、商工会議所、市役所の関係者が務めた。一九九三（平成五）年の三年目は、九月十三〜十四日（土・日）にラポート十日町で、「地域振興の基本理念III」というテーマで実施され、初日は新田功、百瀬恵夫の二人の講義と交流会、二日目は、後藤総一郎の講義と「十日町の未来像」と題するパネルディスカッションで、パネリストは地元で活躍する各種団体のリーダーであった。「公開大学」はこの三年間で終了した。

3 「発足に向けて」〜三回の「序講」を実施

一九九四（平成六）年、「今後も、公開講座を開催してほしい」という受講者はじめ十日町明大会の声を受けて、後藤先生に依頼した。一九九四（平成六）年八月四日（日）、来市した後藤先生から「長期的展望にたった学習、講義、共同リポート、フィールドワーク等の作業・学習を通してでなければ本来のまちづくり、地域おこしは出来ない」との助言をもとに、開講に向けた予備学習を開始した。一九九四（平成六）年十一月十三日（日）第一講義「妻有学事始」、十二月二日（金）第二講座「生活と学問」、一九九五（平成七）年一月十二日（木）第三講座「歴史と人間」をいずれも十日町市公民館で開催し「妻有学舎」開講の条件を探った。

三　実践と方法

こうして、「妻有学舎」はスタートした。発足当初の人数は四九人で、男性四五人、女性四人、年齢は、四十～五十代が中心で、三十代と六十代が若干名、七十代が二人という構成であった。職業としては、織物関係者、無職、商店主、自営業、市役所の職員、農協、青年会議所や事務局を担った宇都宮さんの友人関係者であった。開催日程は原則毎月第二金曜日の午後七～九時、十日町市公民館で実施し、受講料二万円、全一〇回の講義として出発した。定例会の平均出席者は二〇人、後藤の講義が中心で、三年次からリポート制が導入された。

一九九五（平成七）年四月に発足したが、一九九五（平成七）年春「入講申込案内」で後藤は開講の理想を以下のように述べている。

〝雪ときものとコシヒカリの町〟十日町の本格的な再生のために、地域の歴史と民俗に学びながら、未来を切り拓き、人間らしく共に生きたいと希う、心ある有志四六人の皆さんに応えて、昨年十一月から三回にわたって『妻有学舎』開講に向けての序講を行って参りました。そして、いよいよこの四月から本格的な生

図 2-12-1　1995 年 3 月 18 日　「妻有学舎」開講記念講演会

宇都宮正人氏提供

活者の学びである妻有学舎を開講いたします。普通の人である『常民』の歴史を築き上げてきた、日本民俗学の創始者・柳田国男の学問に学びながら、さらに地域の民俗の歴史を改めて掘り興し、学び直すことを通して、十日町の産業と文化のあるべき未来像を発見し、そしてそれを実践する、まさに考える場として『妻有学舎』を育んでいきたいと念じています。毎月一回、一年に十回の学びを五年、一〇年積み重ねる学びを通して、確かな〝人と町〟の輪が広がり深まってくれることを希って、この四月から十日町への定期便を続けたいと思っています。どうぞ、心ある十日町の皆さんの多くのご参加を楽しみにしています。[3]

「妻有学舎」開講に先だって、ちょうど、十日町市の市制四〇周年に当たることから、「妻有学舎」スタートにはずみをつける意味で、「妻有学舎」

開講記念講演会が実施された。内容は次のとおりである。

一九九五（平成七）年三月十八日（土）
十日町市市制四〇周年記念・「妻有学舎」開講記念講演会〜未来を拓く生活者の学び〜（図2―12―1）
記念講演・懇親会
後藤総一郎「柳田国男の着物観」
鶴見和子「未来の着物と町づくり」
於・ラポート十日町

「一九九五（平成七）年三月、十日町市市制四〇周年記念事業として「妻有学舎」の開講記念講演会を開催することができた。後藤は十日町が衰退している織物産地ということで、一年中「着物暮らし」という鶴見和子（上智大学名誉教授）を講師に迎え、「未来の着物と町づくり」という講演を依頼した。鶴見先生は開口一番「着物文化の原点・十日町にお招きいただき、ありがとうございました。そうしましたら男の方々が着物でお出迎えになった。男性より女性の方が伝統文化を守っていますが、男性が着ているその姿を大変嬉しく思いました」と話した。鶴見先生の講演を終始頷きながら聞いていた後藤先生は『十日町の皆さん、五年、一〇年の学びを通して、苦境に立つ織物産地の再生を必ず果たしてください』と言っているように思えた[4]」と話した。

1　各年度の学習例

一九九五（平成七）年　第一年度開講（毎月第二金曜日、夜間、於・十日町市公民館）

テーマ　**柳田国男の学問と思想**　受講料　二万円

四月七日（金）　第一講「柳田国男と現代」

四月二十九日（土）　常民大学代表者会議　於・鎌倉・後藤先生宅

妻有学舎から、関口耕二、越村健市二人が参加（この場で来年度の「第一四回常民大学合同研究会」の担当に妻有学舎が決まる）

五月十三日（土）　第二講「柳田国男の生涯」

六月九日（金）　第三講「柳田国男の思想形成」

七月九日（日）　第四講「柳田国男の学問形成」（会場を旧軽沢分校に移す）

八月二十四日（木）　第五講フィールドワーク（諏訪神社）「十日町の諏訪神社」講師　佐伯宮司

九月九～十日（土・日）　第一三回常民大学合同研究会参加（会場　立川市中央公民館）

研究主題／柳田国男と二十一世紀 Part V「戦後五〇年を問う」検証報告で樋口貫一さん「農の戦後史」発表、参加者　九人

十月十三日（金）　第七講「柳田学の評価史①」

十一月十日（金）　第八講「柳田学の評価史②」

十二月八日（金）　第九講「柳田学の評価史③」

一九九六（平成八）年

一月十二日（金）　第一〇講「柳田学の可能性」

毎回、講義の後は後藤との懇談、反省、質問等直会を会員の小嶋そば屋で行っている。以下、年度ごとの概要

を述べる。

一九九六（平成八）年の第二年度は、テーマ「柳田国男著作入門」、この年は、第一四回常民大学合同研究会を十日町で引き受け、研究主題／柳田国男と二十一世紀 Part V「着物のフォークロア」とし、フィールドワークで十日町博物館、織物工場を見学し、地元から着物に関わる三人の報告と「着物文化の現状と展望」と題するシンポジウムにパネリストとして五人が登壇した。

一九九七（平成九）年の第三年度は、テーマ「郷土生活の研究法」とし、今年度から「受け身の学びから、能動の学びへ」として、リポート制を導入した。

一九九八（平成十）年の第四年度は、後藤が多忙のため隔月講義でテーマ「木綿以前の事」とし、自主学習「まちづくり」も導入、飯田柳田国男研究会の髙橋寛治を招聘、フィールドワークは髙橋の案内で飯田市の「人形劇カーニバル」を観賞、商店街通りのエネルギッシュな民謡流しに感動、翌日は柳田国男記念館を見学した。

一九九九（平成十一）年の第五年度は、後藤が在外研究（韓国・中国）のため、前期は後藤が提起した鈴木牧之の「北越雪譜を読む」自主学習を実施し、後期は後藤の講義で「戦後民俗思想史」を学習した。

二〇〇〇（平成十二）年の第六年度は、テーマ「戦後民俗思想史」と自主学習「十日町をどうしたらよくすることができるか～私の主張～」としたが、一月の第八講「衣食住の文化史」は大雪のため、延期するハプニングもあった。

二〇〇一（平成十三）年の第七年度は、「妻有学舎」の今後について後藤が十分展望がもてないでいるので、テーマが決まっていない。これは、「私たち自身が、何を学びたいのか、何をしたいのか、はっきりした考えを出していないからではないか」という反省も述べられている。結局、「妻有学舎の展望」と「都市と農村」の講義に落ち着く。この年の暮れから翌春まで後藤が軽い脳梗塞で入院。

二〇〇二（平成十四）年は、常民大学代表者会議で、前記は自主学習、後期は三回の講義予定は決まったが、妻有学舎はテーマ、日程未定、第一九回の研究報告は古田島慎一に決定した。

二〇〇三（平成十五）年一月十二日、後藤が悪性リンパ腫のため逝去、妻有学舎は事実上解散。

2　フィールドワークについて

フィールドワークは、後藤が常民大学の学習方法の重要な一環と位置付けていることもあり、第一年度から実施されている。第一年度は市内の諏訪神社で宮司から「十日町の諏訪神社」について説明を受けている。第二年度は市内の織物工場や火炎土器を所蔵していることで有名な十日町市博物館を見学している。

第三年度はリポート制に移行したためか、フィールドワークは実施されなかったが、代わりに、当間高原リゾート社長を呼んで、「まちづくり懇談会」を実施している。

第四年度は、講師の髙橋寛治の地元、飯田市で「人形劇カーニバル」や柳田国男記念館を訪れ、飯田のまちづくりを学んでいる。第五～七年度は実施されていない。

3　常民大学代表者会議と合同研究会について

常民大学代表者会議と合同研究会には、毎回参加している。特に、第二年度には、第一四回常民大学合同研究会の開催地を引き受け、大勢の会員が合同研究会成功に向け、努力している。常民大学代表者会議が、次年度の各常民大学の指針づくりの場になっている。

4　自主学習、レポートについて

これも学習方法としては重要な要素で、後藤からの「受け身の学びから、能動の学び」へ、自己認識へ向かうための学びを提起され、第三年度からリポート制を導入し、以後解散するまで、毎年四～五人がリポートしている。自主学習も、後藤の在外研究時や入院時をきっかけに年間学習の約半分を自主学習にしている。

5　講義録、会報、冊子づくりについて

講義録の作成と会報づくりは、常民大学の基本なので、続けられてきた。また、冊子も、第一四回合同研究会の記録集が作られている。ただし、他の常民大学に見られるような、独自の調査報告書や会員による出版活動はみられない。

四　現在の状況と今後の展望

事務局世話人の宇都宮は、毎回の会報発行や講義録作成が大変だったと感想を述べている。織物産業隆盛時には、各地から中卒女子が集まり、三階建の寮が中卒女子でいっぱいになり、街中に化粧品店が増加するという状況が起きたが、今は衰退している。常民大学参加者の集まりはないが、参加者は各自、地域のリーダーとして活躍している。また、二〇〇〇（平成十二）年から始まった「大地の芸術祭」と常民大学は直接関係ないものの、常民大学に参加したメンバーが「大地の芸術祭」の実行委員にはなっている。十日町には、美的センスが蓄積されており、早くから「芸術協会」が結成されていた。そうした背景が織物による街づくりや、「大地の芸術祭」成功のカギとなっていると思う。常民大学をはじめたのも、織物による街づくりをめざす、そのヒントが欲しい

ということが、キッカケだったと述べている。

「街づくり」を目指し、そのための町の歴史の学習、民俗学という祖先の生きてきた証し、自己認識を深め、地域社会や国、世界とのつながりの中で、未来を考える学び等をキビシク問われた学びが、今の十日町の状況をつくっている「地下水脈」になっているのではないかとも述べられた。

五　取材を終えて

十日町市の宇都宮には、何回か電話で取材をし、わずか一回の面談でこの記録を書いている。その意味では、十日町市での常民大学の位置、意味合い、学んだ成果がどう表れているのか、後藤を失うことが要因で解散したように思うが果たしてそれだけなのか、もっと大勢の方々に取材すべきだったと思っている。

一九七六（昭和五十一）年二月に出版された『豪雪と過疎と――新潟県十日町周辺の主婦の生活記録』（妻有の婦人教育を考える集団編、未来社）との直接的な関わりはないといわれた。『豪雪と過疎と』には、同じ十日町市の社会教育主事（故田村達夫さん）が関わっているが、妻有学舎の発足の二〇年も前の話である。

二〇〇〇（平成十二）年からスタートした「大地の芸術祭」[5]も直接は、関係ないといわれた。しかし、結果として三年に一度ではあるが、祭りの開催期間中に三〇〜四〇万人もの来場者がくること、世界的に名の知れた野外芸術祭になっていることなど、十日町市のPRや活性化につながっているのではないかと思う。

最後に、宇都宮さんが、後藤総一郎を偲んで書いたものを紹介して終わりにしたい。

妻有の地へは、公開大学を含めますと五〇数回来ていただきました。志高くスタートした私たちでしたが、妻有学舎としての学習成果を産むことはできませんでした。しかしながら、後藤先生の多くの教えは受講者一人ひとりにとって、後藤学として公私にわたり生かされている、このように確信しています(6)。

参考文献

『着物のフォークロア(第一四回常民大学合同研究会記録集)』妻有学舎、一九九六年

注

(1)後藤総一郎「『妻有学舎』開講の理想」『妻有学舎』(一九九一〜二〇〇三年)四頁。
(2)後藤総一郎「明治大学『公開大学』の理念と方法」前掲書、一頁。
(3)前掲書、四頁。
(4)宇都宮正人「後藤総一郎先生を語る」後藤総一郎追悼文。
(5)正式名称は「大地の芸術祭越後妻有アートトリエンナーレ」、三年に一度開催、来場者は三〇万人以上。
(6)宇都宮、前掲。

第一三章　合同研究会

小田富英

第一回の合同研究会は一九八三（昭和五十八）年、遠山で開かれたが、その日は真夏の暑い日で、その熱気、異様な、というと誤解されるかもしれないが、そんな雰囲気に圧倒されたことを思い出す。茅ヶ崎から参加された若いお母さん方は、赤ちゃんや小さな子供さんを連れている。何だこのパワーはと思ったし、後藤先生もまだ若かった。お手伝いに来た六十代、七十代の遠山の方が、ごはんや郷土料理の用意をしてくれた。後藤先生はこの時、「生活者の学び」が「タコツボ型」の学習形態から「ササラ型」になると言われた。後藤先生が中心になって束ねられ、各地に広がっていくということを意味していたと思う。

以下の年表をご覧頂きたい。合同研究会が東京で行われた（一九九四〔平成六〕年）あたりから、私達の意識が少し変わってきた、後藤先生中心の会から横のつながりを個々でトライしてみようと自覚するようになったと思う。そうした体験が底力になって後藤先生が亡くなられたあともめげないで、続けてこられたのかなと思っている。そうした意味で、私はこの頃から、「ササラ型」から「リング型」に変容してきた、と述べたことがある。

柳田国男のことを「言葉合わせの達人」と言ったのは鶴見俊輔さんだが、後藤先生は「人合わせの達人」だと思う。私たちは柳田と後藤民俗思想史を学びながら、「言葉と人合わせ」の努力をしていかなくてはならないのだろう。それが、柳田学と後藤学を学ぶ私たちの宿命だと思う。後藤先生は病気になられて、心残りが幾つかあっただろうが、危篤状態の中で「合同研究会の第一回からの記念講演集を出したい」と言われ、具体的に出版社の名前も口にされた。実現するには幾つかのハードルがあるが、後藤先生の未発表の講演集と合わせて出版するのもこれからの宿題でもある。

合同研究会や常民大学の存続は、話し合いによって決まると思うが、私の個人的な思いは、みなさんとのつながりは続けていきたい。時間をかけて相談をし、いい方向に、みんなが元気になるよう私もがんばりたいと思っている。

付記　本稿および以下の年表は、小田富英「合同研究会のまとめ」『常民大学研究紀要一〇　常民大学の原点と未来』（岩田書院、二〇一〇年）に加筆修正したものである。

表 2-13-1　常民大学合同研究会のあゆみ（関連図書　資料集含）

回	年月日	開催地	研究主題	記念講演	研究発表　他
1	1983 8.6 ～ 7	遠山 南信濃村老人福祉センター	学びの現在（いま）を考える 後藤総一郎 ・基調報告	北田耕也 ・大人の学び――その理念 庄司和晃 ・子どもの学び――その歴史と現在	研究経過報告　六常民大学より 特別発表 鈴木政子 ・ひとつの自分史――『あの日夕焼け』 討論 「生活者の学びの今日と明日」
『遠山常民大学の五年』（1983.8、遠山常民大学編） 『生活者の学び――六常民大学合同研究会記録』（後藤総一郎編、1984.1.25、伝統と現代社刊）					
2	1984 8.4 ～ 5	茅ヶ崎 湘南ユースホステル	地域をひらく生活者の学び 後藤総一郎 ・基調報告	野山春彦 ・生活・学問・地域	研究経過報告　六常民大学より 研究報告 寺田一雄 ・生活者の学びの第一歩 大庭祐輔 ・民俗の絵画を求めて 鈴木敏治 ・地域をひらく社会教育

回	開催地	開催地	研究主題	記念講演	研究発表
3	1985 8.17 〜 18	飯田 飯田高原 ロッジヘル スセンター	**柳田国男研究と生活者** 後藤総一郎 ・柳田国男と私	村沢武夫 ・柳田国男と飯田 向山雅重 ・民俗研究 80 年 もろさわようこ ・歴史をひらくはじめの家の理念	研究経過報告　八常民大学より **研究報告** 永池健二 ・柳田民俗学の方法論の形成 柘植信行 ・柳田国男と戦争 杉本仁 ・柳田国男の社会科教育 今田人形、柳田家史跡探訪
4	1986 8.2 〜 3	富士見 びん沼荘	**生活者の学び——その個と共同** 後藤総一郎 ・生活者の学び		研究経過報告　八常民大学より **特別報告** 西山正子 ・生活と政治——かけだし議員奮戦記 **研究発表** ふじみ柳田を学ぶ会 ・わが町の自己認識——富士見市の形成と変貌 ・映像による団地生活史 ・富士見市の形成　他 **分科会と意見交流会** 講師　北田耕也 小川剛 ふじみ太鼓

5	1987 8.1 〜 2	磐田 市福祉センター	学びの持続と学びからの飛翔 後藤総一郎 ・基調報告	石川純一郎 ・天竜水系のフォークロア シンポジウム 「天竜水系の世界観」 講師　武井正弘	研究経過報告　七常民大学より 特別報告 小田富英 ・柳田研究 15 年と私 北沢広富 ・遠山常民大学 10 年と明日 研究発表 塩沢一郎 ・早太郎伝説 野牧治 ・遠山史研究と霜月祭 大庭祐輔 ・竜蛇信仰の風土 一の谷中世墳墓群見学
6	1988 9.10 〜 11	鎌倉 若宮荘	八幡信仰と日本人 後藤総一郎 ・八幡信仰と天皇信仰	玉林美男 ・中世都市鎌倉像 大三輪龍彦 ・鶴岡八幡宮の歴史 武井正弘 ・八幡信仰と芸能	多田克彦 ・遠野の学び——10 年の展望 研究発表 遠藤文三 ・鎌倉の仏像

回	年月日	開催地	研究主題	記念講演	研究発表　他
7	1989 8.5～6	遠野 水光園	『遠野物語』の世界 後藤総一郎 ・『遠野物語』80年の照射	谷川雁 ・柳田国男と宮沢賢治	研究発表 永池健二 ・『遠野物語』の説話世界 荻野馨 ・伝承としての『遠野物語』 亀井瑞世 ・私と「昔話」 鈴木サツ ・遠野の昔話
8	1990 9.8～9	邑楽 長柄公民館	柳田国男に学ぶ――その成果と展望 後藤総一郎 ・ジュネーブ時代の柳田国男	吉本隆明 ・柳田国男と田山花袋――自然主義文学の位相	研究分科会 Ⅰ　柳田国男に学ぶ――歩みと展望 司会　曾原糸子　石山、大石（伝）、中、前澤 Ⅱ　共同学習の運営 司会　髙橋寛治　中山、斎藤（俊）、前原 全体会　司会　似内邦雄 田中正造の足跡見学 解説　布川了
9	1991 9.7～8	遠山 南信濃村老人福祉センター	霜月祭の世界 後藤総一郎 ・遠山の霜月祭の世界	星野紘 ・霜月祭における「ふみならし」 渡辺伸夫 ・霜月祭における「立願」 武井正弘 ・遠山の霜月祭の神事と舞	研究報告 杉野正秀 ・遠山の霜月祭研究史 櫻井弘人 ・遠山の霜月祭の面 シンポジウム 「遠山の霜月祭」 遠山の霜月神楽

『地域を拓く学び　飯田歴史大学の歩み』（1992.1.18、飯田歴史大学刊）					
10	1992 9.19～20	飯田 市立美術博物館	21世紀と柳田国男 後藤総一郎 ・基調報告	赤坂憲雄 ・可能性としての柳田国男	研究発表 小田富英 ・教育に活かす柳田国男 似内邦雄 ・柳田国男と遠野のまちづくり 髙橋寛治 ・まちづくり学への試論 会員討論 曾原糸子、石原照盛、中山正典 柳田ゆかり散歩
『伊那民俗ブックス　遠山の霜月祭考』（1993、南信州新聞社刊） 『後藤総一郎　講義集』（1992.9.18、於波良岐常民学舎刊） 『口語訳　遠野物語』（後藤総一郎監修、1992.7.1、河出書房新社）					
11	1993 9.18～19	飯田 市立美術博物館 大平宿	21世紀と柳田国男 後藤総一郎 ・ハレと日本人	波平恵美子 ・ケガレと力	研究報告 中山正典 ・子安信仰と心情の世界 塩澤一郎 ・風の神のフォークロア 宮坂昌利 ・東筑摩郡における柳田国男の足跡 曾原糸子 ・柳田国男の女性観
『柳田国男を読む　日本人の心を知る』（1994.3、アテネ書房刊）					

回	年月日	開催地	研究主題	記念講演	研究発表　他
12	1994 9.24 ～ 25	東京 日本青年館	**柳田学の可能性** 後藤総一郎 ・柳田学の可能性 柳田為正、冨美子	川田稔 ・柳田国男と日本の将来 **特別報告** 掛谷昇治 ・柳田国男と日本青年館	**研究報告** 川島健二 ・柳田国男論の視座 前澤奈緒子 ・『毎日の言葉』 松村慶子 ・『木綿以前の事』 船山修 ・『家閑談』 山口茂記 ・『豆の葉と太陽』 高柳俊郎 ・『遠野物語』 名倉愼一郎 ・『北小浦民俗誌』 永池健二 ・旅のフォークロア――草の庵考 成城大学　柳田文庫見学

13	1995 9.9～10	立川 中央公民館	**戦後五十年を問う** 後藤総一郎 ・戦後五十年——解放と解体と再生	鶴見俊輔 ・講義の転倒 **特別講演** 宮崎章 ・父と砂川闘争とわたし	**検証報告** 吉村章司 ・子育ての民俗と近代 佐藤誠輔 ・戦後教育の光と影 荒井明 ・家の民俗と変容 桧山泰子 ・開かれた女性史——その理想と現実 桑田純子 ・高齢者福祉の実態と課題 樋口貫一 ・農の戦後史 髙橋寛治 ・地域の時代に生きる「まちづくり」の理念 記録映画「流血の記録砂川」

回	年月日	開催地	研究主題	記念講演	研究発表
14	1996 9.28 ～ 29	十日町 商工会議所	**着物のフォークロア　その歴史と未来** 後藤総一郎 ・柳田国男の着物観 本田十日町市長	中島和子 ・着物の潤い――育て、紡ぎ、織り、そして着る	**研究報告** 滝沢栄輔 ・十日町の着物の歴史 関口耕二 ・現代の着物 越村健市 ・着物、自然と人間の共生 **シンポジウム** 中島和子、北村富巳子、滝沢、関口、越村 桐屋、市博物館
第 14 回記録『着物のフォークロア』（1997.9、妻有学舎刊）					
15	1997 9.13 ～ 14	東京 明治大学大学院	**生活者と学問** 後藤総一郎 ・常民大学 25 年の史譜 戸沢充則学長	北田耕也 ・野の学びの 25 年	**基調報告** 小田富英 ・柳田国男研究 25 年と私 髙橋寛治 ・常民大学の可能性と柳田学 **研究報告** 針間道夫、熊切正次、曾原糸子、小井口有、斎藤孝夫、山口茂記、関口耕二、米田裕正、高橋美子 **対談　後藤 VS 北田** 明治大学博物館見学

『からっ風の中のヒューマニズム』(1997.2.22、於波良岐常民学舎刊) 『注釈　遠野物語』(1997.8、後藤総一郎監修、遠野常民大学編著、筑摩書房刊) 『報道の記録　常民大学の学問と思想・第三部』(1997.9、常民大学合同研究会) 『常民大学の学問と思想　柳田学と生活者の学問・25年の史譜』(同上)					
16	1999 9.25 ～ 26	鎌倉 花月園	柳田学前史 後藤総一郎 ・柳田学前史の意味	磯沼重治 ・菅江真澄の民俗学史的意義	研究発表 中山正典 ・山中共古の人と学問 荻野馨 ・伊能嘉矩の人と学問 飯澤文夫 ・「内閣文庫」の世界 宮坂昌利 ・東筑における氏神調査 松尾達彦 ・柳田国男の八幡信仰観 高橋美子 ・水神信仰の世界観とその系譜 高橋昭男 ・柳田国男の風景観
『注釈　山中共古見付次第／共古日録抄』(2000.1、パピルス刊) 第16回記録『常民大学紀要1　柳田学前史』(2000.11.18、岩田書院刊)					

回	年月日	開催地	研究主題	記念講演	研究発表　他
17	2000 11.18～ 19	東京 明治大学	柳田国男のアジア認識 後藤総一郎 ・柳田国男の「植民地論」の誤謬を質す	藤井隆至 ・柳田国男のアジア意識 特別報告 邱淑珍 ・柳田国男と台湾民俗学	研究発表 及川和久 ・柳田国男と日韓併合 久保田宏 ・古層の神『守公神』考 前澤奈緒子 ・生と死の儀礼——天龍村の民俗調査から 吉村章司 ・『秋風帖』への意識 桑田純代 ・柳田国男とイプセン 村松玄太 ・柳田国男の地方観
『柳田学の地平線——信州伊那谷と常民大学』後藤総一郎著（2000.3、信濃毎日新聞社） 第 17 回記録『常民大学紀要 2　柳田国男のアジア認識』（2001.9.23、岩田書院刊）					

18	2001 9.23 ～ 24	浜松 商工会議所 会館	柳田国男と現代 後藤総一郎 ・柳田国男と現代		研究発表 山口茂記 ・武蔵野と現代 松尾達彦 ・「常民」語の軌跡 大坪厚雄 ・柳田国男の固有信仰観 稲葉泰子 ・粉食の文化史考 松村慶子 ・「賽銭」の沿革史 名倉愼一郎 ・石神考
第18回記録『常民大学紀要3　柳田国男と現代』（2002.9.14、岩田書院刊）					

回	年月日	開催地	研究主題	記念講演	研究発表　他
19	2002 9.14 ～ 15	立川 クレストホテル	古層における日韓文化史交流 後藤総一郎 ・韓国文化受容史	上田正昭 ・王権と神話——日韓文化の異相をめぐって	研究発表 高柳俊郎 ・瓢箪のフォークロア 小田富英 ・柳田国男の教育観 曾原糸子 ・柳田国男の女性観 古田島慎市 ・私の稲——柳田国男の『海上の道』から 原幸夫 ・風景と医療 中山正典 ・風のフォークロア 横川玲子 ・武蔵野の富士信仰 小倉康栄 ・地域社会と民俗
2003 年 1 月 12 日　後藤総一郎先生ご逝去 第 19 回記録『常民大学紀要 4　柳田学の地平』(2003.11.1、岩田書院刊)					

20	2003 11.1 ～ 3 常民大学 30 周年記念研究大会	飯田 市立美術博物館	後藤民俗思想史の内部確認と対外的発信 髙橋寛治 ・基調提案	戸沢充則 ・民間学の思想 野本寛一 ・常民大学運動と民俗学	永池健二 ・野の学の里程――後藤総一郎の柳田国男研究をめぐって 村松玄太 ・柳田学以前の後藤先生 研究発表 櫻井弘人 ・霜月祭の思想――冬至祭に寄せる常民の祈願 江口章子 ・民間薬の免疫学的考察 杉本仁 ・選挙の民俗誌 報告 高柳俊郎、中村健一、松尾達彦 シンポジウム「後藤学の志を継ぐもの」 名倉愼一郎、似内邦雄、稲葉泰子、米田裕正、石原照盛、松尾達彦 記念大会を終えて 小田富英 ・後藤民俗思想史の挑戦――それぞれの後藤論構築への序章
『伊那民俗研究　特別号　追悼　後藤総一郎先生』(2003.6、柳田国男記念伊那民俗研究所刊) 『常民大学の史譜　30 年の歩み』(2003.11.1、合同研究会編) 『常民史学への視座――後藤総一郎　人と思想』(2004.1.12、後藤総一郎先生追悼集刊行会) 第 20 回記録『常民大学 5　柳田学から常民の学へ』(2005.8、岩田書院刊)					

回	年月日	開催地	研究主題	記念講演	研究発表
21	2005 1.22 ～ 23	鎌倉 ウェルハートピア鎌倉	**後藤民俗思想史の継承と新たな展開** 髙橋寛治 ・基調提案 後藤総一郎先生墓参 （鎌倉浄妙寺）	長沼石根 ・ジャーナリストの目に映った後藤総一郎	**研究報告** 飯澤文夫 ・明治大学の開放――継承と発展 千葉博（高柳俊郎） ・遠野郷の神楽小考 池谷匠 ・柳田国男と鳥居龍蔵――郷土武蔵野に向けた二つの視線 木庭久慶 ・風景原論――鉱山（ヤマ）の記憶 **後藤総一郎先生を語る** 松上清志、石原照盛、宇都宮正人、名倉愼一郎 **合同研究会を終えて** 小田富英 ・後藤民俗思想史の挑戦（続）――それぞれの後藤論の果実として
『後藤総一郎先生生活誌』（2005.1.22、鎌倉柳田学舎刊） 第 21 回記録『常民大学紀要 6　後藤民俗思想史の継承と新たな展開』（2006.1、岩田書院発行）					

22	2006 1.28 ～ 29	邑楽 館林赤羽公民館	**後藤民俗思想史の継承と新たな展開** 高橋寛治 ・基調報告	布川了 ・後藤民俗思想史と田中正造の天皇制 松井苗子 ・後藤総一郎先生を語る	**研究報告** 吉村章司 ・「秋風帖」より「還らざりし人」 小田富英 ・柳田国男の抒情詩――無題の歌から近代詩への架け橋 臼井京子 ・鎌倉の市民運動から **後藤総一郎先生を語る** 中野正人、似内邦雄、檜山泰子、中山和茂 **合同研究会を終えて** 川島健二 田山花袋記念館見学
第22回記録『常民大学紀要7　後藤民俗思想史の継承と新たな展開　続』（2007.1、岩田書院発行）					

回	年月日	開催地	研究主題	記念講演	研究発表
23	2007 2.3 ～ 4	遠野 あえりあ遠野	**後藤民俗思想史の継承と新たな展開** 髙橋寛治 ・基調報告 本田遠野市長	石井正己 ・後藤総一郎先生の可能性――「柳田国男と現代」の問いかけ	**研究発表** 山口茂記 ・後藤先生との対話『柳田学の地平線』を読む 久保田宏 ・時代に相渉る志――後藤民俗思想史継承のための備忘録 **後藤総一郎先生を語る** 小井口有 ・後藤総一郎先生と遠野を語る 小田富英 ・地域間交流の課題と展開――後藤民俗思想史と柳田国男の「疎開読本」に学ぶ **合同研究会を終えて** 髙橋寛治 「遠野物語ファンタジー」鑑賞
第 23 回記録『常民大学紀要 8　後藤民俗思想史の継承と新たな展開　続々』(2008.10、岩田書院発行) 『野の学びの史譜――後藤総一郎語録』(2008.10、梟社刊)					
24	2008 10.25 ～ 26	磐田 静岡産業大学	**天竜川流域の暮らしと文化** 名倉愼一郎 ・天竜川からの発信 鈴木磐田市長 後藤三枝子	**パネルディスカッション** 特別パネリスト 野本寛一 パネリスト 伊藤久仁俊、鈴木直之、今村純子、寺田一雄、針間道夫	**研究報告** ・川と生活――後藤総一郎と地域研究の展開 大石龍、小田富英、松上清志、松尾龍彦、川島健二、菊池健、米田裕正 磐田・見付見学会
第 24 回記録『常民大学紀要 9　後藤総一郎と地域文化』(2009.10　岩田書院発行)					

25	2009 10.17～ 18	飯田 遠山	常民大学の原点と未来 髙橋寛治 ・基調提起 牧野飯田市長 深尾善一朗	野本寛一 ・遠山谷から日本をみる——民俗の学びを緒にして 増田正昭 ・常民大学の現代的意義——取材体験を通して	研究発表 針間道夫 ・遠山谷に生きる 北原いずみ ・遠山谷の小正月行事 櫻井弘人 ・霜月祭にみる信仰の変化 各常民大学報告 小田富英 ・合同研究会 25 年のまとめ
26	2011 11.	鎌倉	福祉のフォークロア 髙橋寛治 ・基調提案	六車由実 ・介護民俗学とその実践	米田裕正 ・「老い」は現在進行形のフォークロア 原幸夫 ・ディサービス運営から気付いたこと 齋藤遙山 ・地域の連帯を求めて——戦後群馬の地域福祉史の断面 小田富英 ・まとめという名の成果と展望のたたき台

回	年月日	開催地	研究主題	記念講演	研究発表　他
27	2012 10.13 ～ 14	飯田 柳田国男館	柳田国男没後 50 年と野の学の展開 髙橋寛治 ・基調提案	企画展解説 櫻井弘人	針間道夫 ・柳田国男の『東国古道記』と現代までの道の変遷 曾原糸子 ・野の学び――地域女性史編さんに携わって 小田富英 ・柳田国男没後 50 年と「生活者の学び」の系譜 名倉愼一郎 ・まとめ
28	2013 10.26 ～ 27	日暮里	常民大学と地域文化 小田富英 ・基調提案	草野滋之 ・常民大学と地域文化――戦後社会教育史からみた位置と意義	菊池健 ・伊能嘉矩と遠野 大石龍 ・水窪の民俗調査から 松尾達彦 ・平岩米吉と柳田国男　昭和 8 年ニホンオオカミ生存説をめぐつて

『常民大学紀要 10　常民大学の原点と未来』2010 年 10 月刊
『常民大学紀要 11　福祉のフォークロア』2012 年 11 月刊

29	2014 10.25～ 26	花巻	常民大学と地域文化 久保田宏 ・基調提案	牛島敏哉 ・宮澤賢治と柳田国男	研究発表 中山正典 ・富士山は里山である 阿部弥之 ・賢治の農業から学ぶもの 小田富英 ・まとめ フィールドワーク 賢治ゆかりの花巻の町並みを歩く
『常民大学紀要 12　常民大学と地域文化』2014年11月刊					

（作成　小田富英）

C 補論

第一四章　柳田国男研究会

新藤浩伸

常民大学の「先駆」「模範」として

柳田国男研究会は、後藤総一郎が組織した活動のなかでも最も古く、そして四〇年以上経った現在でも活動が続けられている民間研究団体である。各地の常民大学とはやや性格を異にするが、後藤自身が以後の常民大学の「ひとつの先駆となり模範となった」(1)と位置づけている。それはどのような意味であったのだろうか(2)。

一　寺小屋教室から『柳田国男伝』まで

発端は、東京・高田馬場で行われた寺小屋教室であった。実際に学んだ小田富英（本書第二部第二章）、杉本仁（第二部第三章）の記述に詳しいが、一九七二（昭和四十七）年から行われ、谷川健一・後藤総一郎・宮田登・伊藤幹治が講師を務めた「柳田国男研究講座」がきっかけであった。好評により翌年以降も続けられ、週一回の講義と共同研究を積み重ね、まず一九七五（昭和五十）年に『共同研究　柳田国男の学問形成』（後藤総一郎編、白鯨社）が刊行された。執筆者は永池健二、小田富英、杉本仁、山下紘一郎で、いずれも初めての「論文」執筆であった。

集ったメンバーは、『柳田国男伝』完成に向けた研究会となるまで、入れ代わり立ち代わり百人以上もいたという。平均年齢は二十代前半、ほとんどが民俗学をそれまで専門的に学んではおらず、職業も大学学部学生、大学院生、学校教師、出版社社員、一般会社員、主婦と様々であった。しかし共通していたのは、後藤によれば、誰もが己の自己史のなかに宿した深い傷跡を埋める方法的営為として柳田学を意識的積極的に選んだことにあった。そして、柳田の学問と思想を土台に己の思想を鍛え上げようとしながら、一方で、柳田の学問・思想形成を丹念に研究していこうとしていた。(3) この時すでに、「野の学」というキーワードも示されており、後の常民大学に連なる後藤の方法意識が明確になっていたといえる。

その後も活動を重ね、メンバーは雑誌などに研究成果を寄稿していった。そして一九七七（昭和五十二）年の寺小屋講座では、かねてからの後藤の構想であり、恩師橋川文三からの宿題でもあった柳田の伝記を編むことに比重が置かれることが講座案内に明示された。個人研究発表と並行し、柳田が発表し『定本　柳田国男集』（筑摩書房刊。現在は後藤も編集委員として参画した『柳田國男全集』が同社より刊行継続中）に未収録の文献収集などが進められた。途中メンバーの死去がありながらも、(4) 研究は続けられていった。

一九八二（昭和五十七）年からは、研究会として伝記研究に踏み切り、新会員の募集が難しくなってきたことから、寺小屋教室から離れ、明治大学後藤研究室に場所を移して活動を続けた。これに伴い、「柳田国男研究会」として独立することになった。同年には、研究会編で、日本地名研究所より『柳田国男著作・研究文献目録』が刊行されている。

仕事を持ち、それぞれ多忙なメンバーであったが、毎週土曜日午後の研究会を毎年三〇回、その間夏休みを利用し、現地調査合宿と研究合宿も行なうという濃密なスケジュールのもと研究は進められた。国立市公民館講座や茅ヶ崎常民学舎、常民大学合同研究会といった場で報告されながら進んでいった。この研究と並行し、柳田研究の基本的資料ともいえる『柳田国男研究資料集成』（後藤総一郎編、全二二巻、日本図書センター、一九八六―八七年）の編集作業も行っている。

そして一九八八（昭和六十三）年十一月、ついに『柳田国男伝』が刊行された。柳田についての最初の本格的な伝記であるだけでなく、一五年の歳月をかけ、一一〇〇ページを超える本文、そして別冊として約二百ページの年譜、書誌、索引を付した、文字通りの大著であった。「原郷／兄弟／少年時代／青春／官僚時代／郷土研究／旅と学問／国際連盟時代／朝日新聞社時代／日本民俗学の確立／戦時下の学問と生活／新しい国学を求めて／次代の日本人に」という全一三章を、後藤のほか一一人の執筆者が分担執筆した。

本が編まれるまでの苦労と熱気を、後藤は以下のように思いを込めて記している。

> 制度の学としての大学院の在籍年数よりもはるかに長く、またそれゆえに研究の深化も深く、なによりも生活者としての人間の成熟度は、目をみはるばかりとなったといってもいいほどである。学問の、なかんずく共同学習の貴さを、改めて思わせられたのであった。
>
> しかし、当時、全国の大学を揺るがしたいわゆる全共闘運動の余韻の残る昭和四七年、その挫折の残影をひきずった、大学や大学院の学生、あるいは卒業して生活者となっていた彼らの一種やり場のない無念さとなにかを模索しつつある荒々しいばかりの熱気と向きあいながらの、毎週土曜日の午後の勉強と、それが終わってからの深夜あるいは夜明けまでの酒を肴にしての激論の繰り返しの一年一年は、少々わたしを疲れさせたほどであった。だがそれは、わたしにとって快い疲れであった。

その研究の酒と討論が、彼らの友情を強め、研究を深化させ、人間の品位と志を磨き高めていくこととなった。野の学、生活者の学の、情念の解放としての学のありようは、そのことを抜きにしては形成されない、という経験を、この若い彼らとともに過ごした十五年の刻みのなかで、わたしは教えられたのであった。その彼らも、やがて就職し、結婚し、子どもの父となり、一人前の人間として、それぞれの職場で個性的に生き、一方、共同研究の傍ら、各自テーマを深化させながら今日ある。[5]

この若者へのあたたかいまなざしは、かつて六〇年安保の時代に学生運動に身を投じ、挫折の中で橋川文三の導きで柳田に出会った後藤自身の経験[6]と決して無縁ではないだろう。

参加者の声も、同書に付された小冊子「柳田国男研究会小史」に記されている。

全共闘運動の退潮のなかで、行場を失った私達にとって、寺小屋は一つの吹き溜りであった。行くあてのない浮遊物のような生活をしていた私達を何とか食止めてくれたのは、そこであった。（略）柳田国男はどうでもよかったのだ。荒んだ精神を癒してくれる群れが欲しかったのだろう。そんな私達が柳田国男を十数年も勉強して来れたのは、後藤さんの個人的な力が大きかったと思う。

（杉本仁「寺小屋初期のころ」）

会では毎年研究合宿をした。ロナルド・モースさんなども参加した第一回の箱根合宿は、山下さんという名レポーターを得て会の中ではすでに伝説化している（略）喧嘩のような議論を繰り広げた第二回の大網。合宿の幹事も発表者も姿を見せず、一人時間通りに着いた山下さんを激怒させた下田白浜。深夜まで祭の興奮に酔いしれた遠山の霜月祭。

泊り込みで膝つき合わせ胸襟を開いて語りあおうというのが後藤さんの考えであったし、皆もそういう場に飢えていたから、合宿の打ち上げはいつも酒と罵声の飛び交う修羅場と化した。（永池健二「合宿の風景」）

〔卒業論文で橋川文三に師事したものの、柳田研究には見切りをつけて卒業し〕その後、友人の紹介で、相模大野の学習塾で教えたり、新聞の求人欄をのぞいたりするような生活を続けていたが、司書資格を生かして図書館に勤めたのがよかったのかもしれない。経済的にすこし安定してきたので、ふたたび周りをみる余裕ができた。あの中途半端に終らせてしまった柳田研究をなんとかしなければと思うようになった。そのようなときに、後藤さんにめぐり会えたのも幸運だった。

橋川先生からは、人間の内面を深く見つめる思想史の方法を学んだが、後藤さんには、アカデミズムに毒されず学問を継続していくエネルギーを与えられたのだった。（長谷川邦男「修士論文」）


『雪国の春』の旅」、これが私の担当したテーマの一つであったが、イメージが湧かない（略）そんなとき、たしか昭和五十八年の春頃だと思うが、後藤さんから何度目かの助言があり、ともかく東北の旅をして〝体感〟してこい、と言われたことがあった。

（略）忘れられないほど印象深かったのは、今は防波堤ができたが、チリの津波のときはそこまでと柱を指して海の話をしてくれた老主人の赤銅色の顔と黒くて大きい手、嫁入り道具を背負ってここに来たが人とすれ違えずに困ったと語ってくれた奥さんのやはり皺だらけの顔である。

〝人の顔、何でもない物ごし物いいのなかに我々の知りたいことはある〟、柳田の言葉をまた思い出した。

図 2-14-1　『柳田国男伝』出版記念会

そのとき、やっと『雪国の春』の旅」のとば口に立つことのできた自分を、私は実感したのであった。

（山内克之「柳田の旅を追って」）

二　『柳田国男伝』以後

こうして、後藤とメンバーの若いエネルギーをぶつけて刊行された同書の反響は非常に大きかった。新聞、雑誌等各種メディアに取り上げられ、「柳田研究に一つのエポックをつくった」（桜井徳太郎）、「事実を重視、正史の役割」（毎日新聞、一九八八年十一月二十八日）といった内容面での評価はもちろんのこと、「学問の方法を問い直す」（宮田登）、「常民集団の研究成果」（山田宗睦）、「全共闘世代が論じた日本民俗学の祖」「柳田の保身と韜晦をネガにして焼き付けた印画のような、一一人の青春がある」（丸谷才一）など、在野の人々によってなされた研究であることも、高く評価された。

しかし、研究会運営においては課題もあった。最大のものは、後藤の思いと参加者とのそれの間のずれであった。当初、寺小屋教室に集った人々の多くは、柳田の作品をとことん読んで勉強したいという意欲をもっていた。ところが後藤は、柳田講座に皆がのってきたので、このグループで柳田の伝記ができるのではと、あまり参加者の意見を聞くことなく、伝記研究に乗り出すことを表明してしまったのである。それに対し、自分たちは作品を読むために寺小屋教室に入ったのに伝記のパートを割り振られ、必ずしもやりたくない研究に入ってしまった、という不満もあった。そして後藤が明治大学での校務で忙しくなってくると、後藤自身も原稿が書けなくなり、最終段階ではリーダー格の山下紘一郎氏がまとめ役となり、リライトが進められた。

こうした問題、そして大著であるがゆえのメンバーへの負担の大きさから、刊行後しばらくは「疲れ果ててしまった」(小田富英の談)という。とはいえその間も、『新文芸読本　柳田国男』(河出書房新社、一九九二年)、後藤総一郎編『柳田国男をよむ　日本人のこころを知る』(アテネ書房、一九九五年)などの編集・執筆に研究会のメンバーは関わっており、『柳田国男伝』とあわせ、近年の柳田国男の理解と普及に寄与してきたといえる。

三　第二期の活動へ

こうして、『柳田国男伝』に参加した一一人の執筆者の中には、伝記研究よりも作品研究に打ち込みたいといって離れていったメンバー、仕事の都合で出て来られなくなったメンバーもいた。

しかし、『柳田国男伝』には不充分な点もあり、引き続き研究を続けていきたいという初期からのメンバー(小田富英、永池健二、杉本仁、柘植信行)により、「第二期柳田国男研究会」を立ち上げよう、という機運が高まった。四人のメンバーにより活動の方針を定め、後藤に相談をし、説得を行った。当時後藤は明治大学での職務が多忙を極めており、外に呼びかけて新しい人々と共に一から取り組んでいくことには難色を示していたが、メンバーの説得により、外部にも呼びかけて活動を展開していくこととなった。

第二期の活動の最初の成果は、一九九四（平成六）年、合同研究会の準備の過程に端を発した、一九九六（平成八）年の『柳田国男・ジュネーブ以後』（柳田国男研究会編、三一書房）である。『柳田国男伝』で課題となっていた一つである、柳田のジュネーブにおける経験の探究がテーマとされた。後藤は同書の巻頭で、『柳田国男伝』の「補完研究」を提起している。「柳田国男の世界は未明の世界を限りなく持っているように思われる。それはたんなる生涯にわたるディテール［略］もさることながら、それ以上に、わたしたちのあるいはいまという時代における問題意識からのアプローチにおいて、さまざまに新たに発見させられる「伝記研究」の可能性を日々気付かされているという、わたしたちの研究と生活のうえにおけるある種の実感であるといえよう」と述べ、無限の可能性を秘めたともいうべき「伝記研究」に向けての「ボーリング作業」を続けていきたい、としている。(7) つねに現代的関心から、そして自己自身の問題として柳田を読み抜こうとする後藤の方法意識はここにもつらぬかれていた。

そして、同書の巻末に、新たな活動の開始とともに新メンバーの募集がよびかけられた。年六〜八回の定例会を基本とし、研究報告、研究所、論文の合評、文献輪読・新資料分析等を行なうとされた。このほか、フィールドワーク、資料センターとしての活動、研究年報の発行などが研究会活動とされた。(8)

この呼びかけに応じて新たなメンバーが加わったほか、常民大学に参加していたメンバーも参加し、第二期の研究会は進められた。年報の刊行は第二号『柳田国男・ことばと郷土』（一九九八年）、第三号『柳田国男・民俗の記述』（二〇〇〇年）と続けられた。各号のテーマは、後藤よりもメンバーが中心となって決められた。「一〇年、一〇号をめざす」とされたが、職業的な研究者ばかりでないメンバーが集い、研究を重ねる活動は容易でない中で、力のこもった論集が編まれ続けていった。

図 2-14-2　柳田国男研究会編著『柳田国男研究年報』

後藤は、第三号刊行時、一九九九（平成十一）年度限りで代表を降りたが、「柳田国男の著作の徹底した読みと、その学問思想の意義と可能性を現代日本の社会状況の中において考え続けていく」という会の学風は引き続き保たれることとなった(9)。

そして、二〇〇三（平成十五）年一月、後藤は逝去する。メンバーの杉本仁が事務局となって「後藤総一郎先生追悼集刊行委員会」を組織し、各常民大学、明治大学等多数の執筆者による『常民史学への視座——後藤総一郎　人と思想——』（岩田書院、二〇〇四年）が刊行された。

後藤亡き後も、彼の遺志をつぎ、また若手メンバーも加入しながら研究会の活動は続けられている。年報第四号『柳田国男・民族誌の宇宙』（岩田書院、二〇〇五年）は、第二期開始時のよびかけ以降に参加したメンバーの寄稿が多く集まった。その後も、第五号『柳田国男・同時代史としての「民俗学」』（岩田書院、二〇〇七年）、第六号『柳田国男・主題としての「日本」』（岩田書院、二〇〇九年）、第七号『柳田国男の学問は変革の思想たりうるか』（岩田書院、二〇一四年）と、研究活動とその成果の刊行は行われている（本稿末尾の目次一覧参照）。研究会メンバー個人も、柳田の、あるいは柳田とかかわらせての自身の実践を出版の形で世に問うているが、それも後藤の教えだという。

現在も、柳田を「将来に活かしうる「新しい古典」」として、「私たちの生活や社会をよりよいものにするべく柳田の「新たな読みを開始しなければなりません」と、同時代の中で柳田をみずみずしくとらえる問題意識のもと、研究活動が続けられている(10)。

四　学習結社としての柳田国男研究会——継続性、理念、多様性

民俗学を専門にしない筆者は、柳田国男研究会の研究内容を評価する力量を持たない。しかし、第一に、その出発点からして、柳田国男研究会に参加した人々の学習の継続性に驚かされる。かれらはもともと民俗学や柳田国男に関心をもっていたメンバーばかりではない。どう生きるかという実存的な問いに向かうエネルギーを、柳田を学ぶことにぶつけていったのである。さらに、各人の論においては、そうした強い課題意識を持ちながらも、柳田の著作に即して論の展開がなされており、恣意性や主観性が目立つことはない。冷静さのなかに、各人の情熱がにじみでている。しかもそれを、おのおのの生涯の課題として引き受けていったのである。この点に、まず驚きを禁じ得ない。

第二に、四〇年以上にわたる学習を支える研究会の核となる理念と、その理念自体が内包する多様性を受け容れる柔軟性が注目される。自発的な活動を続けることには多くの困難が伴う。それを、主宰者亡き後も、新しいメンバーも迎え入れながら続けている。後藤自身は、柳田国男研究会を「生活者の学びの大学院」と述べたという。発足当時からの参加者である小田によれば、柳田を読みながら自分の生活の疑問を解明し、解明した学問的業績を生活に戻すという交流が、まさに柳田の学問を現代化することだ、と後藤から教わったという。後藤自身は、以下のようにも語っている。

こうした成果〔柳田国男研究会、各地の常民大学による出版〕もさることながら、わたしにとってのなによりも

の果実は、無名の生活者であり、無告の生活者であった彼らが、そのうえ初めて手にする柳田学であった彼らの多くが、この十年前後の間に、学ぶことを生活のリズムとし、柳田学をキャッチボールしあい、さらに専門書に手をのばし、そのことを通じて、地域で生きる友情を深め、町や県をこえての交流を強めることによって、それぞれが生きることの意味を自覚しあっていったことを、初めて出会ったころには思いもよらなかった、「個」としての人間としての輝きを見せていってくれたことに、学問の力に、柳田国男の学問と思想に、感謝せずにはいられないという感慨を一人ひそかに抱くことができたことである。

そのなかから、柳田学を深化させていく、専門の研究者も何人か生まれていくであろう。しかし、わたしの希望とする「常民大学」の学習活動を通しての未来への期待は、柳田学を手離さず、歴史意識をつねに磨きながら、「よりよき選挙民」として、わたしのいう「自由な主体者」として、「自覚したマッセ」(中江丑吉)として、感性豊かに人間らしく凛として生き、人生をまっとうして欲しいということである。(11)

一方で、開始当初から、前述したように講師と参加者の間にはずれも存在していた。伝記研究と作品研究、自己の問題に引き寄せて実存的な問題との関連において問うか、あるいは実存的な問題には距離感をおいた探究活動に重点をおくか等、多様な関心が存在する。また、常民大学運動に参加しているメンバーもいるが、柳田国男研究会は「常民大学」の名は冠しておらず、他の常民大学と比べればやや独自な位置づけとなる。いってみれば、参加者の数だけ柳田国男研究会の評価の仕方があり、主宰者・後藤の理念との距離の遠近でとらえるだけではみえてこない部分もある。離れた人もまた、それぞれの探究的な人生を歩んでおり、その意味も注目されねばならない。さまざまな「師弟のまじわり」(12)のドラマを経て、参加したそれぞれの人々が、各地で生活者として歩んでいることも、評価しうる点ではないだろうか。

学びつつ生きる人の姿

最後に、常民大学全体の問題にも関わって、行動する知識人としての後藤総一郎の姿に注目したい。本書全体で、過去から現在に至るまでのそうした知識人の姿を探究しているが、かれらは著作だけでなく、人をのこした、ともいえる。そうした部分の検証を今後も続けていく必要がある。

本書は全体として、近代以降の日本の、制度によらない学習結社の歴史に注目してその実践を掘り下げている。明治以降からの歴史として振り返るとき、寺小屋教室、柳田国男研究会から始まる後藤の実践は、明治維新からちょうど百年を過ぎた頃から始まる。そうした歴史性は、後藤自身も意識しながら取り組んでいた。現在歴史学研究においても深められつつあるが、七〇年安保を経て、日本の若者、さらには世界各国の若者たちが当時何を考えていたかを掘り下げていくことは、[13]今後の課題ともいえるだろう。

そして、本稿では充分描ききれなかったが、かれらがその後どのように生きたかを追うことも、もうひとつの課題である。学びつつ生きる人の姿は、周囲に励ましや勇気を与えてくれる。柳田国男研究会はそのような一人ひとりのドラマによって今も続けられている。

注

(1) 後藤総一郎「若いエネルギーとの十五年」『柳田国男研究会小史』(後藤総一郎監修、柳田国男研究会編『柳田国男伝』三一書房、一九八八年の付属冊子)、三頁。

(2) 以下の記述の基本情報の部分は、「柳田国男研究会の歩み」常民大学合同研究会編・発行『主宰講師・後藤総一郎先生追悼　常民大学の史譜　三十年の歩み』二〇〇三年、一一一—三〇頁を参照した。

（3）後藤総一郎「まえがき」後藤総一郎編『共同研究　柳田国男の学問形成』白鯨社、一九七五年、三—八頁。
（4）木村龍生『序章のフォークロア』木村龍生論文集刊行委員会、一九八〇年。
（5）後藤総一郎「まえがき——柳田国男伝記研究の方法」後藤総一郎監修、柳田国男研究会編、前掲書、一七頁。
（6）後藤総一郎『柳田国男論』恒文社、一九八七年、一頁。
（7）後藤総一郎「『柳田国男伝』補完研究事始」柳田国男研究会編『柳田国男・ジュネーブ以後』三一書房、一九九六年、一—二頁。
（8）「柳田国男研究会からのよびかけ」柳田国男研究会編、同右、一九七頁。
（9）永池健二「あとがき」柳田国男研究会編『柳田国男・民俗の記述』岩田書院、二〇〇〇年、三四三—三四五頁。
（10）室井康成「あとがき」柳田国男研究会編『柳田国男の学問は変革の思想たりうるか』岩田書院、二〇一四年、三七五—三七九頁。
（11）後藤総一郎「常民大学運動の可能性」『国文学』一九九三年七月号。常民大学合同研究会編・発行、前掲書に再掲されている。
（12）ジョージ・スタイナー著、高田康成訳『師弟のまじわり』岩波書店、二〇一一年。
（13）小熊英二『一九六八　叛乱の終焉とその遺産』上下巻、新曜社、二〇〇九年、ノルベルト・フライ著、下村由一訳『一九六八年　反乱のグローバリズム』みすず書房、二〇一二年など。

「一国民俗学」成立過程の考察——その問題意識と民族学との相克（田中嘉明）
「一国民俗学」は罪悪なのか——近年の柳田国男／民俗学批判に対する極私的反駁（室井康成）
稲作民、あるいは日本人としての先住民の「発見」——続・柳田国男『山の人生』について（影山正美）
〈有史以外の日本〉の探究（一）（小野浩）
作意された民俗——宮本常一「名倉談義」を読む（杉本仁）

〈柳田国男伝記研究〉

岡田武松と柳田国男（伊藤純郎）

〈調査報告〉

日蓮宗の信仰と講集団（上）——鴨川市小湊妙蓮寺の歌題目・ひげ題目をめぐって（西海賢二）

〈書評〉

政治を席捲する民俗——杉本仁『選挙の民俗誌 日本政治風土の基層』（梟社刊、2007年4月）（堀内亨）
宗教としての天皇制を追究——山下紘一郎『神樹と巫女と天皇 初期柳田国男を読み解く』（梟社刊、2009年3月）（川島健二）

『柳田国男の学問は変革の思想たりうるか』（2014年、第7号）

〈柳田国男の学問は変革の思想たりうるか〉

座談会 柳田国男の学問は変革の思想たりうるか
「文明の政治」の地平へ——福沢諭吉・伊藤博文・柳田国男（室井康成）
宮本常一と『片句浦民俗聞書』——民俗学は原発に対処しうる学問か（杉本仁）
不合理性を通しての柳田国男の知的革新——主体と学問についての科学認識論的考察（フレデリック・ルシーニュ）
祭礼研究から見る柳田国男の可能性（中里亮平）
民俗学は誰のものか——杉本仁著『柳田国男と学校教育』を読んで（永池健二）

〈柳田国男と教科書〉

「おあん物語」の可能性——柳田国語教育論の消長を考える（井出幸男）
日本史教科書に描かれた柳田国男（伊藤純郎）

〈柳田国男伝記研究〉

柳田国男におけるG・L・ゴンム受容の一断面——大正中期の〈供犠〉論の変容と関連させて（高橋治）
柳田国男におけるカミ観の「修正」問題——「人神考序説」（昭和27年）を手掛かりに（影山正美）
柳田国男＝〈有史以外の日本〉の探求（二）（小野浩）
出張報告によって柳田の志向について考える——南方熊楠への書簡に記す「ルーラル・エコノミー」の実例（石川博）
日蓮宗の信仰と講集団（下）——鴨川市小湊妙蓮寺の歌題目・ひげ題目をめぐって（西海賢二）

『柳田国男・民俗の記述』(2000年、第3号)
〈特集 民俗の記述 柳田国男と宮本常一〉
『土佐源氏』の成立(井出幸男)
寄合民主主義に疑義あり——宮本常一「対馬にて」をめぐって(杉本仁)
物語作者の肖像——柳田国男への一視点(永池健二)
「採訪採集」——柳田国男と郷土誌編纂事業(伊藤純郎)
孤島苦の政治学——南島研究の射程(田中藤司)
〈伝記研究〉
柳田国男の洋書体験 1900 〜 1930——柳田国男所蔵洋書調査報告(高橋治)
〈資料紹介〉
『土佐乞食のいろざんげ』(井出幸男)
下元サカエ媼聞書(杉本仁・井出幸男・永池健二)
柳田国男自筆原稿「山バトと家バト」(小田富英)

『柳田国男・民俗誌の宇宙』(2005年、第4号)
民俗学と「聞き書き」(岸本誠司)
「郷土人」の民俗学——山口麻太郎における「郷土」観の形成とその要因を巡って(室井康成)
花祭の里のコスモロジー——民俗雑誌『設楽』の周辺(伊藤正英)
柳田国男『山の人生』について——いわゆる「転換期」の作品として、どんな読み方が可能か(影山正美)
柳田国男と小学校(伊藤純郎)
柳田民俗学の山脈——土橋里木(荒井庸一)
相州内郷村調査その前夜——柳田国男の書簡から(戸塚ひろみ)

『柳田国男・同時代史としての「民俗学」』(2007年、第5号)
同情と内省の同時代史へ——柳田国男の政治をめぐる民俗への眼差し(室井康成)
山人・漂泊民探究——飯倉照平編『柳田国男・南方熊楠往復書簡集』を読む(一)(小野浩)
『東国古道記』と信州地方史(伊藤純郎)
佐渡の鵜島、甲斐の鵜島——柳田国男における海と山の問題に寄せて(影山正美)
柳田民俗学の山脈——高木誠一と磐城民俗研究会をめぐる人びと(荒井庸一)
切り捨てられた「野の学」——戦後の日本民俗学論争(1945-58年)(杉本仁)

『柳田国男・主題としての「日本」』(2009年、第6号)
〈柳田国男・主題としての「日本」〉
〈日本〉という命題——柳田国男・「一国民俗学」の射程(永池健二)
柳田国男『先祖の話』を読む——戦死者の魂をめぐる日本人の葛藤(岡部隆志)
音楽としての「君が代」(小野寺節子)

柳田国男年報 目次一覧

『柳田国男・ジュネーブ以後』（1996 年、第 1 号）

〈特集 柳田国男・ジュネーブ以後〉

後藤総一郎「柳田国男のジュネーブ体験」

永池健二「柳田学の転回――大正から昭和へ」

掛谷昇治「日本青年館と柳田国男」

長谷川邦男「柳田国男とイギリス民俗学の系譜」

杉本仁「郷土研究から社会科へ――柳田国男の教育運動」

〈特別寄稿〉

柳田国男と日本の将来（川田稔）

〈伝記研究〉

「年譜」のなかの柳田国男伝（上）（小田富英）

柳田民俗学の山脈――岡村千秋（荒井庸一）

松岡たけ小像（曾原糸子）

〈インタビュー 柳田国男に学ぶ〉

今井冨士雄氏に聞く（後藤総一郎・小田富英）

〈新資料紹介〉

今井冨士雄ノート（小田富英）

青年カード『都会と農村』（小田富英）

同『郷土研究の方法』（小田富英）

『柳田国男・ことばと郷土』（1998 年、第 2 号）

〈特集 柳田国男・ことばと郷土〉

史心と平凡――柳田国男の歴史認識と民俗語彙（永池健二）

ことば・歌・民謡、そして音楽――柳田国男の民謡論と楽曲記述について（小野寺節子）

柳田国男の教育運動② 柳田民俗学における郷土の教材化（一）――「山村調査」と「綜合郷土研究」（杉本仁）

柳田学の示唆と現代経済思想（上）――経済人類学、そして文化経済学を視座に入れて（井口貢）

〈伝記研究〉

「年譜」の中の柳田国男伝（下）（小田富英）

松岡たけ小像 続（曾原糸子）

〈調査ノート〉

柳田国男と内閣文庫（一）（飯澤文夫）

〈資料紹介〉

柳田国男「民俗採集と言葉」（小田富英）

柳田国男『近畿方言』掲載書簡（堀井令以知）

第一五章　茅ヶ崎常民学舎を辿る

松本順子

はじめに

このたび、一九八一（昭和五十六）年開講した「茅ヶ崎常民学舎」から現在の茅ヶ崎常民の会（一九八八〔昭和六十三〕年改称）にいたる約三五年間の経緯を辿ってみることになりました。三五年間の流れのくくりとしては、三つあるかと思います。一つ目は世話人を置く運営形態をとり、後藤総一郎氏を主宰講師としての開講から、近代日本思想史と柳田国男学に至る六年、二つ目は「茅ヶ崎常民の会」としての〈アジア学&水土の経済学〉の六年の計一二年があります。そして三つ目は代表と連絡先だけをおく市民活動の場として月一度集まるという形態で今日に至っています。なお、約一二年間の内容を記載するに伴い、参考資料となった機関紙の『月刊野草雑記』と『講義録』等は、私の保存状態が万全でなかったために全ては所持できていなかったことを、まずお断りとお詫びをいたします。また、茅ヶ崎市に初めてできた小和田公民館の一年後に開講された茅ヶ崎常民学舎のメンバー、そしてその一人である私にとって、歴史の主体を担う生活者の学びと謳われた常民学舎の学びは何だったのか、また連動して、社会教育とは何だったのか。三五年を経て、学友達の現在のくらしにどう水脈となっているのかという検証をしてみようと思いました。また、そのインセンティブの役割を担うかと推定して＊印したものを付記しました。

一　一つ目のくくりの六年（一九八一～八六年）

1　なぜ茅ヶ崎常民学舎が開講されたか

直接のきっかけをつくったのは、一九七八（昭和五十三）年の真夏へと向かう日の茅ヶ崎市市民教養講座（教育コース）「地域・くらし・そして『私』の発見」でした。この講座は茅ヶ崎市社会教育主事の鈴木敏治さんが企画事業として開催したものです。講師の一人である後藤総一郎氏から、自分史・郷土史・日本史・人類史へとつなげる歴史の学び方こそ、一人ひとりの人間の内面を磨き、生活を豊かにしていくと教えられたことが、新鮮な感動を呼び起こしたのです。それ以前から、その後も、私たちは、さまざまな学ぶことの楽しさや必要を知ってきました。一九八〇（昭和五十五）年五月、わがまち茅ヶ崎に待ちに待った第一号（小和田）公民館ができたことにより、長期的展望に立った系統的な学びの場が欲しいという思いは一層つのり、その声の輪として、この学び舎を創りだしたのです。現代の私たちの社会や文化を成り立たせている、その原点である近代の歴史を、支配の思想と民衆の思想との絡み合いを通して、普通の民である「常民」の歴史を改めて学び、私たち自身が、確かな歴史の主体に育ちたいとして、まずは第一期三年の勉強会を持ちたいということで開講に至りました。(1) そして一九八一（昭和五十六）年一月二十日の夜に、第一回目が、世話人一二人の呼びかけが中心となり、小和田公民館で開講されました。前日の一月十九日に朝日新聞朝刊の湘南版に「長期に、系統だて、歴史学ぼう」というタイトルで報道されたこともあって、霙まじりの寒い夜にも関わらず六五名ほどの参加者で、講義室が熱気で溢れていたことを思いだします。

2 世話人の構成員と運営方法

イ 構成員

世話人になった構成員は男性三人（行政職三人）女性九人（行政職一人、自営業一人、専業主婦七人）で年齢は三十代から四十代の子育て主婦が中心でした。

ロ 運営方法

この会の運営は、この学びの場の趣旨に賛同し、活動にあたろうとする世話人によるものとしました。世話人会は、世話人でなくとも参加したい人に開かれたものとしました。世話人会には、世話人代表、記録、会計をおき、世話人代表は自薦、他薦を問わずでしたが、結果的に任期は四年毎の他薦になりました。

後藤総一郎氏が主宰講師の時は、毎年呼びかけ文を後藤氏と世話人代表が書き、一般の人にも二百枚ほど配布しました。

「茅ヶ崎常民学舎」は、一九八八（昭和六十三）年に呼称を「茅ヶ崎常民の会」と改め、世話人はおかず、代表と連絡先を決め月一回の夜、小和田公民館に集まり、平和・人権の問題や、個々のくらしの相談などの情報交換をし合う貴重な場として現在も継続しています。

ハ 運営資金 原則、参加費で賄い、使途内容は、講師謝礼、講義資料、講義録、機関紙発行、諸雑費等とする。

ニ 参加費 一年分一万円（月千円分割可）

ホ 講義録のテープおこしと文章化及び会報『野草雑記』の発行は世話人で担当する。

ヘ　会場　基本的に小和田公民館大会議室（無料）
ト　学習時間　午後六時三〇分～八時四五分

3　学習（講義）内容

学習内容は、以下の三期としました。毎月の活動を記録、発信していくために会報『野草雑記』を刊行し、一九八一（昭和五十六）年三月から一九九二（平成四）年一月まで、合計八一号を刊行しました。本章には書かれていない、反省会・懇親会の開催、催し物の主催や参加・協力などもたくさんあります。

第一期（一九八一～八四年度）近代日本史思想史基礎学習
第二期（一九八五～八八年度）柳田国男の学問と形成＆アジア学
第三期（一九八九～九二年度）民衆思想史（日本＆アジア）＆水土論経済学

第一期一～四年度（一九八一～八四年）近代日本思想史基礎学習

第一年度（一九八一年）
年間テーマ　「近代日本の歴史と思想」（その一）
第一講　一月[2]　開講式　生活者の学の歴史と理念（一）
　　　　二月　生活者の学の歴史と理念（二）
第二講　二月　学問と生活（一）
　　　　三月　学問と生活（二）

第三講　四月　明治維新の思想
第四講　五月　天皇神学の形成（一）
　　　　六月　天皇神学の形成（二）
　　　　七月　天皇神学の形成（三）
八月　夏期集中講義――柳田国男の学問と思想（一）
　　　　第一講　柳田国男の再評価　講師　後藤総一郎
　　　　第二講　柳田国男と文学　講師　小田富英
　　　　第三講　郷土研究と柳田国男　講師　荒井庸一
　　　　第四講　〈野の学〉の創成（その二）雑誌『民族』とその時代　講師　永池健二
第五講　九月　明治国家の思想
第六講　十月　明治国家の統治構造――天皇制体制装置
第七講　十一月　天皇制イデオロギーの形成と支配（一）
　　　　十二月(3)　天皇制イデオロギーの形成と支配（二）

＊　一九八一（昭和五十六）年五月、『芽生え――茅ヶ崎の保育を考える会』第一号が発行される。茅ヶ崎の保育を考える会は、一九七九（昭和五十四）年七月、自主保育の会から発足、茅ヶ崎方式と呼ばれる保育形態を取る。会員二七名中、常民学舎メンバーが八名。十一月、『主婦とおんな　国立市公民館市民大学セミナーの記録』（未來社、一九七三年）を読んで意見交換。一九八二（昭和五十七）年には市から保育予算がつく。

第二年度（一九八二年）

年間テーマ　**近代の超克　その思想史**

第一講　四月　思想史の方法（一）

第二講　五月　思想史の方法（二）

第三講　六月　近代化への懐疑（一）

第四講　七月　近代化への懐疑（二）

第五講　八月[4]　夏期特別講座（野草雑記表紙版画展併催）「生活者の学問」　講師　野本三吉、山下紘一郎

第六講　九月[5]　近代化への方法的批判（一）

第七講　十月　近代化への方法的批判（二）

第八講　十一月　明治国家の地方理念

十一月六～七日　一泊懇親会　於・神奈川県職員鵠沼保養所「子ども歳時記・かながわの祭」

講師　西海健二

第九講　十二月　明治国家の地方改良運動

第三年度（一九八三年）

年間テーマ　**大正・昭和思想史**—天皇制ファシズムと民衆

第一講　四月　大正史への視点

第二講　五月　大正デモクラシーの思想と行動（一）　護憲運動

第三講　六月　大正デモクラシーの思想と行動（二）　普選運動

第四講　七月　大正デモクラシーの思想と行動（三）　民衆と学問
第五講　八月六～七日[6]　六常民大学合同研究会　於・長野県南信濃村
　参加者　大人二二名（男三　女一八）子ども一二名（男四　女八）
　シンポジウムで「ひとつの自分史―あの日夕焼け」鈴木政子発表
第五講　九月　大正デモクラシーの思想と行動（三）　民衆と学問の続き
第六講　十月　昭和思想史（一）
第七講　十一月　昭和思想史（二）
第八講　十二月　昭和思想史（三）
　一九八四（昭和五十九）年一月[7]　反省会

＊　一九五一（昭和二十六）年以来、茅ヶ崎市議会ではたった一人の女性議員として市川房枝の志を受けた岡本花子が二八年間議席を守ってきた。それを引き継ぐ形の理想選挙をしようと、普通の主婦が立ち上がった。そして一九八三（昭和五十八）年四月「茅ヶ崎の社会教育を考える会」代表西山正子を、第三位で当選させた（その後三期務める）。常民の会メンバーは殆どボランテイアスタッフとして主力参画した。これ以降、鐘ヶ江洋子（四期）、高月雅子（三期）、小磯妙子（三期目二〇一五［平成二十七］年当選）と女性議員を送り出すための三二年余りの選挙運動の中心は子育て・介護を行なう女性であり、当会と「茅ヶ崎の社会教育を考える会」のメンバーでもある。候補者は革新無所属の議員として、社会教育の骨子でもある市民が政治の主役である「市民自治」を縦軸とする反戦、人権、男女平等を標榜し、強い意思をもって議会改革や行政改革に市民活動を共にしながら取組んでいる。[8]

第四年度（一九八四年）

年間テーマ　**昭和思想史**―天皇制ファシズムと民衆

第一講　四月　第四年度開講記念講義「母たちの明治・大正・昭和史――さがみ野の女の歴史」

講師　長田かな子（相模原市立図書館・古文書室資料調査員）

第二講　五月　超国家主義の論理と心理　丸山眞男を読む（一）

第三講　六月　超国家主義の論理と心理　丸山眞男を読む（二）

第四講　七月　日本ファシズムの思想と運動　丸山眞男を読む（一）

第五講　八月四〜五日　第二回　六常民大学合同研究会　於・茅ヶ崎

第六講　九月　日本ファシズムの思想と運動　丸山眞男を読む（二）

第七講　十月　経済的飢えの風景と克服の思想（金融恐慌・東北凶作・自力更生運動・郷土教育・満州移民）

第八講　十一月[9]　一五年戦争の歴史過程

第九講　十二月　抵抗と挫折（転向）

第一〇講　一九八五（昭和六十）年一月　翼賛体制の思想と展開（婦人・少年の翼賛化）

最終講　二月　第一期基礎学習（近代日本思想史研究）の修了式と反省会

＊　当初第一期の基礎学習は三年の予定であった。が、当茅ヶ崎常民学舎合同研究会の準備や、記念講義等の開催などもあり、一年オーバーをして四年となる。そして次年度から第二期の柳田国男研究へと向かう。

第二期一〜三年度（一九八五〜八七年）柳田国男の学問形成

第一年度（一九八五年）

年間テーマ　柳田国男の学問形成

第一講　四月　柳田国男研究の構想

第二講　五月　柳田国男への照射（一）　柳田学学問のなかでの位置

第三講　六月　柳田国男への照射（二）　評価史

第四講　七月　柳田国男の生涯

第五講　八月十七〜十八日[10]　第三回　八常民大学等合同研究会参加　於・長野県飯田市

第六講　九月　柳田国男の思想形成

第七講　十月　第一回フィールドワーク共同研究「茅ヶ崎の育み――その歴史と現代」於・茅ヶ崎市立図書館

第八講　十一月　柳田国男の思想形成

第九講　十二月　柳田学の理念と方法

第一〇講　一九八六年一月　共同研究「茅ヶ崎の教育――その歴史と現代」の構想／反省会

＊　国立国会図書館より『野草雑記』創刊号から継続しての寄贈依頼あり、会員の総意で送付することになった。

＊　神奈川県立婦人総合センター女性史『夜明けの航跡――かながわ近代の女たち』のワーキング・グループメンバー参加の要請があり、当学舎から二名参加。二年間作業に関わり、一九八七（昭和六十二）年十一月刊行。神奈川県民女性と自治体の共同作品として全国的にも評判となった。

＊　一九八五年六月、女性差別撤廃条約日本批准。夏びナイロビ世界女性会議へ西山正子が神奈川県より参加。

第二年度（一九八六年）

年間テーマ　**柳田学の理念と方法**（著作研究）

第一講　四月　第六年度開講記念特別講義〈遊びの民俗学〉講師　倉石あつ子（民俗学者）

第二講　五月　フィールドワーク〈教育資料を探る〉共同研究に向けて

第三講　六月　柳田国男『青年と学問』を読む（一）

第四講　七月　柳田国男『青年と学問』を読む（二）

第五講　八月二～三日　第四回　八常民大学等合同研究会　於・埼玉県富士見市

特別報告　西山正子（茅ヶ崎市議）「生活と政治――かけだし議員奮戦記[11]」

第六講　九月　柳田国男『青年と学問』を読む（三）

第七講　十月　柳田国男『郷土生活の研究法』を読む（一）

第八講　十一月　柳田国男『郷土生活の研究法』を読む（二）

第九講　十二月　柳田国男『郷土生活の研究法』を読む（三）

第一〇講　一九八七（昭和六十二）年一月　柳田国男『民間伝承論』を読む／反省会

＊　『野草雑記』第四三号（四月）より

私の子育て観が社会の状況の中で、ともすると揺れ動くのに悩んでいる時、シュタイナー教育に飛びつきました。シュタイナーを学ぶ内に、はっきりと子育てとは自分育てであることを思い知らされたのです。（略）私が自分の経過や、子どもの成長に興味があったのは、「人間が育つ」というところに、「人類」というものに本来の関心があったからです。外来のシュタイナー教育に飛びついたはずが、シュタイナー教育の人間観を学ぶうちに、日本の常民の育み、その表れである「ことわざ」との一致に驚き、前代人の教育法のなかにあった本能的な育みの根っこを見直したくなりました。（シュタイナーが傾倒していた神秘学は、伝承神秘学だったことを後に知りました。）一年間、後藤先生のもとで柳田学の概要を学びながら、その視点の確かさ、時代を超えた予見力、普遍性に、柳田国男という人は「二十一世紀に向かい、ガリレイ以来の現代文明のひずみから軌道修正の舵取りをしなければならない私たち現代人の指針となるべき導き手のひとりであることを確信しました。（略）」ヨーロッパを訪ねる機会を得て、今迄なんとなく一緒くただった欧州各国の人種の違いを、民俗性というものを肌で感じてきました。その一方、都市はどこも難民や外国人労働者で確実に人種のるつぼ化に向かいつつある現状を見て、これからの世界での「人類共通性」と「民俗性」とはどうなっていくのだろうかという問いも新たに湧いてきました。環境としては西欧風に育った私が若い頃民俗芸能に癒され、今また柳田学に魅かれるように、物質文明に浸りきっている現代の子ども達も、その血の中に民族性を秘めているのでしょうか。（略）正しい意味で自己の中に「民俗性」が確認された時に始めて「人類普遍性」も本当になるような気がしていますが果たしてそうなのでしょうか？　童遊びの動きの中に、言葉の繰り返し響きの中に、人間の生きていくのに必要な諸感覚が隠されていたのではないだろうか。次々と新しい問いが生まれ続けています。

（土屋「柳田国男への道」）

＊

『野草雑記』第五〇号（十二月）より

茅ヶ崎常民学舎がはじまってから丸六年になります。六常民の集会をもつこと、本『地球がまるごと見えてきた』を発行すること、ふりかえってみれば、めまぐるしいばかりに次々と手がけてきたものだと思います。この中で学んだものは何か、欠けているものは何か、考えなおす時期を迎えているように思います。あれよあれよという間に八つ、さらに膨らみそうです。毎年、夏が来て、一堂に顔を合わす、それはそれでいいのかもしれませんが、今もっと大切なことは、ゆったりと学びを深めるということではないかと思っています。今迄は敷かれたレールに乗ってきた感がありますが、学ぶ主体性に支えられて自分たちで道を造っていくことも必要だと思います。特に共同研究をすすめていくには、仲間としての育みあいが必要です。来年からはさらに地味な活動になると思いますが、むしろそれこそ〝常民〟にふさわしい学びなのかも知れません。（鈴木「常民のこれから」）

＊　第一回女性のつどい（テーマ　女たちの今、これから）に当会と「茅ヶ崎の社会教育を考える会」メンバーが実行委員として数名参画。

二　二つ目のくくりの六年（一九八七〜九二年）

一九八七年

柳田国男を軸にした常民の歴史を系統だって学ぶことによって、上からのお仕着せの規範ではなく、自分たちのバイブルをなかまたちと作っていこう。できれば、私たちから発信する茅ヶ崎地域史を後藤先生と共に形にできたらなどという夢も底に持ちながら六年間ほど歩んできました。学友の中には、柳田国男の日本人に対する深い考察に今後の指針となるとの思いを重ねた人、さらに丸山眞男や柳田の日本人の古層論を通して、日本人とは、自分とはを確認したいと考えていた人、茅ヶ崎の女性史づくりをしたいと思っていた人、柳田の民俗学に触れながら茅ヶ崎に博物館をつくりたいと思っていた人、夫と妻の関係や家族の関係から、男女平等と、自分のアイデンティティの問題を探していた人、いろいろ期するものがあったようでした。なかまとの連帯感は、小和田公民館で同時期に展開していった社会教育講座に参加することで、より深められていき、一九八三（昭和五十八）年の西山正子市議を送り出していくエネルギーにも繋がったかと思います。また一方、日々の生活では、チェルノブイリ原発事故による自然環境や子どもの教育環境に不安や疑問を抱える親でもありました。個別に起こってくることを社会の構造問題として捉え、PTAや地域活動を実践しながら発言していく人が多くなっていきました。そこでの発言や論理は、常民学舎や公民館講座で学んだものが基盤となっていったように思います。

しかし皮肉なことに、後藤先生の思いが熟していくにつれ、多忙になられた事もあってか、講義が沁みて来なくなってきたのです。やがて、私たちが目指すものとの齟齬を感ずる様になり、なかまたちと何回も話合いをもち、全員が納得したわけではなかったのですが、後藤先生とは別の学びを選ぶことにしました。

＊　八月一～二日　九常民大学合同研究会（於・磐田市）に茅ヶ崎常民学舎からは一名、報告者として出席。

＊　第二回女性のつどい（テーマ　共に生きるために、女たちは今）に、実行委員として当会より数名参画。

＊　前年にチェルノブイリ原発事故、そして脱原発を説いた甘蔗珠恵子『まだ、間に合うのなら』（五月刊）を読み、反原発意識から行動。

一九八八年　茅ヶ崎常民の会として再出発

話あいを重ねる日々を経て、以下の呼びかけ文を発行し再出発をすることにしました。

〈呼びかけ文〉

私たちは茅ヶ崎常民学舎として、後藤総一郎先生を専任講師として七年間日本の近代史や柳田学を勉強してきましたが、このたび茅ヶ崎常民の会として再出発することにしました。今迄同様に主体性をもって学びたいということにこだわりながら話し合いを重ねる中で、自分たちの隣の国々について学ぼうということになりました。そこで今年度は内海愛子さん、高嶋伸欣さんを講師にお迎えして、近代史を縦軸とし、アジア史及びアジアの現状を絡ませながらの勉強をしていくことにしました。ぜひ、ご一緒に学びませんか！

―カリキュラム―

〈暮らしの中のアジア〉三回

五月　私たちの暮らしとアジア　講師　内海愛子

六月　日本企業のアジア進出　講師　内海愛子

七月　いま、日本とアジアは　講師　内海愛子

九月　マレー半島における大東亜戦争の傷跡　マレーシア住民の虐殺　講師　高嶋伸欣

十月　日本人のアジア観を見直す　講師　高嶋伸欣

〈近代日本とアジア〉三回

十一月　近代日本とアジア　講師　内海愛子

十二月　日本の韓国併合　講師　内海愛子

一月　日本の戦争とアジア　講師　内海愛子

＊　七月「未来《みき》の会——茅ヶ崎市議会に女性議員を増やしていく政治勉強会」発足。会員三四名（うち常民の会メンバー八名）。一九九六（平成八）年四月解散。

＊　公民館に窓口業務の一部導入の動きに「公民館を利用する市民の会」が反対。

＊　「第三回女性のつどい」実行委員に当会より数名参画。以後、一九九九（平成十一）年の第一四回（第一一回より「つどい茅ヶ崎」）まで参画。

第九年度（一九八九年四月〜一九九〇年三月）

四月　第一講　民衆の意識と生活——問題点は何か　講師　大塚勝夫
五月　第二講　日本民衆の行動様式　講師　大塚勝夫
六月(12)　第三講　日本民衆の意識構造　講師　大塚勝夫
七月　常民の会の反省と問題点（懇親会形式）
七月二十八〜二十九日　静岡県藤枝市水車小屋合宿　臼井太衛村長
九月　特別講義「問われる日本人のアジア観と新学習指導要領」講師　高嶋伸欣
十月　第四講　東アジア民衆の生活と意識　講師　大塚勝夫
十一月　第五講　南アジア民衆の生活と意識　講師　大塚勝夫
十二月　第六講　ヨーロッパ等民衆の生活と意識　講師　大塚勝夫

＊　「一九八一（昭和五十六）年から六年間後藤さんが主宰講師していた「茅ヶ崎常民学舎」は、柳田学よりもっと身近なアジア問題や経済の問題を勉強したいと「茅ヶ崎常民の会」と名を変え巣立っていった(13)」と報道さ

れた。

＊　神奈川県立かながわ女性センター女性史（一九八七〔昭和六十二〕年十一月刊行）の続編として『共生への航路かながわの女たち'45～'90』のワーキング・グループメンバーへの要請あり、当会より五名が参加、一九九二（平成四）年十一月刊行までの約三年半関わる。この折、交通費、通信費、作業費等の実費弁済と謝礼という有償対価を県の担当部長に「この共同作業はパートや子育ての時間をやりくりしながら、大事な作業だからと関わっている県民もいる。無償ボランティアで行うのは疑問」と要求した。その結果少額ながら対価が支払われ、有償ボランティアの先駆けとも言われた。他の行政寄りの女性史グループメンバーは当初「私たちは、こういう作業に関わることがとても勉強になるので（知的好奇心の充足）対価など無用です」との弁であったが、いざ費用が出ることになったら、「あなたの仰ることは正論だと思っていました」と言われた。無償ボランテイアの考え方に一石を投じたようだ。

一九九〇年度（一〇年目）

二～三月　三回に亘る話合いの結果、以下の内容の学びと『野草雑記』の継続発行が決まった。
年間テーマ　新しい民衆社会の創造――水土の経済学の学びを通して　講師　大塚勝夫
第一講　四月　天動説と地動説のあいだで
第二講　五月　時間と場所と人間関係
第三講　六月　国際貿易摩擦は国内の農工摩擦
第四講　七月　反農業論の根本問題
七月二十九～三十日　宿泊懇親会（水車村にて）

第五講　九月　亡国をめざす原子力発電／反科学的国家技術からの脱却
第六講　十月　地域自立の経済・文化・時間
第七講　十一月　農的小日本主義のすすめ
第八講　十二月　農的小日本主義のすすめ

＊一九九二（平成四）年一月の第八一号をもって、『野草雑記』最終号とする。以降、『野草雑記』を『新・野草雑記』とし、ちがさき常民の会世話人会で発行。月一回集まり、読書会などをしながら、情報交換をしていく形態となった。内容は、ごみ、農業等を通しての環境や平和問題を市、国、世界の動向を各個人の生活視点に引きつけ、率直な考えを述べ合うもので、一六号まで発行（一九九一年十月〜一九九三年十一月）。

＊生涯学習振興法成立、ベルリンの壁崩壊と東西ドイツ統一、湾岸戦争、ソ連崩壊、グローバリゼーション拡大、ＰＫＯ法案成立（反対デモには常民の会有志で参加）といった世界の激変に、今迄の思考の枠組みで良いのかという問いをもつ。また主に主婦という全日制市民を対象に展開される公民館事業に停滞感を感じ、子どもの教育費捻出という現実に直面しながら、経済的自立という男女平等問題に視点がいく流れもあった。

＊一九九三（平成五）年三月、ちがさき女性プラン「一人ひとりかがやく男女共同社会の実現をめざして」（新総合計画個別プラン）策定

三　三つ目のくくり（一九九二年以降〜現在まで）

一九八一（昭和五十六）年に開講した「茅ケ崎常民学舎」は、三五年を経た二〇一六（平成二十八）年現在は、月

一回の夜「茅ケ崎常民の会」と言う呼称で、数名のメンバーが小和田公民館に集まり継続しています。それぞれがケア（親の介護・孫見守りなど）という生活と、非正規での有償労働やボランテイアの無償労働という形態の仕事（高齢者訪問介護員、障がい者へのサポートや老人施設職員、精神作業所などの福祉施設）を抱えるというライフスタイルを持っています。当会は、茅ヶ崎市の市民活動サポートセンター（NPOサポートちがさき）に社会教育分野の団体として登録し、いつでも誰でもどうぞという会員募集をして開かれた会となっています。開講当初三〇代半ばから後半だった人たちは、六二代後半から七十代前半になり、永い期間培った信頼関係のもと自身の心配事を相談したりという生活面のことから、「憲法九条を守る会」の活動や「反原発」の運動の情報を共有・交換、日程を調整し、集会や講座参加へと、東京、横浜、茅ケ崎に出かけ意思表示をしています。また、一九八三（昭和五十八）年西山正子さんを市議会に送り出してから「市民自治の会」スタッフとしてずっと関わり、四人目の女性市議を支援する人たちでもあります。送り出した後の市議会や行政運営のチェックにはあまり時間を費やしていないようですが、市の重要案件が、議員等から上がった時は、緩やかながら協力体制を取ります。また「茅ヶ崎の社会教育を考える会」の主・共催する映画や講演会の企画には熱心に参加しています。彼女たちにそういうエネルギーの発露は常民学舎が水脈になっているかと聞いたところ、全員「イエス」でした。中には「あの学びがなかったら、全然ちがう生き方をしていると思う」という人もいました。現在の数人になってはしまっても、よりどころの場を作っておいてくれることはとても貴重です。自分たちの等身大の暮らしを大切にしつつ、できる限りの社会平和の希求の表現と貢献がなされているのではないかと思うのです。これは生活に根ざした、結縁による常民という小さいコミュニティのかたちの一つと言えるのではないでしょうか？　そのきっかけを作ったのは、茅ヶ崎の場合は小和田公民館の社会教育主事の存在が大きくあったことを改めて認識しています。

おわりに

現在、私は在宅介護訪問員の仕事をして二五年になります。また「ちがさき男女共同参画プラン推進協議会委員」や、男女平等問題のテーマに関わって二〇年程になります。その二つを選んだ理由は、常民学舎があったような気がします。簡単に言えば日本人の古層とか基層の動かしがたい問題を知りたかったのです。それも男女の秩序関係を家族を通して考えたいと思ってきました。

グローバル時代になって、さまざまな前提の再構築をといわれ、私もそう思います。しかしながら、その前提の中に日本は、なかなか男女平等の本質的な施策は進みません。なぜでしょうか？　その問題提起もあり、敢えて＊の付記をさせていただきました。さらに社会的に作られた性差と言われる「ジェンダー」の問題を真っ向から思想史に組み入れられた社会教育学に出会いたいという願いを込めた視点でもあることを追記いたします。

注

（1）茅ヶ崎常民学舎世話人会『茅ヶ崎常民学舎の歩み』一九八三年。
（2）「長期に、系統だて、歴史学ぼう——茅ヶ崎常民学舎」『朝日新聞』一九八一年一月十九日朝刊。
（3）鈴木敏治「わが公民館における保育」『月刊社会教育』一九八一年十二月号。
（4）鈴木敏治「職員と市民の間をこえる社会教育実践　大人の成長を模索しつつ」『月刊社会教育』一九八二年八月。
（5）西山正子「住民のたまり場としての公民館づくり」『月刊社会教育』一九八二年九月。
（6）「ルポ一九八三年〈根を張る常民の学び〉南信濃村での第一回合同研究会から」『朝日新聞』一九八三年八月十五日。
（7）高月雅子「生活者として学ぶ茅ヶ崎常民学舎」『月刊社会教育』一九八四年一月。

（8）『あつく燃えた私たちの選挙――昭和五十八年四月茅ヶ崎市議選記録文集』一九八三年十月。
（9）「歴史学ぶ主婦生き生き――地域をひらく力育つ三〇号を出した『野草雑記』」『朝日新聞』一九八四年十一月二十日夕刊。
（10）茅ヶ崎常民学舎編『地球がまるごと見えてきた――茅ヶ崎の公民活動から』径書房、一九八五年八月。十一月九日には、出版記念のつどいを大和田公民館で開催した。
（11）西山正子『女と政治の交差点――茅ヶ崎駆け出し市議レポート』西田書店、一九八六年八月。
（12）「暮らしに根ざす学びを求め続けて――公民館における教育講座の実践」『月刊社会教育』一九八九年六月号。
（13）「各地に根付く常民大学　目を育てた主婦らの力」『朝日新聞』一九八九年五月二十九日夕刊。

第三部　戦後社会教育における「常民大学」運動の位置

第 29 回常民大学合同研究大会（2014 年 10 月 25、26 日　花巻）

第一章　合同討議　主題をめぐる二、三の問題

地域文化研究会

出席者
〈司会〉山﨑功
〈地域文化研究会会長〉草野滋之
〈推進統括〉東海林照一
〈会員〉飯塚哲子
胡子裕道
杉浦ちなみ
相馬直美
田所祐史
穂積健児
堀本暁洋
〈事務局長〉新藤浩伸
〈監修〉北田耕也

山﨑（以下、司会）　ここまで常民大学の総合的研究に取り組んできましたが、今日は総括的な討論会としたいと思います。

会長（草野）は総括論文執筆の出番がありますので、ここでは特に指名はしませんが、発言はご自由に――。監修者（北田）も同じですが、討論の要所要所での発言を期待しております。

ではまず東海林さん、皮切りをお願いします。

1　自己認識と結びついた学習

東海林　一九七七（昭和五十二）年の遠山常民大学開校は、その理念や熱意に共鳴した八つの地域で、それぞれのスタ

イルにおいて、主体的な民衆の学習運動、常民大学を展開して、今なおその軌跡が保たれています。この民衆の学習運動の意義や歴史的な意味は、戦後の社会教育を考えるうえでも意識しなければならない貴重な意義を持っていると思います。

これだけの常民大学が、なぜ各地にここまで普及することになったのか、それをどう理解して、とらえていけばいいのか。それと、もちろん地域差はあるし、地域課題もそれぞれあると思うんですが、各地で組織されていく過程の中で、「大学」が目指した学習の課題というか、目的意識はどのようなものであったか。

そしてそこに、「自己認識のための学び」というか、「自己形成のための学習」という問題はどうかかわっているのか。

遠山常民大学開校は、村史の発行とともに、村の産業、文化や社会のあり方を見極められるようにしたいとの思いが契機となったと後藤は言っています。そして、その勉強を支えてきた柱の一つ目は、主体的自発的な学習。二つ目は、身銭主義。三つ目は、どのような学習であっても自主運営であること。四つ目は、長期的な展望に立って系統的な学習を行うこと、と述べて、この四つの姿勢を貫くことを徹底してきた。このことは、戦後の社会教育の歴史を検証する上においても重要なことではないだろうかと私は考えました。

戦後の社会教育は、戦後の混乱期における復興政策的な意味合いを持ち、その後も公的な視点からの意図的、組織的な運営が行われてきました。これを常民大学と大胆に比較すれば、一つ目の、常民大学の主体的な自発的な学習をいわば能動的学習とすると、これに対して戦後社会教育は受動的な学習。二つ目の身銭主義に対しては、ほぼ無料での参加型学習であり、三つ目は、自主運営に対しては管理運営的傾向の学習。四つ目は、長期的な展望に立った系統的な学習に対しては、短期的で入門的な学習が行われてきたと言えないでしょうか。このことを一つ取り上げても、戦後の社会教育活動のあり方と、民間の常民大学運動のあり方の理念が対照的であると同時に、学習に対する参加の仕方や、取り組み姿勢においてもはっきりとした違いが生まれます。つまり、このことは、学習の仕方の問題に大きく関わる事項で、学びとは何か、いかに学ぶか、何のために学ぶかなどという問題に直結します。

後藤は、学びとは本を読み、考え、過去の歴史を繰り返し検証し、そこから見えてくることを深く考えていき、明るく伸びやかに、確かに生きていくことに役立てる勉強だと言っている。この言葉の意味は重大です。すなわち、学びとは生きていく命だと言っているのであり、これは命、生命の問題であり、人間の尊厳にかかわる問題です。

次は、何のために学ぶかが問題です。社会教育法施行後から今日まで、学習の公的管理の傾向はますます強まっています。言い替えれば、公教育における思想管理です。ここには、自主的主体的な学習の思想は存在しない。自由に解放された学びは抑圧されています。自らの歴史を探るにしても、地域の歴史を探るにしても、情報を得るための素直な手立てが保障されているとは思えない。このことは、常民大学運動の学習姿勢とは大きく違っていると思われます。

ここで大切なことは、学習の価値や目的意識のあり方の問題ではないでしょうか。学びは生きる命であり、歴史認識は自己変革を育むとすれば、学びは自己認識を高めるということにほかならない。この自己認識を高めるという目的意識は、歴史の中で生き、いろいろな課題に遭遇している自分のありのままを問うという行動と一致することにはならないか。このようにして育った成熟した人間、人々の学習の力がいつの日か、人と人との連帯を地域で結び、豊かで落ち着きのある社会をつくり、平和で文化が溢れ、幸福感が感じられるような世界づくりに役立てることを期待することはできないか、と思います。

北田　東海林君が言った、学びと自己認識や自己形成とのつながりをどうとらえるかという問題は、簡単には答えが出そうにないほど大きな問題です。つまり、法によって学習の権利が保障されているから公民館が無償であるとかいうような単純なことじゃなくて、学習は命そのものなんだという根本的な捉え方がなければならない。

コンラート・ローレンツという、ノーベル医学生理学賞をもらった学者が、「生命は学習なり」と言った。生命というのは、一つは、エネルギー獲得の過程。食べなきゃ生きられませんからね。第二は、そのためにも情報を収集しなきゃならない、情報獲得の過程である。エネルギーを一方で獲得しながら、同時にそのためにも情報を獲得するということが生命の本質としてある。その二つを含んで、「生命は学習なり」と言ったわけです。

赤ん坊が母親の胎内にいるときから、学習は始まっている。赤ん坊はお腹の中で、お母さんの心臓の鼓動を聞いている。それは、もう学習なんですね。赤ん坊はお腹の中から母親の鼓動を聞いて、しっかり学習をして、ほかの人と母親とを、例えば抱っこをされてもすぐに識別する。だから、母親が抱けば泣き止んで、ほかの人が抱いても泣き止まないというのは、ちゃんと学習を通して、お母さんの胸の鼓動の音色を知っているからです。いわば、無意識のうちに学習を始めている。この世に生まれ出る前からもう学習をしているというのは驚くべきことです。そういうことを含めて、ローレンツは生命は学習であると言った。これは実に深い言葉だと思いますね。権利としての社会教育だとか、公的保障としての学習などというのはまだ浅い捉え方で、生命は学習そのもの。そういう命というものを何ぴとも侵してはならないわけで、それが社会教育における学習にもつながってくるという構造があると思います。

生命の根本に注目するという意味で、東海林君の指摘はとても大事だと思います。生命の本質としての学習は、自己認識を深めていくということにつながっていく。学びの発展としての自己認識の深まりという問題は、非常に大事なものとして今、われわれがやっているこの研究の、一つの重要な結論部分を形成すると言っていいんじゃないかという気がしています。

後藤さんの遠山常民大学にしてもそうで、柳田国男が、信州の人達はつ﹅い﹅て﹅い﹅き﹅や﹅す﹅い﹅人たちであるという批判をしたことがあるんですね。後藤さんは、ここから常民大学の発想をしている。なんで俺達は、柳田先生が言ったように、権威にすぐついていってしまう人間だと言われるのか。そこから勉強してみようじゃないかと。あの人の学習論の根底には、自己認識のための学習という重要な自覚がある。

相馬　学びの本質を今、どのように捉えるかということで、これからの公民館とか、公的社会教育の場としての条件整備の仕方が変わってくるかと。ですから自己認識とか自己変革というのは、学びの本質を問う中で、非常に大事な概念だと思います。

でも後藤さんの時代、七〇年代辺りで使われる言葉と表現が、文章はすごく分かるんだけど、やっぱり言葉が抽象的だから、この言葉が本当に生活の場面で生きてくるかなあと。時代的なものもあるかとは思いますが、もっともっと、生活感情レベルの言葉に落としていく必要があるんじゃあないでしょうか。

大田堯さんの映画「かすかな光へ」（森達也監督）の自主上映活動をしていますが、若い人たちから「ちがっていいんだ」という感想を、おもしろいくらいたくさんいただきます。違っちゃいけないというふうに考えている。みんなと一緒にいると安心なんだけど、でも本当にそうかな、というようなところに、たぶん、もやっとしたものがみんなあると思うんです。

ですから自己表現、自我の表出というか、今その引き出し方が問われているのかなと。公民館が自己表現をとおして、自我を引き出す場のひとつになればいいですよね。

司会　地域文化研究会でも、自己表現をどう復権し、どうやって、どこにそういう場をつくっていくのかが求められている、という話は出てきている。現実的に今の若い世代は、おしなべて均質化されたところに無理やり閉じ込められているようなところがあるから、そういう気持ちが相馬さんの発言の背景にあるんだろうと思います。

2　後藤の「地域」へのこだわりとその現代的意義

北田　後藤さんは、たいへん地域にこだわった。あの人は、一つのテーマが決まったら必ずそれを一〇年やれ、一〇年やったら研究の蓄積を本にしろと指導している。もちろんまず、遠山にこだわったわけだし、飯田の常民大学にしても一〇年ぐらい飯田に即した一つのテーマを追究した。その一〇年目に僕は後藤さんに言われて、飯田に話に行ったことを思い出します。

後藤さんの故郷は、村長マキ（同族集団）という村長選出にもかかわる伝統的な制約がある。村長を出す家が決まっているんです。後藤さん自身の家もその村長マキの一つで、ほかから勝手に村長が出るわけにはいかない。われわれはそういうことをずっと昔から、何にも疑問に思わずにやってきたんじゃないか、なぜそれを許してきたのかということも、自己認識の問題として学習していこうと、常民大学を始めるときに呼びかけた。だから、先ほどの生命の学習ともかかわりますが、地域というものをしっかり捉え直していくことと、その地域に生き、地域からつくられてきた自分達の命のあり方そのものを考える、となっていった。それが常民大学の根本にあった問題かと思うんです。

はっきり後藤さんの提案どおりになったのは、遠野常民大学です。一〇年やれ、そして成果を必ず本にしなさいということで始まったんです。実際、あそこは一〇年、地域の人が柳田の大著『遠野物語』の言葉の徹底的な吟味と注釈をやったんですね。遠野の言葉のことは、柳田よりは地元の人が一番よく知っているはずですから。そして、『注釈 遠野物語』という、りっぱな本を出しています。ほかの地域も、ああいう本のかたちにしないまでも、それぞれにまとまりは付けて出していると思います。

現代の学習においても、一〇年ぐらい執念を持って、学習した結果を何らかの形で客観化するというか、活字にするという取り組み方は、これからの社会教育を考えていくうえで、積極的な問題提起になっているのではないか、と僕は思うんですけどね。

「地域」というものの現代的な意味を考えることが、もう一つのテーマになりはしませんか。地域にこだわって徹底してある期間学習をしていって、その学習の成果を活字化するという常民大学のやり方は、今、はたして成り立つのかどうかということも含めて、皆さんの意見を出していったらどうですか。

相馬 鎌倉柳田学舎を見た限りでは、一つの地域の人たちだけではなくて、東京や横浜、あちこちから集まって来ていて、開かれているなというのが第一印象です。

「地域」の概念が、今とてもとらえにくいですよね。昔の村落共同体のような地域ではないし。柳田や後藤さんのおっしゃっていた当時の地域と、今の地域はたぶん実態も違うだろうから、少しその辺を補った上で見ていく必要があるかと思っています。

今、過疎化がひどくて、もはや一村一町では地域づくりが成り立たないところもあります。それぞれの村、町が連携を取って、もう少し広い枠でやっていきましょうという動きも出ているようです。

飯塚 鎌倉アカデミアは、鎌倉という名前がやっぱり大きかったと思います。一年一〇カ月という本当に短い期間でしたが、今でも語り継いでいる人たちがいて、地域の図書館の司書さんも、その資料の編纂を一生懸命やっていらっしゃる。鎌倉という地域で起こった鎌倉アカデミアだからというのが、今響いているかなと思いますね。

穂積　磐田は、中泉という公民館でずっとやっていますが、地域の祭りで重要な役割の人たち、自営の人など、まったく地元の人ばかりで、ここは一つの地域で学習しているという例です。天竜辺り、水窪とか、佐久間とか、歴史的な生活圏をベースにしながら、地域の広がりも見えます。

田所　立川では武蔵野について柳田国男が書いた「武蔵野の昔」の解釈と、現在の武蔵野の姿を本にまとめています。

地域ということで言いますと、立川の読む会の人達にとって、地域とは何を指すかというのは、まだ私も突き詰めていませんが、柳田国男が扱った武蔵野という地域をとらえている。もう一つは、立川だと電車などの交通アクセスが可能な人達の範囲になりますが、メンバーの関心が及ぶエリアが、結果的に地域のイメージになるかと思います。自治体の枠で考えるのか、生活者としての非常に小さな日常の圏域のイメージなのか。各地の常民大学で、地理的な広がりや関心の違いがもし出し合えたら、地域像が見えてきて面白いと思います。

堀本　鎌倉柳田学舎では、年に二回フィールドワークに行くと決めているようです。今年は大磯、あとは浅草に行くとかいう話に。その意味だと、「地域」は電車で行ける範囲になるのかなと思ったりします。ただ、今回は『海上の道』を読み進めるということで、沖縄の地図を手に持ちながら勉強を進めるという形をとっています。文献で扱うそのときそのときの「地域」に、自分達のイメージを持っていらっしゃるのかなという印象を受けました。

相馬　鎌倉では、例えば、柳田の『日本の祭』を読み進めるときには、流鏑馬の鞍替えを見に行くとか、取り上げたテーマにそって、フィールドを選んで行っているようです。

司会　地域をどう捉えるかという問題は、この研究会の課題としてもあります。地域のつながりというのは、一つの目的を持ってやると、その地域だけで完結しない広がりもある気がします。於波良岐の常民大学でも、館林や足利からも来るし、フィールドワークとして八ッ場ダムにも行っている。隠れキリシタンの人が何かのかたちで邑楽にやって来て、埋葬されている石仏があるんです。そのルーツを辿ると、八ッ場ダムの集落の人達も関わるらしいですね。それが於波良岐とつながるということで、そこまで行ってリサーチした。自分らにとっては八ッ場ダムも地域だと。

問題関心をもとに歴史的な遺物を調べていく中で、地域に広がりが生まれていった。

邑楽で、柳田が言う「常民」は今はいないという話がありました。要するに、地域に定着して、そこで成長して、生活をして、生業をやるという意味での常民がいない。特に都市化されているところは、居住地域の外で生業をして、また帰ってくる。そこで「常民」をどう位置づけるのか。邑楽の課題はそこだ、と言う人もいます。

北田　それも面白い問題だね。地域概念が、従来のものから既に崩れてきている。自分達の住んでいる地域に根ざす、ということでなくなってきています。

それにも関わらず、後藤さんが自分達の居住地域に非常なこだわりを持って、一〇年そこを調べろ、できたら本にしろと言ったことが、今また少し、意味が出てきてやしないかと思います。地域をよく知らない、あるいは地域とずれているが故に、逆にその居住地域というものにこだわっていくことの意味ですよね。

東海林　「地域」って、行政が決めたエリアで我々は理解して、思い込んでいる感じがないですかね。

北田先生にお聞きしたいのですが、よく我々は地方と都市、中央と地方、都市と農村という表現をして対立軸に置きます。中央と地方と言う場合、私は東京を中心にして最初は理解していました。しかし、日本全国から見れば東京は中央だとしても、大阪、名古屋、福岡、それぞれのエリアの中での中央と地方がある。その辺をどう理解したらいいのか。選挙でも「地方票」と言われますけど、そんなにはっきりしているものなのか。

特に文化で見れば、中央とか地方という言い方、価値付けや評価の仕方の危うさというのを最近感じます。

北田　中央と地方の関係という大変難しいけれど大事な問題提起ですが、前に相馬さんが、地域の概念をもう少し広げていかないといけない、と言ったこととつながっているよね。

地域には色々な捉え方があると思いますが、一つは物理的な捉え方というか、東京、大阪、京都などの大都会は中央で、それに対して田舎は地方だという、地理的な見方がある。もう一つは政治的な見方で、権力の所在地が中央で、権力に従うところが地方という、政治的な捉え方です。例えば総理大臣にしてみれば、自分のいるところが中央、あとはみんな地方という上からの目線で、地方の活性化といって担当大臣なども置いていく。

その考え方は実に古くからあって、明治でいえば山縣有朋です。中央というのは政治的な中心地で、権力をめぐって激しい政治的闘争を重ねている。しかし、地方はそうであってはならないというわけです。山縣にとって地方とは「春風和気の非政治的世界」。つまり、政治的な対立や抗争は一切やらないで、農民たちがみんな仲良く春風に吹かれたように、仲良く助け合って暮らしている、そういう非政治的世界であるべきだと山縣は望んでいたんですね。

彼の発想は、自由民権運動で懲りたことから来ています。自由民権運動はまさに地方から起こった。「自由は土佐の山間より出《い》ず」ということばが土佐にありましたが、土佐だけでなく多摩地域や福島や、他にも各地で、まさに草の根から自由民権の声が立ち上がって、明治政府はあわてふためいて、福沢諭吉なども抱き込んで対策を講じようとした。だから、山縣が心から願ったのは、中央は政治的な闘争で明け暮れていようとも、地方は「春風和気」。政治のことは俺達に任せて黙って仲良く暮らしていろと。その切実な願いは、今の政治権力者たちの願いでもあるわけでしょう。中央に従うべき地方という目でしか地方を見ていない。これは、現代にも通じる問題です。

明治に内務省が中心となって、地方自治制度をつくりました。そうすると、ある程度地方に自由を認めることになるので、自由が野放図になったのでは政権を脅かしかねない。それで、自治「民育」、非政治的な民を育てるという文字に「自治」を乗っけているわけですね。日本の自治制度は、政治的な概念としての自治だけでなく、「民育」、つまり、民衆の意識をコントロールするという政治的、教育的な思惑が関わっている。

この明治の山縣の考え方が今も生きているんじゃないですか。だから、沖縄が基地整備の埋め立て反対をやると、何を言うか、地方は余計なことをするなと言うわけでしょう。お前らは騒ぐことない、みんな政府に任せておけばいい……と。

そういういまだ根強く残る、「春風和気の非政治的世界」という観念を崩していかなきゃならない。

「地方」を、いろんな意味での「中心」に変えていく。それも社会教育の大きな仕事の一つではなかったのかと思うんですけどね。

すぐれた民俗学者には、「地域」の捉え方にそれぞれ独自の表現があります。「共同体の崩壊と再生」を論じた桜井徳太郎さんは、「地域」を「結衆の原点」と言います。地域は民衆が相寄り支えあって、地域をよりよいものに変えていく「原点」だというのです。民俗学の新しい発展を念じた柳田国男は、住民一人びとりの「自身講究」ということばに並べて、「研究の単位としての地域」ということばを用いています。後藤さんの地域へのこだわりの底には、先人のこれらの発想がうけつがれている筈ですし、われわれの社会教育の発展にも通じるものがありましょう。

相馬　結衆する原点としての地域というのは、地域住民だけじゃなくて、よそから来ても結衆する、というふうに広く捉えることも必要かと思います。これからの地域の創造と言った場合に、地理的なものを超えていろんなところから集まってきて、「拠点」というか「新しい場」になる所というように。

一九七〇年代からの山形県高畠町の有機農業運動を見ても、一つの地域で運動が成り立っていません。都会の消費者や、問題意識の高い人達が高畠に来て、交流しながら、農業問題や環境問題について議論を重ねていく。それが地域の創造へとつながっていきますので、開かれた、結衆する地域の今の一つのあり方を感じます。

鎌倉柳田学舎を見ていても、鎌倉以外のところからも来て、和気藹々と柳田を読みあっています。ただ、それが政治的なエネルギーになるのかは、ちょっと分からないですけど。

それと、常民大学でも、鎌倉柳田学舎のように他の地域からも来て結衆する常民大学と、そうじゃなくて、地域の中でだんだん閉じられていく傾向の強い所があるような気がしますが。

司会　北田先生の問題提起は確かにそういうことがあるけれども、現実に、今、常民大学でやっている人達が、そういう認識を持ってやっているかどうかは、若干、疑問に思うところもなきにしもあらずなんです。個々には一生懸命本も出して活動もしているけれども、それが社会や地域とどうつながっているか、という問題もあるのではないか。こんなことを言うと、地域文化研究会の連中は何だ、と言われてしまいそうですが。

東海林　今、先生の提案された「結衆の原点」の蘇生という部分では、今はまだあまり意識されていないんじゃないかと思います。ただ、共鳴するインスピレーションみたいなものを、お互いに出し合える時期は来るんだろうとは思います。それがまた歴史をつくるんだろうと。

北田　「結衆の原点」としての地域というものが、どこまで現実性を持ち得るか。そう簡単にできることじゃないだろうし、現在それがあるというよりも、未来において新たな地域像をどう創り出していくかということです。

3　身銭主義をめぐって――学習の組織運営論

司会　常民大学の身銭主義の考え方について、公的社会教育に長年関わってきた穂積さんからすると、どうもいかがなものか、という感じもあるようですね。

穂積　公的社会教育の制度がある以上、それをどう活用して自分達の学習権を実現するのかという発想も必要ではないかと思っています。常民大学の身銭主義というのは、私の理解が浅いのかもしれませんが、自分たちの学習は、自分たちの銭を使って自分達でやるというのが基本だとしても、その先、つまり、既に税金を払って生活してるわけですから、その税金をどう取り戻すかという発想まで発展していくのか、公的な社会教育で働いてきた私にとっては、そのあたりの基本的な方向性がハッキリしてないのではないかという思いですね。

新藤　確かに、公教育ですから、無料の原則は崩してはならないとは思うんですが、一方で今回身銭主義の常民大学の実践に注目するなかで、公民館三階建てならぬ二階建て論といいますか、二本立てでもいいのかなという思いも湧いてきています。無料として展開すべき講座や事業がある一方で、身銭を切ってより質の高いものや、その人達の関心に即して公民館や社会教育施設を使っていくことも柔軟に考えるなかで、公民館自体もより面白いものになっていくのではと思います。

北田　新藤さんが言ったように、公的社会教育が無償であるということ、これは原則であって崩してはいけない。ですけれど、権利としての社会教育として展開する公民館の無償の学習は、実際生活に即する文化的教養を高め得るようなという、おおまかな規定がある。

しかし、そこを超えた、いわばもっと特殊な、私的な関心を持った人達が、それに即した学習をしたいというときに、公民館を場所として使う。そうすると、公民館がいわば二重構造というか、二階建てになるわけですね。そういう二階建ての公民館というものは、これからの可能性として考えられませんか。自分達の特殊な要望、特殊な関心に基づく、もっと深い、突っ込んだ学習をしたいという要求は、当然ある。そういう人達が身銭を切って公民館を使った自主的な学習をすることがあっていい。

司会 かつての常民大学でも、富士見、邑楽町、茅ケ崎では、公的な社会教育の場に後藤総一郎を呼んで、そこである程度の学習をやる。それを受けて、自分達で継続して勉強したいというグループができて、常民大学ができる。

公的社会教育としては、例えば憲法を学ぶ講座を公民館でやる。でも、回数や継続性には限界がある。そうすると、講座を受けた人間が継続して学習したいときは自主グループ化して、自主運営をしていく。そうすると、自分達で自学自習だから身銭でやりましょうとなる。そういうことは公民館の事業でもサポートしています。

ただ、後藤総一郎が言うのは、公民館の事業としてやると、職員の異動やそのときの財務事情で継続して質を保てないから、やっぱり自分達でやっていく身銭主義は必要だ、そこを強調しているように、僕は感じています。

穂積 それはそうだと思いますけど、例えば、お金が続かなくなっちゃったらどうなるのか。身銭主義というのは実際にそのお金が払えないと参加できないわけですよね、お金が払えない人達の学習をどう保障するか。別に公的な社会教育活動じゃないから、そういう人達の学習の保障までしなきゃいけないことはないとは思いますが。

そういう意味では、我々も実際にやっていますけれども、公民館できっかけをつくってもらって、その後自分達で学習や文化運動をする。しかし、実際に、そこにお金が払えないと、参加したいなと思っても参加できない。公的な部分と切り離して、参加したい人だけ参加すればいいのだと割り切れば、それはそれでいいと思いますが……。

田所 後藤先生の身銭主義を、「ちょっとマッチョな感じがする」といつかどなたかが言っていましたけど、勉強するからには必要な経費は自腹で、という強い調子の中のどこに本質があるのかを知りたいと思います。

立川の柳田国男を読む会も、立川市の公民館主催のセミナーを母体に生まれた会です。第五期まで公民館講座として行われ、その後自主的な学習サークルになった経緯からすれば、今の話の流れでいえば公的社会教育が助走期間というか、活動の黎明期、胎動期を支えていたと言える。また、今の活動も、柴崎学習館という公的施設で行われている。当たり前のようになってはいるけれども、お金の話以前に、教育行政として学ぶ場を空間的に保障していることも大きい。それを度外視して、俺達は身銭でやっているんだとは言えないと思うんです。場所を探すのも借りるのも大変なことですから。

それよりも、自分で払って自分で享受するという意味での「身銭主義」に留まらないものが、おそらくこの活動にはある。地域へのこだわり、公共性への関わりなどが見えると、金を払っている、払ってないというところから、もう一歩進んだ話ができるかな、という感じがしました。

飯塚　公的社会教育と、今回の常民大学って、私は決して分かれていることではなくて、それがどういうつながりの言葉で言えるか、考えていました。

それから、鎌倉アカデミアを見ながら感じていますが、身銭主義というところが、私はやっぱりちょっと引っかかっています。穂積さんがおっしゃった公的社会教育との関係もかかわってきますが、終焉を迎えたり、中断したりした常民大学の中で、財政的な問題は大きかったんじゃないのかなと私は思いました。

司会　身銭主義や財政の問題といってもいろいろある。たとえば鎌倉アカデミアの終焉と、信濃生産大学の終焉とは違うのですよね。信濃生産大学は、形は消えたけども、地域住民大学としてその後継続して、記録集も出している。それから信濃生産大学は、駒ヶ根市が開催していた。その後公的な支援はなくなったけれども、信濃生産大学の総括の上に新しく地域住民大学という長野県の運動が進んでいるから、必ずしも財政的な問題ではない。

上田自由大学は、鎌倉と違って公の大学を目指したわけじゃなく、自費で全部やっているわけで、形態も違う。ただ、相当数の資産家が支援をしていたということはあるようです。

常民大学も、発端は、後藤総一郎が公的社会教育で講師に呼ばれ、その後、継続してやろうといったときに身銭主義になったので、公教育と必ずしも無縁ではない。於波良岐常民学舎も、邑楽の講座で後藤総一郎をずっと呼んで学習するなかで、於波良岐常民学舎ができている。鎌倉も最初、後藤総一郎を生涯学習関係のグループが呼んで、そこから離れていった。茅ヶ崎の常民大学は、茅ヶ崎の公民館が働きかけている。だから、自主的に始まったか、公的社会教育の延長で始まったか、という二つの流れがあると思います。

穂積　問題にしたいのは、今、身銭主義という形で頑張っている人たちが、公的な社会教育を自分たちのものとしてどう活用するのかという、そこの認識なり、意識なりがどうなのかということ。社会教育の制度そのものも、地域住民の学習・文化活動を保障しているんだということを、常民大学の人たちにも知ってほしいと思う。

司会　理念としては、公的社会教育が住民の学習要求に基づいて、いつでも誰でもどこでも学習できる権利を保障している。しかし内実はどんどん変わってきて、理念と実態の乖離がはなはだしい。一方常民大学運動はそれなりに自分達で継続してやってきている、という対比みたいなものは、やっぱり評価していかないといけない。

公的社会教育を充実させていこうとしている人達にももどかしさがあって、それをどう克服していくのかという自己批判もしなければいけない。原則論と内実論でかなり公民館では乖離する現状があると思うんですよね。各地の公民館や社会教育行政の運営、会議や研修でも、本質を議論しないまま事業論ばかりになっているところがある。公的社会教育の評価を、と言っても、このような実態では歯がゆさや問題が出てきてしまう気がします。

このあたりで、若手の意見も聞きたいと思いますが——。

杉浦　後藤総一郎さんがどう社会教育を捉えていたか、書かれたものを読みながら考えているのですが、社会教育自体をただ批判しているというわけでもなさそうです。

後藤さんが文部省の生涯学習を押し付けの学習だと批判したり、憲法を根拠にした学習権の捉え方よりも、主体性を強くするという意味で身銭主義を打ち出したりはしています。でも一方では、公的社会教育の優れた実践や職員さんの存在も、常民大学運営において認めていたし、公民館も貴重な存在だ、と『地域を拓く学び——飯田歴史大学の歩み』の中でも言っていました。だから、後藤さんは社会教育に対して、批判をしながらもうまく活用していくという考え方もあったんだろうと思います。

でも、どうして民間の運動として後藤さんが身銭主義を強調したのか。この本の中で後藤さんは、「われわれの主体性をつくり上げていくには、税金とか国家の押し付けより、自ら勉強することの方が主体性が強くなる。そうでない限り国家は撃てない、それが本当の学問の自由ではないかと理想論を打ったわけです」と言っています。

私が担当した飯田歴史大学・飯田柳田国男研究会は、そうした学びが三五年以上続いています。私は今二十代ですが、自分が生きている以上の年数、地域で学び続けてこられたわけです。三五年を超える継続的な学習と、それを通じた仲間。経験的には想像ができずもどかしくもありましたが、それはどんなものかと思いを巡らせる機会にもなりました。

胡子　自由な集団なので興味がある人は誰でもどうぞ、と言ってもなかなか若い人が入ってこない、という常民大学が結構あります。やっぱり、迎える側がぜひ来てほしいと思っていても、お互いを認め合う関係がすでにでき上がっている中に、新しくひとりだけ認められていない人間がその関係の中に入っていくというのは大変なことだろうな、と思います。人が集まってくる前の段階で、すでに何かお互いを認め合えるようなものが自然にあるのかな、と思います。

そこら辺は、公的な社会教育が役割を担っている部分もあると思いますし、そうでない場面で、公的社会教育と並べることができるようなものがいくつもきっと、地域の中にあるのかな、と考えます。公的社会教育と常民大学を対比するのは、一つの考えとしてあり得ると思いますが、常民大学と対比して考えることのできるものは公的社会教育以外にもあって、そのうちの一つ、常民大学に関係の深いものとして公的社会教育があるんじゃないのかな、と考えています。

相馬　私は、社会教育ってあまり好きじゃなくて（笑）。現場をよくは知らないのですが、公民館に行くと、もっと自由にやらせてよ、みたいな気分になることが多いです。今、NPOとか、子育てでも関心や感性を同じくするお母さん達が自主サークルをつくって、講師を招いて勉強会をしよう、こういう映画を観て考え合おう、とか集まって自由にやっていますよね。

田所　関心や感性を同じくする人の集まり以外に、公民館という場で「違う」ものと出会えるところも、社会教育の面白さだと思います。でもそれが、現実にはとっつきにくかったり、妙に上から目線の場であったりで、「この空気、馴染めないな」と思わせてしまっているのは、現場の工夫のなさに一因があるのだと思います。

気の合う人が集まって子育てサロンをやったり、勉強したりすることについて、介入しないで大事にしたいなとは思います。一方で、気の合う者同士だけというのもちょっと発展性がないなと思いますね。そこから先に公共性があるのか、発展していく芽があるのかどうかが問われると思いますね。

4 学習したものは何だったのか――常民「大学」の意味

新藤　この間、後藤先生の一三回忌に参加してきました。常民大学の関係者が二〇人ぐらい全国から集まって、法事ではありますが「直会《なおらい》」でずいぶん盛り上がり、なんと三次会まで続きました。没後一〇年以上たってこれだけの人が集まって、まだ学習を続けている。学び抜くことの凄みというか、迫力を感じました。

その場で出た話ですが、ある意味で、柳田ができないことを後藤総一郎はやった、と。柳田はいろんな意味でパイオニアであって、民俗学という領域をつくるのに、遠野も含めて各地に出て行って状況を記述した。ただ、各地で学び、生きていく仲間を育てることを柳田はできていない。各地の情報を集めて書いたという意味で、優れた編集者、フィールドワーカーではあったが……という評価がされていました。

一方、後藤総一郎は、これだけ各地にそれぞれの地域について学ぶ人を育ててきた。今はまあ、もしかすると同窓会的な集まりになっている部分もあるのかもしれませんが、本人が亡くなって一〇年以上たって、これだけ集う仲間がいるという意味では、後藤は教育者として素晴らしい実践家であったんじゃないか、と。

後藤総一郎という人は、人間形成、自己形成に影響を与えてきた、と口々に皆さんおっしゃいます。それぞれの職場、持ち場においてプラスアルファの何か学びを与えてくれたと。主婦にしても、教員にしても、自分の探求したいことをとことん探求して、それでできることなら本を書いて、にこっと笑って死んでいきましょう、と指導していたそうで、皆さんそのことに感謝をしていました。皆さんそれぞれに自己認識とか自己変革ということを考えながら、その後の人生も歩んできていると感じました。

もう一つ聞いたことが、自分たち一人一人が常民であって、別に立派な学者でもないし、アカデミズムの人間でもない。でも、何ができるかといえば、それは仲間のつながりを大切にすることと、一人一人が誠実に生きること、そしてそれを全うすることを大事にしようとおっしゃっていて、心に残りました。

先程の「地域」ということで言えば、遠山などはまさに村落共同体そのものですが、仲間がいる場所としての地域といったらよいのでしょうか。仲間たちと一緒に自分たちの地域を学んでいくことで、地域を目に見えるかたちにしたというか、そういう意義があったのではないかなと思います。

先ほど北田先生がおっしゃった、居住地域にこだわって学ぶ現代的意義ということで言えば、いま私は千葉の柏市で生涯学習の講座に、大学の研究室のプロジェクトとして関わっているのですが、仕事や育児が一段落された方々が、自分達の住んできた地域を学ぼうという動きが起きています。これは柏に限らず、もしかするといろんな場所でこれから起きてくることなのかなと思っています。

常民大学の理念とはまったく違いますけれども、居住地域について学んでいく実践は、おそらくこれから広がっていく。そういう意味では、地域学習というか、地域を学ぶ実践として後藤総一郎がやったことは、ある意味先駆的なことだったのではないかと思います。

ただ、常民大学の理念ともかかわる、抵抗の視点、自己形成、自己認識というものに入っていくかは、また別の問題です。趣味として地域をゆっくり学んでいく実践も、もちろんあっていいと思います。視点の違いはありますが、常民大学は、地域を学ぶ実践として先駆的な存在だった、という評価もできるのかな、と思っています。

北田　まだはっきりは言えないけど、「結衆の原点としての地域」と言っていいようなものが見えかかってきている、ということじゃないですかね。そこにやっぱり、地域の現代的な意義があるような気がしますね。

新藤　一方で、一歩引いてみれば、常民大学は後藤先生に近かった人たちの集まりでもあります。一三回忌の折、こういう話も出ました。飯田柳田国男研究会は、後藤先生亡き後、自己認識や自己変革に重きを置くよりも、民俗調査や民俗学の勉強に移ってきている。そういうことで、学習を続けていくことの難しさということも感じています。

それから、第一部のところで自分が今回担当した木村素衞や中井正一ともかかわりますが、木村や中井、それから後藤先生にしても、やはりただの学者ではなくて、行動する知識人、優れた実践家、教育者として、共鳴や連携をつくり出してきた人であった、ということです。今回の研究で歴史を通観することで、行動する知識人の系譜のようなものも見えてくるのではと思いました。

ただ、それは知識人だけの物語ではなくて、当然参加者がたくさんいるわけで、そこで学ばれたことが何かを考えると、いわゆる制度的アカデミズムの学問ではないにしても、参加した一人一人が誠実に生を全うするということで言えば、これは立派な学びであるし、むしろ学びそのもの。そうすると、これも直会の中で議論になりましたが、常民大学で追求してきた学問とかアカデミズムとは何だったのか。俺達一人一人が精一杯生きてきたという意味では、立派な学問じゃないのか、と。そうすると、アカデミズムとは、教養とは何か、もっと言うと、常民「大学」という名前からして、大学とは何かというところまでとらえ返すことにもなるのかなと思います。

それから、この常民大学が活動した一九七〇年代から八〇年代、そして今に至るまで、時代とのかかわりがどうだったのか。自己、特に地域について学ぶということで言えば、東大の教育学部で学校教育と民俗学を専門にする小国喜弘先生に、後藤総一郎の評価についてお尋ねしたところ、一つは、一九七〇〜八〇年代以降のふるさと学習や地域学習の流れを、ある意味でつくり出した人であったのではないか。ただ、以前草野先生のご指摘がありましたが、官的行政的な、いわゆる上からの地域学習の系譜もその時代にはあった。「生涯教育」「生涯学習」が叫ばれた一九七〇〜八〇年代という時代のなかで、上からの地域学習ではなくて、まさに常民一人一人の学びの中で自己や地域をとらえ返し、大事にすることにこだわってきた。その辺りの評価は、戦後社会教育史ともかかわって、考える必要があるテーマなのかなと思いました。

長くなりましたが、直感的に言えば、あれだけ長い期間にわたって学び抜く会が自主運営の形でずっと存続していることは、やっぱり驚きが一番大きいです。自分もできることならそうしていきたいと感じました。

司会　常民大学という名称にもある通り、アカデミズムというのは大学なのか、今の大学にアカデミズムはあるのか。一方で、社会教育法第三条の、「実際生活に即する文化的教養」とは何なのか。アカデミズムと実際生活に則する社会教育のコンセプトと、どこがどう違うのか。常民大学とどうつながるのか。そこら辺のところを明らかにしないと、アカデミズムというのはわからない。

新藤　直会では、歴史学と民俗学の比較も議論になりました。俺たちには歴史学者のようなことは書けないし、一人一人仕事を持ちながらの素人ではあるけど、できることはやってきた、と。歴史学で資料に基づいて史実を明らかにする仕事はもちろん大事なことで、民俗学はその意味でのアカデミズムとは違う。

司会　ただ、特に地方文書を中心とした地域史学というか、歴史学にも接近しないと、民俗学だけでは明らかにできない部分がある。そこはやっぱり常民大学の人たちも真摯に受け止める課題があるのではないかと思っているところはあります。

草野　常民大学が小田さんたちの自主的な学びから始まった、それが一九七〇年代の初めですよね。当初は常民大学という名称ではなかったかと思いますけども、やはり一九七〇（昭和四十五）年前後に、いわゆる大学紛争の影響で、アカデミズムや知識人、教養のあり方が非常に鋭く問われたわけですね。大学を全否定する、非常に過激な議論もあったわけですが、そういう中で常民大学の源流が生まれた。その根本にはやはり、既存のアカデミズムに対する批判意識と、どういう学問を自分たちは学び、創造するのかという課題意識があったと思いますね。そう考えた場合に、常民大学というものの大きなポイントの一つに、学問論、教育論、大学論があるんじゃないかと思いました。

第一部に当たる戦前編、あるいは戦後のものを見ても、大学というものについていくつか項目があるわけですね。自由大学、三島庶民大学、鎌倉アカデミア、信濃生産大学、農民大学など、そういう大学やアカデミーの戦前から戦後にかけての流れの中に、常民大学も位置づけることが可能なんじゃないかなと思います。

杉浦　私は第一部で徳富猪一郎の大江義塾、第二部で飯田歴史大学・飯田柳田国男研究会を担当しましたが、大江義塾の開校は一八八二（明治十五）年、飯田歴史大学の開講が一九八二（昭和五十七）年と、ちょうど百年の時を経た民間の学習活動を対象としていていました。もちろん容易に並べて比べられるものではありませんが、一つは自由民権運動の時代にあり、一つは後藤氏による常民大学運動でもあった。猪一郎はまだ若かったですが、当時の知識人が、各地で学習を組織しながら、新たな地域、さらには日本を構想していった歴史に、何か感じるものがありました。

草野　それから、さっき言われた社会教育法第三条「実際生活に則する文化的な教養」は、社会教育としての教養、教養論の一つのモデルとしてあります。戦後社会教育の中で、教養論がどう深められてきたのか。例えば、六〇年代以降の三多摩では、国分寺や国立での実践で教養、学問ということが相当意識されて追求されてきたと思います。では、五〇年代の実践の中ではどうなのか。生活記録に代表されるような生活に密着した学習活動や学習論が五〇年代にはあって、それ以降、六〇年代にかけて教養論というのが出てきたわけですけども、戦後社会教育実践の中で教養論がどう深められてきたのか。あるいは、市民大学はどういう形で生まれてきたのか。そのことと常民大学がどうつながるか。その辺も、常民大学を考えるポイントになるんじゃないかと思いました。

司会　三多摩の公民館では、高度でそれなりの専門的な学びをしていく一つの場として、「大学」という言葉を使っている。三多摩テーゼの背景には、教養論というか、大学論がベースにある。公民館の四つの役割のうち、三番目に「公民館は住民にとっての『私の大学』です」、というテーゼがある。そこはずっと三多摩の公民館が追求してきたことでもあります。ただ、「私の大学」で何を学んでいくのかといったときに、取り組みがばらばらで、いまだそれは明らかになっていない。『月刊社会教育』二〇一五年五月号は市民大学が特集ですが、社会教育にとって市民大学、大学とは何か。常民大学の位置づけについて、その辺の絡みで論考が出てくると、常民大学の人も腑に落ちたりするところも出てくるのかなと思います。

常民大学の大学と、社会教育の中でやる大学、一般に教育制度としての大学、どこがどう違うか。それから、なぜ「大学」という言葉を使っていったのか、いかなきゃいけないのか。その辺も議論をすべき課題と思います。

穂積　「私の大学」といいますが、日常的にいろんな議論を積み重ねた上で、今の我々の悩みや苦労の大元を継続的、科学的に明らかにしたいという意識がわいて、初めて大学になりうると思うんですよね。そういう意味では、常民大学もまったく同じではないかなと思います。しかも、水窪も佐久間もそうだけども、一生懸命調べて明らかにした、それの積み重ねが現実の調査の中身だから、そういう意味では学問的でないとは僕は言えないと思う。素人がやったにしろ、何にしろ、実際に今、佐久間で頑張っている人は、例えば、各神社で祭礼が行われる場合に、いつ、どういう時間帯にどうするかというのを全部自分の足で見に行って、写真を撮って記録している。そういう地道な積み上げを記録として残した上で、冊子にしているのは、すごいことだなと思っています。

5 学習の意義をめぐって

穂積 ただこれは大変失礼な言い方だけども、この調査をした人たちの調査の中身が、その人たちの日常の生活の中にどうかかわってくるのかというのが、ちょっと見えない部分というか、まだ聞いてない部分なんですよね。

相馬 後藤先生はお一人お一人の個性を見ながら言葉がけをして、その人その人のいいところを引き出すのがお上手だったのかなあ、と感じます。生活綴方もそうだと思いますが、みんなと一緒に学べる学びの中で、自分が何か発言したり、何かをすることで自分の存在が認められる、それはとても自分にとって嬉しい。そういう気持ちかな、と思います。

司会 僕は率直な疑問もあって、一〇年かけて本にするといいますが、やっぱり、後藤さんというのは大学人、学者だなという感じを持つんですね。だって、民衆が本を作るなんて、ある程度のインテリジェンスを持っていれば考える人もいるけども、なかなか普通は考えない。

邑楽では、自分のたまり場をつくった女性がいます。自分は常民学舎では落ちこぼれ、そこで学んだところもありますが、本にする文章を書くにはとても大変だった、いまだ私は文章を書けません、と話してくれました。

だけど、彼女は立派に地域で人のつながり、たまり場をつくった。そこには館林や太田市、足利、佐野など色々なところから来る。聞くと、群馬県は車がないと生活できないところで、車と道路でつながっているからみんな来られますと言うのです。そうすると、その空間は、邑楽の地域以外にも広がりが出てくる。そこに来て、たまって、イベントをやって、また帰っていくというつながりがある。彼女は月に一回、邑楽の年金生活センターの組合がやっている歌声喫茶をそこのコーヒーショップでやっています。彼女自身もそこで司会をやったりしながら、つながりをつくっていく。邑楽の落ちこぼれと言いながら、それも学舎で学んだことの証の一つじゃないかと私は感じたのです。そういう意味でも、本にしなくてはいけないのかという疑問があります。

胡子　遠山常民大学の参加者の中に、最初は事務局も担当されて熱心にやっていらしたのに、結局一〇年で辞め、それ以後、常民大学とは距離を置きながらも研究の世界には引き続き身を置く方がいます。その方は、常民大学に入る以前から地元の歴史研究や文書研究に関心を持たれており、今も研究をされています。そういった方が出たというのも、実は常民大学の成果なんじゃないか。常民大学の外へ出ていった人がいるということも、見ていければと思っています。

田所　主体がどこまで確立していったか。各地の常民大学では、高齢化してメンバーも限定されているかもしれないけれども、個々人の中で地域の捉え方が変わったとか、地域にどう関われるようになったかとかいうことが、それぞれから聞けたらいいなと思います。

穂積　それから、遠山の「ついていきやすい人」という柳田の表現があるわけですが、それを常民大学の実践を通してどう克服してきたか。私は一つのバロメーターとして、例えばつい最近総選挙がありましたが、政党選択や投票行動において、地縁、血縁、人間関係、あるいは仕事の関係で投票するというスタイルがある。しかし、ここで学んだ人たちは、そこから離れて政党の政策や自分の生き方とのかかわりで投票行動をしているのか、いないのか。プライバシーにも関わるので聞きづらい部分もありますが、選挙の集票や政党の出方というのは一つの判断だと思います。ただ、それだけじゃない。そこをどう明らかにするかとか、判断するかは難しいですね。

それと、そこの常民大学が地域にどのぐらいの影響力を持っているのか、どう判断すればいいのかは難しい。例えばですが、今、政府が進めようとしている地方創生の問題があるでしょう。それをきっかけに自分の地域を見直す動きがあるとすれば、第二、第三の常民大学運動の発想の機にはならないだろうか。一つの期待と言いますか。この前、遠州の常民大学に行ったときには、野本寛一先生が地方創生批判をしていました。

極端に言えば、トップダウンではなくてボトムアップでやっていかない限りは、また同じ過ちを繰り返す。そういうことに対するアンチテーゼとして、住民が、どんな村おこし、町おこしをやったらいいんだろうと言ったときに、地域の歴史や情報の掘り起こしをやって、おらが町はどうだったか、これからどうするのか、というところまで展開できないだろうかという期待をもちます。それこそ、国を変える一つのきっかけづくりになるんじゃないかと。そういうテーマもあり得るんじゃないかと思います。

それから、常民大学の継続の問題からすれば、リーダーの資質と助言者の問題もありますね。たまたま遠州常民文化談話会は野本さんという民俗学者が後藤の後の援助者としてついていますけれども、そういう存在は結構大きいのではないかと思いますね。

司会　邑楽は、後藤総一郎が亡くなったら、結衆するシンボルがなくなってしまった。後藤さん亡き後で続いていないのならば、卑近な言葉でいえば後藤さんはカリスマだったのかと。その指導に従って学習したのであれば、自立していないじゃないか、という話にもつながってしまう。

6　後藤総一郎とは何者であったか

草野　これまで聞いていて、後藤総一郎さんの存在感の大きさというか、後藤総一郎論というか、そういう問題を抜きにして常民大学を語れないんだろうなと、あらためて思いました。

身銭主義でも、地域の会にしても、あるいは人間形成に影響を与えたということにしても、やっぱり後藤さんの思想なり理念が非常に大きかったと思いますね。だから、身銭主義にしても、思想、理念としての身銭主義と言いますか、後藤さんの思想の枠の中で、それがどういう批判的な意識として持たれていたのか、という視点からとらえる必要があるのではないか。後藤さんの政治思想史研究の土台を踏まえたかたちで、身銭主義なり、あるいは地域主義なり、人間形成といった概念を分析して検討していくことが必要なんじゃないかと思いました。

後藤さんは、丸山眞男、橋川文三、それから神島二郎などに影響を受けながら、政治思想史を中心的な学問領域としてやってきたわけですね。そこを一つのベースにしながら、常民大学の運動にいったので、築いてきたその思想と、後の常民大学運動とのつながりをきちんと分析しておかないと、身銭主義の捉え方についても地域主義にしても、やや上澄みというか、皮相な批判に留まってしまうような気がするんです。

北田　第一回合同研究会に取材に来た新聞記者が、後藤さんの印象を、明治維新の志士のような感じがすると言っていたのを覚えています。たしかに、そういう感じがありました。渋い男性的な魅力がありましたよ。だからあれだけやれたんでしょうね。柔い好青年じゃ誰もあんなに付いてこないよね。

相馬　私はそういうタイプ、絶対駄目（笑）。でも、そんな後藤さんのイメージは、鎌倉で実際に話を聞くと和らぎました。

北田　後藤さんは、あの戦争中に三人も肉親を亡くしておられる。姉妹と母上です。戦争に対する憎しみと心の底に沈んでいる悲しみ……それらが後藤さんが「常民大学」に注いだ、あの並々ならぬ行動力の源にあったように思います。それはたしかに、「志士」とか「男性的」とかいうことばでは、とらえきれないものでしょうね……。あの人の情念の根底にあるものを見失うと、まちがう。

司会　構成するメンバーのあり方によっても、後藤総一郎の顔が違ってきていると思います。そういう人間的な幅や魅力のあった人なんでしょう。

今回の合同討議では、後藤総一郎の人となりに迫りつつ、常民大学へのある意味での批判も含めて、率直に色々な意見が出たように思います。それでは皆さんお疲れさまでした。

（二〇一四年十二月十四日、二〇一五年一月十二日、工房ふふふ［埼玉県富士見市］にて実施。）

第二章　総括　戦後日本における民衆の学習文化運動と「常民大学」の位置

草野滋之

はじめに

第二次大戦が終結してから七〇年目を迎えた二〇一五（平成二十七）年、いわゆる「安保法制」が多くの国民や憲法学者・有識者の強い批判にさらされながら成立し、戦争放棄と軍備の撤廃を謳った日本国憲法に基づく「絶対平和主義」の理念が、安倍晋三首相の掲げる「積極的平和主義」の名のもとに消し去られようとしている。国際的な信頼と尊敬を得てきた憲法九条の精神をふみにじるこのような動きに対して、海外の親日的な日本研究者の多くも憂慮と不安の声をあげている。たとえばピュリツァー賞を受賞し多くの読者を獲得した『敗北を抱きしめて』の著者であるジョン・ダワーは、「世界中が知っている日本の本当のソフトパワーは、現憲法下で反軍事的な政策を守り続けてきたこと」であるとし、それは長く苦しい戦争の時代の経験を経て「政府の主導ではなく、国民の側から生まれ育ったもので」あり、「七〇年の長きにわたって平和と民主主義の理念を守り続けてきた」ことこそ日本が誇るべき財産であることを力説している。(1) このダワーの言葉は、平和と民主主義をめぐる現状に強い危機感を抱く多くの私たち日本社会に生きる人間にとって強い励ましと勇気を与えるものである。

一九四七（昭和二十二）年に公布・施行された旧・教育基本法の第一条には、戦後教育のめざす人間像と教育の目的が次のように示されている。

「教育は、人格の完成をめざし、平和的な国家及び社会の形成者として、真理と正義を愛し、個人の価値をたっとび、勤労と責任を重んじ、自主的精神に充ちた心身ともに健康な国民の形成を期して行われなければならない」（傍点筆者）。

このわずか九三文字の短い文章の中には、ダワーの述べる敗戦後の日本国民の側に生まれ育っていた平和と民主主義の社会づくりの願いと教育への強い期待が凝縮されているといえるだろう。戦後の社会教育は、このような国民の願いや期待に対してどう応え、どのような成果を蓄積してきたのだろうか。そして、その七〇年余りの歴史のなかに、常民大学運動はどのように位置づけることができるのだろうか。本稿では、まず第一節で「地域文化の創造」という視点から戦後日本の社会教育の歴史を概観し、次に第二節で、常民大学運動の歴史的な位置づけや意義を、運動の具体的な展開過程を通じて考察していきたい。

一　「地域文化の創造」の視点からみた戦後社会教育の歴史

1　戦後初期における民衆の学習文化運動

一九四五（昭和二十）年の敗戦直後からしばらくの間は、長い戦争がようやく終わりをつげた虚脱感と解放感が広がっていたが、牢固とした天皇制の国家体制と旧秩序が崩壊する一方で、新しい社会のすがたがまだ明確な形をとっていないなかで、平和や民主主義を求める民衆の学習文化活動が多彩な広がりをみせていた。その発展の背景には、知識人・文化人の積極的な協力と支援活動があった。たとえば、後に、日本政治思想史研究の第一人者として、また戦後民主主義のオピニオンリーダーの一人として脚光を浴びる丸山眞男は、法社会学の川島武宜等の当時はまだ三十代前半の少壮の研究者たちと共に「青年文化会議」という組織を立ち上げて、その当時各地で展開されていた市民の自発的な学習会に招かれて講演活動を旺盛に行っていた。静岡県の三島では、三島庶民大学という自主的な学習文化活動が敗戦直後から始まり、丸山等の若手研究者が講演を行い、「民主主義とは何か」という問題について、参加した市民との率直な対話と交流が行われていた。この三島庶民大学は、わずか三年ほどで消滅するが、このような自主的な民衆の学習運動は、当時の日本の各地でみられたものであった。

本書の第一部「戦後編」においても取り上げられている、哲学者の三枝博音をはじめ多彩な領域の知識人・文化人が協力をして展開された「鎌倉アカデミア」の活動、そして、戦前は『土曜日』という雑誌を通じて反ファシズムの文化運動を展開した経験をもつ哲学者・中井正一の指導のもとで組織化された広島県・尾道市図書館を拠点とした学習文化活動など、混沌とした時代のなかで、今日的な視点から見ても意義深い学習運動が各地で広がっていた。現在九十歳代後半になる教育学者・大田堯も、敗戦後の一時期、地元の広島県本郷町で「地域教育計画」の実践に携わった経験を持ち、当時を回想しながら「最も自由で活力にあふれた曙の光の時代であった」と述べている(2)。

これらの戦後初期における民衆の学習文化運動の背景には、丸山眞男が懐かしく回想しているように、旧体制の崩壊が急速に進行する一方で新たな社会の体制や理念がいまだはっきりとした像を結ばないなかで、自分たちの生きる拠り所を必死に求める、人々の「学び」に対する渇望があった(3)。この時期の民衆の学習文化運動は、直接的には常民大学運動につながるものではない。しかし、湧き上がるような内発的なエネルギーに支えられた人々の学習文化活動の根底には、後の常民大学運動につながる「身銭主義」の精神が深く内在していたのではないだろうか。

2　一九五〇年代における学習文化サークル運動

自由で解放的な雰囲気にあふれた戦後初期の牧歌的な時代は、米ソの冷戦体制が緊張を高めるなかで、急速に変貌し、新たな舞台へと転回していく。一九五〇（昭和二十五）年六月には朝鮮戦争が勃発し、第二次大戦の惨禍の記憶が冷めやらないなかで、第三次世界大戦の危機感と恐怖が広がっていった。そして、アメリカ大統領・トルーマンの朝鮮戦争において核兵器の使用を示唆する発言もあり、地球と人類にとって壊滅的な打撃を与える核戦争の恐怖が世界を覆い、核兵器の廃絶をめざすストックホルムアピールの署名運動が取り組まれていった。このように、「平和な世界の創造」が人類の存亡を賭けた切実な課題として問われてきた時期に、人々の学習文化運動は「サークル」という小集団を基盤として新たな展開をとげていく。

たとえば、日本の中世史を専門とする著名な歴史家である石母田正が「村の歴史・工場の歴史」を民衆自身が書くことを提唱したことを契機に始まる「国民的歴史学運動」がある。学問の専門家ではない、村でふつうの暮らしを営み、工場で日夜忙しく働いている人々の手で、自らの歴史を書いていくということの提言は大きな反響を呼びおこした。アメリカの占領体制から日本が独立した直後という時代的な背景もあり、民族的な文化や歴史遺産を発掘・継承することにより、民族的な自立と自覚を促す学習文化活動が各地で取り組まれた。

また、一九五一（昭和二十六）年に、山形県・山元村の中学生が書いた生活綴り方を編集した『山びこ学校』（無着成恭編）が刊行されたことに影響を受けて広がった、紡績女子労働者による生活記録運動も貴重な意義をもっている。戦前から日本の伝統的な教育方法として実践されてきた生活綴り方の復興は、戦後初期のアメリカからの輸入的な性格の強い「新教育」の限界を乗り越えて、日本の社会的現実に根ざした形で自己認識と社会認識を深め、戦後教育改革において問われた「新しい日本人の創造」という課題を真に実現する可能性を予感させるものであった。

さらに、戦前のプロレタリア音楽運動にも携わった経験のある声楽家・関鑑子を指導者とする中央合唱団の結成を契機として広がった「うたごえ運動」も大衆的な文化サークル運動として注目される。この運動に対しては、当時まだ二十代から三十代前後の青年音楽家であった、芥川也寸志・林光・外山雄三・間宮芳生等が積極的に参加協力し、日本の音楽文化の新たな地平を切り拓く可能性を持つものとして期待がかけられた。たとえば、林光は「わずか六、七年の間にずぶの素人が発揮するこの様な創造力というものは、日本の音楽の将来に限りない光をなげかけるものであり、それ以上に、長いあいだいわれつづけてきた〝国民音楽〟というものの、最も素朴にして肝心な芽がここにある、ということを示しているといえよう」と述べ、国民的な音楽文化の土壌を深く耕していくうえで「うたごえ運動」が孕む可能性を力説していた(4)。

これらの一九五〇年代に展開された学習文化サークル運動に共通する特徴の一つは、人々が自らの暮らしの中から感じ考えたことを、自分自身の言葉で書き、そして、自らの内側から湧き上がってくる思いを声にのせて歌い、表現・文化創造活動の主体として成長していったことである。このことについて、生活記録運動のなかで生まれた記念碑的な作品である『母の歴史』の編者の一人である劇作家の木下順二は、「いままでは書くとか、歌うということを考えなかった人たちが、本当に自分たちのために、人から強いられたものとしてではなく、また観念的、概念的に頭の中で受け入れられた結果としてではなくて、自分たちの内側から出てくるものとして広汎な国民的な創造活動をやり始めた」と述べ、その意義を高く評価していた(5)。また、後に国民文化会議の初代議長に就任し、労働者・市民の学習文化運動についての理論的な指針となる国民文化論を展開した歴史学者・上原専禄は、生活記録運動の発展に多大な影響を与えた生活綴り方教育の意義について次のように述べていた[6]。

「単に自然や社会というものについて知っているだけでなく、生活というものを問題として意識しうる人間にまで育て上げる教育、近代人の一人として、日本民族の一人として、人類の一員として自分を意識しうる『新しい日本人』にまで育て上げる教育、そのような教育のための最もすぐれた一つの方法が、この綴り方教育というものではないでしょうか。綴り方教育というものは、新しい日本人の創造を、綴り方指導を通して実行することではないでしょうか」。

上原は、平和と独立が脅かされ、貧困と戦前以来の半封建的な社会秩序の克服が大きな課題として問われていた、一九五〇年代の日本の歴史的・社会的現実のなかで息づいている「新しい日本人の創造」に向けての胎動を、生活綴り方教育の実践のなかに直感していた。そして、おそらく、生活記録やうたごえ運動をはじめとする民衆の学習文化サークル運動のなかにも、そのような新しい人間像の創出の可能性を上原は見ていたにちがいない。

3　高度経済成長と学習文化運動の転回

一九五〇年代後半から七〇年代前半にかけて展開された高度経済成長は、日本の社会、そして日本人の生活と意識・文化に根源的な影響をもたらした。一九六〇（昭和三十五）年の安保闘争を境にして、政治の季節から経済の時代へと推移し、労働者を担い手とした国民文化運動も大きく変貌をとげていく。その一方で、地域社会を基盤とした、子ども劇場、地域文庫、親子映画、学童保育等々、地域における子どもの生活や文化の質を高め、子どもたちの人間形成の土台を立て直そうとする教育福祉文化運動が急速に広がっていった。

そして、先に述べた一九五〇年代に高揚した学習文化運動が一時期の停滞した状況をのりこえて、新しい装いをもって蘇ってくる。たとえば、「新しい日本人の創造」の可能性が期待された生活記録運動は、一九五〇年代後半以降の急速な社会の変貌に追いつくことができず停滞を余儀なくされる。しかし、六〇年代末～七〇年代にかけて、都市に働く勤労青年たちの自己形成史学習・生い立ち学習として、再び脚光を浴びるようになる。また、市民の歴史学習の領域でも、ベトナム戦争が始まり、それに対する反戦運動が国際的に広がるなかで、日本の過去の戦争責任を問い、日本人の戦争体験を掘り起こす学習文化活動が広がりをみせていく。早乙女勝元編『東京大空襲』（岩波新書、一九七一年）、本多勝一『中国の旅』（朝日新聞社、一九七二年）など、戦争の加害と被害の両面から日本人の自己認識と歴史認識を問いかける作品が生まれた。また、被爆体験の風化に危機を感じた教師たちが広島で「被爆教師の会」を組織化して、平和学習に積極的に取り組み始めるのもこの時期である。このように、高度経済成長による経済発展と「豊かな」生活が社会に浸透していく一方で、過去の戦争の記憶がしだいに遠のいてゆくことへの危機感から、あらためて日本人の自己認識・歴史認識のあり方を問い直す学習が展開されていくのである。

常民大学の「前史」ともいうべき、大学紛争の余韻がまだ燻っていた一九七二（昭和四十七）年に、東京・高田馬場で始まった「寺小屋教室」の一講座「柳田国男をめぐって」の講師として参加した後藤総一郎の胸にも、柳田国男を徹底して学ぶことを通して、そこに集った「平均年齢二五、六歳の、学部学生、大学院生、教師、出版社員、主婦などを中心とする、いわば知的欲求をもった生活者」たちとともに、厳しい自己認識と歴史認識を深め共有していきたいという熱い思いが秘められていたにちがいない(7)。

4 「文化の時代」の到来と「地域文化」のとらえなおし

二〇年にわたって続いた高度経済成長は、一九七〇年代の二度のオイルショックにより終焉し、低成長の時代へと推移していく一九八〇年代は「地方の時代」「文化の時代」とも称された。そして、常民大学の歴史をふりかえると、遠山常民大学が一九七七（昭和五十二年）年に開講し、その後、茅ヶ崎（一九八一〔昭和五十六〕年）、浜松・磐田（一九八一〔昭和五十六〕年）、富士見（一九八一〔昭和五十六〕年）、飯田（一九八二〔昭和五十七〕年）、鎌倉（一九八四〔昭和五十九〕年）、立川（一九八五〔昭和六十〕年）、群馬・邑楽町（一九八七〔昭和六十二〕年）、遠野（一九八七〔昭和六十二〕年）というように各地に運動が広がり、さらに常民大学合同研究会も始まり、各々の常民大学相互の活動交流も活発に行われてゆく、まさに運動の広がりと発展を示す時代であった。

そして、自治体の文化行政の進展、企業の文化産業の新展開がみられ、「文化の時代」というキャッチフレーズにも示されているように「文化」は新しい時代の到来を示すキーワードとしての意味をもつようになってきた。そして、社会教育の世界でも「地域文化」の問題が重要なテーマとしてクローズアップされ、地域文化のあり方や質を深く問い、地域においてどのような文化の創造が求められているかという問題が、社会教育の中心的テーマとして議論されるようになる。

社会教育推進全国協議会の全国研究集会でも、「地域文化の創造と社会教育」分科会のなかで、この問題が具体的な地域の実践事例を基に深められた。たとえば、一九八七（昭和六十二）年に広島県・福山市で開催された集会では、長野県・松本市で、公民館や文化会館を拠点として地域に根ざした文化活動に取り組み続けてきた社会教育職員である手塚英男が、「地域文化」の本質を考えるうえで非常に注目すべき発言をしていた。手塚は、地域に根を張った自らの社会教育実践の経験を通して、「ほんものの地域文化」とはどのような文化なのか、その本質をとらえる視点を次の三つにまとめている。

第一には、一部の愛好者のための文化ではなく、住民の幅広い活動に支えられた文化であること。住民自身が「する、やる、楽しむ文化」がまず土台にあり、この土台が広ければ広いほど、これを基盤にして豊かな文化が育つという。そして第二には、与えられた文化ではなくて、手づくりの文化であること。つまり、地域の文化活動に住民が主体的に関わることができるかどうかが重要であり、住民が主体となって企画・準備・実施する手づくり文化の実践によって、地域文化の豊かな発展の可能性が拓かれていくという。さらに第三には、「地域の顔」を持った文化であること。手塚によれば、「地域の顔」とは次のような四つの要素を含むという。一つには、子ども、おんな、老人、障がい者を大切に、人々の暮らしや労働を尊ぶ「にんげんの顔」。二つには、地域の自然や環境、農業や地場産業を大切にする「地域の顔」。三つには、民衆が築き遺してきた文化財を大切にし、学習や文化の伝統を生かした「歴史の顔」。そして四つめには、戦争や核による人類の滅亡に反対し、地域に平和のとりでをつくる「平和の顔」、という四つの要素である。

ここで手塚が示している「地域文化」のとらえかたは、常民大学がめざしていた「地域文化」創造の実践とも響き合うものがある。後藤総一郎が、自らの生まれ故郷の歴史を、自分史と日本史・人類史につないで描いたと評される『遠山物語――ムラの思想史』（信濃毎日新聞社、一九七九年）のなかで、後藤は、遠山の村で古くから執り行われてきた「霜月祭」をとりあげながら、「村人のエネルギーを常に再生してきた」祭りのもつ意義を高く評価し、『文化』としての祭りが滅亡するときは、その共同体と人間のエネルギーの喪失を意味することもできよう」と述べている。地域の歴史のなかで伝統的に受け継がれてきた祭りは、地域に生きる人々のエネルギーの源泉であり、かけがえのない共有財産であり、手塚の述べる「ほんものの地域文化」の核として位置づくものであった。

5　日本社会の急速な変貌と「地域文化」への関心の多彩な広がり

一九九〇年代から二十一世紀初頭に至る時代は、バブル経済の崩壊により日本社会が長期的な不況の時代に突入し、一九九五（平成七）年に起きた戦後最大の災害である阪神淡路大震災や、「オウム真理教団」による地下鉄サリン事件に象徴されるように、自らが拠って立つ生活の足場がもろく崩れ落ちていくようなあてどない不安や病理が社会に広がっていく。こうしたなかで、学問的な領域では、文化経済学会〈日本〉、社会文化学会、福祉文化学会等々、「文化」に関わる新たな学会の創設や体系的な文化政策学を構築しようとする動きがみられ、「文化」に関する学際的な研究が深められていった。また、文化政策・行政の方面においても、国と民間が共同で出資しての芸術文化振興基金の創設、自治体の文化振興条例づくりやアートマネジメント講座の開催、文化ホールづくりの進展、そして二〇〇一（平成十三）年の文化芸術振興基本法の制定、というように芸術家や市民の文化活動を支援していく新たな動きがみられた。では、この時期に社会教育の領域では「地域文化」の問題は、どのように論じられたのだろうか。社会教育研究の全国集会「地域文化」分科会では、次のような実践事例がとりあげられた。

第一には、地域に伝わる固有の文化遺産や歴史を掘り起こして、それを現代的に再生し、地域づくりのエネルギーにしていく実践である。たとえば、「映画づくりと地域文化運動」という実践報告（一九九二年）では、ダムに沈む岐阜県・徳山村を舞台にして、痴呆老人と少年の交流を軸にしてふるさとの消滅をテーマにした劇映画「ふるさと」の制作、台風史上最大の犠牲者を出した伊勢湾台風の三〇周年を記念して制作された「伊勢湾台風物語」、江戸時代の中期に行われた木曽三川（木曽川・長良川・揖斐川）の大治水工事を題材とした長編アニメ映画「せんぼんまつばら」の製作活動などを通して、その地域や地方にある歴史を新しい視点で掘り起こして伝えていくことが、地域コミュニティを創造するうえでは重要であることが語られた。

第二には、地域固有の文化的な資源を生かした文化施設づくりの取り組みである。一九九七（平成九）年に行われた集会では、兵庫県のほぼ真ん中に位置する中町（人口は一万二千人程度で、酒米山田錦の発祥の地であり、播州織物の地場産業が有名）に、年間の一般会計のほぼ三分の一の建設費を投入して建設された文化ホール（ベルディホール）の活動が紹介された。一九八〇年代以降の自治体文化行政の活発化の過程で、多くの市町村自治体では競うようにして豪奢な文化ホールの建設を進めたが、なかには「巨大な空気の器」とも揶揄されるような、地域住民にとって敷居が高く、稼働率も悪く自主事業も低調なホールも少なくない状況があった。しかし、このベルディホールの場合は、建設計画の段階から住民が参加し頻繁にフォーラムや勉強会を開き、まさに地域文化創造の発信拠点としてのホールづくりを進めてきた。そして、完成後も、自主事業を企画する住民による運営評議会、舞台の裏方を担うボランティアオペレータークラブ、千数百人からなるホール友の会など、ホール活動を支える住民のコアグループが稼働して、住民参加型運営のホールとしての実質を積み重ねてきている。二〇一二（平成二十四）年に、「劇場法」が公布・施行され、地域の劇場やホールを地域文化創造の拠点として活性化していく法的な根拠ができたが、このベルディホールは、その理念をいわば先取りするような形で、一九九〇年代から活動を積み上げてきている。

第三には、高齢者や障がい者の文化活動への参加のとりくみである。自己を表現し、それを他者と共有し、共に文化を創造していくという営みは、人間にとっての根源的な欲求である。そして、身体的・精神的な障がいや加齢による身体の機能の衰えにより、自由な自己表現活動に困難を感じる人々ほど、心の奥底にうずくような表現への希求を秘めている。一九九八（平成十）年の集会では、東京・日野市中央公民館の、高齢者を対象とした演劇をとりいれた健康体操の講座をきっかけにして生まれた、平均年齢七十歳の高齢者劇団「ごった煮」の取り組みが報告された。演劇を通して、「ふだんなれない自分になれる」「ふだんとちがう自分に出会える」、「一人ひとりが毎日のなかで大切な存在であること」や「人間として生きていることを実感できる」ことから、演劇の魅力にはまってゆき、地域の公民館や小学校・保育園等で舞台上演を行っているという。このような活動の根底には、一人一人の高齢者の胸の奥に、人間らしく生き、人生の最後まで輝きをもって生きていきたいという深い希求が息づいているとともに、次の時代を担う子どもたちに対して、できるだけ早い時期に、ふだんの生活のなかで美しく響く日本語の表現、失われつつある言葉の美、しぐさの美について知り接してもらいたい、という「美しく洗練された伝統的な文化の受け渡しと持続」への願いが秘められているように思う。そこには、文化の表現と伝達の活動を通じて、自らの存在を輝かせていくと同時に、次の世代に自らの痕跡を遺していきたいという、未来への自己投影とでもいうべき思いがこめられているのではないだろうか。

二　「常民大学」運動の理念と展開過程

1　「常民大学」運動の理念と構想

第一節では、「地域文化の創造」という視点から、第二次大戦後の社会教育の流れを概観し、常民大学の運動がどのように位置づけられるかをみてきた。次に、常民大学の理念と構想について、運動の指導者であった後藤総一郎の考えを中心にして考察していきたい。

遠山常民大学の開講から六年目の一九八三（昭和五十八）年に、第一回常民大学合同研究会が開催された。その基調講演において、後藤は、この運動の理念をあらためて次のように整理している。(8) 第一には、普通の日常生活をすごしながら、日常生活をまっとうなものにしていきたいと願っている人々（常民）の学習文化活動、ということである。後藤は、これを「生活者の学び」という言葉で端的に表現している。第二には、自分史・地域史・人類史をつなぎながら、「自分を知り確かなものにしていくため」に歴史を徹底的に学習していく、ということである。こうした内発的な歴史学習を通して、戦後の民主主義を支える内面倫理、主体的な自由をもった人間を形成していくことを後藤は構想していた。そして、第三には、「地域にこだわる、地域にこだわり続けるという人たちの学び」であること。歴史を学び、自己認識と地域認識をくぐりながら、地域づくりの主体的な構想力を豊かにしていくことが、後藤の念頭にはおかれていたであろう。

この三つの理念に加えて、さらに後藤は、学習運営の基本となる四つの柱について、次のように述べている。第一には、学習における内発性と主体性。第二には、自前主義、身銭主義ということ。第三には、学習の自主的・共同的な運営であり、第四には、「系統的で長期的な展望にもとづいた学習」ということであった。

以上のような、後藤が描いた常民大学運動の理念の根底にあったのは、どのような問題意識であったのか。それは、一言にしていえば、戦後の民主主義とその担い手についての深刻な危機意識であった。後藤は、茅ヶ崎常民学舎の活動をめぐって、社会教育研究者である小川剛と対談をした折に、常民大学にかける自らの思いを次のように語っている(2)。

「私の場合、私の故郷である信州の遠山の常民大学にしても、茅ヶ崎の常民学舎にしても、その理念というか、ささやかな志というのは、『常民』の主体性をつくっていくということだったと思います。私の専門領域である日本政治思想史の視点から申し上げますと、結局、戦後の民主主義を支えねばならぬ丸山眞男のいう主体的自由を、本当の意味でどう育んでゆくか、ということにかかっていると思います」。

丸山眞男、橋川文三、神島二郎等に深い影響を受けながら日本政治思想史を学んできた後藤にとっては、常民大学は、いわば自らの学問の真価を問う実践的な試みとしての意味をもっていたのではないか。では、こうした学習運動の理念は、その後の実践的展開のなかで、どのように実を結んでいったのだろうか。

2 「常民大学」運動の展開とその成果

信州の奥深い村で産声をあげた常民大学は、一九八〇年代に入ってから、各地に広がりをみせていった。時代は、二度にわたるオイルショックをのりこえて、日本社会がバブル経済へと向かっていくときであった。そして、「文化の時代」ともいわれるように、国・自治体による文化行政の展開、企業による文化産業領域への進出や文化施設づくりが進み、〝文化〟は新しい時代の到来を示すキーワードになってきた。そのなかで、常民大学は、あらためて「地域文化」の本質を深く問い、地域共同体と人間のエネルギーの再生と結び合った文化の創造を求める人々に支えられながら、その歩みを進めていった。

社会教育の現場にあって、常民大学運動の初期の段階から積極的に活動に参加してきた髙橋寛治（飯田柳田国男研究会）は、常民大学の学習の発展過程を次のように述べている。[10]

取りくみ方も、当初の講義形態から会員のレポートへ、さらに地域にこだわりを持つ中から町や村の将来を考える研究発表へと変化した。また、後藤先生の『自分のテーマを持って、一冊ずつ本を書く』ことが理解できるようになり、研究会での発表を共著の形で本としてまとめる常民大学が増えた。その作業の中で、さまざまな職業や世代の人が共同学習をすることによって、互いに悩みを語り合い理想をぶつけ合う。学問を媒体とした新しい人間関係や友情を紡いでゆくことが地域での学びの理想として固まってきている。

ここに示されているように、当初は後藤を講師として、近代日本の政治思想史、そして柳田国男についての講義を聴くという、受け身の学習スタイルを基本としていた。しかし、しだいに自分たちが暮らしている地域や文化の問題に関心を向けるようになり、地域づくりを視野に据えた主体的・能動的な学習へと発展していったことがうかがえる。そして、それぞれが自分の研究テーマをもち、それを持続的に追求しながら作品へと結実させていくというように、研究者としてはまったくの素人である住民が、学問・文化創造の自立した主体へと成長していく姿が、そこにはみられたのであった。

『常民大学研究紀要・第一〇集——常民大学の原点と未来』（二〇一〇年十月）には、各地の常民大学の「これまでの活動と今後」がコンパクトにまとめられており、それぞれの活動の成果の一端をうかがい知ることができる。そこから、その様子を少し紹介してみよう。

①遠州常民文化談話会（一九八一年に浜松で発足。一九八六年には、磐田市に本拠を移して現在に至るまで活動を継続している）

柳田の著作の学習を進めながら、遠州の民俗文化に関する研究を続け、これまでに談話会の編集により『見付次第／共古日録抄』（パピルス、二〇〇〇年）、研究調査報告書『水窪の民俗』（二〇一二年）を刊行している。また、二〇〇九（平成二十一）年には、民俗記録冊子『遠州の常民文化』を発刊し、これまでの三〇年近くにわたる活動が高く評価され、静岡県文化財団から「地域文化活動賞」特別賞が授与された。また、会員の研究発表のテーマは、遠州国学の展開、水窪の民俗文化、見付天神裸祭、報徳運動の地域社会、高度経済成長と祭礼……というように、地域の歴史や文化に関する多彩な題材がとりあげられており、「自分のテーマをもって一冊ずつ本を書く」という後藤の指導理念が深く浸透していることがうかがえる。(11)

②立川柳田国男を読む会（一九八五年から始まった立川市公民館「市民大学セミナー」の五年間の活動を経て、自主研究グループとして発足。一九九二年から常民大学合同研究会に参加する）

この会では、「柳田国男を通じた『風景にむける視線』の獲得」を一貫したテーマとして追求し、「生活の足場とする武蔵野に立脚した人生へと研究の対象が収斂していった」という。そして、二〇〇三（平成十五）年度には、その成果として『柳田国男の武蔵野』を発刊し、その後も『先祖の話』『神道と民俗学』『日本の祭』等の柳田の著作を学習しつつ、二〇〇九（平成二十一）年度には、『先祖の話』の注釈研究をまとめている。また、フィールドワークを重視して取り組んできたことも、この会の特徴の一つである。柳田の著作を読むことと並行して、現場を歩いて武蔵野という地域に向けられた柳田の視線を確かめるという作業が位置づけられている。(12)

③飯田柳田国男研究会（一九八二年に生まれた飯田歴史大学が母体となり、一九九二年から研究会としての活動が展開されている）

飯田には、柳田国男の喜談書屋が移築されており、そこを拠点としながら次の三つの部会が活動を展開している。一つは、民俗調査部会であり、飯田各地域の民俗調査をして報告書をまとめる作業を継続して行っている。二つめには、伊那思想史研究会であり、下伊那地方の村のリーダーであった森本州平の日記を読みながら、戦前における下伊那地方の民主思想と国家思想の対立と相剋、そして併合に至る過程を考察していく課題に取り組んでいるという。さらに、三つめには、飯田柳田国男研究会である。ここでは、月に一回、柳田の作品の読みあわせを継続してきており、二〇〇三（平成十五）年には、柳田の『東国古道記』の注釈研究をまとめあげている。そして、二〇〇四（平成十六）年からは、飯田で発行された柳田の作品である『信州随筆』に取り組み、この本のなかで柳田が紹介している信州の峠や境を訪ね歩くフィールドワークも織り込みつつ、注釈研究の出版に向けての学習を続けているという。(13)

④鎌倉柳田学舎（生涯学習団体の一つであった鎌倉市民アカデミアから独立した「鎌倉柳田国男研究会」と、市民運動のなかから生まれた「鎌倉市民学舎」が一九九四年に統合して発足する）

鎌倉は、運動の主宰者である後藤総一郎の地元であり、戦前から戦後にかけて数々の市民運動が活発に展開されてきた地域である。(14)また、戦後初期の市民的な自由大学として有名な「鎌倉アカデミア」の活動にみられるように、自覚的な市民の学習や運動が蓄積されてきた歴史をもっている。こうした地域の歴史的・文化的土壌を支えとして、鎌倉柳田学舎の活動は展開されてきたといえるだろう。この学舎の中心的な世話人の一人である久保田宏は、これまでの取り組みをふりかえりながら、「柳田学と市民運動」という視点から次のように述べている。[15]

「二六年の歴史のなかで、多くの人が参加していますが、そのかつてのメンバー、現在のメンバーのなかには鎌倉の女性史の編纂事業に参加されている人や、高齢者福祉のNPO団体、図書館関係の活動などに関わっている人が多数います。そういう意味では、多くの人が柳田学、後藤民俗思想史の学びを生かしながら市民活動のなかで、いろいろな立場で活躍しているといえると思います」。

単なる好事家的な学びの枠を超えて、柳田を学ぶことを通して、自らの生活・生き方・地域のあり方を問い、自立した生活者として地域の課題に自覚的に取り組む人々が、この学舎から数多く生まれてきたことが、この指摘からもわかるだろう。鎌倉の場合は、冊子としては、これまでに『化粧坂をあるく』(鎌倉柳田国男研究会、一九九一年)、『柳田国男の鎌倉断章』(鎌倉柳田学舎、一九九九年)等が出されている。そして、他に注目すべきものとして、後藤が常民大学の運営において《「野の学」の紙碑》と呼んで重視した「通信」を、それぞれの団体が継続して発行しており、会員同士の交流と学習の発展において重要な役割を果たしていることである。

以上の四つの常民大学の他にも、於波良岐常民学舎、遠野常民大学、遠山常民大学の「これまでの活動と今後」が、この研究紀要には紹介されている。それぞれの常民大学の活動は、地域の個性を反映した独自の性格をもっており、社会教育的な視点からの検証作業を今後さらに進めていくことが求められている。

まとめに代えて――常民大学の社会教育的な意義をどうとらえるか

最後に、現代的な視点にたちながら、常民大学が築き上げてきた学習文化活動の社会教育的な意義と今後の課題にふれて結びとしたい。

常民大学の歩んできた四〇年近い歴史を顧みるとき、その基底に流れている学びの特質をいくつか指摘することができる。第一には、柳田国男の作品を丁寧に読み合い、柳田の言葉や思想に導かれながら、自らの生活の足場である地域社会の歴史と文化に徹底してこだわり、地域づくりに向けての見通しや構想を練り上げてきたことである。柳田の著作は、必ずしも読みやすいものではない。しかし、常民大学に集う人々は粘り強く作品に向き合い、柳田との対話を飽くことなく続けてきた。その持続するエネルギーと志は驚嘆に値するものである。そして、「自分のテーマをもって一冊ずつ本を書く」という後藤の教えにしたがって、柳田を媒介として自らの地域への問題意識を鋭くし、地域にねざした学問・文化の創造の担い手として絶えざる自己鍛錬を行ってきた。これは、社会教育法の第三条がいうところの「自ら実際生活に即する文化的教養を高め」ていくことを具現化する自己教育の確かな営みとしてとらえることができるだろう。

第二には、常民大学の学びの根底には、一九九九（平成十一）年の国連総会で採択された「平和の文化に関する宣言」に示された「平和の文化」の実現という問題意識が一貫して流れていることである。これは、指導者である後藤総一郎の深い願いでもあったと考えられる。一九八三（昭和五十八）年に開催された第一回の常民大学合同研究会における基調報告のなかで、反核兵器・平和の問題と重ね合わせながら、常民大学の営みの意義について後藤は次のように述べている。

わたしたちはそういった反核や平和への願いを最もラディカルに、根底的に強く願っている普通の生活者であります。しかし、その平和への願いの仕方は、たんなる行動ではなく、長い見通しのうえにたって、少しずつ少しずつ着実に、日々の生活のなかで平和への願いの期待者として生きている者の集いでもあるわけです。ですから、その意味でいえば、広島で今回行った記念式典の平和への願いに集まったみなさんとわたしたちの営みは等価であり、いや、より本来的な学びを平和への願いをこめてこの二日間、やることになるのではないかと、ニュースを見ながら、八月六日を思い出しながら、改めて思ったわけです。

そして、この後藤の基調報告に呼応するように、二日目の特別発表として、茅ヶ崎常民学舎の鈴木政子が自らの満州での過酷な戦争体験を綴った自分史を報告している。また、後藤の著書『柳田学の地平線』（信濃毎日新聞社、二〇〇〇年）には、「天龍村の歴史とその特質」という講演の文章が収録されている。そこには、天龍村の平岡ダムをつくるために、中国人・朝鮮人・英米人の捕虜が強制労働にかりだされて過酷な労働を強いられた結果、多くの捕虜が亡くなったという事実が述べられている。おそらく、後藤の常民大学の理念の基底には、地域の歴史に埋もれている戦争の記憶を掘り起こし、その傷跡を胸に刻み込み「過去の克服」に向けて自覚的に行動していく人間の形成という課題が据えられていたのではないだろうか。

第三には、これは今後の常民大学の課題ともいえるものだが、二〇一一（平成二十三）年三月の東日本大震災と福島第一原発事故という未曾有の大災害を経験した〝現在〟の時点で、どのような学習課題の設定が求められているか、という問題である。五年前のこの経験を通して、私たちは、あらためて現代の科学文明や文化のありかた、さらには「近代」というものの性格を根源的に問い直すことを迫られている。常民大学がめざしてきた「自立した生活者」としての自己形成をはかるうえで、今後どのような学習が求められているのだろうか。その鍵となるのは「人間にとっての真の幸福とは何か」というテーマではないだろうか。後藤の恩師である橋川文三は、柳田の農政学の根本理念を『一国人生の総体の幸福』を追求する立場」「過去と未来にわたる国民の総体の幸福」ととらえた。柳田は、果たしてその膨大な民俗学の研究を通してこのテーマにどのように向き合ったのか。過去の経験と教訓から学ぶことなく、原子力発電所の再稼働が進められ、経済成長の空虚な夢がふりまかれる現在、遠い過去と未来に視界を広げながら、柳田との対話を繰り返し進めていくことを通して、今に生きる私たちにとっての「幸福」のイメージがはっきりとした像を結んでくるであろう。「幸福とは何か」というテーマは、地域づくりの指標としても注目されており、哲学・文学・経済学・心理学などの諸学問の側からも脚光を浴びており、まさに学際的な探究を必要としている。柳田の民俗学をはじめ、これらの諸学問の成果に学ぶことを通じて、現代に対する確かな批判精神と未来への構想力を私たちは獲得することができるのではないだろうか。

付記　本稿は、拙稿「常民大学と社会教育」(『月刊社会教育』二〇一四年四月号、国土社)、拙稿「常民大学と地域文化——戦後社会教育史から見た位置と意義」(『常民大学研究紀要第一二集・常民大学と地域文化』常民大学合同研究会運営委員会編、二〇一四年)をもとにして大幅に加筆修正したものである。

注

(1)「戦後七〇年・日本の誇るべき力」『朝日新聞』二〇一五年八月四日付。

(2)「戦後教育思想における『地域と教育』への問い——大田堯氏・北田耕也氏・藤岡貞彦氏インタビュー記録集」科学研究費基盤研究C(研究代表者・佐藤一子)中間報告書「ソーシャルキャピタルの再生にむけた地域学習の展開と地元学の創造に関する研究」中間報告書『戦後教育思想における「地域と教育」への問い——大田堯氏・

北田耕也氏・藤岡貞彦氏インタビュー記録集』二〇一三年。
（3）ＮＨＫビデオ『丸山眞男と戦後日本』第一巻・民主主義の発見。「聞き書き庶民大学三島教室」『丸山眞男話文集１』丸山眞男手帖の会編、みすず書房、二〇〇八年。
（4）林光「うたごえ運動の意義」『音楽芸術』一九五五年九月号。
（5）木下順二「いわゆる地方文化の持つ新しい意味について」『文学』一九五五年五月号。
（6）上原専禄「子供の綴り方に学ぶ」『私たちの綴り方会議』未來社、一九五二年。
（7）小田富英「柳田国男没後五〇年と『生活者の学び』の系譜」『常民大学研究紀要一二・常民大学と地域文化』常民大学合同研究運営委員会編、二〇一四年。
（8）後藤総一郎「初めての交流会の意味」、後藤編『生活者の学び――六常民大学合同研究会記録』伝統と現代社、一九八四年。
（9）茅ヶ崎常民学舎編『地球がまるごと見えてきた！――茅ヶ崎の公民館活動から』径書房、一九八五年。
（10）髙橋寛治「常民大学の軌跡」常民大学『野の学びの史譜』編集委員会編『野の学びの史譜』梟社、二〇〇八年。
（11）中山正典「遠州常民文化談話会のこれまでの活動と今後」常民大学合同研究会編『常民大学研究紀要・第一〇集――常民大学の原点と未来』岩田書院、二〇一〇年。
（12）池谷匠「立川柳田国男を読む会――これまでの活動と今後」同右。
（13）片桐みどり「飯田柳田国男研究会『柳田館を拠点にしての学び』」同右。
（14）白井京子「鎌倉の市民運動から――『まちづくり』は市民の手で」『常民大学研究紀要・第七集――後藤民俗思想史の継承と新たな展開・続』二〇〇七年。
（15）久保田宏「鎌倉柳田学舎のこれまでと今後」『常民大学研究紀要・第一〇集』

あとがき

新藤浩伸

本書は、地域文化研究会という、ＯＢを含めた自治体社会教育職員、研究者、学生などからなる小さな研究会を母体に、これまで取りあげてきた「常民大学」のメンバーの方々との共同研究の形で行われたものである。「序にかえて」にもあるとおり、この研究会ではこれまで三冊の本と一冊の資料集を刊行してきており、これで五冊目の共同研究の書となる。

開始の経緯としては、二〇〇七（平成十九）年の『表現・文化活動の社会教育学』刊行後、本書監修であり研究会を長らく主宰してきた北田耕也氏から、「常民大学」の研究をしては、という提案があったことがきっかけであった。これまで社会教育の領域で必ずしも注目されてこなかった、民衆の土着意識にねざし、地域や自己を掘り下げる学びを展開した後藤総一郎氏の「常民大学」の実践を深めよう、というものだった。

以来、柳田国男の著作「青年と学問」（原題「楽観派の文化史学」長野県筑摩郡教育会講演、一九二五年五月三十日）、「地方学の新方法」（社会教育指導者講習会講演、一九二七年二月）などを読み、さらに後藤氏の思想と実践を学ぶことが、岩波新書『シリーズ日本近現代史』の講読を通じた近現代史の学習との並行で、少しずつ進められていった。

それが本格化したのは二〇一二（平成二十四）年、そして決定的であったのは二〇一三（平成二十五）年二月、北田氏、そして研究会メンバーで本研究の推進統括でもある東海林照一氏、そして事務局の筆者の三人で、鎌倉の後藤総一郎氏のご自宅に、三枝子夫人をお訪ねし、後藤氏の墓参を東海林氏の読経とともにさせていただいたことであった。力強い読経を耳にしながら、研究の結実をお誓いした。その後、三人で鎌倉駅前の居酒屋で気炎を上げたこともよい思い出である。

その後、後藤氏に深く学ばれた小田富英氏（常民大学運営委員、筑摩書房『柳田國男全集』編集委員）を三枝子夫人よりご紹介いただき、小田氏を窓口に、全国各地の常民大学関係者の方と面識をいただくことができた。以来、常民大学で学んだ方々と、地域文化研究会の共同研究の形で、常民大学という実践がなんであったかを問うプロジェクトが本格的に始められた。常民大学の「合同研究会」に地域文化研究会メンバーが参加し、二〇一三（平成二十五）年秋に東京で開催された第二八回合同研究会には「常民大学と地域文化　後藤民俗思想史の検証と発展」というテーマで、地域文化研究会の後援、そして研究会代表の草野滋之氏の基調講演も実現した。

月に一度の定例研究会では、各地の常民大学の実態が、メンバーによって報告された。また、常民大学だけでなく、本書第一部にあたる、近代日本の民衆教育の歴史についても調査報告がなされた。社会教育研究として、過去と現在をつなぐ、ユニークかつ大規模な共同研究になった。北田氏の監修のもと、草野滋之氏、東海林照一氏、山﨑功氏、筆者が編集実務を担った。

しかし、まとめることは困難が多く伴った。常民大学の実践は、後藤氏が亡くなられたあとも各地で継続している。「常民大学は過去形の実践ではない」ということは、研究開始当初から小田氏が再三話していたことであった。そのダイナミックなありかたは、各地で意欲的に活動されている方々から、筆者も含めひしひしと感じるところである。それを、今回このような形で、ある意味での歴史的検証の俎上にのせることは、常民大学運動の当事者の方々からの意見も含めて、批判もあろうと考える。筆を進めることへのためらいも、少なからずあった。ただ、常民大学の実践そのものもそうであるが、地域社会、国家の歴史のなかで自己の位置をとらえるという、常に変転する歴史像のなかで自己を構築していく試みは、終わりなき課題でもある。これまでの歴史上の様々な民衆教育の歩みも、そうした試みの蓄積であったのかもしれない。本書の記述もその試みの一つである。忌憚なきご意見を頂戴できれば幸いである。

そして、本書のもうひとつの底流は、近代日本において人が学んできた歩みを辿ること。そしてその歩みを支えてきた、いうなれば行動する知識人、学知だけではなく人を残してきた知識人の系譜を辿ることであった。本書は二十代から八十代まで多世代にわたる、執筆者二〇人以上の大規模な共同研究となったが、歴史の中で学びが引き継がれていくことを、調査と議論の過程でしみじみと感じている。

本書が「総合的研究」の名に値するものになったか、心もとない部分もある。活動の蓄積があったふじみ柳田国男を学ぶ会、長野生活者大学を取り上げることができなかった。明治大学においても、様々な調査研究を蓄積させてきた。他にも、全国を飛び回った後藤氏に学んだ方は多くいるであろう。関係の方々にはおわびを申し上げるほかない。また、飯田市美術博物館には、後藤総一郎氏の蔵書ほか、遺した資料が数多く保存されている。その全容の解明も課題として残された。

研究推進にあたっては、多くの方にお世話になった。一人ひとりお名前を挙げることは叶わないが、様々な形でお力添えを頂いた、常民大学の皆様。研究開始時に教育学と民俗学双方の視点から貴重なアドバイスをいただいた、東京大学大学院教育学研究科の小国喜弘教授。原稿の確認をしてくださった松崎久子さん。そして、研究会のために素敵な会場を毎回提供してくださった、埼玉県富士見市の「工房ふふふ」の主宰者榎本恵美子さんに、心からの感謝を申し上げる。

最後に、研究会の推進統括をしてきてくれた東海林照一氏が、本書の完成を待たずして二〇一六（平成二十八）年六月七日に逝去された。長い闘病生活であったが、そのつらさを周囲に見せることはなく、「病人扱いするな」

と笑い飛ばしながら毎回の研究会に参加し、こまやかな気遣いで皆を支えてくれた。東海林さん（親愛を込めてこう呼ぶ）なしには本書の刊行は到底なしえず、皆で刊行を祝えないことが悔やしくてならない。本書集録の論稿を皆で検討した際、山本鼎を陰で支えた金井正に東海林さんは共感を寄せているようだった。社会教育職員として、地域の生活者として、多くの人々の暮らしを励まし、支え続けたご自身の生き方とどこか重なったのではないだろうか、と筆者は想いをめぐらせている。本書のむすびに、研究会一同、東海林さんへの心からの感謝と哀悼の気持ちを捧げる。

本書刊行にあたり、「良い本を作りましょう」と強く励まし、丁寧に伴走して下さった藤原書店の藤原良雄社長、小枝冬実さんに、感謝申し上げる。本研究は、科研費研究（研究課題番号二六三八一〇六七）の成果を踏まえ、平成二十八年度科学研究費助成事業（研究成果公開促進費、学術図書）として刊行される。

2014(平成26)年

2月　柳田国男と折口信夫　谷川健一、後藤総一郎述 『谷川健一――越境する民俗学の巨人　追悼総特集（KAWADE 道の手帖)』河出書房新社

10月　常民大学合同研究会運営委員会編『常民大学と地域文化：後藤民俗思想史の検証と発展（常民大学研究紀要 12)』常民大学合同研究会運営委員会　＊参考

＊後藤総一郎先生の逝去以来、年譜及著作目録作成作業を継続しているが、当初より、三枝子夫人、小田富英氏をはじめ、各常民大学、関係の機関・方々から多大なご協力を賜っている。ここに厚く御礼申し上げます。

作成　飯澤文夫・村松玄太

日本人の家観念、七五三、旅、半鐘の栽培、祭り（上）（中）（下）、正月（上）（中）（下）、「いじめ」のフォークロア、歴史意識（上）（中）（下）、民俗の中の地震、椿は春の木、美しき村、タンポポ、卒業式／後藤総一郎の宿題（石井正己）、本書を読むための後藤語彙二〇語（同）

1月 『後藤民俗思想史の継承と新たな展開・続（常民大学研究紀要7）』 ＊参考

2008(平成20年)年

10月 常民大学『野の学びの史譜』編集委員会編『野の学びの史譜――後藤総一郎語録』梟社、B6判、346頁

(内容) 序 後藤総一郎さんを思う (鶴見俊輔) ／民俗思想史の水脈 『柳田国男論序説』、『常民の思想――民衆思想史への視覚』、『天皇神学の形成と批判』、『柳田学の思想的展開』、『遠山物語――ムラの思想史』、『郷土研究の思想と方法』、『柳田国男論』、『天皇制国家の形成と民衆』、『神のかよい路――天竜水系の世界観』、『柳田学の地平線――信州伊那谷と常民大学』、『伊那谷の民俗と思想』、『柳田学前史（常民大学研究紀要1)』、『柳田学の地平線／感想文集』／野の学びの道標／心に残る言葉／常民大学通信 巻頭言（後藤総一郎）／講義録（後藤総一郎） 遠山学事始、遠山のみなさんへの手紙――「遠山常民大学」開講に向けて、柳田国男の大嘗祭観／常民大学の軌跡 常民大学の軌跡――自分たちのお金と意思によって運営する (髙橋寛治) ／著作年譜 (飯澤文夫・村松玄太) ／あとがき（久保田宏）

― 『柳田国男――民俗の心を探る旅（紀伊国屋書店ビデオ評伝シリーズ 学問と情熱 第9巻)』 紀伊国屋書店 ＊監修、DVD

2009(平成21年)年

10月 常民大学合同研究会編『後藤総一郎と地域文化（常民大学研究紀要9)』岩田書院 ＊参考

2010(平成22)年

5月 柳田国男を語る 父を語る 柳田為正・柳田冨美子（聞き手 谷川健一、野口武徳、 後藤総一郎） 谷川健一編『父を語る 柳田国男と南方熊楠』冨山房インターナショナル

10月 常民大学合同研究会編『常民大学の原点と未来（常民大学研究紀要10)』岩田書院 ＊参考

2012(平成24)年

10月 福祉のフォークロア――1995年ベルの会講演 常民大学合同研究会運営委員会編『福祉のフォークロア――わたしたちの生活と共同体（常民大学研究紀要10)』岩田書院 ＊参考

2013(平成25)年

2月 『口語訳遠野物語』改訂新版 河出書房新社 ＊監修

男『子ども風土記』から／II　伊那谷の思想　近代伊那文化史の総目録――飯田・下伊那新聞雑誌発達史稿、『破戒』をめぐる島崎藤村と柳田国男、満島捕虜収容所の思想史的検証、55年後の「鎮魂」　満島捕虜収容所犠牲者の慰霊碑建立、『天龍村史』始末記／III　伊那谷の人と思想　本多勝一『そして我が祖国・日本』解説　ルポルタージュの山脈、熊谷元一　世界一の「写真帖」、村沢牧　出版を祝う会印象記、松澤太郎　読書の人、中繁彦『ぼく、半分日本人』書評／IV　惜別　武井正弘　お別れの言葉、柳田爲正先生哀悼／あとがきにかえて（後藤三枝子）／初出一覧

2004（平成16）年

1月　後藤総一郎先生追悼集刊行会編・刊『常民史学への視座――後藤総一郎　人と学問』岩田書院（発売）、A5判、521頁　＊参考
（内容）弔辞　長吉泉、戸沢充則、小田富英、田中秀典、本田敏秋／講演録　柳田国男との出会い――体験と学問（後藤総一郎）、日本人と食文化（後藤総一郎）／追悼集　変革者を育んだ風土――家族・故郷・飯田、変革運動へ――学生時代、学問運動への序章――寺小屋時代、学問の根拠地を求めて――常民大学の創設、発信する根拠地――常民大学運動の展開、思索の樹海へ――後藤ゼミ学生、大学中枢での改革――明治大学教員として、大学での日々――明治大学教員時代、柳田学への連帯――時空を超えて／書誌・年譜

3月　遠野物語研究所編『遠野の祭り：付・柳田国男と後藤総一郎』遠野物語研究所　＊参考

2005（平成17）年

8月　『柳田学から常民の学へ（常民大学研究紀要5）』岩田書院、B5判、212頁　＊編
（内容）基調提案（髙橋寛治）／記念講演　常民大学運動と民俗学（野本寛一）、民間学の思想（戸沢充則）／常民史学の形成――後藤総一郎と柳田学（村松玄太）／霜月祭の思想――冬至祭に寄せる常民の祈願（櫻井弘人）／民間薬の免疫学的考察（江口章子）／柳田学の地域的実践　『注釈　遠野物語拾遺』の取り組み（遠野・高柳俊郎）、『注釈東国古道記』の取り組み（飯田・中村健一）、『注釈日本の祭』の取り組み（鎌倉・松尾達彦）／後藤学の志を継ぐもの　「過剰な社会」に対する民俗学の取り組み（名倉愼一郎）、食生活の伝統と未来（稲葉泰子）／記念大会を終えて　後藤民俗思想史の挑戦――それぞれの後藤論構築への序章（小田富英）／あとがき（飯田柳田国男研究会・前澤奈緒子）

2006（平成18）年

1月　『後藤民俗思想史の継承と新たな展開（常民大学研究紀要6）』　＊参考

2007（平成19年）年

1月　**『柳田国男と現代』**（石井正己編）　遠野物語研究所、A5判、56頁
（内容）入学式、まなぶ、花見、ゴールデンウィーク、憲法47歳（上）（中）（下）、コメと日本人（上）（中）（下）、言葉の原初（上）（中）（下）、子どものフォークロア（上）（中）（下）、中元、「盆」の世界観①②③④、「遠野物語」再考（上）（下）、月見と運動会、雨乞い、常民大学、木綿の効用、安息の色、食物の統一、食物の個人自由、家の意味、

2002(平成14)年

1月　記念講演　演題「冒険者としての読書」(私立大学図書館協会第62回(2001年度)総会記録)『私立大学図書館協会会報』117

1月　創立者の精神の多彩な顕彰　『明治』13

3月　満島捕虜収容所の思想史的検証(柳田国男記念伊那民俗学研究所2001年総会記念講演1)『伊那民俗研究』11

3月　編集ノート　『伊那民俗研究』11

3月　『古層における韓国文化史の受容史ノート』　明治大学政治経済学部後藤総一郎ゼミ　＊編

3月　冒険と12の読書　『図書の言葉』6

4月20日　児玉花外の思想――「校歌」を育んだ精神の原譜(大学史の散歩道43)『明治大学学園だより』309

5月　武井正弘――お別れの言葉(弔辞)《伊》

6月　柳田為正先生――お世話をおかけした27年　『伊那民俗』49　→改題「柳田為正先生哀悼」《伊》

6月30日　子どもの想像力の復権――柳田国男『子ども風土記』から(放送大学特別講義)《伊》

7月　監修　『遠野夜譚(遠野の民話2)』佐藤誠輔著　遠野物語研究所

9月　『柳田国男と現代(常民大学紀要3)』岩田書院、A5判、180頁　＊編

(内容)柳田国男と現代　柳田国男と現代(後藤総一郎)、武蔵野と現代(山口茂記)／柳田学の展開　「常民」という語の軌跡――柳田以前　以降(松尾達彦)、柳田国男の固有信仰観(大坪厚雄)、粉食の文化史考(稲葉泰子)、「賽銭」の沿革史(松村慶子)、柳田・南島・政治性――日韓併合と柳田国男(及川和久)／あとがき(後藤総一郎)

10月　出版部再建考(論壇)『明治大学広報』

12月　「校歌」の史譜に寄せて　『明治大学史紀要』7

12月　校歌誕生物語(児玉・花外顕彰記念講演)『明治大学史紀要』7

12月　松澤太郎――読書の人　＊絶筆　《伊》

2003(平成15)年

6月　柳田国男の地名考　『伊那民俗研究』特別号　《伊》

10月　立川柳田国男を読む会『柳田国男の武蔵野』三交社　＊監修

11月　『柳田学の地平(常民大学研究紀要4)』岩田書院、B5判、276頁　＊編

(内容)基調報告　韓国文化受容史(後藤総一郎)／記念講演　王権と神話――日韓文化の異相をめぐって(上田正昭)／瓢簞のフォークロア(高柳俊郎)／柳田国男の教育観(小田富英)／柳田国男の女性観(曾原糸子)／私の稲作文化論――『海上の道』から沖縄そして魚沼へ(古田島愼市)／健康病の癒し方――健康病から脱出するための民俗の知の再生へ(原幸夫)／『風位考』と遠州灘沿岸の風の民俗(中山正典)／地域社会と民俗(小倉康栄)／編集後記(立川柳田国男を読む会・高橋昭男)

11月　**『伊那谷の民俗と思想』**　南信州新聞社、四六判、219頁　1800円

(内容)遺影／はじめに――映画『阿弥陀堂だより』から／I　伊那谷の民俗　天龍水系の世界観、盆の世界観、大鹿歌舞伎の民俗思想史的考察、刺激的な一書――柳田国男『信州随筆』解説、塩の道、柳田国男の地名考、子どもの想像力の復権――柳田国

沼重治)、山中共古の人と学問（中山正典)、伊能嘉矩の人と学問（荻野馨)、南方熊楠と柳田国男——日本人の可能性の極限（米田裕正)、伊波普猷と柳田国男（久保田宏）／柳田学の内在的研究　「内閣文庫」の世界——柳田国男と内閣文庫（2）(飯澤文夫)、柳田国男の「氏神信仰調査」考——東筑摩郡教育部会に依頼した柳田国男の「氏神信仰調査」の実態（宮坂昌利)、柳田国男の八幡信仰観（松尾達彦)、柳田国男の風景観（高橋昭男)、水神についての考察——神話からその古層を探る（高橋美子）／あとがき（後藤総一郎)

11月　『天龍村史　全2巻』　長野県天龍村　＊監修

12月　『山中共古　見付次第／共古日録抄』　パピルス　＊監修

2001(平成13)年

1月　書評　石井正己『遠野物語の誕生』『國文學　解釈と教材の研究』46（1)

1月　学生物語　明治・大正・戦前・戦後④　戦後半世紀を彩る精神の波動　『明治』9

1月27日　『天龍村史』始末記　『南信州新聞』《伊》

2月　天龍水系の世界観（ロータリークラブにおける講演）《伊》

3月　『破戒』をめぐる島崎藤村と柳田国男（講演）『伊那民俗研究』10　→転載『続・探求』4（2001年5月）《伊》

3月　編集ノート　『伊那民俗研究』10

3月　『駿台論潮』創刊の精神　『紫紺の歴程』5

3月　「記念式典」物語　第1回　創立三〇周年記念式典　『明治』10

4月　『関東庁警務局資料——明治大学図書館所蔵』日本図書センター　＊監修

4月　「記念式典」物語　『広報誌　明治』10

5月　食の文化史考　『栗の詩』25

5月　世界一の写真帖——『会地村』から七〇年の秀作　熊谷元一『熊谷元一傑作選　下巻　写真編』郷土出版社　→改題「熊谷元一——世界一の『写真帖』」《伊》

6月15日　ヒマラヤ八千メートル峰全座　完登へ——山岳部炉辺会の挑戦（大学史の散歩道43）『明治大学学園だより』309

7月　柳田国男との出会い　体験と学問　深井人詩『文献探索　二〇〇一』文献探索研究会

7月1日　120周年イベント通信①　富永直樹氏による宮城浩蔵・矢代操の胸像制作はじまる　『明治大学広報』

7月15日　120周年イベント通信②　建学の精神「語録」『明治大学広報』臨時増刊

8月　『改訂版柳田国男の鎌倉断章』　鎌倉柳田学舎　＊監修

9月　『柳田国男のアジア認識（常民大学研究紀要2)』　岩田書院、B5判、199頁　＊編
(内容）柳田国男のアジア認識　柳田国男の「植民地主義論」の誤謬を質す（後藤総一郎)、柳田国男のアジア認識（藤井隆至)、柳田国男と台湾民俗学（邱淑珍）／柳田学の展開　古層の神「守公神」考（久保田宏)、天龍村の生と死の儀礼——『天龍村史』民俗調査報告（前澤奈緒子)、『秋風帖』への意識（吉村章司)、柳田国男とイプセン（桑田純代)、柳田国男の地方観（村松玄太）／あとがき（後藤総一郎)

10月　柳田学の周辺（講演）『茗水クラブ』234

10月1日　論壇／出版部再建考　『明治大学広報』511

11月　『120年の学譜——明治大学創立120周年記念（明治大学史紀要6)』　＊編

3月　『注釈研究／丸山真男「超国家主義の論理と心理」』 明治大学政治経済学部後藤総一郎ゼミ　＊編

3月　カルチエ・ラタンの嵐　『紫紺の歴程』3

5月　常民大学25年の史譜（講演）　後藤総一郎監修／明治大学柳田国男を学ぶ会編『柳田学と生活者の学問・25年の史譜　第15回記念常民大学合同研究会記録』

6月13日　「常民の歴史学を創成した天才　柳田国男」『週刊20世紀』19

6月　「そば吉」口上　『越後そば街道　小嶋屋物語』小嶋屋（新潟）

8月17日　歴史学び、理解へ一歩　韓国学生の日本認識　『信濃毎日新聞』

9月　『柳田国男の鎌倉断章』 鎌倉柳田学舎　＊監修

10月・2000年4月・10月　明治大学／明治大正昭和世相史　食堂物語1～3 『広報誌　明治』1・2・4

10月15日　橋川ゼミ卒業生の書物群（大学史の散歩道25）『明治大学学園だより』283

2000(平成12)年

2月　『駿台論潮』物語（大学史の散歩道28）『明治大学学園だより』287

3月　大鹿歌舞伎の民俗思想史的考察　『国選択無形民俗文化財調査報告書大鹿歌舞伎　研究編』大鹿村教育委員会

3月　**『柳田学の地平線――信州伊那谷と常民大学』**　信濃毎日新聞社、四六判、254頁　1700円、装丁・熊谷博人

（内容）柳田学の地平線／「常民大学」運動の軌跡／伊那谷と柳田国男（柳田国男と飯田、常民的ヒューマニズムを育んだ大鹿歌舞伎、天龍村の歴史とその教育、遠山ふるさと考――「過疎」その歴史と再生、天竜水系の歴史像）／伊那谷　民俗の狩人（熊谷元一――民俗資料としての記録写真、向山雅重――「みる」フォークロアの範型、北島新平――日本民衆の想像力の発掘、武田太郎――歴史と民俗を架橋、羽生三七――非武装中立の思想家）／近代伊那思想史研究序説――二つの思想の精神形象／あとがき

3月　柳田学の地平線　《地》

3月　あとがき　《地》

3月　「女子部」創立期の精神　『紫紺の歴程』4

3月　梨花女子大学図書館――ソウル（シリーズ・世界の図書館）『図書の譜』4

3月　『柳田国男の「植民地主義」を排す』明治大学政治経済学部後藤総一郎ゼミ　＊編

5月　宮田登さんを悼む　『ちくま』350

7月　セピア色の原稿――砂川基地反対運動小景（大学史の散歩道31）「明治大学学園だより」292

8月　「感想文」を寄せられた方へのお礼　『柳田学の地平線／感想文集』鎌倉柳田学舎

9月　過去の民俗の精神を現代に再生しよう（講演）『遠野常民』96

9月1日　論壇／「知」の再創造――創立120年の検証と顕彰　『明治大学広報』476

9月20日　55年後の「鎮魂」――満島捕虜収容所犠牲者の慰霊碑建立　『信濃毎日新聞』《伊》

11月　第10回柳田国男ゆかりサミット基調講演　『第10回　柳田国男ゆかりサミット会議録』

11月　『柳田学前史（常民大学研究紀要1）』岩田書院、B5判、355頁　＊編

（内容）柳田学前史　柳田学前史の意義（後藤総一郎）、菅江真澄の民俗学史的意義（磯

9月　『報道の記録（常民大学の学問と思想　第3部）』常民大学合同研究会事務局、A4判、137, 2頁　＊編著
（内容）被写体としての二五年——「声援」と「責任」の記録集（後藤総一郎）／常民大学報道書誌（新聞・雑誌掲載書誌／常民大学関連刊行物への書評／テレビ・映画）／報道の記録（1974年〜1997年／常民大学関連刊行物への書評）／付録　常民大学合同研究会一五年の記録）
10月　『柳田國男全集　全38巻』筑摩書房　＊編（以後続刊）
10月　『飯田・下伊那新聞雑誌発達史——郷土百年のジャーナリズム』南信州新聞社出版局　＊編著
10月28日　柳田国男と宮沢賢治（講演）『遠野常民』62
11月　解題　『柳田國男全集』第21巻　筑摩書房
11月　「知の抹殺」への警鐘（座談会　清水多吉・吉田憲夫）『情況』8（9）
11月　我が街——大学のある風景　お茶の水の心象風景　『大学時報』257
11月　『柳田国男研究資料集成』以後（民族・民俗特集）『本のニュース』10
11月9日　柳田國男全集の今日的意義　『信濃毎日新聞』
12月　高善旅館遠景　高橋甫『柳翁宿今昔』遠野アドホック
12月　柳田学の現在　『AERA　Mook32　民俗学がわかる。』朝日新聞社
12月　遠野物語の新たなる地平（講演）『遠野常民』65
12月8日　「記念館」の精神史（大学史の散歩道13）『明治大学学園だより』265

1998（平成10）年

1月　『遠野物語』の遠野へのバイブル　『遠野常民』68
3月　対談：本学図書館の個性化に向けて（対談　戸沢充則）『図書の譜』2
3月　「71冊」からの復興——図書館の震災体験　『紫紺の歴程』2
4月　『戦争の傷跡——満島俘虜収容所の歴史像』　明治大学政治経済学部後藤総一郎ゼミ　＊編
9月　柳田国男と転換期の思想（講演）『伊那民俗研究』8
9月　編集ノート　『伊那民俗研究』8
10月15日　女性弁護士第1号——高齢化社会の先駆的範型（大学史の散歩道18）『明治大学学園だより』273
11月　向山雅重——「みる」フォークロアの範型　『信濃教育』1344　《地》
12月　対談　これからの日本は地域の元気と庶民が学ぶ元気から…（対談　上田あつひで）　上田あつひで『来た道　往く道　港区議会議員在職26年の検証と展望』　私家版
12月　ふるさと考——「過疎」その歴史と再生　『地域文化』47　→改題「遠山　ふるさと考」《地》
—　『柳田国男——民俗の心を探る旅（紀伊国屋書店ビデオ評伝シリーズ　学問と情熱——21世紀へ贈る人物伝　第I期　第9巻）』　紀伊国屋書店　＊監修

1999（平成11）年

1月　巻頭座談会：図書館と司書職、そして生涯教育について（三上昭彦・小林繁・鶴岡純子）『図書の譜』3
3月　わたしの一冊…柳田国男著『日本の祭』人生を変えた一書　『大学時報』265

8月　古代から現代までの「塩の道」『もっとも長い　塩の道——日本海・アルプス・太平洋 350km』

8月　『注釈　遠野物語』筑摩書房　＊監修

8月　『「遠野物語」以後——遠野の変容 88 年』　明治大学政治経済学部後藤総一郎ゼミ　＊編

9月　刊行の辞「決定版　柳田國男全集」（内容見本）　筑摩書房　＊無記名

9月　『常民大学の学問と思想——柳田学と生活者の学問・25 年の史譜』常民大学合同研究会事務局、A4 判、213 頁　＊編著

（内容）序——民間学の交響詩（後藤総一郎）／柳田国男研究会の歩み（小田富英）／遠山常民大学の歩み（針間道夫）／遠州常民文化談話会の歩み（吉村章司）／飯田柳田国男研究会の歩み（中村健一）／鎌倉柳田学舎の歩み（松尾達彦）／於波良岐常民学舎の歩み（石原照盛）／遠野常民大学の歩み（似内邦雄）／立川柳田国男を読む会の歩み（山口茂記）／妻有学舎の歩み（関口耕二）／明治大学柳田国男を学ぶ会の歩み（野本ヒロシ）／明治大学柳田国男ゼミナールの歩み（高橋美子）／『年中行事覚書』・『先祖の話』に学ぶ（遠州常民文化談話会・吉村章司）／農家のくらし 50 年の変容の中で（遠州常民文化談話会・今村純子）／「やさしい束縛」にこだわって（遠州常民文化談話会・名倉愼一郎）／遠州の地と「常民」（遠州常民文化談話会・中山正典）／癒しのフォークロアへ（飯田柳田国男研究会・原幸夫）／私の歩（飯田柳田国男研究会・前澤奈緒子）／私と常民大学（飯田柳田国男研究会・宮坂昌利）／私的民俗思想史の旅（鎌食柳田学舎・大野妙子）／なつかしいものの正体（鎌倉柳田学舎・村松慶子）／自己をたぐりよせた 9 年間（鎌倉柳田学舎・久保田宏）／出会い続けて 14 年（鎌倉柳田学舎・曾原糸子）／古いことと新しいことと（於波良岐常民学舎・斎藤孝夫）／出会いのプリズム（於波良岐常民学舎・川島健二）／私と於波良岐常民学舎（於波良岐常民学舎・堀江美智子）／於波良岐常民学舎第Ⅱ期開講に当たって（於波良岐常民学舎・荒井明）／「於波良岐常民学舎」と私（於波良岐常民学舎・船山修）／私と常民大学（於波良岐常民学舎・稲葉泰子）／出逢い 10 年（於波良岐常民学舎・石原照盛）／柳田学と生活者の学び（遠野常民大学・小井口有）／内発的な学問の世界にふれて（遠野常民大学・高柳俊郎）／『遠野物語』との出会い（遠野常民大学・佐藤誠輔）／考える賢い生活者となるために（遠野常民大学・似内邦雄）／都市の風景を読む（立川柳田国男を読む会・山口茂記）／妻有学舎のはじまり（妻有学舎・関口耕二）／私の中の羅針盤「後藤学」（妻有学舎・宇都宮正人）／名も無きわが先人たちの思想を（妻有学舎・山田和子）／柳田を読むこと、そして学ぶこと（妻有学舎・田口朋美）／私の後藤学へ至る道筋（妻有学舎・村越健市）／柳田国男と小樽・手宮洞窟彫刻（明大柳田国男を学ぶ会・篠崎長洪）／柳田国男と父松本信廣（明大柳田国男を学ぶ会・松本浩男）／柳田国男と私（明大柳田国男を学ぶ会・邱淑珍）／白川郷雑感（明大柳田国男を学ぶ会・田中吉四郎）／消えた天神講（明大柳田国男を学ぶ会・小松了子）／柳田国男の世界に入って 5 年（明大柳田国男を学ぶ会・玉木哲彦）／私と柳田国男（明大柳田国男を学ぶ会・大東敬明）／一度捨てた方言をまた拾い（明大柳田国男を学ぶ会・酒井要子）／柳田国男と私（明大柳田国男を学ぶ会・三浦康司）／柳田社会科序論（明大柳田国男を学ぶ会・古垣逸朗）／柳田国男・消えた講演（明大柳田国男を学ぶ会・近藤政次）／後藤学との出会い（明大柳田国男ゼミナール・高橋美子）／二つの視線（明大柳田国男ゼミナール・黒沢浩）／「私」と後藤学（明大柳田国男ゼミナール・飯澤文夫）

9月　歴史に学ぶ方法の成果　『遠州常民文化』2
9月　常民の文化を学ぶとは何か（対談　野本寛一　司会　中山正典）『遠州常民文化』2
11月　鶴見先生のこと、砂川闘争のこと（講演）『第13回常民大学合同研究会記録集〈柳田国男と21世紀〉(4) 戦後五十年を問う』立川柳田国男を読む会
11月12日　中繁彦『ぼく、半分日本人』（書評）『信濃毎日新聞』《伊》
11月19日　熊谷元一――民俗資料としての記録写真（阿智村での講演）《地》

1996（平成8）年

3月　教養講座開講の意義と今後の課題（座談会　加藤隆・里見常吉・吉田悦志・大六野耕作）『政経フォーラム』4
3月　塩の道というスーパー南北連携軸イベントの意義と可能性（パネルディスカッション　竹内宏・渡辺貫介・残間里江子・尾田栄章と）『第1回　日本海　太平洋　塩の道会議　報告書』掛川市商工観光課
5月　自然・人間・神――共生のフォークロア　『手賀沼マガジン』1
6月　『「遠野物語」研究草稿』明治大学政治経済学部後藤総一郎ゼミ　＊編
6月1日　図書館長に就任して――「個性化」「循環体系」の確立　『明治大学広報』400
6月15日　北島忠治監督を偲ぶ　『明治大学広報』臨時増刊
7月8日　北島忠治の人と思想――楕円形の人生哲学（大学史の散歩道3）『明治大学学園だより』252
9月　編集ノート　『伊那民俗研究』6
9月　『柳田国男伝』補完研究事始　柳田国男研究会編著『柳田国男・ジュネーブ以降』三一書房
9月　柳田国男のジュネーブ体験　柳田国男研究会編著『柳田国男・ジュネーブ以降』三一書房
10月　柳田国男の着物観（講演）『常民大学合同研究会記録集〈柳田国男と21世紀〉(5) 着物のフォークロア』妻有学舎
11月天龍村の歴史とその特質　天龍村四十周年記念講演　《地》

1997（平成9）年

2月　「老人」の学びから「成人」の学びへ　『からっ風の中のヒューマニズム　於波良岐常民学舎10年の学び』於波良岐常民学舎
2月　対談　教育民俗学の先駆者　『からっ風の中のヒューマニズム　於波良岐常民学舎10年の学び』於波良岐常民学舎〈対談　都九十九一〉
3月　「知」の創造：創刊にあたって　『図書の譜――明治大学図書館紀要』創刊号　＊編集委員長（～1999年1月）
5月15日　新「校歌」物語（大学史の散歩道8）『明治大学学園だより』260
6月　柳田記念研究所の「衣更え」『伊那民俗学研究所報』
7月　編集ノート　『伊那民俗学研究』7
7月　歴史と予見――市民の学びから　『鎌倉オピニオン』7
8月　塩の道とは　竹内宏・棒村純一・渡辺貫介編著『もっとも長い　塩の道――日本海・アルプス・太平洋350km』ぎょうせい　→改題「塩の道」《伊》

2月11日　ルポルタージュの山脈　本田勝一集の刊行を機に　『週刊読書人』《伊》
3月　柳田学の世界　第一講「現代科学」としての柳田学　『フォークロア』1
3月　近代伊那思想史研究序説――二つの思想の精神形象　『伊那』790（『明治大学社会科学研究所年報』1985年から転載）《地》
3月　綱沢満昭『柳田国男の思想世界』（書評と紹介）『民族文化』6
3月　編纂ノート　『伊那民俗研究』4
4月3日　柳田国男と現代　『毎日新聞』日曜版（1995年3月26日まで全50回連載）。遠野物語研究所より同名で刊行（2006年）
5月　柳田学の世界　第二講「自己認識の学」としての柳田学　『フォークロア』2
6月　「コメと日本人」――柳田国男の思想に学ぶ　『サンサーラ』5（6）
7月　柳田学の世界　第三講「常民史学」としての柳田学　『フォークロア』3
9月　柳田学の世界　第四講　柳田学の方法　『フォークロア』4
10月　「遠野」に何を見るか？　『遠野物語』と柳田民俗学の現在（座談会　内藤正敏・三浦佑之と　特集・遠野への視座――民俗学源流の旅）『フォークロア』5
10月28日　地域出版文化の未来「さきたま出版会」へのメッセージ　『埼玉新聞』
11月2日　“牧さ”の人柄を讃えた四五〇人「村沢牧出版を祝う会」印象記　『南信州新聞』→改題「村沢牧――出版を祝う会印象記」《伊》
11月15日　民衆を拓いた革新の人生　飛鳥田一雄（明大人の系譜28）『明治大学学園だより』234

1995(平成7)年

1月　柳田学の世界　第五講　柳田学の理念　『フォークロア』6
2月　**『遠山物語――ムラの思想史（ちくま学芸文庫）』**筑摩書房、文庫判、399頁、1359円、カバー写真・遠山信一郎
（内容）ムラへの眼／遠山のシンボル／古層の遠山／ムラの“御一新”／山の開発／戦時下のムラ／ムラの敗戦／ムラの近代化／「ムラの思想史」の理念と方法／あとがき／文庫版あとがき／解説（赤坂憲雄）
3月　21世紀・明治大学フォーラム　パートⅢ　建学の理念の現代化について（座談会　中村雄二郎・浅田毅衛・加藤隆・別府昭郎・三枝一雄・倉田武夫　司会渡辺隆喜）『21世紀・明治大学フォーラム』
3月　柳田学の世界　第六講　柳田国男の発見　『フォークロア』7
3月　伊那民俗学研究所創設五周年記念民俗調査ゼミナール　講演記録①　民俗調査の意義（講演）『伊那民俗研究』5
3月　編集ノート　『伊那民俗研究』5
3月　『柳田国男をよむ――日本人のこころを知る』アテネ書房　※編
4月　福祉のフォークロア（講演）『福祉のフォークロア　公的介護保険を考える』（ベルの会シリーズ2）ベルの会
6月16日　近代伊那文化史の総目録――飯田・下伊那新聞雑誌発達史稿　『南信州新聞』《伊》
7月14日　東北学へ（1）赤坂憲雄著（書評）『日本経済新聞』
8月　伊能嘉矩の人と学問――柳田国男が敬慕した理想の郷土史家　遠野市立博物館『伊能嘉矩――郷土と台湾研究の生涯』

3 月　『天竜水系の世界観（県民大学叢書 27）』　第一法規出版東海支社
4 月　フィールドワーク「化粧坂を歩く」『化粧坂考』鎌倉市民学舎・鎌倉柳田国男研究会
4 月　注釈研究　世界民話博　柳田没後 30 年記念　『遠野常民』1　遠野常民大学
5 月　柳田国男と沖縄——その史的展開　『'91　5th　5/14・15　柳田国男ゆかりサミット』平良市教育委員会社会教育課（沖縄）
7 月　柳田国男没後三十年の思想風景　『近代風土』40　近畿大学出版部（大阪）
7 月　『口語訳遠野物語』河出書房新社　＊監修
9 月　『遠山の八十八年』後藤忠人著　南信州新聞社出版局　＊編
10 月　柳田国男と『遠野物語』（講演）『遠野常民』6
10 月　柳田国男と田山花袋——空白の蜜月を埋める書簡『田山花袋記念館開館 5 周年記念特別展　柳田国男と田山花袋——不撓の絆』館林市教育委員会文化振興課
12 月　現代人を読み解く　柳田国男「常民の思想」（大特集・新日本人論）『サンサーラ』3（12）　徳間書店
12 月　柳田国男の世界と現代社会　『講演会記録集 6』調布市立図書館
12 月　「幻の講演」をめぐって（小特集・柳田国男「日本民俗学の頽廃を悲しむ」）『伊那民俗研究』3
—　対談「常民大学」運動の軌跡——武井正弘との対談　『地域を拓く』飯田歴史大学　《地》

1993(平成5)年

3 月　明治大学史の中の政治経済学部（座談　渡辺隆喜・加藤隆と）『政経フォーラム』1
3 月　編集ノート　『政経フォーラム』1
6 月　柳田・折口学と現代　柳田国男と 21 世紀（日本人の原郷をさぐる③）『コンステラツィオーン』278
6 月 1 日　三遠南信文化の魅力（神と自然と共に生きて　南信ふるさと展特集）『中日新聞』
6 月　戦後思想史と大学　戦後学生精神史覚書　『情況』32
6 月 21 日　「稲」のフォークロアへの深渕　野本寛一著『稲作民俗文化論』を読む　『週刊読書人』
7 月　大月松二「柳田国男先生聴書（抄）」（未発表資料紹介）『国文学　解釈と教材の研究』38（8）
7 月　常民大学運動の可能性　『国文学　解釈と教材の研究』38（8）
9 月　大学の財政危機はこうして乗り越える（座談会　武石謙一・石崎忠司・鬼塚豊吉・伊藤昭と）『大学時報』232
9 月　『遠山の霜月祭考（伊那民俗ブックス 3）』南信州新聞社　＊遠山常民大学と共編

1994(平成6)年

1 月　歴史の母層を掘った『磐南文化』（記念号　特集・民俗）『磐南文化』20
1 月　カリキュラム改革の青写真（座談会　金子光男・里見常吉・小副川昭・富永昭・桐生尚武・鈴木利大・大六野耕作・安蔵伸治　司会後藤）『政経フォーラム』2

よい路――天竜水系の世界観（天竜川の歴史像、天竜川の舟運、信仰の道・東国古道、『山の人生』、山の祭り、『熊谷家伝記』の里、能を舞う里、山の盆、歌舞伎の里の精神史、中世都市・見付、天竜水系の国学、民俗の狩人）／Ⅲ章　古層の神がみ（二つの「謎」の神、「天白」の神、「ミサグチ」の神／天竜水系の祭り暦／祭り暦・市町村役場／あとがき

3月　あとがき　《天》

7月　飯田市への手紙（特集・長野県飯田市への提言「農工商が結びつく町」を読んで）『自然と人間を結ぶ』117

8月　基調報告　『遠野物語』80年の照射『「遠野物語」の世界　第7回8常民大学合同研究会記録』

9月1日　「柳田国男」のヨーロッパ《西ドイツ》『明治大学広報』297

11月　ヨーロッパの「柳田学」『伊那民俗学研究所報』3

12月　変わらぬ詩心　和田草々　『句集　遠山祭』りんどう俳句会

12月　北一明の原郷　『北一明〈創造美の世界〉展［特集］』

1991（平成3）年

1月　遊びと人間形成（提言　“もの”と心に関わる教育）『教育じほう』516

3月　『伊那谷の民俗学を拓いた人々Ⅰ、Ⅱ』南信州新聞社　＊編

3月　武田太郎――歴史と民俗を架橋　『伊那谷の民俗学を拓いた人々』Ⅰ　伊那民俗学研究所　《伊》

5月14日　柳田学研究の進展期待　「遠野物語」初稿本3部作　『朝日新聞』夕刊

9月　盆の世界観（講演要旨）『伊那民俗』6　《伊》

9月　基調講演　柳田国男のジュネーブ体験　『生活者の学びの集い』　第8回9常民大学合同研究会　「柳田国男に学ぶ――その成果と展望」於波良岐常民学舎記録集編集委員会（群馬県）

9月　編集ノート　『伊那民俗研究』2

9月　内発的な老いの学びの結晶　『高齢者の語り　あすへひとこと　第四集「おうらのくらしと民具」』あすへひとこと編集委員会

11月1日　公開大学、初年度は四講座　好評博したフィールドワーク　『明治大学広報』318

1992（平成4）年

1月　生活者の学の範型――飯田線の旅・十年の情念　『地域を拓く学び――飯田歴史大学十年の歩み』飯田歴史大学

1月　対談構成「常民大学」運動の軌跡――主宰講師に聞く、その理念と展開　『地域を拓く学び――飯田歴史大学十年の歩み』飯田歴史大学　＊出席：後藤総一郎・武井正弘、司会：髙橋寛治

1月13日　文化を手離さなかった実業家　芦沢新二（明大人の系譜8）『明治大学学園だより』206

2月　雑誌「郷土研究」の思想1　『日本古書通信』57（2）

3月　雑誌「郷土研究」の思想2　『日本古書通信』57（3）

3月　「前口上」『政経資料センターニュース』55・56

民」に宿る天皇信仰、象徴天皇制と地方自治の構造）／Ⅲ　ナショナリズムと国家（北一輝と未完の革命、北一輝ノート、昭和維新思想の根拠、大正期民衆のナショナリズム、昭和民衆精神史ノート、近代日本と情念、現代保守主義の思想的位相）／Ⅳ　家と民衆（家と土への回帰、「家」の思想）

4月　序——天皇制研究への視角　《国》

4月15日　ユニバーシティ・アイデンティティの形成　『明治大学広報』253

6月　生活民俗誌の鬼　『向山雅重著作集　山国の生活誌月報』5

6月15日　論壇　「学風」の思想史考　『明治大学広報』257

9月　戦後学生精神史（1）『明治大学史紀要』7

9月　基調報告　『天竜水系の世界観　第五回九常民大学合同研究会の記録』

9月　シンポジウム　天竜水系の世界観（司会後藤　助言講師武井正弘　パネリスト　塩沢一郎・野牧治・大庭祐輔）『天竜水系の世界観　第五回九常民大学合同研究会の記録』

11月　対談・日本の見える原風景　三遠南信地域の芸能（対談・下田豊子）『街道物語　南信州　北遠州　奥三河　芸能の道』県境三圏域

11月　『柳田国男伝』　三一書房　＊監修

11月15日　ある「負」の歴史（大学史余滴20）『明治大学学園だより』174

12月　いいだしっぺの口上　『「みつびき」十年の宴』

1989（昭和64／平成元）年

3月　1990年柳田国男ゆかりサミット我孫子市・利根町会場への提言　柳田学の国際性（座談会　鶴見和子・谷川健一・色川大吉と　司会齊藤博）『我孫子市史研究』13

5月18日　祭りの変容（座談会　大岡信）『静岡新聞』

7月　『信州かくれ里伊那谷を行く（とんぼの本）』　新潮社　＊布施他人夫、飯沢匡、印南喬、大和岩雄、前島重子、宮崎学と共著

7月　八幡信仰と天皇信仰（講演）『八幡信仰と日本人　第五回九常民大学合同研究会の記録』鎌倉柳田国男研究会

7月15日　論壇　父兄会紀行　『明治大学広報』277

7月15日　新制大学の理念（大学史余滴25）『明治大学学園だより』182

11月　『天竜川流域の暮らしと文化　上、下（磐田市誌シリーズ10）』　＊編

11月　天竜水系の歴史像　『天竜水域の暮らしと文化』《地》

1990（平成2）年

1月　口絵解説　柳田国男館　『伊那民俗研究』1

1月　創刊の言葉　自己認識としての伊那学の広場　『伊那民俗研究』1　《地》

1月「柳田記念研究所」創立の経過と構想　『伊那民俗研究』1　《地》

1月　柳田国男と飯田　『伊那民俗研究』1　《地》

1月　編集ノート　『伊那民俗研究』1

3月　**『神のかよい路——天竜水系の世界観』**　淡交社、四六判、238p.、1800円、ジャケット写真・髙橋寛治

（内容）Ⅰ章　伊那谷——日本のみえる原風土（飯田——その心の貌、風土——山・丘・川の里、生きる——山の幸とともに、祭る——生れた清まりの精神史）／Ⅱ章　神のか

8月6日　日本学への交響詩——『柳田国男研究資料集成』を編んで　『毎日新聞』夕刊
11月1日　松本健一著　秩父コミューン伝説（書評）『図書新聞』
12月15日　カオスの青春（大学史余滴7）『明治大学学園だより』155

1987(昭和62)年

1月　パラダイム転換と柳田学への関心（特集・経世民俗の文化学——稲・ハレ・正月）『季刊　iichiko』
1月　柳田民俗学　子育てのフォークロア　『おもちゃの科学』4
1月12日　山中恒「子どもたちの太平洋戦争」『公明新聞』
1月　**『柳田国男論』**　恒文社、A5判、510頁、7800円
（内容）はじめに——柳田研究25年覚え書き／I　柳田国男の思想形成と学問（柳田学の思想と学問、柳田国男の少年体験、柳田国男の青春体験、柳田国男の結婚、柳田国男と信州、柳田国男の経済思想、柳田学と転向、柳田国男と戦争、柳田国男におけるフォークロアへの道、柳田国男における歴史主体の発見）／II　思想史における柳田国男（思想史における民俗学、橋川文三の柳田国男論、近代思想視研究と柳田民俗学、風土の変貌、伝統と文明、地方学の形成、柳田国男と北一輝、長谷川如是閑と柳田国男）／III　柳田国男と常民の思想（常民論ノート、近代国家と常民、柳田国男と近代日本、常民と状況、柳田民俗学における生涯の象徴、帰去来情緒の思想、子育ての思想、柳田国男の「子ども考」、柳田国男紀行、御前崎紀行）／IV　柳田国男研究の展開（柳田国男研究の展開、柳田国男と現代、柳田国男研究への視角、柳田国男の現在）
1月　はじめに　《論》
2月　天竜水系の民俗文化史（講演）『郷土を学ぶ講座　磐田市誌シリーズ「天竜川の暮らしと文化」の調査から』磐田市教育委員会
4月15日　学生部長に就任して——「自治活動」考　『明治大学広報』235
5月　常民大学の10年——小さな試みの1つの果実　『月刊社会教育』31（5）
7月15日　論壇　「場の思想」の形成　『明治大学広報』241
7月　民衆による地域づくり運動（講演）『自治研のきろく』27自治労長野県本部（長野）
8月　柳田国男と現代　『信濃毎日新聞』（1989年2月18日まで32回連載）
8月　柳田国男「産業組合に就て」解説　『伊那』711号
10月　常民的ヒューマニズムを育んだ大鹿歌舞伎　『信州大鹿歌舞伎』銀河書房　《地》
12月15日　「明治維新」（大学史余滴14）『明治大学学園だより』165

1988(昭和63)年

2月　素晴らしい第二集　『高齢者の語り　「あすへひとこと」』2
3月　柳田国男の謎　『文藝春秋』67（3）
3月　天竜川流域の文化交流史　『講座「天竜川」記録』浜松市博物館
4月　豊かな人間性形成のために　『白雲なびく　学生ハンドブック』明治大学
4月　**『天皇制国家の形成と民衆』**　恒文社、A5判、318頁、3800円、装釘・本田進
（内容）序——天皇制研究への視角／I　近代国家の形成と天皇制（天皇神学の創出、「草莽崛起論」の思想過程、伊藤博文論、平田東助論、千石興太郎論、明治民法と家イデオロギーの形成）／II　民衆思想と天皇制（在村的暴力の形成、幕末草莽者の思想と行動、南方熊楠と神社合併反対運動、「愛国心」形成の歴史像、天皇制支配と禁忌、「常

今日と明日（司会・鈴木敏治、伊藤真弓）／まとめ（平沢秀明）／閉会の挨拶（山本修平）／感想（山内克之、遠山常雄、板倉桂子、後藤忠人、高野澄子、豊田登美恵、小林良、松尾寛、大石龍、仁田初枝、饗庭五十鈴、伊藤昭雄、矢沢玲子、田中実、石原昭盛、坂本龍彦）／「合同研究会」を終えて

2月　ルポルタージュの山脈　『週刊読書人』《伊》

3月　恩師橋川文三先生が遺していった言葉（思い出に残る「きびしい」先生）『児童心理』38（33）

6月　「柳田国男」――その二つの位置　『思想の科学』第7次49　→改題「橋川文三の柳田国男論」《論》

8月　『追悼――橋川文三先生』橋川文三先生追悼文集編集委員会　＊編集代表

11月　柳田国男と信州　『信濃教育』11月　《論》

12月　土の思想（いろいろな江戸時代的発想）『歴史公論』11（12）

12月　先生との出会い　『資料センターニュース』特別号　橋川文三教授追悼号

1985（昭和60）年

1月　天竜水系文化史研究の構想――柳田国男『東国古道記』からの視角　『伊那』680

2月　伊那谷の精神史　『飯田創造館だより』五周年記念特別号

2月　柳田国男の「子ども考」『おもちゃの科学』1（12月同誌2号まで2回連載）《論》

3月　天皇制ファシズムと民衆――長野県下伊那地方における民俗思想史的考察　『明治大学社会科学研究所年報』26　→改題「近代伊那思想史研究序説――二つの思想の精神形象」《地》

5月　中山和子著『平野謙論』（書評）『明治大学広報』

5月27日　〔原章夫「東国古道の世界①『諏訪大社』探訪記」などによせて〕『南信州新聞』

8月　基調報告　ひとつの生活者像――茅ヶ崎常民学舎（講演）『地域を拓く生活者の学び』茅ヶ崎常民学舎

10月　神島二郎・鶴見俊輔・吉本隆明編『橋川文三著作集（全8巻）』『明治大学広報』

11月　カオスを拓くその予見力――『橋川文三著作集』全八巻刊行に寄せて　『図書新聞』471

1986（昭和61）年

1月6日　「非武装中立」を貫く　羽生三七氏を悼む　『信濃毎日新聞』　→改題「羽生三七――非武装中立の思想家」《地》

3月　『明治大学百年史　全4巻』　＊編（～1994年10月）

6月　遊技のなかで養い育まれてゆくもの　遊びと学びのフォークロア　『おもちゃの科学』3

6月　『柳田国男研究資料集成　全20巻、別巻2』　日本図書センター　＊編（～1987年4月）

7月　天竜川流域の文化交流史　『講座「天竜川」記録』1986年7月～1987年2月　浜松市博物館

8月　刺激的な縁の一書　『復刻・信州随筆』郷土出版社　→改題「刺激的な一書――柳田国男『信州随筆』解説　《伊》

覧　柳田国男没後 20 周年記念』
5 月　知命　小感　『飯田高松高校卒業 30 周年』
6 月 22 日　柳田国男の現在　『公明新聞』《論》
10 月　『思想史研究草稿』第 5 号「共同研究・民衆と学問――伊那自由大学の思想史的考察」　明治大学政治経済学部政治学科日本思想史演習室（後藤ゼミ）　＊編

1983(昭和58)年

3 月　日本政治史（2 部）『資料センターニュース』27・28
5 月 17 日　御前崎紀行　山と海つなぐ「古道」歩き　民の交流の確証　『信濃毎日新聞』《論》
7 月 1 日　「東京裁判」印象記　録音・伊那谷の精神歳時記　『南信州新聞』
8 月　『遠山常民大学の五年』遠山常民大学運営委員会、 B6 判、179 頁、カバー・北島新平、写真・遠山信一郎　＊編
(内容）はじめに／村からのメッセージ（板倉正、下平正春）／講師からのメッセージ（北田耕也、大沢和夫、向山雅重、武井正弘、稲本正）／報道者からのメッセージ（内山洋道、伊藤善夫、野口清人）／グループからのメッセージ（柘植信行、鈴木敏治、高月雅子、大庭祐輔、小口益一、伊藤真弓、平沢秀明、奥村芳宏、黍嶋久好）／「大学」の記録（講義記録／運営委員会記録／財政記録／受講者名簿）／報道の記録／〈感想〉常民大学に学んで（遠山源治、後藤忠人、遠山常雄、北沢広富、片山徹、小沢一太郎、桜井正佐、鈴木理、遠山信一郎、針間道夫、神本映二）／〈ひとつのまとめ〉生活者と学問――遠山常民大学の五年（後藤総一郎）
9 月　原田清・海野福寿著「静岡県の百年」県民百年史 22　『駿台史学』59
11 月 26 日　武田太郎小論　武田太郎『詩と文と絵』刊行委員会編『武田太郎「詩と文と絵」――遺稿追悼集』武田太郎「詩と文と絵」刊行委員会　《伊》
11 月　日本民衆の想像力の発掘『北島新平作品集　ふるさと伊那谷童画の世界』郷土出版社　《地》
11 月　『思想史研究草稿』第 6 号「共同研究・天皇制ファシズムと民衆――長野県下伊那地方の思想史的考察」明治大学政治経済学部政治学科日本思想史演習室（後藤ゼミ）　＊編
12 月　解説　本多勝一『そして我が祖国・日本』朝日文庫　《伊》

1984(昭和59)年

1 月　『生活者の学び――六常民大学合同研究会記録』　伝統と現代社（現代ジャーナリズム出版会発売）、B6 判、175 頁、1200 円　＊編
(内容）基調報告　初めての交流会の意味（後藤総一郎）／挨拶　意義ある勉強会に（遠山源治）／挨拶　遠山から学ぶもの（板倉正）／挨拶　民俗学の豊庫での学び（松沢太郎）／十一年の学び〈柳田国男研究会〉（小田富英）／ムラの学びの六年〈遠山常民大学〉（小沢一太郎）／主婦の学びの心暦〈茅ヶ崎常民学者〉（高月雅子）／広域学習の展開〈浜松常民文化談話会〉（大庭祐輔）／自学自習と公教育〈ふじみ柳田国男を学ぶ会〉（小口益一）／シンガリの学び〈飯田歴史大学〉（今村兼義）／記念講演　大人の学び――その理念（北田耕也）／記念講演　子どもの学び――その歴史と現在（庄司和晃）／ひとつの自分史――『あの日夕焼け』（鈴木政子）／討論　生活者の学びの

1981(昭和56)年

1月　心の連鎖と生命の再生としての正月（特集・小学生とお正月）『小学生のお母さん』1（8）

3月　伊那谷におけるある「反措定」『離騒一宇案内』《郷》

3月　現代保守主義の思想的位相　『公明』230　《国》

5月　羽生三七論（波多江貴代美との共著）『伊那』636

5月　**『郷土研究の思想と方法』**　伝統と現代社（現代ジャーナリズム出版会発売）、四六判、266頁、1800円、装幀・勝木雄二
（内容）序（戦後民主主義と地方への視座）／Ⅰ　郷土研究の原点（柳田国男におけるフォークロアへの道、柳田国男と平田篤胤――常民の心意世界と国学の脈流、柳田国男における歴史主体の発見）／Ⅱ　郷土研究の方法と課題（方法としての「地方」、郷土史研究の思想と方法、郷土史編纂の理念と方法、遠山常民大学の理念と実践――自己認識としての「村の学問」、「在地」の思想――三・信・遠国境のムラづくり対話行から、郷土史研究とムラづくり）／Ⅲ　郷土研究からの展開（伊那谷におけるある反措定――下平政一伝、ムラの自由民権、芸能と民衆――大鹿歌舞伎をめぐって、道の思想、新飯田都市論――モデル定住圏のスタートに寄せて、「一人前」と共同体、親が子どもに伝える生活感覚）／あとがき

5月　あとがき　《郷》

10月　『思想史研究草稿』第4号「アプローチテーマ・『地方』の思想史」　明治大学政治経済学部政治学科日本思想史演習室（後藤ゼミ）　＊編

11月　『学ぶ』ということについて――山下さんへの手紙　『文化からの架け橋――寺小屋教室10年の歩み』

1982(昭和57)年

1月　新春鼎談　地域文化をどうつくるか（小口益一・渋谷定輔　司会・北田耕也）『月刊社会教育』298

1月　近代思想史研究と柳田民俗学　『国文学』27（1）《新序・論》

2月　日本政治思想史ゼミナール　『資料センターニュース』22

3月　十年前の寺小屋のこと　『寺小屋雑誌』13

3月　日本政治思想史　『資料センターニュース』23・24

3月　安田常雄著「出会いの思想史――渋谷定輔論」（著者への手紙）『現代の眼』23（3）

5月　**『新版柳田国男論序説』**　伝統と現代社（現代ジャーナリズム出版会発売）、四六判、294頁、1800円、装幀・勝木雄二
（内容）柳田学の思想と学問／柳田国男の少年体験／柳田国男の青春体験／柳田学と転向／思想史における柳田国男の視角／柳田民俗学における生涯の象徴／「愛国心」形成の歴史像／近代日本の教育とその精神風土／「家」の思想／「常民」に宿る天皇信仰／家と土への回帰／「常民」における戦争責任／天皇制支配と禁忌／あとがき／新版あとがき

5月　新版あとがき　《新序》

5月　『柳田国男著作・研究文献目録――柳田国男没後20周年記念』日本地名研究会　＊柳田国男研究会編（同会代表）

5月　「目録」作成にあたって　柳田国男研究会編『柳田国男著作・研究文献目録―

11月30日　「己」と「村」を追い求め　「遠山物語」を終わって　『信濃毎日新聞』夕刊

1979(昭和54)年

1月　地方文化の地平（特集・80年代と「新しい革新」の展望）『公明』203　《論》
1月　遠山常民大学の理念と実践（総特集・私塾の思想）『伝統と現代』56　《郷》
2月　自己認識としての「村の学問」『月刊社会教育』23（2）　→改題・補筆「遠山常民大学の理念と実践」《郷》
4月　閉会のことば　『寺小屋雑誌』8
4月　巻頭鼎談　まつりと文化――失われた信仰世界からの照射　『寺小屋雑誌』8
5月　『新修港区史』　東京都港区　＊共著
6月　『思想史研究草稿』第2号「アプローチテーマ・明治国家の地方理念」　明治大学政治経済学部政治学科日本思想史演習室（後藤ゼミ）　＊編
6月　柳田国男における歴史主体の発見（特集　マルクス――その受容の系譜）『流動』11（6）《郷・論》
7月　フォークロアへの道　牧田茂編『評伝柳田国男』日本書籍　→改題「柳田国男におけるフォークロアへの道」《郷・論》
8月　昭和史における天皇の歴史的意味（座談会　江口圭一・金原左門　特集　昭和史の天皇）『歴史公論』5（8）
8月　**『遠山物語――ムラの思想史』**信濃毎日新聞社、四六判、365頁、1600円、表紙・北島新平　＊1995年にちくま学芸文庫に収録
（内容）ムラへの眼／遠山のシンボル／古層の遠山／ムラの“御一新”／山の開発／戦時下のムラ／ムラの敗戦／ムラの近代化／「ムラの思想史」の理念と方法／あとがき
10月　「伊那」を紡いだ人びと――大沢一夫（その一）（座談会　大沢・武田太郎と）『伊那』617（同誌620号まで6回連載）

1980(昭和55)年

1月　明治民法と家イデオロギーの形成　『歴史公論』《国》
1月　〈常民史学〉の創成――日本学問史に異彩を放つ反アカデミズムの“野の学”『流動』12（1）
1月5日　民衆の自画像――昭和精神史覚え書き　『公明新聞』（8月26日まで35回連載）
5月　郷土史研究とムラづくり　『地域問題研究』8　《郷》
5月　親が子に伝える生活感覚　『青年心理』　→改題「子育ての思想」《郷・論》
6月2日　大鹿歌舞伎と民衆　『信濃毎日新聞』夕刊（6月3日まで2回連載）　→改題「芸能と民衆」《郷》
7月　平田東助論　『日本政治の実力者たち（1）』有斐閣　《国》
7月　昭和史における天皇制（総特集・ガイドブック天皇制を考える）『伝統と現代』65
7月　政治構造の考察　『伝統と現代』65
7月　『思想史研究草稿』第3号「アプローチテーマ・民衆精神史の基層」　明治大学政治経済学部政治学科日本思想史演習室（後藤ゼミ）　＊編
8月　千石興太郎論　『現代の眼』21（8）《国》
10月芸能と民衆（随筆）『民話の手帖』6
12月22日　新飯田都市論　『信濃毎日新聞』夕刊（2月23日まで2回連載）《郷》

11 月　伝統と文明　《展・論》
11 月　あとがき　《展》
12 月　『南信濃村史　遠山』　長野県南信濃村　＊編纂顧問
12 月　イメージとしての遠山　『南信濃村史　遠山』南信濃村
12 月 30 日　郷土研究の思想と方法　『信濃毎日新聞』《郷》

1977(昭和52)年

2 月 11 日　民主主義の視点――日本的構造　『信濃毎日新聞』(1977 年 2 月 19 日まで 5 回連載)　→改題「戦後民主主義と地方への視座」(エピローグ・プロローグは新稿)　《郷》
3 月　象徴天皇制と地方自治の構造　『地方自治職員研修』《国》
4 月　柳田国男と平田篤胤　『新修平田篤胤全集』第 9 巻月報　《郷》
5 月　近代日本の教育とその精神的風土（立身出世）『現代のエスプリ』118
6 月　伝統と文明――その思想的視角　『人文学研究所報』11
7 月　歴史形成の主体とエネルギー（総特集　閉塞の時代――往復書簡による現代情況論の試み）『伝統と現代』46
8 月　国体論の形成――その思想史的祖型　『歴史公論』3（8）《国》
9 月　『橘保平翁・小千代おばあさんの思い出――三十三回忌法要の記念のために』　私家版（自筆謄写刷)、B5 判、11 頁
（内容）エピグラフ（柳田国男の言葉より）／（一）戒名と在りし日の面影（村長時代）／（二）橘家の家系（ただし文政以前は不詳）／（三）保平翁の足跡（抄）／（四）おじいさん・おばあさんの思い出
9 月　ノスタルジアの感情構造（三和教養講座第 1 回)・共同体と個（同第 2 回)・「柳田国男の人と思想」について（同第 3 回）『Q』10
10 月　方法としての「地方」『季刊地域と創造』3　《郷》
10 月　提唱！　方法としての「地方」の確立を（論争シリーズ 3　地域の思想を求めて）『地域と創造』3　→改題「方法としての地方」《郷》
10 月　『柳田国男と飯田』市立飯田図書館　＊武田太郎と共編
11 月　「一人前」と共同体　『青年心理』《郷》
12 月　玉城哲著「稲作文化と日本人」(著者への手紙）『現代の眼』18（12）
12 月　現代故郷考（特集・故郷を想う！）『ヤングプラザ』
12 月 20 日　近代日本と情念　『近代風土』1　《国》

1978(昭和53)年

4 月　「ムラ」にこだわることの意味（「総括と提唱」の上条宏之氏に答える）『地域と創造』5
5 月　「谷の思想」の原郷　『短歌』25（5）
6 月　『思想史研究草稿』第 1 号「アプローチテーマ・超国家主義の思想史的水源」　明治大学政治経済学部政治学科日本政治思想史演習室（後藤ゼミ）　＊編
7 月　柳田国男と「笑話」の世界　『短歌』25（7）
10 月　「村の学問」断章　『近代風土』3　→改題「遠山常民大学の理念と実践――自己認識としての『村の学問』」《郷》
11 月　「在地」の思想（総特集　現代ふるさと考）『伝統と現代』55　《郷》

民俗への感情構造、現代祭考、信州の思想、「村史」の方法、遠山史断章、木曽馬哀歌）／あとがき
9月　あとがき　《批》
9月11日　中央道開通の思想的意味　『信濃毎日新聞』　→改題「道の思想」《郷》
9月15日　差別語と差別――差別の民俗史的原図（特集・マスコミの用語規制をめぐって）『公評』12（9）
10月　60年代転向の位相（特集・60年代の思想史）『思想の科学』第6次53
11月14日　死後5年のアイロニー（座談会　大久保典夫・菅孝行　特集・三島由紀夫は蘇生するか）『朝日ジャーナル』17（49）
11月　階級としての友情論　『三和新聞』《批》
11月　柳田国男が抱いていた経済思想――民俗学と農政学の間　『エコノミスト』53（49）　→改題「柳田国男の経済思想」《展・論》
12月　民俗の宝庫・佐渡の原風土　『民俗の旅――柳田国男の世界』読売新聞社　《展・論》
12月　自己否定の歴史学の創造　色川大吉『ある昭和史　自分史の試み』（書評）『すばる』22　→改題「色川大吉論」《展》

1976（昭和51）年

1月　大正期民衆のナショナリズム（総特集・ナショナリズム）『伝統と現代』37　《国》
1月　柳田国男の経済思想　『伊那』570（『エコノミスト』1975年11月臨時増刊号から転載）《展・論》
3月　現代縄文文化考　『日本の屋根』
4月　霜月まつり　『季刊　信州の旅』16春
5月　柳田国男と戦争　『歴史公論』《展・論》
7月　郷土史編纂の理念と方法　『ジュリスト増刊』　総合特集4「開発と保全」《郷》
7月　風土の変貌――柳田国男の「風景論」から　前掲誌　《批・論》
7月　色川民衆史学の原点　色川大吉『明治精神史』下、講談社（講談社学術文庫）　→改題「色川大吉論」《展》
8月　**『三十三年の墓標――母・姉・妹の三十三回忌法要の記念に』**　私家版（手書謄写刷）、B5判、15頁
（内容）（一）戒名／（二）遺影／（三）家系（抄）（四）母と姉と妹の生涯（五）母への報告（三十三年の手紙）
9月　昭和民衆精神史ノート（総特集・昭和思想――戦前・戦中）『伝統と現代』41　伝統と現代社　《国》
11月　**『柳田学の思想的展開』**　伝統と現代社（現代ジャーナリズム発売）、四六判、228頁、1300円
（内容）序（柳田国男研究の展開）／柳田国男の学問と思想（柳田国男と現代、柳田国男の結婚、柳田国男の経済思想、柳田国男の戦争、柳田国男紀行）／柳田学と風土・伝統・文明（風土の変貌――柳田国男の「風景論」から、伝統と文明――その思想史的視角、地方学の形成――柳田民俗学の原点、色川大吉論）／自己史の視角から（霜月まつり、現代、縄文文化考、イメージとしての「遠山」）／あとがき
11月　柳田国男研究の展開　《展・論》
11月　柳田国男の結婚　《展・論》

1974(昭和49)年

1月　在村的暴力の形成　『現代の眼』15（1）《常・国》

1月28日　柳田国男と現代　『毎日新聞』《常・論》

2月　橋川文三著「歴史と感情」「歴史と思想」――鋭く豊かな仮説群の書　『潮』76

4月　南方熊楠と神社合併反対運動　『季刊柳田国男研究』5　《常・国》

4月18日　帰去来情緒再考　『読売新聞』→改題「帰去来情緒の思想　2」《常・論》

5月　在村的草莽者の思想と行動　『伝統と現代』27　→改題「幕末草莽者の思想と行動」《常・国》

6月　個性的な北一輝発掘・照明作業　『ピエロタ』復刊1　→改題「北一輝ノート」《批・国》

7月　フォークロアへの道　牧田茂編『評伝柳田国男』→改題「柳田国男におけるフォークロアへの道」《郷・論》

7月　思想史における民俗学　『季刊柳田国男研究』6（同誌7まで連載）《批・論》

8月「草奔崛起論」の思想過程　『吉田松陰全集　月報8』大和書房　《批・国》

8月　**『常民の思想――民衆思想史への視角』**　風媒社、四六判、239頁、1200円、装幀・中矢惠子
（内容）Ⅰ（常民論ノート、近代国家と常民、柳田国男と近代日本、常民と状況、柳田国男と現代、柳田国男研究への視角）／Ⅱ（帰去来情緒の思想、帰去来情緒再考、転向と故郷回帰、「ムラ」の思想、“デラシネ”からの自己回復、語りものの復権）／Ⅲ（在村的暴力の形成、在村的草莽の思想と行動、南方熊楠と神社合併反対運動）／あとがき

8月　あとがき　《常》

9月　天皇神学の創出　『伝統と現代』29　《天・国》

9月20日　現代「常民」の可能性　『東京新聞』《批》

10月2日　現代寺子屋の思想――原初に向かう知的気流　『毎日新聞』夕刊

10月15日　遠山史断章――御射山祭の原初と今日　「信州の東京」737　《批》

11月15日　現代祭考　『日本経済新聞』《批》

1975(昭和50)年

1月14日　成人式考　『信濃毎日新聞』《批》

3月「物」の民俗への感情構造（特集・情況としての民俗）「公評」12（3）《批・論》

5月4日　木曽馬哀歌　『信濃毎日新聞』(5月7日まで2回連載）《批》

6月17日　柳田国男と現代　『毎日新聞』(6月19日まで2回連載）《展・論》

6月『共同研究柳田国男の学問形成』　白鯨社　＊編

7月　長谷川如是閑と柳田国男（総特集　思想史の柳田国男　柳田国男生誕百年記念）『伝統と現代』34　《批・論》

9月　**『天皇神学の形成と批判』**　イザラ書房、四六判、277頁、1500円、装幀・黒沢充夫
（内容）Ⅰ（天皇神学の創出、「草莽崛起論」の思想過程、伊藤博文論、明治国家の権力像／Ⅱ（北一輝と未完の革命、北一輝ノート、昭和維新思想の根拠、柳田国男と北一輝、書評〈村上一郎『北一輝論』、松本健一『北一輝論』、松沢哲成『橘孝三郎』、綱沢満昭『日本の農本主義』〉）／Ⅲ（思想史における民俗学、長谷川如是閑と柳田国男、現代常民の可能性、「階級」としての友情論、現代寺小屋の思想、成人式考、「物」の

（内容）Ⅰ（柳田学の思想と学問、柳田国男の少年体験、柳田国男の青春体験、柳田学と転向、思想史における柳田国男の視角、柳田民俗学における生涯の象徴）／Ⅱ（「愛国心」形成の歴史像、近代日本の教育とその精神風土、「家」の思想、「常民」に宿る天皇信仰、家と土への回帰、「常民」における戦争責任、天皇制支配と禁忌）／Ⅲ書評（臼井吉見編『柳田国男回想』、桜井庄太郎著『名誉と恥辱』、宮本常一著『民俗のふるさと』、池田弥三郎・宮本常一・和歌森太郎編『民俗学のすすめ』、石田英一郎著『新版　河童駒引考』、エリアーデ著・堀一郎訳『大地・農耕・女性』、石田英一郎著『人間を求めて』）／あとがき

12 月　あとがき 《序》

12 月 『柳田国男（人と思想）』三一書房　＊編

1973（昭和48）年

1 月 29 日　常民と状況（「方位」6 月 18 日まで 6 回連載）『日本読書新聞』《常・論》

2 月　吉田松陰の思想的過程（対談・鹿野政直）『ピエロタ』18

2 月　創刊号が生まれるまで 『季刊柳田国男研究』1　＊編

2 月　柳田学の形成と主題（座談会　橋川文三・色川大吉・川村二郎・谷川健一・伊藤幹治・宮田登）『季刊柳田国男研究』1

2 月　柳田国男との出会い（連載インタビュー　谷川健一・伊藤幹治と）『季刊柳田国男研究』1

3 月　常民論ノート 1 『情況』《序・論》

3 月 10 日　語りものの復権 『図書新聞』《常・論》

4 月　浪曼派少年の原図　橋川文三・その『日本浪曼派批判序説』の源流（特集・日本浪曼派・イロニイの論理）『ピエロタ』19

5 月　美意識と政治（座談会　判澤弘・松本健一　総特集・日本人の美意識——思想としての美の感性と論理）『伝統と現代』21

7 月「学ぶ」ということについて——Y さんへの手紙 『寺小屋通信』3

7 月 6 日 “デラシネ”からの自己回復 『日本経済新聞』《常》

7 月 7 日　帰去来情緒の思想 『信濃毎日新聞』（1973 年 7 月 8 日まで 2 回連載）《常・論》

8 月　谷川四兄弟——健一・雁・道雄・公彦（思想の断面・人間を歩く 3）『現代の眼』14（8）

9 月　天皇制の政治構造——日本人にとっての天皇制とは何か（座談会　芳賀登・神島二郎　総特集・天皇制——その起源・構造・歴史過程）『伝統と現代』29

9 月　常民論ノート 2 『情況』《序・論》

9 月　天皇信仰の心性構造（特集　天皇信仰と土俗宗教）『情況』→改題「常民に宿る天皇信仰」《論》

9 月　柳田国男と北一輝 『専修大学新聞』《批・論》

11 月　昭和維新思想の根拠（特集・革命の神話と文学）『国文学　解釈と鑑賞』488 《批・国》

11 月「ムラ」の思想 『信濃毎日新聞』（11 月 20 日まで 3 回連載）

12 月 15 日 『村史』の方法 『みなみしなの』《批》

—　近代国家と常民 『日本人の 100 年』19　世界文化社 《常・論》

1968（昭和43）年

6月29日　石田英一郎『人間を求めて』（書評）『図書新聞』《序》
8月1日　新しい愛国心の形成（特集・現代日本の目標）『自由』10（8）→改題「『愛国心』形成の歴史像」《序・国》

1969（昭和44）年

7月　パルタイへの忠誠と反逆　『現代の眼』10（7）

1970（昭和45）年

2月　伊藤博文論　『権力の素顔（明治の群像4）』　三一書房　＊橋川文三と共編　《批・国》
2月　北一輝と未完の革命　『現代の眼』11（2）《批》《国》
6月　村上一郎『北一輝論』（書評）『構造』《批》
12月　小中陽太郎『天誅組始末記』（著者への手紙）『現代の眼』11（12）

1971（昭和46）年

2月　柳田国男の少年体験——「体験」と「思想」の関係について　『現代の眼』12（2）《序・論》
3月　柳田国男のロマン体験——明治青年の青春と挫折　『現代の眼』12（3）→改題「柳田国男の青春体験」《序・論》
4月　家と土への回帰　『映画批評』《序・国》
5月　「僕」の歴史（特集・日本語を考える）『学燈』
5月　綱沢満昭『日本の農本主義』（書評）『日本読書新聞』《批》
5月　食べる文化史　『たいよう（大洋漁業社内報）』

1972（昭和47）年

1月　柳田国男と折口信夫（対談・谷川健一）『現代の眼』13（1）
4月『明治大正昭和世相史　追補』　社会思想社　＊加藤秀俊、加太こうじ、岩崎爾郎と共著
4月　桜井徳太郎『名誉と恥辱』（書評）『出版ニュース』4月中旬号　《序》
4月　松沢哲成『橘孝三郎』（書評）『出版ニュース』4月中旬号　《批》
4月　柳田国男と常民・天皇制・学問　『現代のエスプリ57　柳田国男』至文堂
4月『遠山論草稿』白鯨社　＊編
6月　松本健一『北一輝論』（書評）『流動』《批》
10月　思想史における柳田国男への視角（特集・柳田国男の民俗思想とその位相）『ピエロタ』16　《序・論》
10月23日　未決の柳田国男研究　『日本読書新聞』《序・論》
11月　柳田国男研究への視角　後藤編『人と思想　柳田国男』　三一書房　《常・論》
11月　天皇制支配と禁忌（特集・共同幻想の根源）『伝統と現代』18　《序・国》
11月27日　臼井吉見編『柳田国男回想』（書評）『日本図書新聞』《序》
12月　**『柳田国男論序説』**　伝統と現代社（現代ジャーナリズム出版会発売）、四六判、295頁、900円

の座標軸で（全5回）『明治大学新聞』

1962（昭和37）年

4月26日　書評／訴える戦争の世界体験　執拗な生へのシンフォニイ　ハンス・W・ベーア編集　高橋健二訳編「人間の声」『明治大学新聞』

6月　学生商品論（特集・現代の虚業）『思想の科学』第5次5

6月14・21日・7月19日　ルポ構成　青春の裸像　1〜3『明治大学新聞』

11月8日　学生商品論――その視座構造と思想史的意味『明治大学新聞』

11月　現代学生の転向論『駿台論潮』56

12月6日　昭和37年度学生調査部「サークル活動実態調査報告書」から／泰平ムードの小集団　消極的なサークル論の追求『明治大学新聞』

1963（昭和38）年

5月　アウトローの原型と実像『駿台論潮』57

6月27日　論壇／米・ソ学生の生活と意識　シンボル不在の不幸　二つの米ソ大学留学記から『明治大学新聞』

10月3日　心えぐる不戦の誓い　すぐれた戦争体験の思想　安田武著『戦争体験』を読んで『明治大学新聞』

1964（昭和39）年

1・2・4月　柳田国男の学問と思想『思想の科学』第5次22・23・25《序・論》

4月　変革への一つの視点　私的根からの思想『駿台論潮』59・60合併号

8月22日　宮本常一『民俗のふるさと』（書評）『南日本新聞』《序》

12月10日　日本の教育　教育を支える近代日本の精神的風土（特集・教育）『駿台論潮』62

1965（昭和40）年

1月　柳田民俗学における生涯の象徴『思想の科学』第5次34《論》

6月17日　柳田国男の学問と思想　補論『明治大学新聞』《論》

7月24日　池田弥三郎・宮本常一・和歌森太郎編『民俗学のすすめ』（書評）『図書新聞』《序》

1966（昭和41）年

4月2日　石田英一郎『新版河童駒引考』（書評）『図書新聞』《序》

6月　実感を武器に歴史をつくりかえた学生群像（特集・学生であること）『思想の科学』第5次51

10月　年表　笠信太郎編『日本の百年』社会思想社

1967（昭和42）年

3月　日本の教育　教育を支える近代日本の精神的風土（特集　教育）『三崎論潮』

6月『明治大正昭和世相史』社会思想社　＊加藤秀俊、加太こうじ、岩崎爾郎と共著

後藤総一郎著作一覧

凡例

・本一覧は、飯澤文夫編「後藤総一郎先生著作年譜」（後藤総一郎先生追悼刊行会編・刊『常民史学への視座』岩田書院発売、2004年所収）、飯澤文夫・村松玄太編「著作年譜」（常民大学『野の学びの史譜』編集委員会編『野の学びの史譜』梟社、2008年所収）を底本に、加除修正を加えたものである。
・著作論題末尾に左記の略号がつく場合、当該著作が収録された著書を示す。
《序》＝『柳田国男論序説』伝統と現代社、1972年
《常》＝『常民の思想　民衆思想史への視角』風媒社、1974年
《批》＝『天皇神学の形成と批判』イザラ書房、1975年
《展》＝『柳田学の思想的展開』伝統と現代社、1976年
《遠》＝『遠山物語　ムラの思想史』信濃毎日新聞社、1979年（1995年、『遠山物語』としてちくま学芸文庫に収録）
《郷》＝『郷土研究の思想と方法』伝統と現代社、1981年
《新序》＝『新版　柳田国男論序説』伝統と現代社、1982年
《論》＝『柳田国男論』恒文社、1987年
《国》＝『天皇制国家の形成と民衆』恒文社、1988年
《天》＝『神のかよい路　天竜水系の世界観』淡交社、1990年
《地》＝『柳田学の地平線　信州伊那谷と常民大学』信濃毎日新聞、2000年
《伊》＝『伊那谷の民俗と思想』南信州新聞社、2003年
・配列は初出による。なお、著書に書き下ろしの著作が含まれる場合は、内容に記載すると共に、改めてそれを当該月に立項した。
・逝去（2003年）後に刊行された追悼集等についても「＊参考」として掲載した。
・太字は単著を表す。

1949(昭和24)年

4月　献金の辞（1947年3月23日　和田中学校卒業式にて）『むらびと』

1958(昭和33)年

9月2-7日　ルポルタージュ“郷土意識”（1）-（6）『南信州』

1959(昭和34)年

3月15日　原爆製造実験「それは盲腸論」ピカドン・広島の実感　『明治大学学生新聞』
12月31日　己が田に水を引くな（学生の立場から）『明治大学新聞』

1960(昭和35)年

4月28日　ルポルタージュ　女子美大の抵抗をみる　連帯意識の構築はエゴイズム／逆転する女性権利意識　『明治大学新聞』
11月　革命の姿像（II）全学連の発想法を撃て　『駿台論潮』49

1961(昭和36)年

4月　〈学生運動論〉“怒り”を明日に定着させるために　『駿台論潮』50
11月23日・12月7・21日・1962年1月11・25日　新しい大学のイメージ　「学生商品論」

年（歳）	履　歴
1997 年 （平成 9） （64 歳）	9 月 13・14 日　第 15 回常民大学合同研究会を東京、明治大学で開く。
1998 年 （平成 10） （65 歳）	11 月　国立台湾大学創校 70 週年暨図書館新館開幕紀念「伊能嘉矩与台湾研究特展」で「伊能嘉矩と柳田国男――その学問的個性と普遍性」講演。 11 月　明治大学リバティタワー竣工記念イベント実行委員長。
1999 年 （平成 11） （66 歳）	4 月　韓国、梨花女子大学校で「戦後日本思想史」を集中講義（～ 6 月）。 4 月　梨花女子大学校で「日本の大学の歴史と現況」講演。 5 月　同「日韓文化交流史の歴史と未来」講演。 7 月　父忠人死去。享年 95。 9 月 25・26 日　第 16 回常民大学合同研究会を鎌倉で開く。 12 月 「民話のふるさと遠野大使」（遠野市）委嘱。
2000 年 （平成 12） （67 歳）	4 月　学校法人明治大学理事。 11 月 18・19 日　第 17 回常民大学合同研究会を東京、明治大学で開く。 11 月　韓国、仁荷大学校で「21 世紀日本政治学の新たな可能性」講演。
2001 年 （平成 13） （68 歳）	1 月　第 27 回遠野市民文化賞受賞。 3 月　明治大学創立 120 周年記念事業委員会副委員長、同記念展示分科会座長、同創立者顕彰講演分科会座長、同広報分科会座長、同文化講演分科会座長（～ 2002 年）。 4 月　明治大学史料委員会委員長。 9 月 23・24 日　第 18 回常民大学合同研究会を浜松で開く。
2002 年 （平成 14） （69 歳）	2 月　脳梗塞により鎌倉市、阿部脳神経外科病院に入院（同月退院）。 3 月　長野県下伊那郡南信濃村「ふるさと南信濃村親善大使」を委嘱される。 5 月 11・12 日　国府津館にて常民大学代表者会議を開く。 9 月 14・15 日　第 19 回常民大学合同研究会を立川で開く。懇親会の席上、悪性リンパ腫と診断されたことを発表する。 9 月　悪性リンパ腫により鎌倉市、湘南鎌倉病院に入院。
2003 年 （平成 15）	1 月 12 日　湘南鎌倉病院にて死去。享年 69。 1 月 14 日　鎌倉市カドキホールにて通夜。 1 月 15 日　同　告別式。 総岳智泉大居士。 菩提寺は鎌倉市浄明寺の稲荷山浄妙寺。 3 月 8 日　常民大学主催「後藤先生を偲ぶ会」（鎌倉市）。 11 月　常民大学 20 周年記念大会――常民大学と後藤学の地平線「後藤民俗思想史の内部確認と対外的発信」（長野県飯田市）を 3 日間にわたって開く。 12 月　遠野市市制施行 49 周年記念功労者表彰式において特別表彰を受ける。
2007 年 （平成 19）	9 月　三枝子夫人、飯田市美術博物館への後藤総一郎先生蔵書の寄贈により飯田市功労者表彰を受ける。

作成　飯澤文夫・村松玄太

年（歳）	履　歴
1991年 （平成3） （58歳）	9月7・8日　第9回常民大学合同研究会を遠山で開く。 10月　明治大学・公開大学学外集中講座「地域振興の基本理念」（新潟県十日町市）開講、運営委員長（～1993年）。1994年11月に受講者有志により「妻有学舎」開講、主宰講師。
1992年 （平成4） （59歳）	2月　学校法人明治大学評議員。 4月　明治大学学長室専門員（～1993年3月）。 4月　明治大学ラグビー部部長（～1997年3月）。 5月　明治大学・公開大学「柳田国男の世界」（東京都）開講、講師（～1997年。1995年5月に受講者有志により「明治大学柳田国男を学ぶ会」開講、主宰講師）。 5月　「飯田柳田国男研究会」開講、主宰講師。 6月　ドイツ、テュービンゲン大学で「日本民俗文化の特質」を集中講義（～7月）。 9月19・20日　第10回常民大学合同研究会を飯田で開く。
1993年 （平成5） （60歳）	4月　明治大学学長室専門員長（～1994年3月）。 5月　鳥取民俗懇話会顧問（鳥取市）。 9月18・19日　第11回常民大学合同研究会を飯田で開く。宿泊した大平宿で還暦祝いの会がもたれる。 —　この年、筑摩書房より新しい『柳田國男全集』刊行企画の話がきて準備に入る。
1994年 （平成6） （61歳）	4月　明治大学大学史料委員会委員。 4月　「鎌倉柳田学舎」（鎌倉市）開講、主宰講師。 7月　『柳田國男全集』編集委員会が立ち上がる。 8月　「遠野物語ゼミナール」（遠野市）開講、主宰講師。以後毎年開催。 9月24・25日　第12回常民大学合同研究会を東京、日本青年館で開く。 11月　「妻有学舎」（新潟県十日町市）開講、主宰講師。 11月　NHK「ETV特集——日本を作った日本人」②天皇制・伊藤博文（1）、③内務政策・山県有朋（2）を監修、出演。
1995年 （平成7） （62歳）	4月　岩手県遠野市立遠野物語研究所開所、所長。 5月　「明治大学柳田国男を学ぶ会」（東京都）開講、主宰講師。 5月　『柳田國男全集』編集委員として福崎の柳田国男・松岡家記念館を訪ね、協力を依頼する。 7月　「熊谷元一写真賞」コンクール（長野県下伊那郡阿智村）審査委員。 9月9・10日　第13回常民大学合同研究会を立川で開く。 —　「知久伊那谷文化賞」（長野県飯田市）選考委員。
1996年 （平成8） （63歳）	4月　明治大学図書館長（～1999年3月）。 4月　韓国、仁荷大学校、梨花女子大学校、高麗大学校で「近代日本における天皇制国家の形成と民衆」講演。 9月28・29日　第14回常民大学合同研究会を十日町で開く。 11月　明治大学教学基本プロジェクト「生涯教育構想検討委員会」座長（～1998年12月）。 12月　「明治大学柳田国男ゼミナール（東京都）」開講、主宰講師。

年（歳）	履　歴
1985年 （昭和60） （52歳）	4月　「長野生活者大学」（長野市）開講、主宰講師（～1987年11月）。 8月17・18日　第3回常民大学合同研究会を飯田で開く。 9月　明治大学百年史編纂委員会委員（～1994年3月。1994年4月に明治大学大学史料委員会に改組）。 10月　「立川柳田国男を読む会（東京都立川市）」開講、主宰講師。
1986年 （昭和61） （53歳）	8月2・3日　第4回常民大学合同研究会を富士見で開く。 9月　柳田国男の書斎を、東京都世田谷区成城の柳田家から、長野県飯田市に寄贈することを仲介。 10月　「柳田国男館準備委員会」（長野県飯田市。第10回委員会から「運営委員会」）議長。 10月　明治大学学生部委員（～1987年3月）。
1987年 （昭和62） （54歳）	3月　「於波良岐常民学舎（群馬県邑楽郡邑楽町）」開講、主宰講師。 4月　明治大学専任教授（日本政治思想史、政治学、演習B（Ⅱ）（Ⅲ）大学院演習担当）。 4月　明治大学学生部長（～1990年3月）。 5月　岩手県遠野市において「柳田国男ゆかりサミット」を企画・実施（以降2002年まで関係九区市町村で毎年開催）。 8月　「遠野常民大学（岩手県遠野市）」開講、主宰講師。 8月1・2日　第5回常民大学合同研究会を磐田で開く。
1988年 （昭和63） （55歳）	―　明治大学『読書の広場』編集委員。 8月　鎌倉市雪ノ下に転居。 9月　飯田市美術博物館（柳田国男館）顧問。 9月10・11日　第6回常民大学合同研究会を鎌倉で開く。
1989年 （昭和64／平成元） （56歳）	1月28日　明治大学会館にて、『柳田国男伝』出版記念会が開かれる。よびかけ人代表は谷川健一。 2月　『天皇制国家の形成と民衆』により、第7回[平成2年度-1989]政治研究櫻田會賞を受賞。 4月　明治大学体育委員会（～1990年3月）。 4月　明治大学体育委員会委員（～1990年3月）。 4月　柳田国男記念伊那民俗学研究所長（長野県飯田市）。 8月5・6日　第7回常民大学合同研究会を遠野で開く。 11月　「鎌倉市民学舎」開講（～1994年。「鎌倉柳田学舎」に統合）。
1990年 （平成2） （57歳）	1月　「柳田国男記念伊那民俗学研究所」（長野県飯田市）開所、所長。 4月　ドイツ、テュービンゲン大学で「日本民俗文化論」を集中講義（～8月）。 9月8・9日　第8回常民大学合同研究会を邑楽で開く。 10月　明治大学・公開大学運営委員会委員長（～1998年10月）。 10月　明治大学政治経済学部政治学科長（～1992年3月）。 11月　明治大学政治経済学部カリキュラム検討委員会委員長（～1991年12月）。

年（歳）	履　歴
1978年 （昭和53） （45歳）	9月　柳田講座合同の合宿を遠山で行う。 11月　「遠山常民大学（長野県下伊那郡南信濃村）」開講、主宰講師。
1979年 （昭和54） （46歳）	8月　柳田講座の遠山での3回目の合宿をする。
1980年 （昭和55） （47歳）	4月　拓殖大学政治経済学部非常勤講師（～1981年3月）。
1981年 （昭和56） （48歳）	1月　「茅ヶ崎常民学舎（神奈川県茅ヶ崎市）」開講、主宰講師。 4月　明治大学政治経済学部専任講師（日本政治思想史、日本政治史、日本史特論、政治学、演習B（Ⅱ）（Ⅲ）担当）。 4月　武蔵大学人文学部非常勤講師（～1983年3月。1981年度は近代日本文化論講義Ⅱ・「伝統と近代」の思想史、1982年度は同・日本ファシズム論担当）。 4月　「浜松常民文化談話会（静岡県浜松市）」開講、主宰講師（1985年に「浜松・磐田常民文化談話会」、1991年から「遠州常民文化談話会」。 10月　「ふじみ柳田国男を学ぶ会（埼玉県富士見市）」開講、主宰講師。 10月　国立市公民館講座「柳田国男の世界」10回が始まる。柳田講座から山下紘一郎・永池健二・小田富英・杉本仁・柘植信行・岩田玄二が講師となる。
1982年 （昭和57） （49歳）	4月　明治大学政治経済学部専任助教授（日本政治思想史、日本政治史、外書購読（Ⅰ）、演習B（Ⅱ）（Ⅲ）、演習（Ⅱ）担当）。 4月　「柳田国男研究会（東京都）」開講、主宰講師。 5月　「飯田歴史大学（長野県飯田市）」開講、主宰講師（1992年1月に「飯田柳田国男研究会」に改称）。 9月　国立市公民館講座「柳田国男を読む」が始まる。 10月　第1回常民大学合同研究会開催（於長野県下伊那郡南信濃村老人センター）開催（以後毎年各地持ち回りで開催）。
1983年 （昭和58） （50歳）	6月24日　国立市公民館の連続講座「柳田国男を読むⅢ」で「自己教育と柳田国男――地域の学問をおこす」を話す。 8月6・7日　常民大学合同研究会の初めての大会を遠山で開く。 12月20日　橋川文三の葬儀で、卒業生を代表して「お別れの言葉」を読む。
1984年 （昭和59） （51歳）	4月　明治大学歴史編纂専門委員会（橋川文三委員死去に伴う後任）。 8月4・5日　第2回常民大学合同研究会を茅ヶ崎で開く。 10月　「鎌倉・市民アカデミア柳田国男研究講座（神奈川県鎌倉市）」開講、講師担当（1989年に独立し「鎌倉柳田国男研究会」に改称、1994年に「鎌倉市民学舎」と統合し、「鎌倉柳田学舎」となる）。

年（歳）	履　歴
1962年 （昭和37） （29歳）	1月　橋川から、学生運動は民衆史をないがしろにしているとの批判を受けるとともに、柳田国男の『日本の祭』を薦められ、生涯に及ぶ影響を受ける。 —　思想の科学研究会の松本市壽に誘われて、鶴見俊輔が主宰する文化サークル「記号の会（第3次）」に参加。 4月　明治大学大学院修士課程政治経済学研究科政治学専攻入学（指導教授・秋永肇）。 11月　「学生商品論」とその発想に基づく一連の論文により第1回塚本賞受賞。同賞は明治大学新聞学会が、1961年に26歳で亡くなった元明治大学新聞編集長塚本広太郎を記念し、明大関係者の優れた評論活動に贈ることを目的に設定したもの（表彰式は1963年2月）。
1964年 （昭和39） （31歳）	3月　政治学修士取得。 4月　明治大学大学院博士課程政治経済学研究科政治学専攻入学（指導教授・藤原弘達）。 —　駿台論潮創刊20周年記念事業「記録・明治大学戦後史」編纂委員会常任委員（～1968年）。
1967年 （昭和42） （34歳）	3月　明治大学大学院博士課程政治経済学研究科政治学専攻退学（単位修得）。 4月　博士論文研究のため明治大学大学院博士課程政治経済学研究科政治学専攻に再入学。
1972年 （昭和47） （39歳）	4月　東京教育大学農学部非常勤講師（～1977年3月。橋川文三からその座を譲られたもので、農業経済学特講Ⅳ（日本政治思想史）を担当。併せて、1976年度には大学院農学研究科修士課程で農村経済学特論Ⅳを担当。 7月　東京高田馬場で行われていた寺小屋教室で、柳田国男研究講座開講、主宰講師。講座「柳田国男の世界」講師。谷川健一、宮田登、伊藤幹治も講師を務めた（1982年4月に独立し「柳田国男研究会」に発展）。 10月　寺小屋教室の柳田講座の初めての合宿（箱根）。
1974年 （昭和49） （41歳）	4月27日　寺小屋開講式の特別公開講座で橋川文三と共に講師を務める。 10月　寺小屋教室創立3周年記念公開講座「近代の超克――その歴史と思想」の講師となる。
1975年 （昭和50） （42歳）	8月　寺小屋の柳田講座のメンバーたちを遠山に連れていき合宿をする。
1976年 （昭和51） （43歳）	3月20日　第1回寺小屋教室研究発表会で講評する。 4月　明治大学政治経済学部兼任講師（日本政治史担当。～1981年3月）。 12月　柳田講座のメンバーと遠山霜月祭参加
1977年 （昭和52） （44歳）	1月28日　寺小屋開設5周年記念パーティーが私学会館で開かれる。 11月　「遠山常民大学（長野県下伊那郡南信濃村）」開講、主宰講師。

年（歳）	履　歴
1951年 （昭和26） （18歳）	6月　第1回校内クラス対抗弁論大会で、「『きけわだつみのこえ』をくりかえしてはならない」で優勝する。 11月　郡内高等学校弁論大会で、同上テーマにより優勝。
1952年 （昭和27） （19歳）	3月　長野県飯田高松高等学校卒業。
1955年 （昭和30） （22歳）	4月　明治大学法学部入学（1956年3月、病気のため休学）。
1957年 （昭和32） （24歳）	7月　砂川闘争事件に参加。 —　勤評反対闘争（～1958年）に参加。清水谷公園のデモで先頭に立つ姿が、「日映ニュース映画」で上映され、父の怒りをかって一時仕送りを止められる。それを救ってくれたのは、豆か米を売って生活費を送ってくれた義母みさをであった。
1958年 （昭和33） （25歳）	4月　明治大学政治経済学部に転部。 5月24・25日　長野県下伊那郡大鹿村で「駿台論調」の夏企画・ルポルタージュ“郷土意識”下調査。 5月　駿台論潮編集部員（明治大学内）となる（～1962年3月）。 8月22-27日　「駿台論調」編集長松橋濶氏ら編集部員約25名と同上本調査。 10月　警職法闘争に参加（～11月）。
1959年 （昭和34） （26歳）	4月　明治大学政治経済学部で日本政治史の講義を始めた橋川文三と出会う。遠山茂樹の『明治維新』をテキストに用いた明治維新論に強い感銘を受ける。歴史学は木村礎に学んだ。 —　明治大学学生会中央執行委員会副委員長、全学連中央委員。 7月　広島市で開催された第5回原水爆禁止世界大会に明治大学学生代表として参加。 —　安保闘争に参加。
1960年 （昭和35） （27歳）	4月　橋川ゼミ（2期生）に入室。丸山真男の『現代政治の思想と行動』を熟読し、政治思想の世界に魅せられる。 —　明治大学学生会文化部長。
1961年 （昭和36） （28歳）	—　この年に刊行された橋川と同期の神島二郎の『近代日本の精神構造』を読む。同書や、橋川から教えを受けたことが日本政治思想史研究の道に進む契機となる。 —　鶴見俊輔編集代表『日本の百年』（筑摩書房、1961～62年）の、橋川担当分の資料収集、口述筆記を手伝う。

後藤総一郎略年譜

凡例

・本年譜は、飯澤文夫編「後藤総一郎先生著作年譜」（後藤総一郎先生追悼刊行会編・刊『常民史学への視座』岩田書院発売、2004年所収）、飯澤文夫・村松玄太編「著作年譜」（常民大学『野の学びの史譜』編集委員会編『野の学びの史譜』梟社、2008年所収）を底本に、加除修正を加えたものである。

年（歳）	履　歴
1933年 （昭和8） （0歳）	12月5日　長野県下伊那郡和田組合村（現飯田市南信濃和田1111番地）に、父忠人、母もとの長男として生れる。戸籍名は惣一郎。
1939年 （昭和14） （6歳）	4月　和田尋常高等小学校（1941年4月に和田国民学校と改称。現飯田市立和田小学校）に入学。
1944年 （昭和19） （11歳）	7月30日　妹紀子（2歳）、当時流行した赤痢で死去。 8月8日　姉伝江（12歳、小6）、同じく死去。 8月14日　母（33歳）、同じく死去。自身も罹病し生死の境をさまよう。母姉妹への追憶を、三十三回忌にあたる1976年8月に『三十三年の墓標』として綴った。
1946年 （昭和21） （13歳）	4月　和田国民学校高等科（1947年4月に和田中学校と改称。現飯田市立遠山中学校）に入学。
1947年 （昭和22） （14歳）	—　生徒会長。周辺4カ村統合中学校建設構想が起こるが、なかなか進まないため、生徒会でアルバイトをし、建設資金集めをすることを提案。
1949年 （昭和24） （16歳）	3月　卒業式総代。生徒が集めた建設資金を、「献金の辞」とともに村長代行に渡す。 4月　長野県飯田東高等学校（同年5月に長野県飯田高松高等学校に改称。現長野県飯田高等学校）に入学、同校の社会科学研究班に入る。 —　上郷町（現飯田市）の天理教会で開講された、農村運動家菊池謙一をチューターとする勉強会「金曜会」に入り、毛沢東、レーニン、マルクス・エンゲルスの『ドイツ・イデオロギー』の注釈研究など、3年間にわたって学んだ。
1950年 （昭和25） （17歳）	—　高校2年の終りから3年にかけて開放性結核にかかり通院療養。

執筆者一覧（五十音順）

飯澤文夫《いいざわふみお》（元明治大学図書館職員　資料）

飯塚哲子《いいづかひろこ》（首都大学東京健康福祉学部准教授　第一部第九章、第三部第一章）

石川修一《いしかわしゅういち》（地域文化研究会会員　第一部第三章）

上田幸夫《うえだゆきお》（日本体育大学体育学部教授　第一部第八章）

胡子裕道《えびすひろみち》（地域文化研究会会員　第一部第二章、第二部第五章、第三部第一章）

小田富英《おだとみひで》（常民大学運営委員　第二部第二章、第二部第一三章）

北田耕也《きただこうや》（明治大学名誉教授　監修、はじめに、第二部第一章、第三部第一章）

草野滋之《くさのしげゆき》（地域文化研究会代表、千葉工業大学工学部教授、編集委員　序にかえて、第三部第一章、第三部第二章）

久保田宏《くぼたひろし》（鎌倉柳田学舎会員　第二部第四章）

佐藤一子《さとうかつこ》（東京大学名誉教授　第二部第一〇章）

東海林　照一《しょうじしょういち》（地域文化研究会推進統括、元埼玉県富士見市社会教育主事　編集委員、第一部第四章、第三部第一章）

新藤浩伸《しんどうひろのぶ》（地域文化研究会事務局長、東京大学大学院教育学研究科准教授　編集委員、第一部第六章、第一部第七章、第二部第一四章、第三部第一章、あとがき）

杉浦《すぎうら》**ちなみ**（東京大学大学院教育学研究科博士課程　第一部第一章、第二部第一章編集協力、第二部第六章、第三部第一章）

杉本《すぎもと》**　仁**《じん》（柳田国男研究会会員、都留文科大学非常勤講師　第二部第三章）

相馬直美《そうまなおみ》（地域文化研究会会員　第一部第一一章、第三部第一章）

田所《たどころ》祐史《ゆうじ》（京都府立大学公共政策学部准教授　第一部第一〇章、第二部第一一章、第三部第一章）

穂積《ほづみ》健児《けんじ》（元東京都小平市社会教育主事　第二部第七章、第二部第一二章、第三部第一章）

堀本《ほりもと》暁洋《あきひろ》（東京大学大学院教育学研究科博士課程　第二部第八章、第三部第一章）

松本《まつもと》順子《じゅんこ》（茅ヶ崎の社会教育を考える会会員　第二部第一五章）

村松《むらまつ》玄太《げんた》（明治大学史資料センター職員　資料）

山﨑《やまざき》　功《いさお》（東京都昭島市公民館運営審議会委員、元昭島市社会教育主事　編集委員、第一部第四章、第一部第五章、第二部第九章、第三部第一章）

地域文化研究会

地域で表現・文化活動を楽しみ、支えることをテーマにした、市民、自治体職員、研究者らによる学習会。社会教育推進全国協議会「地域文化の創造と社会教育」分科会（一九七一年～現在）を母体として、埼玉県、東京多摩地域を中心に活動を続けている。これまでの著書に『社会教育における地域文化の創造』（北田耕也・朝田泰編、国土社）、『地域と社会教育——伝統と創造』（北田耕也・畑潤・草野滋之・山﨑功編著、学文社）、『表現・文化活動の社会教育学——生活のなかで感性と知性を育む』（畑潤・草野滋之編、学文社）、『社会教育研究全国集会地域文化分科会資料集（1971～2013）』（新藤浩伸・胡子裕道・杉浦ちなみ編、地域文化研究会）がある。

後藤総一郎（ごとう・そういちろう）

1933年、長野県下伊那郡和田組合村遠山郷（現飯田市）生まれ。長野県飯田東高等学校（現飯田高等学校）卒業。明治大学法学部入学後、同大学政治経済学部に転部し、橋川文三に師事。東京教育大学講師、明治大学政治経済学部助教授を経て、1987年同教授。同図書館長、理事等を歴任し、在職中の2003年死去。

政治思想史と柳田国男研究をクロスさせた「民俗思想史」の新分野を拓く。市民講座「寺小屋教室」講師を皮切りに、「柳田国男研究会」、全国の「常民大学」を主宰し、「生活者の学び」を提唱した。

著書に『常民の思想――民衆思想史への視角』（風媒社）『遠山物語 ――ムラの思想史』（信濃毎日新聞社、後にちくま学芸文庫）『柳田国男論』（恒文社）『神のかよい路――天竜水系の世界観』（淡交社）ほか多数。『柳田國男全集』（筑摩書房より刊行中）編集委員を務める。

監修者紹介

北田耕也（きただ・こうや）

1928年、福岡県小倉市に生まれる。旧制・佐賀高等学校、武蔵高等学校を経て、東京大学教育学部（社会教育専攻）卒。東洋大学社会学部教授、明治大学文学部教授を経て、明治大学名誉教授。
おもな著書に『大衆文化を超えて——民衆文化の創造と社会教育』（国土社）『明治社会教育思想史研究』（学文社）『近代日本　少年少女感情史考』（未來社）『「痴愚天国」幻視行——近藤益雄の生涯』（国土社）『〈長詩〉遥かな「戦後教育」——けなげさの記憶のために』（未來社）『下天の内』『一塵四記　下天の内 第二部』（藤原書店）等がある。

地域《ちいき》に根《ね》ざす民衆《みんしゅう》文化《ぶんか》の創造《そうぞう》——「常民大学《じょうみんだいがく》」の総合的研究《そうごうてきけんきゅう》

2016年11月10日　初版第1刷発行 ©

監修者　北田耕也
発行者　藤原良雄
発行所　株式会社 藤原書店

〒162-0041　東京都新宿区早稲田鶴巻町523
電話　03（5272）0301
FAX　03（5272）0450
振替　00160-4-17013
info@fujiwara-shoten.co.jp

印刷・製本　中央精版印刷

落丁本・乱丁本はお取替えいたします
定価はカバーに表示してあります
Printed in Japan
ISBN978-4-86578-095-6

東西の歴史学の巨人との対話

民俗学と歴史学

〈網野善彦、アラン・コルバンとの対話〉

赤坂憲雄

歴史学の枠組みを常に問い直し、人々の生に迫ろうとしてきた網野善彦とコルバン。民俗学から「東北学」へと歩みを進めるなかで、一人ひとりの人間の実践と歴史との接点に眼を向けてきた著者と、東西の巨人との間に奇跡的に成立した、「歴史学」と「民俗学」の相互越境を目指す対話の記録。

四六上製　二四〇頁　二八〇〇円
（二〇〇七年一月刊）
◇978-4-89434-554-6

柳田国男は世界でどう受け止められているか

世界の中の柳田国男

R・A・モース＋赤坂憲雄編

菅原克也監訳　伊藤由紀・中井真木訳

歴史学・文学・思想など多様な切り口から柳田国男に迫った、海外における第一線の研究を精選。〈近代〉に直面した日本の社会変動をつぶさに書き留めた柳田の業績とその創始した民俗学の二十一世紀における意義を、世界の目を通してとらえ直す画期的論集。

Ａ５上製　三三六頁　四六〇〇円
（二〇一二年一一月刊）
◇978-4-89434-882-0

江戸期農村の豊かな人間形成力

子宝と子返し

〈近世農村の家族生活と子育て〉

太田素子

近世農村の家族にあった、子どもへの強い情愛と丁寧な子育て。嬰児殺し、捨子といった子育ての困難、悲しみを直視しつつ、日記などの生活記録を丹念に分析し、仕事を介した大人―子どものコミュニケーションなど、その豊かな人間形成力を読み取る。

第2回「河上肇賞」奨励賞
第６回角川財団学芸賞

四六上製　四四六頁　三八〇〇円
（二〇〇七年二月刊）
◇978-4-89434-561-4

「匿名の日常史」としての教育史をいかに創るか

心性史家アリエスとの出会い

〈〝二十世紀末〟パリ滞在記〉

中内敏夫

制度史、あるいは抵抗の歴史としての日本の「教育史」の刷新を模索していた著者が、『〈子供〉の誕生』で名を馳せていたフィリップ・アリエスを手がかりに接近した「デモグラフィ」とは何か。民衆の「心性」に迫る歴史の方法論を探る、知的格闘の日々。

四六上製　二二四頁　二八〇〇円
（二〇一四年六月刊）
◇978-4-89434-976-6

「生きる主体」としての人間形成史

「育つ・学ぶ」の社会史

（「自叙伝」から）

小山静子・太田素子編
山本敏子／石岡学／前川直哉

勝小吉、福沢諭吉、新島襄、堺利彦、木下尚江、山川均、神近市子、鳩山春子、相馬黒光、また大正・昭和の企業人たち——個人の多様な生が主観的に記された「自叙伝」を素材に、新しい人間形成史を構築する、画期的成果。

四六上製　三〇四頁　三〇〇〇円
（二〇〇八年九月刊）
◇978-4-89434-644-4

近代家族の誕生と「保育」

保育と家庭教育の誕生 1890-1930

太田素子・浅井幸子編
藤枝充子／首藤美香子／矢島（小菅）直子／梅原利夫／後藤紀子

家庭教育・学校教育と"幼稚園教育"との関係、"近代家族"成立との関係、幼稚園・保育所の複線化、専門職としての保育者という視点——これらの課題に取り組むことで、今日の子どもをめぐる様々な問題解決の糸口を掴む試み。

四六上製　三四四頁　三六〇〇円
（二〇一二年二月刊）
◇978-4-89434-844-8

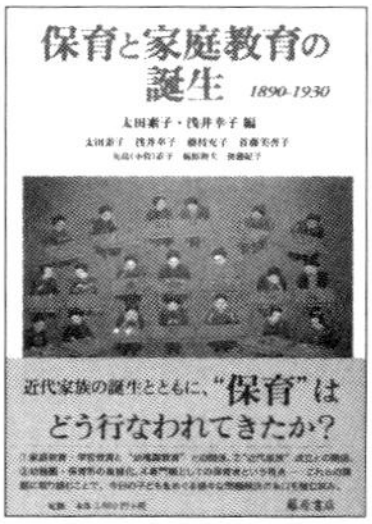

人の世と人間存在の曼陀羅図

下天（けてん）の内

大音寺一雄

「下田のお吉」（歴史小説）、「兆民襤褸」（政治小説）、「山椒太夫雑纂」（エッセイ）の、独立しているが相互に内的関連性をもつ小作品を第一部に、血縁が互いに孤立を深めていく無残を描いた自伝的小説を第二部におく綜合的創作の試み。

四六上製　三一二頁　二八〇〇円
（二〇一三年二月刊）
◇978-4-89434-901-8

激動の昭和を生きた自伝的小説！

一塵四記

下天の内　第二部

大音寺一雄

人に語れぬ出生を、暗い影として引きずりながら生きてきた著者。老いて人生を振り返ったとき、身に沁みたのは師から受けた恩と、友との交わりのかけがえのなさだった。宮原誠一、宗像誠也、勝田守一、久野収、森敦ら師との交流のなかで描く「旧師故情——昭和青春私史」ほか。

四六上製　三二八頁　二八〇〇円
（二〇一四年一一月刊）
◇978-4-86578-002-4